編著●川﨑二三彦

虐待
「親子心中」
事例から考える子ども虐待死

福村出版

[JCOPY] 〈出版者著作権管理機構 委託出版物〉

本書の無断複写は著作権法上での例外を除き禁じられています。複写される場合は、そのつど事前に、出版者著作権管理機構（電話 03-3513-6969、FAX 03-3513-6979、e-mail: info@jcopy.or.jp）の許諾を得てください。

はじめに

　本書は、児童虐待によって死亡した子どもの中で、「親子心中」という事象について論じ、これを防止することを目的として著したものである。

　とはいえ、読者の中には、果たして「親子心中」は児童虐待なのかという疑問を持たれる方があるかもしれない。そうした疑問に答えることも含め、本書は、古今の各種文献もふまえ、「親子心中」を児童虐待という視点で捉え、具体的な事例を提示しながらさまざまな角度から検討し、論じた初めての書と言っていいかもしれない。

　では、なぜこのような書を世に出そうとしたのか。

　第一に、厚生労働省が示す児童虐待による死亡の中で、「心中による虐待死」が全体の４割を超えているという事実による。私たちの社会から児童虐待による死亡をなくしていく上で、こうした心中事例を克服することは避けて通れない課題である以上、「親子心中」に焦点を当てて論じる本書は、社会的にも有用なものとなるはずである。

　第二の理由は、事例検討や分析に困難がつきまとうことも多い「親子心中」だからこそ、このテーマにチャレンジしようと考えたことによる。というのも、「親子心中」のそもそもの特性から加害者が死亡していることも多く、その場合には追跡調査の手がかりが失われ、原因の追及等が壁に突き当たってしまう。こうした事情から、これまで詳細な分析や防止策が検討されてこなかったのが「親子心中」であり、誰かが一石を投じなければならないとしたら、敢えてそれを引き受けようと決意したのである。

　第三は、「心中による虐待死」に向けられる社会の関心が、他の虐待死事例ほどには高くない点を危惧したことによる。だが、よりにもよって親が自分を殺めることなどおよそ想像だにしないまま、不意を突かれて子どもたちが殺されてしまうのが「親子心中」である。死んでいった子どもたちの無念を私たちが正当に認識し、社会全体でこの問題に取り組むためには、どうしても本書が必要だと考えたのである。

　こうした意図をふまえ、本書では、さまざまな角度から「親子心中」を解明

すべく、次のような構成とした。

　第1部では、そもそも「親子心中」とは何かについて論じた。具体的には、戦前、戦後を通じて出された各種調査及び論文を渉猟し、わが国における「親子心中」の歴史、実情、諸家の見解等を整理した。加えて、それらを念頭に筆者らが行った2000年代のわが国における「親子心中」の調査もふまえ、「親子心中」の種々の特徴について言及した。第1部を読めば、「親子心中」の大まかな全体像が把握できるものと思う。

　なお、第1部の後には、「虐待」だとか「心中」という観点からいったん離れ、自殺についての論考を載せた。というのも、「親子心中」は子どもの立場に立てば明らかな虐待だが、加害者の多くは、自殺に随伴する行為としか認識していないように思われる。だとすれば、「自殺」そのものについて検討しておくことが、「親子心中」を防止する上でも重要だと考えたからである。

　第2部は、「親子心中」を企図して子どもが死亡する一方、自らは生きて逮捕、起訴された加害者の公判傍聴記録12事例を示した。「親子心中」を防止するためには、その全般的な傾向や特徴を知るだけでは足りず、個々の事例から学ぶことが不可欠だが、現在のわが国では、それらについて必要十分な資料を入手することが難しい。唯一、加害者が生存して起訴され、動機や背景が語られる公判だけが、その手がかりを与え得ると考え、実際に公判を傍聴し、記録し、整理したものを提示した。また、これら事例についての読者の理解を助けるために、1事例ごとに行った各分野の識者による討議を載せ、さらに全体を通した各識者の考察を掲載した。この点も本書の大きな特徴と言えよう。

　以上に加え、巻末には、本書の内容をより具体的に理解し、「親子心中」の全体像を示すことを目的に、新聞報道された「親子心中」事件の一覧を掲載し、併せて海外（主にアメリカ）における「親子心中」事例も、限られたものではあるが一覧にして掲載した。本文と併せて参考にしていただければ幸いである。

　なお、「親子心中」という呼称は、過去多くの研究者が問題視し、各自がよりふさわしいと考える名称を提示し、使用してきた経過がある。その具体的な呼称等は第1部で紹介するが、本書においては、括弧付きで「親子心中」を使

用する[1]。その理由は、「親子心中」「無理心中」という言葉が、現在も社会一般で広く使われている一方、多くの識者が、より正確な表現を求めて編み出した用語のほとんどが、必ずしも社会的な認知を得ていないこと、今日の児童虐待による死亡を論ずる際には必ず引用される厚生労働省「社会保障審議会児童部会児童虐待等要保護事例の検証に関する専門委員会」においても、「心中」という表現を用いていることなどによる。

　ただし、筆者も「親子心中」という表現がピタリはまった適切な言葉だと考えているわけではない。にもかかわらず敢えてこの用語を用いるのは、それが世間に広く流布していることを逆手にとり、本書でその実態を示すことで「親子心中」が深刻な児童虐待のひとつであるという理解を広め、問題の解決に寄与したいとの思いがあることを、ここでは記しておきたい。

1　ただし煩雑さを避けるため、必ずしも括弧を付けていない場合がある点をお断りしておきたい。

もくじ

はじめに　3

第1部
「親子心中」とは何か

第1章
虐待死としての「親子心中」　12

子どもに有害な行為は虐待　12
「親子心中」という呼称　15
「親子心中」の定義　21

第2章
「親子心中」の歴史的検討　戦前を中心に　28

三田谷啓 (1916)「兒童虐待に就て」　28
原胤昭 (1927)「近時の流行親子心中の惨事」　30
小峰茂之 (1937)「明治大正昭和年間に於ける親子心中の醫學的考察」　35

第3章
「親子心中」の特徴　戦後の動向から　44

件数の漸減　44
血縁関係内で起きる「親子心中」　52
加害者母と加害者父　55
心中の動機、背景　59
日本固有のものか　61

論考
自殺対策における医療、保健、福祉的支援の課題　69
親子心中を防ぐ可能性のある技術と胆力について
はじめに／「死にたい」は自殺の危険因子／どうすれば「死にたい」に気づけるのか／「死にたい」にどう向き合ったらよいのか／「死にたい」が意味するもの／おわりに──安心して「死にたい」と言える関係性

第2部
「親子心中」事例

第4章
母親が加害者となった事例　86

事例M①
祖父母と同居中に精神疾患を抱える母親が児童を殺害した母子心中の事例　86

事例M②
躁うつ病の母親が次男を殺害した後、自殺を図った母子心中の事例　106

事例M③
適応障害の母親が夫へのあてつけに3人の子どもと母子心中を図った事例　122

事例M④
母親が発達障害の疑いのある子どもと心中を図った事例　137

事例M⑤
情緒不安定性パーソナリティ障害（境界型）の母親が次男と心中を図った事例　157

事例M⑥
長女に交際相手を奪われた知的障害の母親が次女と三女とともに心中を図った事例　170

第5章
父親が加害者となった事例　189

事例F①
離婚直後、母と暮らす本児を連れ出し、殺害した父子心中の事例　189

事例F②
妻の浮気などで追い詰められた父が2人の幼児を殺害した父子心中の事例　204

事例F③
重症のうつ病を発症していた父が仕事上の悩みなどから起こした父子心中の事例　221

事例F④
妻を殺害した後、父子心中を企図したが、子を殺害して自殺行為がなかった事例　238

事例F⑤
父が一家心中を企図して妻子を殺傷し、自宅に放火した事例　252

事例F⑥
多額の借金を妻に言えず、経済的破綻の末に父が試みた一家心中の事例　266

第6章
事例の考察 282

1. 保健師の立場から 282
2. 精神科医の立場から 290
3. 弁護士の立場から 293

資料編

【資料1】 2000年代に新聞報道された「親子心中」事例の一覧 300
【資料2】 2010年～2013年に新聞報道された「親子心中」事例の一覧 365
【資料3】 海外における「親子心中」事例の一覧 385

おわりに 394

第1部

「親子心中」とは何か

第1章

虐待死としての「親子心中」

子どもに有害な行為は虐待

すでに10年以上前のことになるが、こんな事件があった。中学生と小学生の娘2人とその父が、車内で折り重なるようにして死亡しているのが発見されたのである。車内には練炭を燃やした跡があり、死因は一酸化炭素中毒による窒息死であった。2人の子どもにはいずれも知的障害があり、養護学校（現在の特別支援学校）に通っていたが、母は事件の3年前に病没していた。困り果てた父は、2人の子どもを校内の寄宿舎に入舎させつつ、学校をはじめとする支援機関の援助を得て養育にあたっていた。ところが、この寄宿舎が廃止されることが決まり、父は、「これからどうやって育てていけばよいのか」と、学校関係者や行政機関の窓口でたびたび口にしていたという。死亡した父の鞄の中からは、「預金もなく生活費が底をついた。これ以上は娘の面倒を見られない」などと、将来を悲観する内容の手紙が発見されたのであった。

いわゆる「親子心中」と呼ばれるものは、どのような事情や背景があろうとも、例外なく、親が殺意を持ってわが子を殺す行為に変わりない[1]。そのため、これらは厚生労働省の「社会保障審議会児童部会児童虐待等要保護事例の検証に関する専門委員会」（以下、「専門委員会」）が実施している「子ども虐待による死亡事例等の検証結果等について」において報告される事例の対象となって

---

1 本書は、児童虐待としての「親子心中」をテーマにしており、被害者は基本的に18歳未満の児童を想定している。したがって、たとえば介護を必要とする高齢の親を子どもが殺害して自らも死を選ぶような場合は除いている。

おり、その数は、他の虐待死亡事例と比較しても決して少なくない。ちなみに、「専門委員会」による第1次から第14次報告（2003年7月から2017年3月）までの数値を見ると、心中による虐待で死亡した子どもは514人を数え、全体の41.4％となっている。したがって、虐待死の最たるものとさえ言い得るこのような死亡事例をなくしていくことは、私たちの社会に課せられた大きな責務であると言えよう。

　ところが、児童虐待が社会的に大きな関心を呼び、なかでも虐待死を防ぐことが重要な課題とされていても、「親子心中」は、必ずしも児童虐待による死亡として社会的に認知されているとは言い難い。

　一体なぜなのか。ひとつは、今紹介した事例のように、父母や祖父母など加害者とされる保護者も種々の事情をかかえて死亡し、もしくは重篤な傷害を負うなどしていることが多いため、子どもが一方的な被害者となる他の事例と同一視できないといった事情が考えられよう。たとえば、こんな論調もかつてあった。

　「人道上親子心中をやる人は本当にまた日本人として最も尊ばれる所の人間の羞恥心を多分に持っている人であるともいい得る訳です」

　実はこれは戦前の発言。1934年（昭和9年）の新聞で企画された座談会「親子心中を如何にして防ぐか」の中で出されたものである（滝内、1973）。心中をここまで美化するのではないとしても、戦後にも、それに類する見解は散見される。たとえば、1988年（昭和63年）、つまり昭和の終わり頃に発生した事件は、自傷行為をした中学生の長男に「死にたいから殺してくれ」と頼まれたうつ病の母が「親子心中」を決意し、弟や妹も生きて残れば可哀そうだとして、当の長男だけでなく、中学生の次男、小学生の長女も殺害したものだが、自らは死にきれず、逮捕、起訴され、心神喪失で無罪となった。その母の判決文に次のような一節があった。

　「母親、特に子供に対し深い愛情を抱く母親にとって、子供は、自己の生命にも替え難い絶対の存在であって、母親が、他に特段の理由もないのに、単に、息子から殺害を依頼されたというだけで、現実にその殺害を決意し実行するというような事態は、正常な精神状態を前提とする限り常識上到底想定し難いところである。まして、被告人は、日頃から子供達に対する愛情がことのほか深く、父親が不在勝ちであることもあって、子供達と精神的に強い絆で結びつけられていたと認められるのである」（中田、1992）

母の行為を肯定しているわけではないが、心神喪失という点だけでなく、愛情ゆえの行為であるとみなしていることが言外に滲み出ているのではないだろうか。なお、本事例を紹介した司法精神科医の中田（1992）は、無罪という結果も念頭においてのことか、「判決文は素晴らしい」と評している。

付け加えるなら、「親子心中」を児童虐待とは異質と考える傾向は、過去のものとばかりは言えない。たとえば「専門委員会」の第1次報告では心中事例はまったく報告されておらず、第2次報告でようやく5事例8人の被害児童が計上されたにすぎない。それが第3次報告では19事例30人となり、第4次報告では48事例65人となって、このときには「心中以外の虐待死」人数を上回ったのであった。これだけの急増をふまえ、第4次報告は、次のように述べる。

「心中事例の増加は、実際の事例数そのものが増加しているとは言いきれず、地方公共団体において、検証対象事例として国に報告すべきものとの認識が高まり、報告されるようになったためとも考えられる」

第4次報告が公表されたのは、2008（平成20）年のことであり、児童虐待防止法が制定・施行されて、すでに8年を経ていた。この時点でさえ、また、地方公共団体で児童虐待を所管する部署でさえ、ようやく「親子心中」は児童虐待の一形態であるという認識を持つようになってきたものと言えよう。

さらに言えば、警察庁生活安全局少年課が公表している児童虐待の検挙状況を見ても、「いわゆる無理心中」については、これまで児童虐待の外数として計上されており、2017（平成29）年3月に公表された「平成28年における少年非行、児童虐待及び児童の性的搾取等の状況について」に至ってようやく内数として、つまりは児童虐待そのものとして取り扱うこととされたのである。

こうした状況を前にすると、私たちは「子ども虐待対応の手引き」（平成25年8月 改正版）で引用されている小林美智子の次の言葉を、あらためて想起しなければなるまい。

「虐待の定義はあくまで子ども側の定義であり、親の意図とは無関係です。その子が嫌いだから、憎いから、意図的にするから、虐待と言うのではありません。親はいくら一生懸命であっても、その子をかわいいと思っていても、子ども側にとって有害な行為であれば虐待なのです。我々がその行為を親の意図で判断するのではなく、子どもにとって有害かどうかで判断するように視点を変えなければなりません」

「親子心中」という呼称

　もちろん、こうした事態に直面した誰もが、「親子心中」を美化して済ませたわけではない。何とかしてこのような事象をなくしたいと考え、さまざまな取り組みをしてきた。そのひとつに、「心中」という呼称自体を改める試みがあった。というのも、「心中」という言葉の持つニュアンスに、それが美化される要素を含んでいると考える識者が多数いたからである。

　単なる言葉の問題と言うなかれ。長く NHK の「クローズアップ現代」でキャスターを務めた国谷裕子は、番組が終了し、役割を終えた後の 2017 年に上梓した岩波新書『キャスターという仕事』の中で、キャスターの役割のひとつに「言葉探し」があると述べている。いわく、

　「社会のなかで起きている新しい出来事を新しい言葉により定義して使用したり、使い慣れた言葉に新しい意味を与えることで、多様化している視聴者に共通の認識の場を提供していくことは、重要でとても大切な役割だ」

　「新しい事象に『言葉』が与えられることで、それまで光が当てられずにきた課題が、広く社会問題として認識され、その解決策の模索が急速に進むということがある」

　彼女は、新たに「犯罪被害者」という言葉を見出し、それを繰り返し使用することで、刑事事件の被害に遭った人々や遺族に光を当て、刑事裁判制度の見直しに貢献したことを例示している。

　翻って、こと「心中」という言葉を考えると、問題の解決に逆効果となっている可能性が危惧されたのである。すなわち、先にも述べたように結果としてこの事象を美化することに繋がりかねず、そこに厳然と存在する「子殺し」という事象がマスキングされる、目隠しされるという懸念である。

●「親子心中」という用語の起源

　そこでまず、「親子心中」という表現がいつ頃から使用されるようになったのかについて見ておこう。

　「山名氏によると大正の末葉既に其の例を散見したが其の頃は新聞の見出しにも『二児を負うた母親の自殺』『三人と共に母親の投身自殺』等とかゝれ、親子心中なる語は未だ使用されて居らず、此語が新聞紙上に用ひられ初めたの

は昭和の初め頃からであると」（大西、1937）

　戦前の論評だが、現にその時代を生きた人の発言として信憑性は高いのではないだろうか。なお、大西（1937）が紹介している「山名氏」が誰で、どこで述べたものかはわからなかったが、山名正太郎の手になる『世界自殺物語』（1964、雪華社）には、次のような記載があった。

　「親子心中で世評にのぼったのは大正十五年夏、福岡県津屋崎海岸での父子六人と、京都の疏水に身を投げた母娘五人のそれであった。このころはまだ母娘心中、父子心中などの表現はなく、新聞でも『三児とともに母親の投身自殺』というふうであった」

　なお、山名（1964）に限らず、戦後の多くの論文でも、「親子心中」という用語の起源に言及しているので、それらのいくつかを紹介しよう。

　「心中という言葉は、情死、恋愛による複数自殺、相対死、心中立などとほぼ同義語に使用されてきた。狭義には愛情あるものの間の複数自殺を指していた。だが、大正12、3年ごろから『親子心中』の名称が、ひんぱんに使われるようになった。心中という言葉は、もともと合意の上での死を意味した。当時の心中は貧困によるものが多く、貧しさに対する共通の同情から、子殺しプラス親の自殺が親子心中と呼ばれるようになったことは否めない」（越永他、1975）

　「文献によれば、『心中』という言葉のもつ本来の意味は、心の中のことで、心底とか胸中を意味したと言われている[2]」「では、なぜ、子殺しプラス親の自殺を『親子心中』などという美名で呼ぶようになったのであろうか。詳細なデータはないが、大正11、12年頃から新聞などに『親子心中』の名称が使用されるようになっている」（高橋他、1977）

　余談だが、「親子心中」を美名と断定している点は興味深い。それはさておき、識者の意見を続けよう。

2　広辞苑第7版によると、心中（しんじゅう）に、諸家がこもごも述べる「心底」とか「胸中」という意味は出てこない。心中（しんじゅう）の意味は、〈①人に対して義理を立てること。②相愛の男女がその真実を相手に示す証拠。放爪・入墨・断髪・切指の類。③相愛の男女がいっしょに自殺すること。情死。④転じて、一般に二人以上のものがともに死を遂げること。「親子―」　⑤比喩的に、打ちこんでいる仕事や組織などと運命をともにすること。〉とされているのみである。なお先の意味は、同じ「心中」の読み方を違えた「しんちゅう」に出てくる。すなわち心中（しんちゅう）は、広辞苑では、「こころのうち。胸中」とされていて、以下が例示されている。「―穏やかでない」。

第1章　虐待死としての「親子心中」

　「心中という言葉のもつ本来の意味は、『心の中』のことで、『心底』とか『胸中』であるといわれ、『情死』、『恋愛による複数自殺』、『相対死』、『心中立』などと同義に用いられてきたようである。そして、狭義には『相愛の男女が共に自殺すること』を指していたとされている。しかし、大正13、4年あたりから『親子心中』という言葉がよく使用されるようになった。当時の心中は、『貧困』によるものが多く、貧しさに対する同情から、『子殺し・親の自殺』を『親子心中』と呼ぶようになったと思われる」（佐藤、1979）

　「わが国でいう心中というのは、江戸時代に始まる言葉で、元来は文字通り心の中のことであって、胸中とか心底とかを意味しており、特に相思相愛の男女が相手に対する変らざる思い、すなわち心の中を示す意味であった。それが、その愛を現世で実現できなければ来世で実現させようとして一緒に死ぬこと、すなわち情死の意味になり、さらにその後、親子の自殺にまで拡大され、大正11、12年ごろから新聞などに『親子心中』という言葉が用いられるようになったのである」（石川、1984）

　これらの論文を通読する限り、「親子心中」という言葉が使われるようになったいきさつ、さらには使用されるようになった大まかな年代については、軒並み共通している。

　こうした指摘をふまえ、ヨミダス歴史館（読売新聞）によって、「親子心中」をキーワードに過去の読売新聞を遡ってみたところ、1922（大正11）年7月に発生した事件に「親子心中」という表現を見つけることができた。ただし、離婚を言われた妻（47歳）が娘（15歳）を連れて投身したというこの事件の第一報（7月4日）に、「親子心中」という言葉は出てこない。見出しは「○○氏夫人と令嬢の情死未遂」とされているだけで、本文も「二人の女が細紐で縛り抱合情死を図って海中に苦悶中通行人が發見救ひ両人を養生院にて介抱した結果両人とも生命を取り止めた」などとされており、親子心中という表現は見当たらない。

　ところが、翌5日の新聞記事では、依然として見出しに「親子心中」は登場しないものの、本文に「海岸から投身し、親子心中を計った○○氏夫人は……」という表現があり、「親子心中」という言葉が用いられている。この2日間の記事を並べて見ると、前日の「情死を図って」という表現が、次の日には「親子心中を計った」と変更されており、用語の使用法に揺れがある。したがって、多くの論者が述べているように、やはりこの頃が「親子心中」という

表現が使われるようになった端境期であろう。

　なお、読売新聞の記事の見出し自体に「親子心中」という表現が確認できたのは、1927（昭和2）年11月4日。「親子心中から子を救ふ法案　『親は無くとも』の宣傳社會局で兒童保護法を改正」という記事だ。大西（1937）は、「此語が新聞紙上に用ひられ初めたのは昭和の初め頃から」と述べていたが、「親子心中」という用語が見出しでも用いられるようになった昭和初期は、世上でもこの用語が市民権を得た時期だと言っていいのではないだろうか。

●「親子心中」という用語の問題点

　「親子心中」という用語が登場して、数年で市民権を得た背景には、後述するように、大正末期から昭和にかけて「親子心中」が急増し、社会的な問題となったからであろう。

　反面、「親子心中」という〈美名〉に隠れて〈子殺し〉がマスキングされる懸念を抱いた識者は、ことの性質をより適切に指し示し、かつ社会一般にも注意を喚起する用語を創出することの必要性を痛感し、種々の言葉を編み出していく。以下では、これまでの研究者等がどのような語句を用いてこの事象を表現しているのかを概観しておきたい。まずは戦前の論文に現れた呼称から。

　道伴れ心中　麻生（1927）は、「親子心中、又は母子心中とは言ふものゝ、實は多くは本當の心中ではない。さればとて無理心中でもない。それは道伴れ心中とでも言ふべきものであらう」と述べ、その理由を、端的に次のように言う。「子供の爲めの自殺でなく、自殺の爲めの子供殺しである」

　1927年、すなわち昭和2年に、早くも「親子心中」という用語について意見を述べている点は注目に値しよう。

　親子同伴死　關（1934）は「親子同伴死」という語を用いることにした理由を次のように説明している。「畠山箕山の『色道大鑑』に據れば、『心中』とは心の投合、眞意の相互表示の意を含み、即ち両方からみて眞實を盡し合ふことであって、節義、信義の意味すらも含むものであるのに、昨今流行の親子同伴死の場合には合意の意味がなく、親が子を殺すので、自殺及び他殺の同時遂行であり、その本質は親の自殺とその善意の子殺しとの複合であるから、同伴死といふべく、心中といふべきではない。故に余は以下『親子同伴死』の語を用ひる」

　両殺症　自他ともに殺す場合を、菊地（1934）は「両殺症」と呼んだが、こ

こで特徴的な点は、子殺しや無理心中などの全体を指すものではないとした点であろう。すなわち「加害者の本質に精神病的障礙を認め得らるゝ場合のみをかく称し得る」と言うのである。

　ここからは、戦後発表された論文を見ていきたい。

　無理心中　姫岡（1964）は次のように述べて、「無理心中」という表現を使っている。

　「無理心中ということばは、心中の本来の語義からいえば、矛盾した概念である。心中は複数者のあいだの合意の共同自殺の意味であるから、共同自殺の意志をもたない相手を殺したのち、自殺したからといって、これを心中のうちに含めるのは誤ったことばの使い方であろう。しかるにここで、通俗の用法にしたがって、あえて無理心中ということばを用いるのは、ただ便宜のためである」

　こうした理由によって「親子心中」「無理心中」といった表現を使う者は多い。

　道連れ自殺　飯塚（1973）は次のように言う。

　「『道連れ自殺』という言葉は、あまり一般化したものではない。親が自らの命を絶つに際して、子供を道連れにするという自殺の形態は、これまで、『親子心中』或いは『一家心中』という風に言い習わされてきており、筆者もこれに従ってきた。しかし、『心中』という言葉の本来的意味すなわち、情交ある男女の合意の上での共同自殺『情死』とここで取扱うような、『親の自殺に随伴する子殺し』という現象とを思い合わせるとき、それは相矛盾した概念であり、決して正しい用法とは言えない。然も重要なことは、それによって事の本質を見損なわせる可能性をも含んでいる、と考えられる。依って小論では、敢えて奇を衒らうという意図からではなく、上述のような意味においてこそ、『道連れ自殺』という語を使用することにしたい」

　心中　越永他（1975）は、「心中」という用語を使用しつつ、それを明確に定義することで整理を図ろうとしている。すなわち、「心中の概念を広義に規定し、『心中』とは二人以上の者が、ともに自らの意志で（合意）、または、いずれか一方の意志で（無理）、自・他殺する状態」としている。

　複合殺／親子自・他殺／親子重複自殺　高橋他（1977）は、いわゆる心中を「複合殺」と総称した上で、次のように述べる。

　「複合殺には、いずれか一方の意志で（無理）遂行される他殺をともなう自

殺『自・他殺』と、二人以上の者が、ともに自らの意志で（合意）遂行する自殺『重複自殺』がある。さらに、いわゆる無理心中的な自・他殺は、『親子自・他殺』と『自・他殺』に中分類でき、親子自・他殺は、『母子自・他殺』、『父子自・他殺』、『一家自・他殺』、『成人親子自・他殺』に、自・他殺は『異性自・他殺』、『夫婦自・他殺』、『同性自・他殺』にそれぞれ小分類することができる。また、合意心中的な重複自殺は『親子重複自殺』と『重複自殺』に中分類でき、親子重複自殺は『母子重複自殺』、『父子重複自殺』、『一家重複自殺』に、重複自殺は『異性重複自殺』、『夫婦重複自殺』、『同性重複自殺』にそれぞれ小分類することができる。だが、実態としては親子重複自殺の発生は極めて希である」

　いささか煩雑な印象を受けるが、いわゆる「親子心中」は、高橋他（1977）では、「親子自・他殺」及び、ごくまれにしか出現しないとされる「親子重複自殺」の２つとされていると言えよう。

　拡大自殺　日下部他（1979）は、子殺しの３症例を検討する中で、次のように述べる。

　「われわれの３例すべてが子殺しとともに、自殺を図っている。まず親が自殺を決意し、子を道連れにするという形態で、一般には無理心中、親子心中といわれているものである。付言すれば、子供に死の意志がないとき、心中という言葉を用いるのは正確ではない。一方虐待により子供を死に至らしめたり、望まれずにできた嬰児を殺害するなどの犯罪行為と、子殺し自殺を図る行為を、子殺しとして同列化して論ずることも困難である。後者の行為は、われわれの症例を含めて、拡大自殺と言う言葉が当を得ているように思える」

　親子心中　伊藤（1985）は、「親子心中の大半は、子殺しプラス親の自殺であり、明らかに反社会的行為であるが、わが国の歴史において児童の人権を抹殺した親子心中という言葉を安易に用い、美化し許容してきた。その背景には、当時の親子心中は貧困心中と呼ばれたように、絶対的貧困の中での生活苦によるものが多く、貧しさに対する民衆の共通の同情と、旧家族制度と儒教倫理によって道徳化し、寛仮したといえる」「筆者も、親子心中、母子心中という言葉を使用することに躊躇するところであるが、現在他に統一された言葉もないところから不本意ながら、この言葉を使用することにする」と述べ、「親子心中」という用語は不適切だと自覚しつつ、結局はこの用語を使用することに落ち着いている。

第1章　虐待死としての「親子心中」

以上、これまでの研究者らが用いた主な用語を示してきたが、本書もまた、「はじめに」で述べたように「親子心中」という言葉を括弧付きで用いている。その理由についても、すでに記したとおりである。

「親子心中」の定義

ところで、「親子心中」の正確な定義はどのようなものと考えればよいのか。たとえば「専門委員会」報告では、すでに自明のことと考えてのことか、特段用語の定義などはされていない。ただし、現在の警察庁統計は、「保護者が、児童と共に死ぬことを企図し、児童を殺害（未遂を含む。）して自殺を図った場合（いわゆる無理心中）」を取り出し、その件数等を計上している。したがって、これを「親子心中（無理心中）」の定義と考えてよいだろう。ある意味ではそれほど疑問の余地はないように思われる。

ただし、ことはそれほど簡単ではない。いささか紙数を費やしてしまうが、事例をひとつ紹介することで、もう少し突っ込んで検討してみたい。

(1) 事件の概要

事例は、心中か否かが問われた「仙台高判 平成4・6・4 判時1474号」で示されている事件である。以下に概要を記す。

⊛罪となるべき事実

1989（平成元）年8月9日午前5時頃、土木作業員をしていた被告人が、自宅において、勢いをつけるために一升瓶に7合くらい残っていた日本酒をラッパ飲みにした後、自宅居間兼台所隅の天井近くに設けられた神棚から刃体の長さ約15.5センチメートルのマキリ（鋭利な包丁の一種）を持ち出し、就寝中の妻A子（37歳）及び三男（6歳）、別室で就寝中の長女（14歳）、長男（13歳）及び次男（10歳）それぞれの頸部を殺意を持ってかき切りあるいは刺し、失血させて全員を殺害した。

⊛犯行に至る背景

被告人は、漁船員をしたり土木作業員などをして働いていたが、入院中にA子と知り合い、長女妊娠を機に結婚し、4人の子どもをもうける。しかしな

がら仕事が続かず、Ａ子との間でしばしば口論が起こるようになり、1988（昭和63）年春頃にはＡ子に「働きがない」と難詰されて興奮し、殴る蹴るの暴行を加えたため、Ａ子は実家に戻って離婚を求め、子どもらも母に従うという事態に至った。このときは被告人が再三再四Ａ子に謝罪し、「以後は真面目に働き、暴力も振るわない」と誓約したことで、いったんよりを戻すことになった。

ところが1989（平成元）年７月20日、漁船員として働いていた船が一時寄港した際に船を下りてしまい、それを知ったＡ子に難詰されて立腹、Ａ子の顔面を殴打する。Ａ子は町役場からもらった離婚届の用紙を突き付けて離婚を迫ったが、被告人は用紙を破り捨て、Ａ子もそれ以上離婚話を持ち出さなかったため、いったんは家庭内の雰囲気も落ち着くようにみえた。

その後Ａ子は、実家の家業である民宿を手伝うと言って７月29・30日、実家に帰ったが、Ａ子の実家はもともと結婚に反対であり、離婚にも積極的に賛成していたことから、被告人はＡ子が実家に帰ることを不安がっていた。加えて８月８日、Ａ子の父親が病院で検査を受けるので、翌日Ａ子を手伝いに寄越してほしいという趣旨の電話があったため、再びＡ子が実家に戻ってしまえば、いよいよ離婚させられ、子どもたちもＡ子について行って自分が１人きりになるという不安を深めることになった。

その晩は、Ａ子と一緒にウィスキーの水割りを飲んで居間で寝込んでしまったが、翌９日午前５時前頃に目を覚まし、寝直そうとしてＡ子らが寝ていた部屋に入り、Ａ子の隣に寝ようとしたはずみに被告人の左腕がＡ子の右腕に触れたところ、Ａ子がこれをはねのけ被告人に背を向けるような動作をしたため、被告人は、Ａ子が目を覚ましており、被告人に対する嫌悪感を態度で示したものと感じ、このような態度に出る以上、Ａ子の離婚の決意は固いと考え、とっさに「Ａ子や子どもらと別れさせられ１人になるぐらいなら、Ａ子と子ども４人を道連れに自分も死んだ方がよい」との思いに駆られ、全員を殺害しようと決意した。

● **無理心中を認めた地裁判決**

第一審判決は、本件は家族を道連れにしようとした無理心中であると認め、「被告人を無期懲役に処する」とした。ではなぜそう判断したのか。

「本件は、不本意な離婚の事態に直面し、妻子と別れて１人取り残されるよりは、妻子５人を一気に殺して自分も自殺しようとした中年の被告人が、妻子

は殺したものの、自殺を決行するほどの気力もなく犯行後4日目に自首してきたという事案である」

「しかしながら、本件犯行は、どのような角度からも正当化する余地のない重大な犯罪であるにしても、その本質は、自らの死を決意すると共に家族をも道連れにしようとしたいわば無理心中の事件であり、どちらかといえば、被告人の反社会性というより非社会的な不適応性が表面に浮かび上がる事件であることも否定できない」

「通常死刑の対象となることが多い強盗殺人、強姦殺人あるいは誘拐殺人などのように、共同社会に正面から敵対する犯人の強固な犯罪性が示され、一般社会が同種再犯の危険におののくような凶悪な犯罪とは類型を著しく異にするところがあることは否めないのである」

このように述べて、無期懲役としたのであった。

●無理心中を否定した高裁

ところが、高裁は、「原判決を破棄する。被告人を死刑に処する」として、原判決を次のように批判する。すなわち、「本件は、犯罪史上稀にみる残虐極まる凶悪重大犯罪として、被告人には極刑もやむを得ないと認められる事案であるのに、原判決は、量刑事情の評価判断の面において、本件が単なる家庭内の無理心中事案であるとみて、その罪質の厳正な評価を誤り、しかも証拠の一面のみを捉えて被告人の主観的事情を過大に重視したばかりか、刑罰の本質が何よりもまず応報贖罪、すなわち、犯した罪に対する犯人の責任に応じての償いであることを看過し、本来庇護すべき家族5人を理不尽にも皆殺しにして、その将来ある生命を無残にも絶った行為に対する社会の良識的な処罰感情に関しても判断の適正さを欠き、また、他の類似事犯との量刑の均衡を考慮しない誤りも犯して被告人を無期懲役に処しているのであって、その量刑は著しく軽きに失し不当であるから、到底破棄を免れない」とし、親子心中には当たらないとする理由を縷々述べていく。以下、抜粋して紹介する。

「本件犯行の動機に関連して、原審公判廷において、親が死んだ後に残される子供らがかわいそうであるから殺害した旨供述し、あたかも親心から子供らを殺害したかのように弁解しているが、従前の被告人の生活態度や言動に鑑みると、子供の人格を無視し、子供を親の私物化する余りにも身勝手な言い分と評するほかなく、本件犯行の動機は単に自己の意のままにならない事態となったことに対し、激情の赴くまま家族皆殺しを図ったというのが事の真相であっ

て、親心から殺害行為に及んだなどとは到底認められない」

「原判決が、その『量刑の理由』の項において、本件犯行の本質は、自らの死を決意するとともに家族をも道連れにしようとした無理心中の事件であると規定し、被告人の反社会性というより非社会的な不適応性が表面に浮かび上がる事件であることも否定できないと判示する点は、量刑に関する事実認定を誤り、ひいては本件犯行の本質に対する評価を誤ったものと考えられる。この点について、被告人は、捜査段階から一貫して妻子を皆殺しにして自分も死のうと思った旨供述しているが、関係各証拠によると、被告人は本件凶行に及んだのち直ちに自殺を企てるどころか、凶行に及んだ寝室や子供部屋から居間兼台所に戻ったのち、隣室のＡ子の仕事部屋から持ち出した日本酒一升瓶の封を切り、約５合の日本酒を飲んでその場で寝込んでしまったこと、同日午後10時ころ目を覚ました被告人は、冷蔵庫の上に置いてあったＡ子の鞄の中から14万1000円を抜き取り、更に洗面用具と飲み残しの酒の入った一升瓶を携え、犯行現場を他人に見られないようにするため、留守を装って玄関の外側から南京錠を掛けて自転車で実家に向かったこと、その晩、被告人は実家で眠ったのち、翌10日午前10時ころ起き出し、ちり紙にペンで『みんなつれていく　ゆるせ』と書いてこれを財布の中に入れ、物置の中からロープを持ち出してその先端に輪を作り、これを携えて実家近くの鉄橋の下に行き、ロープを橋桁の鉄骨部分に掛けるなどして自殺を図ろうとしたがこれを取り止めたこと、その後、被告人は実家に戻り、屋敷内の木陰にござを敷いて日本酒を飲んで昼寝をするなどして過ごし、更に、その翌日や翌々日にも食事もせずにぶらぶら過ごしていたが、その間、実家の台所から持ち出したマキリで手首を切って自殺を図ろうと考えたものの、マキリを構えただけで手首に当てることもせずに止めたこと、その後は格別自殺を試みようとしたこともなく、同月13日早朝電話で110番通報をして自首したことが認められる」

「以上の事実によれば、被告人は本件犯行に際し、真剣に自らの死を決意したというにはほど遠く、ただ漠然と自分も死んだ方がよい、あるいは生きては行けないと考えたに過ぎず、犯行後も自殺を決行しようと思えばその機会と方法はいくらでもあったのに、被告人は、同様の気持ちから首吊り自殺やマキリを用いての自殺を試みることを考えただけで真剣にその決行を試みた形跡は認められず、原判決が、本件の本質は被告人が自ら死を決意するとともに家族をも道連れにしようとしたいわば無理心中事件としているのは事実認定を誤った

ものといわなければならない」

「その意味において、本件は、例えば、親が何らかの事情によって自殺の途を選ばなければならない状況に追い込まれたときに、心身に重篤な疾病をもち他人の介助を必要とする子供をその道連れにするといった、加害者たる親と被害者たる子供の置かれた境遇にそれなりの世間の同情を誘ういわゆる家庭内無理心中事件などとは全く性格を異にするものである」

(2) 難しい判断

　要するにこの事件は、第一審である地裁と第二審である高裁とで、「親子心中」か否かの判断が大きく分かれ、その結果として量刑に違いがみられたものと言えよう。量刑についてはさておくとしても、このような事例を前にすると、どこまでを親子心中事例とし、どこからを単なる殺人、子殺しとするのかは、それほど簡単ではないことが推測される。何らかの形で死ぬ意思があったことが確認できればそれは親子心中（未遂）と言えるのか、それとも眠剤を服用するとかリストカットするなど、自殺に繋がる実際の行為があることが心中（未遂）と呼ぶための前提となるのか、あるいは仮に何らかの行動があっても軽傷レベルでは意思があいまいと判断して親子心中（未遂）と呼ぶことに慎重な姿勢をとるのか、判断は分かれる。

　稲村（1977）は、「親子心中ではふつう親が子供をまず殺害し、つづいて親が自殺をする。親子同時の自殺は、たとえば共に自動車で崖から突進するとか、手をとって高所から飛び降りるとか、抱きあっての入水や轢圧などの手段によるが、数としてはむしろ少ない。親が子を殺害してから自殺しようとする場合には、親だけが生き残ることが多く、そこに子殺し犯罪が成立する。親が生き残るのは、単に行為途中で発見されるだけでなく、子の殺害によって虚脱状態に陥るなど、自殺の頓挫をきたしやすいためである」と述べているが、こうした意味での親子心中か否かの判断基準（定義）を示しているものは、知る限り見当たらない。

　なお、本書で扱う対象は、子どもが殺害されている事例を基本としつつ、加害者の生死や意図に関しては、「親子心中」を幅広く検討する意を込めて、なるべく広く解釈するよう心がけていることを追記しておきたい。

〈引用・参考文献〉

麻生正蔵（1927）「親子心中の惨事を讀んで（親子心中に關する諸家の意見）」社会事業 11（9）

飯塚進（1973）「心身障害者に係わる『道連れ自殺』について（1）」桃山学院大学社会学論集 7 巻

石川英夫（1984）「最近の親子心中の実態」東京経済大学人文自然科学論集 66

伊藤わらび（1985）「戦後日本における母子心中の一考察」武蔵野短期大学研究紀要 2

稲村博（1977）『自殺学――その治療と予防のために』東京大学出版会

大西義衛（1937）「親子心中について」日本医事新報 757

川﨑二三彦他（2012）「『親子心中』に関する研究（1）――先行研究の検討」子どもの虹情報研修センター平成 22 年度研究報告書

菊池甚一（1934）「兩殺症としての母子心中」社会事業 18（5）

日下部康明他（1979）「子殺しの 3 症例」北関東医学 29（2）

国谷裕子（2017）『キャスターという仕事』岩波書店

警察庁生活安全局少年課（2018）「平成 29 年における少年非行、児童虐待及び子供の性被害の状況」

厚生労働省雇用均等・児童家庭局 総務課（2013）「子ども虐待対応の手引き（平成 25 年 8 月改正版）」

越永重四郎他（1975）「戦後における親子心中の実態」厚生の指標 22（13）

佐藤裕（1979）「わが国の自殺に関する研究Ⅲ――親子心中の実態」聖路加看護大学紀要 6

社会保障審議会児童部会・児童虐待等要保護事例の検証に関する専門委員会（2005 ～ 2018）「児童虐待による死亡事例の検証結果等について（第 1 次～第 14 次報告）」

關寛之（1934）「親子同伴死の流行に就て」社会事業 18（5）

高橋重宏他（1977）「日本における複合殺（いわゆる心中）の実態――母子自・他殺の全国調査を中心として」厚生の指標 24（3）

滝内大三（1973）「最近の親子心中をとおして見た日本人の子ども観について」教育 23（6）

中田修（1992）「内因性うつ病の殺人とその責任能力」犯罪学雑誌 25（2）

姫岡勤（1964）「戦後における無理心中の実態」ソシオロジ 11（1・2）

山名正太郎（1964）『世界自殺物語』雪華社

読売新聞（1922 年 7 月 4 日付け）

読売新聞（1922 年 7 月 5 日付け）

読売新聞（1927 年 11 月 4 日付け）

〈引用判例〉

「仙台高判 平成 4・6・4 判時 1474 号」

第2章

「親子心中」の歴史的検討
戦前を中心に

　「親子心中」という用語は、すでに述べたように、大正末年頃から昭和のはじめにかけて生み出されたと考えられるが、それは、こうした事象が、当時の社会で急速に広がり、社会的な問題として各界の関心を呼んだことと軌を一にしている。

　そこで、まずは戦前における「親子心中」の実態から検討を始めたい。この当時も多くの識者が論じており、彼らの分析、検討は、今日の問題を考える上でも参考になることが多く、わが国における「親子心中」とその対応の歴史、系譜を理解する上でも貴重なものと言える。ただし、それらすべてを網羅するには紙数が足りないので、ここでは代表的な意見を紹介するにとどめたい。

三田谷啓 (1916)「兒童虐待に就て」

●三田谷啓とは

　まず最初に取り上げるのは、三田谷啓 (1916)「兒童虐待に就て」だ。駒松仁子著『シリーズ福祉に生きる (40) 三田谷啓』(大空社) によると、著者の三田谷は、1881 (明治14) 年に兵庫県の寒村の農家で生まれている。空腹で泣き叫ぶ末弟を背負って山道を往復し、朝から晩まで子守に明け暮れたというのだが、向学心を抑えきれず、18歳のある日、書置きを残して家出、先の見通しもないまま大阪に出て街をさまよい歩く。その後の経緯は省略するが、結果として1905 (明治38) 年に大阪府立高等医学校を卒業し、精神病理学や治療教育学を学んだという。そして1911 (明治44) 年にドイツに留学してゲッチンゲン大学で治療教育学、心理学を学ぶ。このとき、造花を販売してその収益を貧

第2章 「親子心中」の歴史的検討──戦前を中心に

表 2-1　児童虐待の件数

加害者と被害者	件数
実子を虐待せし者	84
甚子を虐待せし者	18
孫を虐待せし者	4
内縁の妻の子を虐待せし者	2
先夫の子を虐待せし者	2
子守が虐待せし者	2
先妻の子を虐待せし者	1
同胞	1
不明	2
計	116

出典：三田谷啓（1916）「児童虐待に就て」

民児童や貧民病者等に寄付する「花の日」の行事などを目の当たりにしており、それらが児童虐待への関心を抱く動機のひとつになった可能性があろう。ドクトルの称号を与えられて 1914（大正 3）年に帰国すると、医者として児童教育に終生を捧げたのだが、帰国後すぐに、わが国の児童虐待について調査する。

● わが国初の児童虐待事例の調査報告

　彼は、1910（明治 43）年 8 月から 1915（大正 4）年 2 月までの 4 年 6 か月を対象に、「日本全國の新聞中より抄録」した児童虐待事案について分析を加えており、児童虐待による死亡事例を中心に 116 例が収集されている（表 2-1）。それらを詳細に見ていくと、「親子心中」事案は決して珍しくないことがわかる。

　本調査の時期に注目してほしい。「親子心中」が世上で取り沙汰されるほぼ 10 年も前のことだ。だから、世上に「親子心中」という言葉は生まれておらず、それゆえ本論文に「親子心中」の語句は出てこないのだが、彼は次のように述べる。

　「児童を虐待して次に自ら死亡するもの多し」

　「予の調査材料の中虐待者が生命を捨てんとせしもの（自殺者及び自殺未遂者）は實に五十五名に上る。其中自殺未遂者二十一名及び生死不明二名を減じたる残り三十二名は自殺の目的を果したるものなり」

　「親子心中」という〈便利な〉用語がない時代のほうが、こうした事象を「児童虐待」として認識しやすかったとも言えそうで、皮肉なことだと言えるかもしれない。

● 明治末期から大正初めにかけての心中事例

　自殺の経過については、「行爲の発覚を恐れて自殺するものもあるべし。或は自殺を断行するに方り先づ子女を殺し置くものもあらむ」「或は嫉妬の如き原因にありてはアテツケ即ち面當に暴行を敢てするものあり」などと述べてい

る。以下、彼が示した事例から抜粋していくつか紹介してみよう。

　最初は加害者母の例。

・夫死亡し家計不如意のため、長男（11歳）の咽喉を刺して殺せり。後自己も自殺を企つ。

・家計不如意、實子（5歳と2歳）を毒殺（モルヒネ?）し、後自己も毒殺せり。

・生活難。長男（6歳）を沼に投じ、次男（2歳）を負ふて投身。

・夫の梅毒をはかなみ、母子（長男7歳）共に轢死。

・夫が情婦を造りたりとて、絞殺（女児9歳、7歳、3歳）。次で自ら縊死を遂ぐ。

・夫と離縁し、先夫は後妻をとりしため、精神異常となり。長女（12歳）と共に帯にて結ひ合ひ、瀧壷に入り投身母子共に死す。

・夫は情婦の處へ行きしならむと思ひ憤怒の情を起し同夜我家にて兒童（連れ子10歳・7歳、夫の先妻の遺児13歳・12歳・5歳）を火あぶりにせり。兒童は驚き火中より逃げんとせしも妻は皆諸共にやけ死ぬのだと云ひ12歳の兒を抱きて火中に投じ黒焦となれり。他の兒は死力を盡つくして逃れ出たり。

　次いで父による心中事例を紹介する。

・商業の失敗。短刀にて（3歳男、7歳女）刺殺（2人共）。後自殺す。

・家計難。毒殺。親子（長男8歳）三人共毒を呑んで死す。

・實子（男）が白痴なるを不憫として刺傷殺。次で、自らも刺して死せんとし發見せらる。

・これらの子（6歳男、2歳男、10歳女）は妻が他人と情を通じて出來たる子なりとて喧嘩の果て、三人の子を殺し、妻を殺し後自ら井戸に投身せり。

・長男病氣（肺病）のため刺傷死。次で自己も自殺す。

　これらをふまえて、三田谷は次のような結論に達する。

　「児童虐待の原因が予の材料にありて生活困難に因するもの多きは社會上 大に注目を要すべきことなり。而して此等の場合にありて虐待者も被虐待者も共に生命を失ふを普通とす」

原胤昭（1927）「近時の流行親子心中の惨事」

●原胤昭とは

　三田谷の報告から約10年後、わが国社会では、「親子心中」が頻発するよう

第 2 章 「親子心中」の歴史的検討──戦前を中心に

になった。それを見咎めて論じたのが 1927（昭和 2）年に出された原胤昭「近時の流行親子心中の惨事」である。本論考の背景について、胤昭の息子（養子）である原泰一[1]は次のように説明する。

「明治から大正へかけて、七十餘年大半を不幸なる同胞のために捧げてきた父胤昭が、人生の凡ゆる悲惨事に直面して來たその經驗のうちにも、曾て斯んなむごたらしい出來事は一生に二度とあるまいと思ったと云ふ『家族心中』が、今この昭和の聖代に於て屢々繰り返されて居る」（原泰一、1927）

ここで、原胤昭について簡単に紹介しておこう。片岡優子（2011）『原胤昭の研究──生涯と事業』（関西学院大学出版会）によれば、原は 1853（嘉永 6）年、江戸町奉行所与力の家に生まれ、13 歳で幕末の江戸町奉行所に最年少与力として出仕したという。その後、自由民権運動にかかる筆禍事件で逮捕、投獄された経験をふまえ、出所後は監獄改良・出獄人保護事業に身を投じ、生涯を捧げたのであった。また、こうした更生保護事業の傍ら、わが国初の児童虐待防止事業に着手したことでも知られている。おそらくは、そうした彼の実践が、流行の兆しを見せるようになった「親子心中」に目を向けさせたのであろう。

●大正末期から昭和初めにかけての心中事例

さて、三田谷と同じく、原も新聞報道によって事例を収集しているが、原の場合はすべて「親子心中」に限っている。おそらくは、わが国における「親子心中」の問題に先鞭をつける論考と言えよう。対象としたのは 1924（大正 13）年春から 1927（昭和 2）年 7 月頃までの約 3 年というから、三田谷の調査からおおよそ 10 年を経ている時期だ。この期間に原が収集したのは 300 事例[2]。三田谷の調査と比べて、件数は明らかに増加している。

以下、300 事例について、今日の事例の特徴なども念頭に置きながら抜粋して報告したい。

---

1 本稿では、以後、原胤昭については「原」と呼び、原泰一については「原泰一」と呼ぶ。論文も同様である。
2 原（1928）は「私の目に寫った事件は總計五百を超えて居たが、之を精査探求し、又は該地方の公私知人に問合せ等して全然精神異状から來たものと認めらるゝものや事件が甚だ不明瞭であったりするもの等約二百件を除外して適切であると思はれるもの三百件を得」と述べている。

表 2-2 親子心中の件数

1件あたりの被害児童数	1人	2人	3人	4人	5人	6人	7人	8人	計
事例数	163	94	30	8	3	1	0	1	300
合計児童数	163	188	90	32	15	6	0	8	502

出典：原胤昭（1928）「母子心中」

　まずは被害児童[3] について。表2-2に事例数と被害児童数を示したが[4]、「親子心中」の特徴として、ひとつの事件で複数の児童が被害に遭うことが珍しくないのは現在も変わらぬ特徴であろう。とはいえ、1事例あたりの被害児童数は現在よりも多く、8人もの被害児が出現している事例などは、現在では稀と言う他なく、戦前ならではの事例であったかもしれない。

　一方、加害者を見ると、父が加害者だったもの75件、母によるものは245件であった[5]。父母の件数の多寡は三田谷（1916）も次のように指摘していた。

　「自殺者の性別は男子が女子よりも多きを通則とするに反して児童虐待者の女性の自殺するもの男子より多きは注目すべきことなり」

　この点は現在も同様であり、古今を問わず一貫した傾向であることが推認される。

● 血縁と「親子心中」

　なお、加害者と被害児童の関係を見ると、ほぼすべてが実子となっていて、非血縁の関係にある児童は、502人中1人（貧困のため、40歳の義父が妻の8歳の連れ子を抱いて投水自殺したもの）だけであった。非血縁関係での「親子心中」が極めて例外的であるのも過去と現在を問わず一貫した傾向である。そのことが如実に示された戦前の事例を、菊地（1934）によって紹介しておきたい。時代は原の論文より下る1933年（昭和8年）の母子心中である。まずは加害者母の公訴事実。

3　原が収集した事例で被害を受けた子どもの最年長は20歳であったが、ここでは、便宜上それらを含めて児童と呼ぶ。

4　「親子心中」に関する原胤昭の論文は、1927年の「近時の流行親子心中の惨事」及び1928年の「母子心中」の2つが見出されたが、いずれも原による同じ調査結果を基に執筆されている。本表は、原（1928）から引用した。

5　父母を合計すると320人になって事例数300件と符合しないが、20件の事例では父母いずれもが加害者となって重複していることによる。

第 2 章 「親子心中」の歴史的検討──戦前を中心に

「被告人は印刷業横田三郎の後妻なる處繼子の取扱ひに關し夫三郎との間に
圓滿を缺き煩悶を重ねたる末遽に實子なる孝之當七年、かな女當五年、五郎當
二年を殺害して自殺せんことを決意し、昭和八年五月十七日頃自宅附近の藥局
にてカルモチンを買求め又遺書を認めて準備を爲し同月十九日午前九時三十分
頃夫三郎及繼子幸、かずよ、みつ代等が階下にて作業せる隙に乘じ自宅二階六
疊に於て殺害の目的を以て犯意を繼續の上かな女の頸部を白布にて締め窒息せ
しめ次で右五郎の頸部を細紐にて絞め窒息せしめ、更に右孝之の頸部を手拭に
て絞扼して窒息せしめ、夫々其目的を達したるものなり。(全部假名)」

　公判で母は、夫や継子 3 人に気づかれぬよう細心の注意を払い、実子 3 人に
対して「お母さんは天國に行きますが一緒に行きませう」と誘い、それぞれが
「ハイ」「えゝ行きませう」などと返事をした後で絞殺したと証言している。そ
して、「生き殘ったのが殘念で堪りません、彼の時死さへすれば此様な苦しみ
をいたさないものと思ふと助かったのが恨めしくなります。子供は……子供は
一緒に天國に行きませうといふと喜んで居たのに、私許り生き殘って、私の來
るのを待ってるでせう。何處か門の入口のやうな處で、三人で立ってお母さん
はどうした……どうしたんでせうといって淋しがってるやうな氣がして……」
と嗚咽したという。

　ところが、ここでは母と継子との関係、母の継子に対する思いなどにはまっ
たく触れられていない。この母にとって心中の対象となる子は、はじめから血
縁関係にある実子以外には考えられないのであり、「親子心中」における「親
子」についての意識状況が、問わず語りに示されていると、筆者には感じられ
る。この点については、戦後の事例も後述し、あらためて検討してみたい。

●「親子心中」の原因・動機

　なお、心中に至る原因、動機については、「客觀的觀察を以て正鵠を得たり
とすることは決して出來ない。(中略)たとへ原因と目さるべきものが傳はっ
たとしても、それは恰も貧困の原因の如く決して一二の事由を以て決定すべき
ではないであらう。何せ自分と自分の愛兒の生命を斷たねばならぬ程の重大な
る原因動機である。貧に迫りたるが故なりとしても、又それに附隨する幾許か
の原因動機があることは當然であって、結局は正確に掲げ得らるべきではな
い」と述べつつ、最も多かったのが「自己の病弱のため」(女性 47 人、男性 12
人、合計 59 人)であり、ついで「生活難(事由様々)」(女性 20 人、男性 7 人、

合計 27 人）と「夫の不身持ちのため」（女性 27 人）を挙げている。

この点につき、先に挙げた原泰一のコメントを見ておこう。すでに述べたように、彼は胤昭の養子であり、貴族院勅選議員や日本赤十字社副社長を務めた救護法の大家として知られている。原泰一（1927）はまず、親子心中について国民の一部にある「自由競争場裡に於ける劣敗者」「今日の社會に於て當然淘汰せらるべき人々」といった見方を遺憾千万であると批判する。

その上で、原（1927）の調査結果をふまえて、「自己の病弱なるによるもの五十九人、連れ添ふもの若くは子供の病弱なるによるもの十五人、合計病弱によるもの七十四人である」とし、また「生活難によるもの二十七人、その他失業若くは事業失敗によるもの十九人、合計四十六人」と述べ、「何れも現實味ひつゝある生存苦若くは生活苦と將來に襲ひ來る不安とが、彼等を死に追ひ込んだのである」と指摘する。これは、「生活困難」が心中の主たる原因だとした三田谷（1916）の見解とも共通すると言っていいだろう。

加えて彼は、次の点にも着目する。

「夫の不身持ちその他の非行によるもの五十九人」（夫の不身持ち 27 人に加えて、夫の犯罪、大酒、賭博、虐待無情などが該当）であり、「返すがえすも男子の反省を求め、男子専横の世相に改良を促すべきところである」

男の不道徳を批判し、反省を求める意見は当時の他の識者の見解にもみられ、この当時の見解のひとつの着目点であったかもしれない。

● 心中の手段

さて、原は殺害及び自殺の方法についても調査している。それによると、この時代の親子心中は「投水」、すなわち身投げによるものが圧倒的に多いことがわかる。川、池、海、井戸などがその場所として選ばれているが、被害児の実に 240 人（47.8%）がこの方法によって死亡している。「投水」を選ぶのは母が多く、父の場合は別の方法（縊殺が最も多い）が選ばれている点も、特徴のひとつと言えよう。また、原が注目したのは「毒殺」である。被害児 44 人に加害者 35 人を加えると合計 79 人になるが、その中で「猫いらず」を用いて死亡したのが 48 人と過半数を占めていたという。原（1928）は「猫いらず」について次のように述べる。

「現在世間が此賣藥あるが爲めに如何に多くの煩雑な迷惑を蒙ってゐるかは深甚の考慮を拂ふべき必要がある。勿論此賣藥の販賣を制したりとて世間に自

第 2 章　「親子心中」の歴史的検討──戦前を中心に

殺者絶ゆべしとは云はない」。しかしながら「若し猫いらずにして容易に手に入らざりしとせば、果して其者達は斯の如き藥品を選んだかどうか」

現在においても、自殺手段を遠ざけることで自殺防止に一定の効果があると言われていることを考えると、この指摘も頷けると言えよう。

こうした調査をふまえ、原（1928）は次のように問題提起する。

「寧ろ其の人達に自分の死後、その愛兒を託すべき所なしと観念せしめた社會自らの責任を思ふのである」

「正しく是は現代社會事業家總てが愼重考慮を要する大問題である」

単に「親子心中」を実行した個人の問題に帰するのではなく、社会に対して、また社会事業家に対して問いかけている点は、けだし慧眼であろう。

小峰茂之（1937）
「明治大正昭和年間に於ける親子心中の醫學的考察」

●小峰茂之とは

戦前の文献で最後に紹介するのは、原が「近時の流行親子心中の惨事」を著してから 10 年後に出された小峰茂之（1937）「明治大正昭和年間に於ける親子心中の醫學的考察」である。

小峰は、1883（明治 16）年に神奈川県で生まれ、戦前の日本において最も先進的な精神病院とも言われていた王子脳病院院長として医療に従事し、1924（大正 14）年に小峰病院を開院、同時に財団法人小峰研究所を創設して、心中や情死など自殺に関する研究を活発に行ったとされている[6]。また、鈴木晃仁（2014）は、小峰について次のように紹介している。

「小峰茂之は、東京の精神病院の形成に重要な役割を果たしていた人物であり、精神医療の領域では、自殺、心中、同性愛心中、浮世絵などの多様な領域にわたって論文を発表している。特に自殺については、日本の精神病における自殺研究の開拓者であるといってよく、重量感があり多様な側面をカバーした仕事をしている。その他に日本医師会の理事となったのと関連して、医療の総動員政策にかかわる論考も発表している重要な人物である」

6　ゆまに書房 web ページから引用、要約。

●60年余にわたる「親子心中」の検討

　さて、本論考でまず驚かされるのは、全体で146ページにわたる大部の著作という点だ。小峰は、「明治初年より刊行の新聞紙で今日に至る迄存續してゐるのは東京日日であり、余はこれによって發刊初號から大正年間に互る調査を開始した」という。そして、「明治五年から大正十五年迄の統計を、東京日日新聞によって調査し、昭和年間のものは、日日新聞及切拔通信社を通じ、或は地方新聞社を通じ、全國的に材料を集めて統計」をとっている。調査対象年の始期である明治5年と言えば1872年であり、そこから昭和9年、すなわち1934年までのデータが示されているわけだから、明治以来の60年余にわたる親子心中のデータをふまえた論考ということになる。新聞記事をベースにしているとはいえ、これだけの長期間にわたる調査は、現在に至るまで見当たらない。その意味でも貴重な報告と言えよう。

　ところで、小峰は、統計調査結果について論じる前に、「我國及び、諸外国に於ける起源並にその足跡を歴史的に探るべく、微力の及ぶ限り種々古文獻を蒐集し調査した」と言う。その結果、「多くの好例を發見することを得ず、甚だ遺憾」と言いつつ、次のように述べる。

　「唯東洋に於ては太古より殉死の風習が盛んで」「古代より戰亂時に於て、敗戰の際、君主に殉死せる武將の家族の母子心中の例が非常に多く見られる」

　ただし、こうした例も、徳川時代になると「僅かに二三に止るのみ」だとして、文献調査の結果を次のように報告する。

　「殉死、心中、自殺が古くよりあり殊に吾國では徳川時代に多かったのである。然るに親子心中は著しく少く、先輩諸氏殊に大西義衛博士は親子心中は大正昭和時代の産物であるとさへ謂はれて居るのである、當時と雖も貧民は多かったにも拘らず、現今の如き生活苦に因する、又病苦に因する親子心中の實例は余の見聞せし徳川時代の歴史（正史、私史、實記）、歌舞伎狂言物、淨瑠璃物、小説、自殺に關する文獻及幕末時代の新聞紙、その他實話傳説等を探求したのであるが數ふる程も見當ら」ない。

●明治初期の親子心中

　とはいえ、小峰は明治初頭からの事例を調べ、それらを列挙している。こうした事例については、三田谷や原も言及しておらず、他では見ることができない貴重なものと言っても差し支えないので、ここでは明治初頭の事例について、

いくつか紹介しておきたい。

　小峰が調べた新聞報道によると、最初に発見した事例は明治6年、すなわち1873年6月、東京銀座で発生したものだという。概略は以下のとおり。

　「親子が一時に發狂して俱に自盡せしが兩人共淺庇にて死に至らず母は三十八歳子は十九歳の男子で夫旅行中の六月十一日の夜俄かに發狂して共に心中を企てた」

　詳細は不明だが、精神的な不調が背景にあったのかもしれない。さて、小峰は、続いて第2例、第3例、第4例を挙げていく。第2例は、先の例からちょうど1年後の1874（明治7）年6月、妻が最愛の娘の心臓を一刀で刺して殺害し、自らも喉を掻き切って自殺したというものだが、その事情は、次のようであったという。

　「夫○○は征韓薫へ加りしを纔かに知りてうち驚き度々の諫も糠に打つ釘より胸の苦しさも官軍國に臨むの後、不日彼薫大敗なし夫も刑に死すと聞き今は此の世に望みなき玉藻の床も吹荒れて獨り音に啼く離れ鴛鴦天に憧れ地にかこち順逆二つの理を感じ三つにもたらぬ幼兒を夫が日頃愛翫せし匕首をもて刺殺し其身も俱に打重なり自害せし」

　小峰は、古代においては「君主に殉死せる武將の家族の母子心中」が多かったが、徳川時代にはほとんどみられなくなったと述べていたが、本事例では、夫が刑死したと聞いて娘を殺害し、自らも命を絶ったというのだから、明治時代になっても、過去の風習の名残があったということであろうか。

　さて、第3例も同じく明治7年のことだ。乳飲み子をかかえた30歳ぐらいの女性が川べりでまさに身を沈めんとしているところを、通りがかった車夫が抱きとめた未遂事件だが、巡査が事情を聞いたところ、「夫近來其德を二三にするより此夜は互に口角爭論して此の短慮を起こせし」ものだったという。原が心中の原因動機として挙げた「夫の不身持ち」という理由が、早くも明治初期にはみられていたということであろう。

　さらに第4例を示す。こちらは1875（明治8）年の事案である。

　「明治八年五月十二日夜千葉舊鶴舞藩の士族にて此ごろ家禄を奉還し、武州羽生町に寄留して荒物渡世を初める稲見忠○四十六歳、女房おさ○は三十八歳で夫婦が中に六人の子供あり、未だ七人に足らざれば心し許し難しと云ふ教の如き女房おさ○は平常夫を尻に敷き口角絶へぬのみならず動もすれば暇を乞ひて出て行きますと口癖に罵りわめくを腹に据え兼ね乙亥五月十二日夜

逆上して突然と起き出て仕舞ひ置きたる刀を取出し女房初め、一男二女を殺害し殘る娘の三人に百貳拾圓の金を渡し、『女房が憎き振舞は汝等も兼ねて知りつらん又三人の幼兒も母亡き跡が不憫ゆえ我が手にかけて殺したるなり、葬式料の殘金を三つに分けて汝等が身の落付を計るべし』と遺言をこまごまし終りて是までなりと咽喉のあたりを突き損じ」

　家庭不和という点では、先の例と共通するが、「心中」を思い立って実行したのは夫の側であった。本事例では、妻子を殺害する一家心中のようにみえて、6人の子ども全員ではなく幼子3人に限って道連れにしている点が特徴ではないかと感じられる。

　この他、やはり明治8年には、「孫のくまが習字不精なのを父が打擲、老母は可愛さ一途に之を怨みつゝ生永らへて呵責の罪を見んよりと孫を連れ、觀音様に後世祈願して」12歳の孫とともに水中に身を投じた祖母の事例なども紹介されている。

　こうして見ていくと、明治初期における親子心中は、戦国時代の名残とも言える殉死に伴う心中を彷彿とさせるものから、精神疾患を示唆する事例、後に原（1927）などに大きく取り上げられることになる「夫の不身持ち」に類する事例、父親による一家心中に近い事例、祖母による心中に至るまで種々のものがあり、現在に通ずると思われるような事例が、早くも出現していたと言えるのではないだろうか。小峰はこれらの事例をふまえつつ、収集した事例の統計的な分析を行っていく。

◉件数の推移

　まずは、明治初期から昭和初期までの件数を見ておこう。すでに述べたように、本調査は新聞報道をベースにしており、小峰自身「余の調査例に遺漏もあり、又新聞紙に現れざる例もあるので、實數は尚、之より多數に上ることゝ推測される」と述べて、新聞による調査の限界を示唆している。また、大正年間までは東京日日新聞一社によって、昭和年間のものは、それに加えて切拔通信社等を通じて収集しているため収集方法に一貫性がなく、その点も差し引いて考えなければならないが、貴重な資料であることは疑いない。

　さて、図2-1は、この期間に心中によって死亡した子どもの人数[7]を示した

7　小峰の研究はあくまでも親子関係にある者の心中を対象としており、児童のみを対象と

第 2 章　「親子心中」の歴史的検討――戦前を中心に

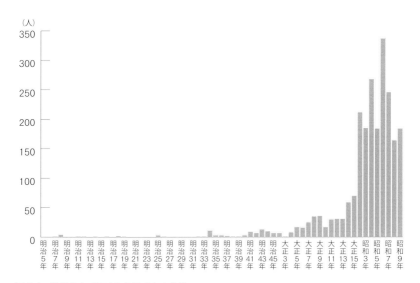

図 2-1　親子心中で死亡した子どもの人数
出典：小峰（1937）「明治大正昭和年間に於ける親子心中の醫學的思考」

もので、これを見る限り、やはり大正末期から昭和にかけて、わが国において親子心中が急増していることは認めてよいのではないだろうか。特に昭和時代に入ると、調査対象のすべての年で死亡人数が 3 桁を数え[8]、昭和 6 年、つまり 1931 年には実に 337 人に上っている。

　小峰（1937）は、こうした親子心中急増の社会的背景を、次のように分析する。

「大正の末年は欧洲大戦後世界的に襲來した經濟界不況の影響を受けて漸次に醸成せられた失業狀態が愈々深刻の度を加へた時で」「斯かる狀勢の下に生活難は必然に招來され、之が悲惨なる親子心中を誘發激増せしめたる一因をなすものと推測される」

　小峰は、当時の米価の高騰と「親子心中」の増加が不離不即の関係にあると

　　していたわけではなく、被害を受けた子どもの中には、成年に達している者も一部含まれている。ちなみに小峰が調査した 1872（明治 5）年から 1926 年（大正 15 年）までに死亡した 471 人のうち、20 才以上だった子どもは 5 人、1927 年（昭和 2 年）から 1934 年（昭和 9 年）までだと、1780 人のうち（21 才以上が）31 人となっており、図中には、これらの成人も含まれている。

8　ここでは、1926 年 12 月 25 日に始まる昭和元年は除いている。

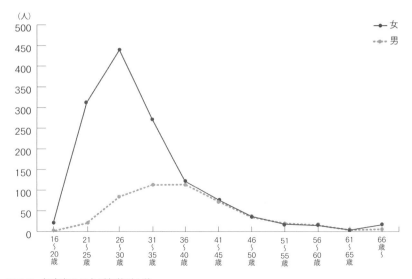

図 2-2　加害者の男女別年齢別人数
出典：小峰（1937）「明治大正昭和年間に於ける親子心中の醫學的思考」

も述べ、生活難、貧困が「親子心中」急増の要因だとしているが、この点は、三田谷（1916）や原（1927）が生活困難を心中の主たる原因として考えたこととも共通しよう。

● 加害者の男女別、年齢別の傾向

　図 2-2 には、1927（昭和 2）年から 1934（昭和 9）年までの 8 年間に発生した事例の加害者別年齢別件数を示した。小峰はまず、母子心中が父子心中の 3 倍強に達していることに注目する。この点は、三田谷（1916）や原（1927）の調査とも共通する点だが、その理由について、小峰は「女性は其天賦の育兒本能から、母性として先天的に子供への強い愛情を植へつけられて居て子供を離れる事は手足をもがれる思ひがする愛兒本能がある」「愛するが故の心的機轉(きてん)から道伴れにするのである」としつつ、第一の理由を次のように分析する。

　「現在の婦人大衆に生活能力のない事であらう。殆ど全部と云ひたい程に大多数の婦人は子供を抱へ生活を爲し得ない」「夫に生活能力の無い場合にも、又失業の際にも、若し妻に生活費を得る道があれば一家心中を遂げることは無いであらうし、夫が他に情婦を持ち、家を外に顧みない場合にも、痴情又は悲嘆の餘り愛兒を殺してまで死を思ふのは、やはり夫を離れては生活の途が無い

第 2 章 「親子心中」の歴史的検討——戦前を中心に

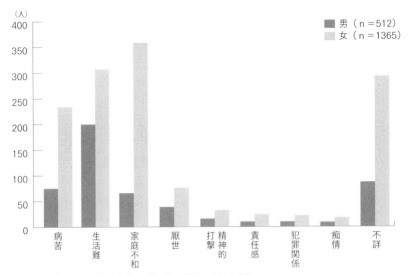

図 2-3 心中の原因（昭和年代、親の部／既遂・未遂合計）
出典：小峰（1937）「明治大正昭和年間に於ける親子心中の醫學的思考」

からで（以下略）」

簡単に言えば、「親子心中」急増の背景とされた生活難を、母子心中を行う女性はより深刻に受けてしまうという見解のように感じられる。

● 親子心中の原因

さて、小峰は「親子心中」について、「遡ってその根本原因を探ぐれば、殆ど經濟的關係に基因するものが大部分である」と述べつつ、具体的な原因についても分類している。それを整理したものが図 2-3 である。本図を見ると、心中の原因は男女でかなりの違いがあるように見受けられる。小峰（1937）は、「男性は明治大正昭和を通じて、生活難が第一位」だと述べつつ、女性の場合は、（明治大正では病苦が第 1 位だったものが）昭和年間では家庭不和が第 1 位となっていることに注目し[9]、この点について次のように説明する。

「妻として、母としての生活を多く持つ女性には、矢張り家庭が唯一の天地であり、生命であるので、家庭の不和紊亂、紛擾には致命的な苦痛を感じ憂慮

9　図 2-3 では件数の多かった昭和時代に限って示しているが、明治大正時代に限ると、女性では「病苦」「生活難」「家庭不和」の順になっている。

煩悶し感情は一時的に亢奮し、殊に夫の背徳によるものは、其婦人の生命とも思ふものを奪はるゝので嫉妬的感情が起き其れが主因となって、多くは感動的に決行する」

　ここまでを読んでいくと、「親子心中」が生じる背景には、この当時の深刻な社会経済上の問題、失業や生活苦があり、特に父親においては、生活難が親子心中の最も大きな原因となっているが、母親は、経済的に夫に強く依存していることから、家庭不和が生じることが致命的な不安を増大させ、悲嘆のあまり親子心中に至らしめる、というのが小峰の見解ということになろう。

　ところで、明治大正年間には、女性の原因の第1位であり、昭和年間においても第3位である「病苦」の具体的な内容はどのようなものなのかを見ていくと、興味深いものがある。小峰は次のように述べる。

　「明治大正昭和年間の病名別の統計を見ると、驚く可き事は殆ど全部と云ひたい程に、精神異常が第一位を占め、次が『ヒステリー』で其他の身體的の疾病は非常に尠いのである」

　「是等は早く發見するならば醫療によって豫防防止する事も出來るものである。故に余は精神衛生の見地よりして吾々精神病醫の貢獻すべき新分野が多々あることを確信する」

　どうであろう。現在も、精神疾患を有する母親による虐待死を克服することが大きな課題のひとつとなっており、後述するように、特に母子心中事例などでは、母親の精神疾患が重要な背景要因となっていることが多い。小峰（1937）は、これらをふまえ、「親子心中の精神病學的考察の重要性」を強調しているが、その点も含めて、先見の明があったと言ってもいいのではないだろうか。

　小峰（1937）は、その他にもさまざまな角度から調査結果を論じているが、本稿での言及は、いったん区切りとしたい。

〈引用・参考文献〉

片岡優子（2011）『原胤昭の研究——生涯と事業』（関西学院大学出版会）

川﨑二三彦他（2012）「『親子心中』に関する研究（1）——先行研究の検討」子どもの虹情報研修センター平成22年度研究報告書

菊池甚一（1934）「兩殺症としての母子心中」社会事業18（5）

駒松仁子（2001）『シリーズ福祉に生きる（40）三田谷啓』大空社

小峰茂之（1934）「親子心中の精神醫學的観察の概要」社会事業 18（5）

小峰茂之（1937）「明治大正昭和年間に於ける親子心中の醫學的考察」、小峰研究所
　　（編）『財団法人小峰研究所紀要邦文 第五巻』

三田谷啓（1916）「兒童虐待に就て」救済研究 4（8）

鈴木晃仁（2014）「精神医療と〈文学〉の形成──昭和戦前期東京の精神病院の症例
　　誌から」科学哲学 47（2）

原泰一（1927）「餘りに悲し（親子心中に關する諸家の意見）」社会事業 11（9）

原胤昭（1927）「近時の流行親子心中の惨事」社会事業 11（9）

原胤昭（1928）「母子心中」社会事業研究 16（1）

ゆまに書房 web ページ http://www.yumani.co.jp/np/isbn/9784843329771

第3章

「親子心中」の特徴
戦後の動向から

　ここからは、今まで見てきた戦前の論考などもふまえ、戦後の動向も見ながら「親子心中」の種々の特徴について考える。ただし、一口に戦後と言っても、すでに 70 年以上の年月を重ねており、それらをひとつにまとめて述べることは不可能と言わざるを得ない。そこで、70 有余年の変遷を視野に入れつつ、筆者らが行った 2000 年代に新聞報道された事例分析[1]も随時織り込みながら検討していくこととしたい。

件数の漸減

　戦前の動向として、大正末から昭和初期にかけて「親子心中」が急増したことはすでに述べた。では、戦後はどのような状況を呈していたであろうか。統計的な分析を加えた論文及びその概要などの一覧を表 3-1 に示したが、戦後の調査、研究を概観しても、児童虐待問題が社会的関心を呼ぶまで公的統計はほとんどなく、それらは新聞報道に依存しているものが多かった。現に筆者らの 2000 年代の調査も新聞報道に依っている[2]。

1　川﨑他（2013）『「親子心中」に関する研究（2）──2000 年代に新聞報道された事例の分析』子どもの虹情報研修センター平成 23 年度研究報告書。2000 年代 10 年間の事例を収集、分析した。なお、収集方法などの詳細は巻末の【資料 1】に記載した。

2　表 3-1 では、現在継続的に公表されている厚生労働省と警察庁の調査報告は掲載していない。なお、厚生労働省は、「児童虐待による死亡事例の検証結果等について」によって「心中による虐待死」の概況を報告しており、警察庁は、後述するように「少年非行、児童虐待及び児童の性的搾取等の状況について」などの中で「いわゆる無理心中」について計上している。

表 3-1　戦後の「親子心中」に関する統計的調査についての論文等一覧

整理番号	著者(発表年)	タイトル	対象など	使用データ	調査対象時期(西暦)	対象期間	備考
1	永田(1950)	親子心中——その調査報告	親子心中(夫婦、きょうだい心中も含まれている)。	全国各県毎に最も有力な地方新聞を選んで	49.3～50.2	1年間	1年間で200件(親子合計598人)。道連れ状況(心中の類型)も示している。
2	警察庁	犯罪統計書／集団自殺件数	集団自殺を「家族」と「家族以外」に分け、「家族」をさらに「夫婦」「父と子」「母と子」「その他」に分類している。また、集団自殺をしている。	警察庁統計	56～64	9年間(各年ごと)	親子心中の件数は、おおむね年間200件台で推移。
3	姫岡(1966)	戦後における心中の実態	共同自殺全般を対象としている。そのうち親子(家族)心中については、道連れ状況を分類しているが、母子心中については「父・母・子とそろっての親子心中」に限定してカウント。他の統計とは異なる分類の仕方と思われる。夫婦心中なども検討。	東京・大阪・京都の三都を主とし、他に数種の地方新聞からも採録	50～62	13年間	13年間に収集した親子心中事例は、母子心中463件、父子心中60件、一家心中172件。原因について、①生活苦 ②家庭不和 ③病苦・不具、④③を除く病気 精神病的要因では、①生活苦 ②家庭不和 ③病気を挙げ、一家心中では大部分が「経済的行き詰まり」があるとする。
4	滝内(1972)	親子心中と日本人の子ども観	「家庭教育、社会教育の面から」親子心中を検討。成人したる子どもも計上。	日刊全国紙(朝日・毎日)の朝夕刊。東京本社発行	68.10～71.9	3年間	初年度55件、次年度68件、最終年度87件で、増加していると評価。その後の滝内(1973)には、心中形態、年齢、方法、最近の親子心中をとらえ、日本人の子ども観には1972年9月までの4年間の調査の一部が掲載されている。
5	厚生省(1974)	児童の虐待・遺棄・殺害事件に関する調査結果	児童の虐待・遺棄・殺害事件全般を調査。ただし子どもの対象年齢は3歳未満。	全国の児童相談所への調査の集約	73.4～74.3	1年間	3歳未満の子どもを対象にした心中事件の被害児は65人、加害者は67人。
6	栗栖(1974)	子どもの養育に関する社会病理的考察——嬰児殺および児童の遺棄、虐待をめぐって	15歳未満の子どもが、親及びその他の保護者によって、生命を奪われ、または身体的な害を加えられた、適切な養育を受けていなかったと報道された子ども。	朝日新聞縮刷版	46～72	27年間	母子心中は554件、父子心中85件、一家心中199件。原因について、一家心中、父子心中では生活苦、さらに父の病気、母の死亡、育児ノイローゼなどが大きな原因としている。戦前との比較もしている。
7	越智・高橋他(1975)	戦後における親子心中の実態	東京都監察医務院の監察医が検案の現場で作成した死体検案調書をもとに、情死や成人親子心中も抽出、検討。東京23区内(ただし子どもの対象年齢は成人、父子心中では18歳未満。最高年齢は母子心中では最高年齢18歳。一家心中では最高年齢18歳。	東京都監察医務院死体検案調査	46～75.8	約30年間	成人親子心中を除き、約30年で、わせて母子心中431件、父子心中61件、一家心中62件。発生件数については、昭和30年以降をピークに以後ずっとピークがない。昭和29年が最も高く、常的に発生した死亡を減少させる背景なども評価できる基盤となる。なお論文も出ているが、戦後39年間の東京23区内における母子心中などの割合が示されているのみで、具体的な件数はわからなかった。

No.	著者（年）	タイトル	概要	資料	年	期間	結果
8	高橋他（1977）	日本における複合心中（いわゆる親子心中）の実態—母子自・他殺の全国統計調査を中心として	厚生大臣官房統計情報部の昭和49年度人口動態（死亡）社会経済面調査に、初めて複合自殺が取り上げられ、その中に複合殺人に関するデータがあり、統計情報部から、統計情報の提供を受けて集計・分析。	厚生省昭和49年度人口動態（死亡）調査	74年4～6月	3か月間	3か月間で全国に発生した複合殺した複合殺人は95件、うち親子自・他殺59件、重複自殺36件、親子心中では、母子自・他殺が8割。
9	栗栖他（1977）	東京における子殺しの実態—戦後22年間（昭和25年～昭和46年）の動向	東京管内において「裁判確定したもので、強盗殺人を除く殺人、殺人未遂、同車致死を拾い出し、その中で、加害者・被害者の関係が親、実子関係である場合を対象・成人した子どもも含まれている。	裁判確定事件	50～71	22年	既述事例に省いて22年間の東京管内の心中未遂事件として裁判確定したものは、父26人、母49人という。また、父母とも有配偶者の占める割合が高かったが、加害者父の場合、配偶者死別の割合が高いとのこと。
10	佐藤（1979）	わが国の自殺に関する研究III—親子心中の実態	数種の新聞（東京で発刊されているもの）に掲載された自殺記事を収集。その中の複数自殺をチェックしている。成人した子どもも含まれている。	数種の新聞	75.12～78.11	3年間	450の複数自殺を得る（複数自殺に含まれる）。その中で大きな比率を占めるのが親子心中（親子心中は成人した子どもも含まれる）で、親子心中の数は333件、母子心中が最も多く、父母心中などの分類だけでなく、子どもの数ごとに分けて集計するなど詳細に分類している。
11	飯塚（1982）	道連れ自殺今昔	セレクティブ・コード「肉親の心中（ただし夫婦のみを除く）」。親子の道連れ自殺は成人した子どもも含む。	朝日・毎日・読売各紙縮刷版に加え、朝日新聞東京・大阪、北九州各本社資料を閲覧。新聞切抜社も利用して収集。	45～80	36年間	論文には36年分の数値は不出。その後の数値は不明。1980年で年間402件が確認されているとのこと。
12	石川（1984）	最近の親子心中の実態	成人親子心中・親子心中のデータを収集。子どもは20歳未満を対象に調査。	朝日新聞	75～82	8年間	全体では544件、月別発生件数や曜日別発生件数、発生時刻、発生場所なども調べている。
13	栗栖他（1985）	東京における子殺しならびに信託による子どもの死亡事件について—昭和46年～昭和55年の推移	東京検察庁管内の広義の殺人未遂、殺人及び傷害、嬰児致死、死体遺棄、保護者遺棄致死、監禁致死などの親子心中（心中に関しては保護責任者遺棄致死、殺害の第一審有罪確定記録。10	裁判確定事件	71～80	10年間	無理心中未遂事件の加害者は30人（男7人、女23人）。原因について、配偶者との不和、経済的困難が大きな割合を占めるとしている。
14	伊藤（1985）	戦後日本における母子心中の一考察	成人親子心中・親子心中のデータを収集。	朝日新聞（東京本社発行）	51,61,71,81	計4年	母子心中は、544件、1951年が26件、以下、1961年51件、1971年64件、1981年59件。
15	加藤他（2001）	過去5年間に新聞報道された子ども虐待死亡事件の傾向と課題	子ども虐待死事件のひとつとして心中で子どもによる18歳未満の子どもへの加害事件が対象。	10紙（毎日、読売、産経、朝日、中日、北海道、河北新報、静岡、信濃毎日、琉球新報）	95～99	5年間	無理心中に関しては、95年〈死亡した子ども35人〉、96年34件（同45人）、97年31件（同44人）、98年48件（同72人）、99年44件（同62人）。
16	阿部（2010）	母による親子自他殺の動機とその背景要因に関する研究	未成年の子が親または祖父母などある加害者である親または祖父母に殺害し、子もしくは親または加害者の両方または一方が死亡し、もしくはどちらも死亡しなかったものを対象。	「新聞・雑誌記事横断検索／G-SEARCH」によるオンライン検索。朝日、読売、毎日。朝日夕刊、全国版及び地方版	98～07	10年間	「報道された母子自他殺は458件」「父子自他殺52件」「一家自他殺108件」「祖父母による自他殺12件」であったという。「報道・雑誌記事286件」

出典：川崎（2013）『「親子心中」に関する研究（2）——2000年代に新聞報道された事例の分析」

第 3 章　「親子心中」の特徴——戦後の動向から

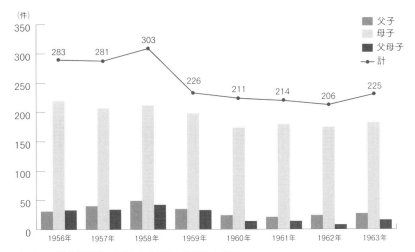

図 3-1　警察庁犯罪統計書による親子心中件数の推移
出典：警察庁（1956-1965）『昭和 31-39 年の犯罪：警察統計書』より作成

　こうした中で、過去の調査において目を引いたのが警察庁統計である。おもに昭和 30 年代、すなわち 1956（昭和 31）年から 1964（昭和 39）年までの 9 年間に「犯罪統計書」において集約した「集団自殺件数」がそれである。ここでは、集団自殺を家族・家族以外に分類し、家族をさらに夫婦、父と子、母と子、父母と子、その他に分類している[3]。限られた期間ではあるが、この中から、「親子心中」と考えられる集団自殺、すなわち、父子、母子、父母子事例を取り出したのが図 3-1 である。これを見ると、昭和 30 年代の親子心中はおおむね 200 件台で推移していること、心中の形態として、圧倒的に「母子心中」が多いことがわかる。

　さて、警察庁は、1965（昭和 40）年以降、上記統計を廃止していたが、40 年近い年月を経て児童虐待が大きな社会問題となってくる中で、児童虐待に関するデータのひとつとして、「保護者が、児童と共に死ぬことを企図し、児童を殺害（未遂を含む）して自殺（未遂を含む）を図った場合（いわゆる無理心中）」を計上するようになった。それを図にしたのが図 3-2 である（以下、昭和

---

[3]　この警察庁統計は子どもの年齢について言及していないので、ここで述べる父子心中、母子心中、一家心中などの中に、本書では扱っていない成人親子による事件が含まれている可能性がある。

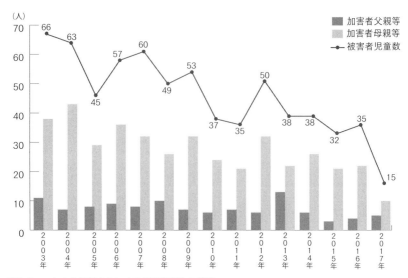

図 3-2 いわゆる無理心中による被害児童数の推移
出典：警察庁生活安全局少年課（2004-2018）「少年非行、児童虐待及び子供の性被害の状況」より作成。
＊なお、報告書タイトルは年次によって異なる。

表 3-2 厚生労働省「専門委員会」による心中事例の例数と被害児童数

	第1次	第2次	第3次	第4次	第5次	第6次	第7次	第8次	第9次	第10次
例数	―	5	19	48	42	43	30	37	29	29
被害児童数	―	8	30	65	64	61	39	47	41	39

	第11次	第12次	第13次	第14次	総数
	27	21	24	18	372
	33	27	32	28	514

＊第1次は2003年7月から12月までの半年間、第2～4次は2004年か～2006年の各1年、第5次は2007年1月から2008年3月までの1年3か月間が対象。以後各年度ごとの数値となっていて、第14次は2016年度1年間。

年代の統計を警察庁①、現在の統計を警察庁②と呼ぶ）。

　警察庁統計の①と②では、厳密な定義や対象事例が異なっている可能性もあるが、2つの図を比べて真っ先に気づくのは、昭和30年代に比べて、現在は「親子心中」の件数が大幅に減少していることであろう。なお、厚生労働省「専門委員会」の報告でも、表3-2のとおり心中事例はいずれも2桁で推移している。

　では、どうしてこのような変化が生じたのか。正確な評価は難しいが、ヒントとなるものがないわけではない。たとえば、法務総合研究所（2013）「研究部報告50 無差別殺傷事犯に関する研究」である。ここでは、戦後の殺人事件

の動向について、次のように指摘していた。

「(戦後の殺人事件）認知件数は、昭和29年の3081件がピークであり、その後、平成元年頃まで、緩やかに減少傾向を示した。さらに、その後は、20年まで約1200件～1450件とおおむね横ばいの状態が続き、21年以降は、やや件数が減少し、1000件～1100件の殺人事件の発生が認知されている」

殺人事件に関しては、ピーク時の昭和29年、つまり1954年に比べて、本研究部報告がなされた2013（平成25）年頃には約3分の1に減少している。その点をふまえてあらためて「親子心中」に関する2つの警察庁統計を見比べると、「親子心中」は、殺人事件とほぼ同様の減少傾向にあることが見て取れよう。もちろん、両者が完全に相関するわけではあるまいが、わが国における殺人事件の動向と比較検討することで、「親子心中」についての分析はより深まり、防止策へのヒントも得られる可能性があるのではないだろうか。「親子心中」の件数の変動については、社会全体の状況や関連分野の動向なども睨みながら、さらに多角的分析、検討していく必要があろう[4]。

さて、警察庁①②2つの図で共通しているのは、父子心中に比して母子心中の割合が高いことだ。筆者らが行った新聞報道による2000年代の「親子心中」事例の分析では、10年間で395件、被害児童は552人を数えたが、件数を類型別に示した図3-3を見ても、母子心中が多いのは、これまでの調査、研究と共通する。この点は、戦前、戦後を通じて変わらぬ傾向と言えよう。

● **ばらつく被害児の年齢**

次に見ておきたいのは、被害児童の年齢である。上記の筆者らのデータによる2000年代の被害児童552人の年齢分布を示したのが、図3-4である。最も多かったのは0歳児で13.6%、その後、年齢が上がるにつれてその割合は減少していくが、10歳以上の児童を取り出しても111人と2割を超えており、各年齢に満遍なく被害児が出現していることがうかがえる。

---

4 なお、自殺件数の動向は、心中事例や殺人事件の件数と相関しているとは言い難い。ちなみに、戦後の自殺件数の推移を見ると、昭和30年前後、昭和60年前後、平成10年以降の3つの山がある。昭和30年前後の最初の山は、戦後の社会の混乱が残っていた時期で若者に多く、昭和60年前後の2つ目の山については、不況の影響による中高年男性の自殺が多かったとされており、平成10年以降の急増については、バブル崩壊による影響とする説が有力とされている。ただし、こうした増減は、おもに男性の自殺の変動によるもので、女性は、戦後一貫して5000～1万件の間を推移している。

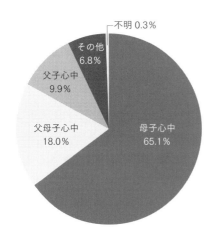
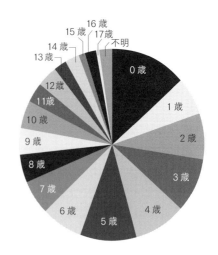

図 3-3 親子心中の形態別割合（2000 年代）
　　　n = 395
図 3-4 被害児童の年齢（2000 年代）
　　　n = 552

出典：川﨑（2013）『「親子心中」に関する研究（2）──2000 年代に新聞報道された事例の分析』

　こうした傾向は、厚生労働省「専門委員会」の報告ともほぼ一致している。「専門委員会」報告でよく話題となるのは、「虐待死の 4 割以上が 0 歳児」という指摘だが、正確に言えば、この数値はあくまでも「心中以外の虐待死」における割合であって、「心中による虐待死」事例は含まれておらず、第 14 次報告は、心中事例についての次のように述べている。

　「（第 14 次報告期間における状況は）第 2 次報告[5]から第 13 次報告までの傾向と同様、子どもの年齢にばらつきがみられた」

　ちなみに、第 2 次から第 14 次までの間に心中による虐待で死亡した児童の合計（514 人）で見ると、0 歳児の割合は 11.5％、10 歳以上では 22.0％ となっていて、筆者らの 2000 年代の分析と「専門委員会」の検証結果とは、ほぼ一致していた。

　では、心中以外の虐待死と比べて、心中事例ではなぜ被害児童の年齢にばらつきがあるのだろうか。思うに、心中事例はすべて保護者が殺意を持っていること、逆に被害児童は、親が自分を殺そうとすることなど思いもよらず、完全に無防備であること、殺害手段も眠剤を利用して絞殺するなど防ぎようがなく、

5　第 1 次報告では、心中事例が 1 例もカウントされなかった。

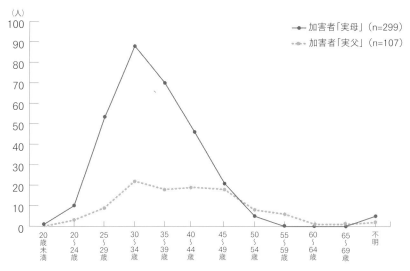

図 3-5　加害者の父母別年齢人数（2000 年代）
出典：川﨑（2013）『「親子心中」に関する研究（2）――2000 年代に新聞報道された事例の分析』

年齢が高い子どもであっても被害を免れることが難しいことが考えられる。不意を突かれて自分の親から殺される子どもの立場に立てば、「親子心中」はもっとも深刻な虐待であり、虐待死の一類型であることは、明らかと言えよう。

● 加害者の年齢、殺害の手段

　では、加害者の年齢はどのようなものか。2000 年代の事例を父母別に示したのが図 3-5 である。これを戦前の小峰（1937）の調査（図 2-2）と比較すると、グラフの形は相似形と言っていい。父親に比べて母親の事例が多いことはすでに指摘したとおりであるが、いずれの図も、母の折れ線は山の形が尖っており（山型）、父の場合はそれに比してなだらかな形状を示している（丘型）。つまり、父の場合は各年齢にほぼ満遍なく出現し、母の場合は、ある年齢を中心に出現し、その前後はいずれも漸減していることがわかる。ちなみに、小峰（1937）では、加害者女性（母）の年齢のピークが 20 代後半にあり、2000 年代の事例では、それが 30 代前半へと移行していて、戦前に比べて心中を企図する母の年齢が高くなっていることがうかがわれる。

　一方、父について 2000 年代を見ると、ピークとなる年齢がいずれも 30 代から 40 代まで広がっている点が特徴だろう。この点につき、小峰（1937）の

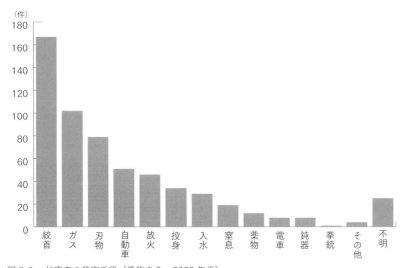

図 3-6　加害者の殺害手段（重複あり、2000 年代）
出典：川﨑（2013）『「親子心中」に関する研究（2）――2000 年代に新聞報道された事例の分析』

図 2-2 で男性（父）を見ると、戦前の場合、20 代後半から件数の増加が始まり、40 代になって徐々に減少していくように思われる。いずれにせよ、幅広い年代にわたって出現する点は共通する。

　次に、心中の手段、方法についても検討しておきたい。厳密に言えば、子どもの殺害方法と自殺手段は一致しないが、ここでは、子どもの殺害方法について図 3-6 に示した。殺害や自殺手段は、時代の変化によって変化していくが、2000 年代の事例をさらに細かく見ていくと、母子心中では「絞首（30.6%）」、「ガス（15.0%）」、「刃物（12.7%）」の順で多く、父子心中では「ガス（34.5%）」、「絞首（32.8%）」、「刃物（12.1%）」の順、父母子心中でも、父子心中と同様「ガス（26.2%）」、「絞首（25.2%）」、「刃物（19.6%）」の順となった。

血縁関係内で起きる「親子心中」

　ところで、警察庁②を紹介するに当たって、図 3-2 では、加害者を「父親等」と「母親等」に分けて図示したが、詳細に検討すると、そのほとんどは実

父母であった[6]。また、筆者らが分析した 2000 年代の事例についても、395 件のうち加害者が特定できなかった 6 件を除く 389 件の詳細を見ていくと、血縁関係が確認できなかった事例は 3 件のみ。逆に言えば、非血縁の親子関係で「親子心中」が発生することは稀だと言っていい[7]。

このような傾向は戦前にも共通してみられ、それを示す例も、すでに第 1 部第 2 章で紹介したが、戦後にも、それを象徴すると思われる事例がみられたので例示してみよう。ただし本事例は、母とその子ども、及び子どもとは非血縁の関係にある母の交際相手の 3 人による「心中」であり、発生は 1957（昭和 32）年。

判決によって事件を概観すると、相愛の男女（男性 25 歳、女性 31 歳）が結婚できぬことから心中を決意し、女性の連れ子（女児 8 歳）を 1 人この世に残せぬとして道連れにしようとした事例である。女児の母と交際男性は心中することに意気投合したものの、母が「親のない子の淋しさを感じさせ惨めな生活を送らせないため（娘を）心中の道連れにしようと決心した」のに対し、男性は、「他人の子どもを殺すことはできぬ、新聞や雑誌にも批判されていると言って強行に反対していた」というのである。しかし母が「執拗に（娘を）道連れにすることを主張したので（男性も）已むを得ずこれを黙認し」、母が「気配を直感して帰宅をせがむ女児にこれを飲んだら帰るからと言ってすかしながら睡眠薬を混入したサイダーを呑みくださせ」殺害したという。したがって、本事例は、結果的には非血縁男性も加わった親子心中のようにみえてはいるが、むしろ血縁関係のない子どもを巻き添えにすることにかなり強い抵抗があることを例証した事例とも言い得るのではないだろうか。つまり本事例は、実は〈情死〉と〈母子心中〉が同時に発生したというのがことの本質ではなかったかと、筆者は考える。ちなみに、本事例で生き残った母親は実刑、男性は執行猶予の判決であった（京都地判 昭和 32・11・8 判時 135 号から要約）。

「心中以外の虐待死」の中では、子どもと血縁関係のない内縁男性や交際男性が暴行を加え、死に至る事例が珍しくないが、それとは対照的に、非血縁の親子関係において心中に至ることがほとんどないということは、注目に値しよ

---

6 ちなみに 2003（平成 15）年から 2017（平成 29）年までの 15 年間で、母親等 414 人のうち実母は 396 人（95.6%）、父親等 110 人のうち実父は 104 人（94.5%）となっている。

7 実父母以外では、祖父母が加害者となっている場合が多い。

う[8]。

　では、なぜ「親子心中」は血縁関係で多く、非血縁関係では生じにくいのか。この点について、知る限り確たる見解は見当たらないが、関連することとしてよく言われているのが、親が子どもを自己の所有物のように考えているというものだろう[9]。この点については、後段で再度検討してみたい。

　話は変わるが、2016（平成28）年改正児童福祉法において、「児童を家庭において養育することが困難であり又は適当でない場合にあっては児童が家庭における養育環境と同様の養育環境において継続的に養育されるよう」国及び地方公共団体は、「必要な措置を講じなければならない」とされ、昨今の児童虐待への対応においても、社会的養護、特に代替養育を担う里親等の重要性が増している。これらは当然のことと思いつつ、他方で「親子心中」事例を見ていくと、家族にとって、特に父や母にとって、血縁の有無は明らかに違ったものとして意識されていることがうかがわれる。血縁とは一体何なのか。それは家族にとってどのような意味を持つのか。「親子心中」なども通じてその点をより深く理解することができれば、里親子関係を含む代替養育における家族、家庭の特徴や留意点などもより一層明確になり、適切な養育の在り方にも示唆を与え得るのではないだろうか。その意味でも、「親子心中」のさまざまな角度からの検討が待たれていると言えよう。

8　ただし、非血縁関係での心中事例がまったくないわけではない。以下にその一例を示す（東京地判 平成 8・3・28 判時 1596 号から要約）。昭和 63 年 2 月に A 子と結婚し、A 子の連れ子（当時小 1）の B 子と養子縁組をして親子 3 人で暮らすようになった養父は、その酒癖の悪さなどに嫌気がさした A 子が再三外泊し、平成 6 年 8 月 31 日には現金や預金通帳を持って家出してしまったため、母親と会えない B 子を可哀そうに思い、家族の将来の生活を悲観するとともに気持ちも苛立ち、飲酒量も増えて夜もなかなか眠れない日々を過ごすようになった。

　同年 9 月 9 日頃、家出中の A 子と偶然出会い、家に帰るよう説得したが、A 子がこれを拒んで逃げてしまったため、A 子は自分のもとには二度と帰って来ないと思い込むようになった。

　養父は、9 月 13 日午前 3 時 30 分頃、就寝中の B 子（当時 13 歳）をぼんやりと見やっているうちに、A 子が家出してからの苛立ちと家族の将来の生活を悲観する気持ちが一気に高まって自殺しようと思うとともに、残された B 子が不憫であると考えて B 子も殺してしまおうと決意し、台所から出刃包丁を持ち出し、「お父さんと死んでくれ」などと言いながら、殺意を持ってその左胸部を出刃包丁で 1 回突き刺したが、殺害の目的は遂げなかった（判決は懲役 5 年）。

9　戦前の論文では、生江（1927）が「子供を自己の所有と見る封建的舊慣の潜在」と指摘し、小峰（1937）も「潜在的に子供に對する親愛の所有觀念が著しく多いのを多分に藏してゐる」と述べている。

第 3 章 「親子心中」の特徴──戦後の動向から

加害者母と加害者父

　2000 年代の親子心中事例を検討していて、加害者母の場合と加害者父の場合とで大きく異なると思われたことのひとつに、心中の形態があった。図 3-7 と図 3-8、2 つの図を見比べてみよう。

　これらは実母及び実父が、それぞれ単独で加害者となった「親子心中」事例の形態を示したものである。2 つを比べると、「実母単独」の事例では、「母子心中」が 98% とほぼすべてを占めているのに対して、「実父単独」の事例では、「父子心中」は 5 割程度にとどまっており、「父母子心中」が 4 割以上を占めていた。つまり、父が加害者となった場合は、子どもと父親という枠組みを超え、母親も巻き込んだ「一家心中」に至る場合が多いということだ。

　ここでは、戦後の事件から、その特徴が象徴的に示されたと思われる事例を紹介してみたい。事件発生は 1978（昭和 53）年 11 月。当時の読売新聞の報道や、佐藤（1979）などによれば、事件の概要は以下のとおりである。

　事件の中心人物とも言える男性（55 歳）は、現職の県会議員を務めながらガソリンスタンドを経営しており、県議の長男（31 歳）も同じガソリンスタンドの専務として業務に従事していた。また、県議の弟も別のガソリンスタンドを経営しており、県議は弟の借金の保証人になっていた。ところが、弟が 3 億円

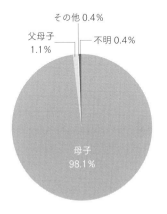

図 3-7 「実母単独」加害者の場合の心中の形態
　　　（2000 年代、n = 262）

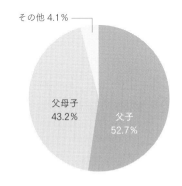

図 3-8 「実父単独」加害者の場合の心中の形態
　　　（2000 年代、n = 74）

出典：川﨑（2013）『「親子心中」に関する研究（2）──2000 年代に新聞報道された事例の分析』

の負債を抱えて倒産した上、県議自らも経営不振に陥ってしまったのである。借金は7億円にふくれあがり、ついに銀行から取引停止を申し渡される。

　そのため、県議は心中することを決意し、図3-9に示したような一家、一族の9人がマイクロバスに同乗し、県議とその長男が、妻や子ども7人の女性に睡眠薬を飲ませた上で絞殺、残った県議と長男は河川敷で焼身自殺を遂げたのであった。なお、県議の次女と長男の妻は妊娠中だったという。

　事件の背景や具体的な状況はさておき、ここでは心中の形態について考えてみたい。家族図を見ると、この一族の中で、唯一死を免れた人物がいることに気づく。次女の夫である。そこで思い至ったのは、線で囲んだような3つの心中、すなわち県議家族（夫婦と成人している4人の子どもたち）の一家心中と、長男家族（長男夫婦と6歳の子ども）の一家心中、そして次女母子（次女と1歳の娘）の母子心中が合体したのではないかということだ。

　男性は一家心中に向かいやすく、女性は母子心中を志向する。そう考えると、次女の夫だけがこの心中に関与せず、生存していたことも頷けるのではないだろうか。

　では、どうして男性は一家心中に傾くのか。この点についても、過去の論文等で明確な見解は見当たらなかったが、ここでは、2000年代の事例から、離婚した元妻をも巻き込んで父母子心中した事例や、妻から離婚を切り出されて一家心中に至った事例を紹介することで、その理由について検討してみたい。

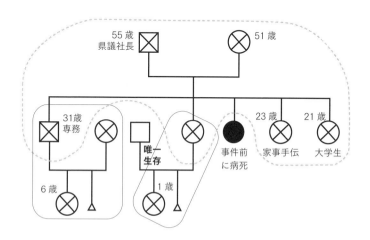

図3-9　事件当日の家族図（著者作成）
＊線の囲みは、筆者が考える心中のパターンを示したもの

まずは離婚した妻を巻き込んだ事例から。

[事例 No.11] [10]
実父（30）が、実母（28）と長女（7）を包丁やナイフで数か所刺して殺害後、自身の手首を切って自殺を図った。実父は借金返済に困り、実母・長女とは別居状態だった。実父は「どうしたら妻子と一緒に暮らせるか考え、天国で一緒になろうと思った」などと供述した。

[事例 No.13]
実父（31）が、離婚した実母（31）・長女（8）・長男（5）を乗せて車ごと池に飛び込んだ。子ども2人は後部座席で水死、実父母は脱出したが、実母は泳げず水死した。生き残った実父は「復縁を迫ったが断られたため無理心中を図った」と供述した。

[事例 No.53]
実父（21）が、実母（21）・長男（2）・次男（生後7か月）を包丁で刺して殺害後、マンション屋上から投身自殺した。遺書はなかったが、事件数日前に夫婦は離婚しており、子どもたちは実母が引き取る予定だった。実父は「別の男と一緒になっても、別れたらまた一緒になる」と周りに未練を打ち明けていた。

[事例 No.358]
車が出火し、実父（34）・長女（4）は死亡、実母（37）は全身火傷で意識不明の重体。実母が搬送前に「元夫が灯油のようなものをかぶって火をつけた」と話したことから、警察は無理心中の可能性があるとみている。

　ついで、離婚問題が浮上していた家族の事例。

[事例 No.257]
実父（30）が、包丁で実母（29）と長男（3）の首や胸などをそれぞれ40回以上刺して殺害。その後、実父自身も自殺を図るも死にきれなかった。実父は「（妻の）離婚の意志が固かったことから2人を殺して自分も死のうと考えた」と供述。長男の

10　事例番号は、巻末に掲載した一覧表の番号と符合する。

顔には、実父が殴ったと思われる痣が度々あったことが目撃されていた。実母と長男は1か月近く実家に帰省し、4・5日前に家に戻ったばかりだったという。

[事例 No.393]
実父（49）が「妻子の首を絞めて心中しようとしたが死にきれなかった」と自首。公判では、実父は実母に対して承諾殺人罪を主張したが認められず、実父は仕事をせず実母に離婚を迫られ、妻子と離れたくないとの思いから2人を殺害したとして、殺人罪で懲役25年の判決を受けた。

　一家心中のすべてに離婚問題が絡むわけではないし、先に示した県議の事例でも、こうした離婚問題があったようには見受けられない。とはいえ、これらの事例には、男性による心中の特徴の一端が象徴的に示されているように思われる。
　筆者は先に、非血縁関係での心中事例はほとんどないことをふまえ、その背景に「親が子どもを自己の所有物のように考えている」という見解を紹介した。この点をもう一度検討してみたい。
　まずは加害者母の場合。母子心中事例においては、子どもを自らの所有物とみなすと言っても、単なる自己の所有物と言うより、母側の母子一体的感覚、母と子の（自我の）境界の曖昧さの現れとして、こうした表現が用いられているのではないだろうか。たとえば、小峰（1937）が「女性は其天賦の育児本能から、母性として先天的に子供への強い愛情を植へつけられて居て子供を離れる事は手足をもがれる思ひがする愛児本能がある」と述べ、中田（1992）が紹介した母子心中事件の判決文に「母親、特に子供に対し深い愛情を抱く母親にとって、子供は、自己の生命にも替え難い絶対の存在」などとあるのは、それを表しているように思われる[11]。ただし、そうした感覚は日頃からおもてに現

11　とはいえ、小峰（1937）は、「殉死、心中、自殺が古くよりあり殊に吾國では徳川時代に多かったのである。然るに親子心中は著しく少」ないと述べ、種々の調査などからも、「親子心中」が急増するのは明治末から大正の初めにかけてのことだとされている。では、江戸時代とこの時代との違いは奈辺にあるのか。推論を述べてみたい。
　　沢山（2008）によると、「江戸後期には、下層の人々のあいだにも『家』存続への願いは強まりつつあった」『家』の存続のためには、血縁でない子どもを養子として、労働力として求める子ども観が存在していた」という。とするなら、封建制社会である江戸時代の家族にとって、重要なことはあくまでも家督を継いでいくことであり、生まれた子ども

れているわけではなく、母親が精神的な不調を来したり、希死念慮に捕らわれる状況が生じた場合に頭をもたげるのではないだろうか。

他方、一家心中に至る男性加害者の場合、仮に妻や子どもに対する所有的感覚があるとするなら、それは一体感と言うより支配的な意識と言えるかもしれない。特に妻に対しては、自己の支配領域から離れていくことに対する怒りや苦痛が、一家心中の背景に隠されているように思えるのである。だとすると、現象としては似ても似つかぬDV加害者にみられる「支配」「特権意識」「自分勝手と自己中心」、あるいは「独占欲」「愛情と虐待の混同」などの特徴[12]と一家心中に至る父親の意識とは、どこかで共通する可能性もないとは言えない。もちろん、具体的な態度や行動では両者が正反対の場合も多々あり、現在のところ、こうした見方は仮説のレベルにとどまっている。しかし、一家心中を行う男性の心理を明らかにしていく上で、家族の関係性にも着目しながら、DV男性の例などとの比較も含めて分析していくことは、それなりの価値があるように思うのである。

心中の動機、背景

ここまで、母子心中や一家心中にかかる加害者母や父の心理的特徴と思われる点について述べてきたが、それらの妥当性を検証するには、もう一歩進めて具体的な動機や背景を知る必要があろう。ただし、新聞報道をもとにした筆者らの研究では、その点について正確な評価を行うことが十分できない。そこで、

も、謂わば「その家の子」、極端に言えば「その家の所有物」とみなされていたのではないだろうか。であるなら、たとえ貧困にあえいでいたとしても、嫁いできた母が勝手に子どもと心中するなど許されなかった、そして、近世から近代へと時代が移り数十年を経る中で、「家督」を第一とする感覚が徐々に薄れる反面、わが子を産んだ母が、子を自らの所有物のごとくに思う気持ちが少しずつ頭をもたげてきた、ということはないだろうか。

ならば、私たちは「母子心中」を克服するために、社会意識の再度の変革を経なければならないように思う。すなわち、子どもは誰の所有物でもなく一個の独立した存在であると認めることだ。そう考えると、2016年改正児童福祉法が、子どもを権利の主体者として位置づけたことは重要であり、母子心中を克服していく道は、この理念を社会に浸透させることで切り開かれると言えるのかもしれない。

12 これらの特徴は、ランディ・バンクロフト／ジェイ・G・シルバーマン著、幾島幸子訳(2004)『DVにさらされる子どもたち』(金剛出版)による。

この点については、第2部で報告する公判傍聴事例で検討することとしたので、そちらを読み進めていただきたい。

以下では、「貧困心中」とも言われた戦前からの変化などを、戦後のいくつかの論考でたどっておくこととしたい。

永田（1950）「親子心中──その調査報告」は、戦後直後の1949（昭和24）年3月から翌年2月までを対象期間として「親子心中」の調査をしているが、その原因・動機について、生活苦が41.5%と原因の第1位を占めていたことを取り上げ、「この場合生活苦と云うのは、新聞記事の中ではっきり断定しているもののみを挙げているのであって、その他家庭不和、精神異常、厭世等も多かれ少なかれ生活苦に端を発するものが多く、従って全体の八〇％内外がこれに該当すると云ってよいわけである」としている。そして、原因別全国自殺者数と比較し、「生活苦により死ぬものが非常に大きな割合を占めると云う点が普通の自殺と区別して親子心中を特徴づけるものの一つであろう」と結論づけている。

さて、それから約20年後の1968（昭和43）年10月から3年間を対象期間として調査した滝内（1972）「親子心中と日本人の子供観」では、心中の原因として「夫婦間の不和と病苦が目立っている」「戦前第1位であった生活苦が家庭不和と順位を入れかえるのが、戦後の一傾向とみなされているが、これでみると、その傾向はしだいに顕著になっているようである。そしてこの家庭不和ないしは配偶者の欠損は、単に母子心中だけにとどまらず、父子心中の原因にもなっている」と述べる。

ここまでを見ると、永田（1950）が調査した1949（昭和24）年当時は、敗戦後の混乱や生活難なども影響して、戦前型の生活苦による親子心中が色濃く残存していたところ、戦後の復興が進むにつれて、次第にその影が薄くなっていったと想像できよう。

次に飯塚（1982）「道連れ自殺、今昔」を見てみよう。飯塚のデータは1980（昭和55）年1年間のもので、滝内（1972）の調査から約10年を経ていることになる。そこでは「病苦が最も多い（29%）。これに含まれうるものもあるが、『出産・育児にともなう身体的・精神的異状』を原因としたものが14%にも上る。現代の特徴の一つにもなって『出産・育児ノイローゼ』という新聞の見出しがよく現われる」と述べている。この「育児ノイローゼ」は、永田（1950）では見出せず、滝内（1972）では、4件（2%）のみであり、戦後次第に増加し

第3章 「親子心中」の特徴——戦後の動向から

ていったことがうかがえる。

なお飯塚（1982）は、「経済的理由によるものは、かつての極貧に代って、ギャンブル・過重のローン・サラ金などが目立つ」としているが、現在にも通ずる点であろう。

いずれにせよ「親子心中」の動機、背景も、時代とともに変化していることがうかがわれる。ただし、母子心中が父子心中より多いこと、「親子心中」が血縁関係で生じやすいことなどは、戦前、戦後を通じて一貫しており、動機や背景についても、社会状況の変化によって変わる部分と変わらぬ部分の両方があると思われる。「親子心中」の変わらぬ本質に対する洞察と、その力動的な理解の両方を視座に据えて検討していくことが、こうした事例を防止する上でも重要と言えるのではないだろうか。

日本固有のものか

ところで、「親子心中」はわが国特有の現象であるという主張が、過去多くの人によって唱えられてきた。戦前においては、小峰（1937）が「親子心中は（中略）我國家族制度の遺風も相關聯して生ずるものであって子供に對しては殺人であり自分は自殺であるので一種特別の我國にのみ多くある自殺型である」と述べ、大西（1937）も「昭和時代に生れた『親子心中』は此の『切腹』『情死』と共に日本（のみでなく恐らく世界的にも）特筆大書すべき新自殺型として、自殺研究者にとり多大の暗示と示唆をふる」としているし、戦後においても、永田（1950）は「親子心中という現象は外國ではその例が皆無ではないまでもごく少なく、このように頻発するのは日本特有のことである」と述べている。

また、1951年頃にアメリカを訪問した磯村英一は、以前からの知友であるシカゴ大学社会学主任教授バージェス氏との対話の中で、わが国における親子心中のことが話題になったと述べ、「アメリカで、もし家庭の事情から親子が食うに困るようになったらどうするか」と質問してみたという。それに対してバージェス氏が「子供を育てることが出来ないようなときには、子供を社会福祉団体にあずけるか、そのままにおいても、どこかの公共団体に子供を面倒みてもらえる。万一、親が死なねばならないような事情におかれても、自殺はし

61

ても、子供を道づれにするようなことはない」（磯村、1959）と返答したことを紹介しているが、本論考を解説した藍沢（1969）は「親子心中が日本にのみ多発するという確実な資料はない。しかし、一七三二年、イギリスで二歳の女児を道連れにした一家心中が起こった時、ヴォルテールやディドロもとりあげたほど、ヨーロッパ大陸にまで噂が高くなったといわれる。本書のバージェス教授の反応をみても、親子心中が不可解な現象として『青い目』に映ずることが推察される」と述べ、「これらから判断して、親子心中が日本の特異的現象だとする磯村の指摘はまず間違いないと思われる」と結論づけている。

　こうした見方をさらに深め、わが国独自の精神的な風土についてまで言及したのが大原他（1964）「親子心中の文化史的研究」であろう。この論考は、次のような緒言で始められている。

　「わが国では、ジャーナリズムは殆んど毎日のように親子心中の発生を報道している。それにも拘らず、我々の受け取り方は極めてはりあいのないものであり、世論が反響を示すことはまずない。訪日する外国人は、この公然たる『嬰児殺し』の黙視に吃驚している。自殺に関する外国の文献には、親子心中の記載は絶無といってよい。主題にするにも対象がないのである。この彼我の相違は何処に由来するのだろうか。個々の臨床的研究のみでは、この日本に特異的な複数自殺の精神病理を充分解明出来ないのは明らかである」

　姫岡（1966）も、次のように述べる。

　「親子心中は、日本人の社会以外では、きわめて稀にしか起こらないといわれている。このように断言することは言過ぎであると思われるが、それがわれわれの社会では、きわめて多いことは確かであろう。親子心中に深い関心と研究を注いでいる東洋大学教授バーグは、日本人は親子心中に対して甚だ寛大であり、子どもを殺すことを非難するどころか、むしろ同情を寄せ、子に対する強い愛情の表われとみなしている点を指摘している。（中略）このような指摘は、別に新らしい考えを含むものではないが、われわれもまたそれを承認しなければならない」

　また滝内（1972）も「親子心中は自殺の一形態である重複自殺 double suicide の一種であるが、その内容はほとんど親が幼い子どもを殺して自殺する、いわゆる無理心中である。この悲惨な心中形態は日本に特に多発するといわれ」ているとしている。

　こうした諸研究に基づく知見は、広く一般社会にも浸透していたようで、先

に紹介した現職県議の一家一族9人が心中で死亡した事件をふまえて出された読売新聞社説には「欧米社会でも自殺はある。だが、子供や孫までも道連れにする心中事件は、まずみられない」といった一節があった。

さらに、平成の時代に至ってもこうした見方は続いており、熊谷他（1989）は、論文の冒頭で「親子心中は、わが国独自の自殺形式であるといわれている。また、わが国独自とはいわないまでも、わが国に多発する病理現象だとする見解が多い」としている。

ところが、こうした主張に真っ向から異を唱えた者があった。稲村博である。彼は、早くも1977（昭和52）年に著した『自殺学――その治療と予防のために』（東京大学出版会）の中で、次のように述べる。

「親子心中は、率に差はあるが、広く世界に見られる現象であり、また古代から現代までいずれの時代にもあったと考えられる。わが国には、親子心中を日本を含めた東洋の一部にのみみられる現象だと断じたり、また現代に特異的なものとする主張があるが、いずれも事実や文献の記載に反している」

「欧米の報告では、直接に親子心中の実数を知ることはできないが、他の資料からある程度推測が可能である。最も参考となるのは、殺人、なかんずく子殺しである。子殺しのうち、加害者の自殺企図が犯行時に随伴するものは、その多くが親子心中とみなせるし、また殺人全体のうちで、犯行時に自殺が随伴しているものに心中が多く含まれる。しかも、その大部分は親子心中である[13]」

また、日下部他（1979）なども次のように指摘する。

「これら現象が日本を含めた東洋のごく一部に頻発するという説は必らずしも妥当ではない。子殺しの欧米の報告でも、Tuteur の5例中4例、Resnick の2例中2例がこれにあたる」

---

13 稲村（1977）は、欧米諸国での心中発生状況について検討し、次のように紹介している。「欧米諸国のうち、殺人後自殺した者の比率で特に高いのは、イギリスとデンマークである。イギリスでは殺人者全体の 22.5 ～ 36.1% を占め（Gibson, E. & Klein,S., 1961; West, D.J., 1965; McKenzie）、デンマークでは実に 51.8 ～ 80%（Siciliano, S., 1968）である。これらの諸国は、他の報告からもわかるように、親子心中の多い国であり、ここにあげた数値の多くが親子心中で占められる模様である。殺人後自殺をした者の比率が中間的な数値を示すのは、西ドイツの 20 ～ 25%、オーストラリアの 17 ～ 22% などである。またシプコベンスキー（Schipkowensky, N., 1970）によると、比率が特に低いのは、カナダの 10.8%（Fattah, E. A., 1972）とアメリカの 3 ～ 4%（Wolfgang, M.E., 1958; Phels;Dublin, L.I. & Beuze1,B., 1933）である。これらの数値は、各国とも、殺人時に自殺を試みるものが非常な高率を占め、そのうち、心中が相当数あることを示唆している」

筆者らの2000年代の事例分析においても、国内の事件ではあったが、外国籍もしくは外国文化で暮らしてきたと思われる家族内での「親子心中」が5例確認できた。以下にそれを示しておこう。

[事例 No.30（父母子心中）]
イラン国籍の実父（41）が、刃物で日本人の実母（32）と長女（1）を切りつけた後、自分の首などを切って自殺した。長女は出血多量で死亡、実母は生存。実父は1か月程前までは会社勤務していたが、事件当時は無職だった。

[事例 No.96（母子心中）]
ホテルの一室で韓国籍の実母（38）と長女（4）の遺体が発見された。実母は縊死、長女には薬物を飲ませた形跡があった。実母の遺書もあり、警察は無理心中とみている。

[事例 No.236（母子心中）]
フィリピン国籍の実母（35）・長男（13）・次男（8）・長女（生後10か月）が死んでいるのを同国籍の実父（義父：43）が見つけ、通報。実母が、子ども3人の首を包丁で刺すなどして殺害した後、自分も喉を切って自殺したとみられる。タガログ語で「許してください」などと書かれたメモが見つかった。長男と次男は実母の前夫との間の子で、長女はフィリピン国籍の実父（現在の夫）との間の子だった。

[事例 No.332（母子心中）]
実母（33）が、次男（3）の首を包丁で切って殺害、長男（5）を絞殺しようとしたが、「生きたい」と泣いて懇願したため手を止めた。実母は数年前に中国から来日し、日本人の実父（53）と結婚し、家族4人で暮らしていた。しかし、生活習慣の違いなどで精神的に不安定になり、入退院を繰り返していた。

[事例 No.384（父母子心中）]
実父（38）が、実母（38）・長男（15）を包丁で刺して殺害、自らも腹などを刺して自殺。実父らは母方祖父（中国残留孤児）を頼って11年前に来日、夫婦ともに日本語が話せなかった。警察は、遺書などはなかったが実父が無理心中を図ったとみて調べている。

また、巻末には、資料としてアメリカを中心にした海外における「親子心中」事例の一覧も掲載した。これらを見ていくと、「親子心中」は日本固有のものという説は、否定されると考えてよいだろう。

なお、稲村（1977）は、心中がわが国特有の現象であるという誤解が、なぜ広まったかについて、以下のように解説する。

「心中、つまり複数自殺は、外国と日本とでさまざまな相違がある。まず用語からみると、上述の記載に明らかなように、欧米の考え方は自殺か殺人かのどちらかに分けている。どちらの要素が強いかによって決めているわけで、ケースによってかなり微妙な場合でも、あえて無理にあてはめるのである。わが国の心中のように、どちらでもない独立概念といったものではないわけで、こうした事情は欧米以外の諸国についても同様といえる。したがって、諸外国の統計では、死因分類のなかに殺人か自殺のどちらかに心中が含まれてしまうわけで、わが国と一律に比較できないうらみがある。このことが、これまでわが国にしか心中はないといった誤解を生むもとにもなっている」

要するに、「心中」という〈便利な用語〉がないために、諸外国においてこうした現象が注目を浴びなかったと主張しているわけだが[14]、その点は、わが国において、大正末年頃に「親子心中」という表現が生まれたことで社会的関心が集まったことと、逆の意味で頷けるものがある。

なお、筆者は、これらに加えて、わが国特有のものだとする主張に根拠を与えているもうひとつの要素があるのではないかと考えている。一体それは何か。まずは、第1章でも引用した次の一節を見ていただきたい。

「人道上親子心中をやる人は本当にまた日本人として最も尊ばれる所の人間の羞恥心を多分に持っている人であるともいい得る訳です」（滝内、1973）

1934（昭和9）年の新聞企画座談会「親子心中を如何にして防ぐか」におけ

14　稲村（1993）は、各国における呼称を以下のように紹介する。「欧米で複数自殺の用語が使われ始めたのは、イタリアの Lombroso, C. からとされ、その著『犯罪者および娼婦としての女子』のなかにおいて用いた。近年では、諸国に類似のさまざまな表現がある。たとえば英語では、double suicide（重複自殺）、lover's suicide（愛人自殺）、dual suicide（二重自殺）、family suicide（家族自殺）、homicide followed by suicide（自殺の後続する殺人）、homicide-suicide（殺人 - 自殺）などがあり、ドイツ語では、Doppelselbstmord（重複自殺）、Familienmord（家族自殺）、komplizierter Selbstmord（複数自殺）など、またフランス語では、double suicide（重複自殺）、suicide a deux（二重自殺）などである」

る発言として採録されたものだ。筆者はこれを「親子心中」を美化する論調として紹介した。しかし、注意深く読むと、日本には日本人特有の美的精神があるという前提があり、当時世間を騒がす社会現象であった「親子心中」も、それを例証するもののひとつであるべきだったのではないだろうか。だとするなら、「親子心中」は、必然的に日本固有のものでなければなるまい。エビデンスではなく、歴史上の１コマにあった愛国主義的主張に沿って生まれたのが、「親子心中」日本固有論だったのではないだろうか。

〈引用・参考文献〉

阿部千春（2010）「母による親子自他殺の動機とその背景要因に関する研究」民族衛生 76（3）

藍沢鎮雄（1969）「解説：磯村英一 心中考」大原健士郎（編）『現代のエスプリ第 27』至文堂

飯塚進（1982）「道連れ自殺、今昔」桃山学院大学社会論文 15（2）

石川英夫（1984）「最近の親子心中の実態」東京経済大学人文自然科学論集 66

磯村英一（1959）『心中考』講談社

伊藤わらび（1985）「戦後日本における母子心中の一考察」武蔵野短期大学研究紀要 2

稲村博（1977）『自殺学——その治療と予防のために』東京大学出版会

稲村博（1993）「わが国における心中の最近の傾向および危険の予測と対策」精神科診断学 4（2）

大原健士郎他（1964）「親子心中の文化史的研究」高良武久名誉教授就任記念論文集

大西義衛（1937）「親子心中について」日本医事新報 757

加藤悦子他（2001）「過去 5 年間に新聞報道された子ども虐待死事件の傾向と課題」子どもの虐待とネグレクト 3（1）

川﨑二三彦他（2012）『「親子心中」に関する研究（1）——先行研究の検討』子どもの虹情報研修センター平成 22 年度研究報告書

川﨑二三彦他（2013）『「親子心中」に関する研究（2）——2000 年代に新聞報道された事例の分析』子どもの虹情報研修センター平成 23 年度研究報告書

日下部康明他（1979）「子殺しの 3 症例」北関東医学 29（2）

熊谷久代他（1989）「父子心中を企て実子を殺害した大うつ病の 1 例」臨床精神医学

18（11）

栗栖瑛子（1974）「子どもの養育に関する社会病理的考察——嬰児殺および児童の遺棄、虐待などをめぐって」ジュリスト 577

栗栖瑛子他（1977）「東京における子殺しの実態——戦後 22 年間（昭和 25 〜 46 年）の動向」ケース研究 160

栗栖瑛子他（1985）「東京における子殺しならびに虐待について——昭和 46 〜昭和 55 年の推移」社会精神医学 8

警察庁（1956-1965）『昭和 31-39 年の犯罪：警察統計書』警察庁

警察庁生活安全局少年課（2016）「児童虐待及び福祉犯の検挙状況（平成 27 年 1 〜 12 月）」

警察庁生活安全局少年課（2017）「平成 28 年における少年非行、児童虐待及び児童の性的搾取等の状況について」

警察庁生活安全局少年課（2018）「平成 29 年における少年非行、児童虐待及び子供の性被害の状況」

厚生省児童家庭局（1974）「児童の虐待、遺棄、殺害に関する調査結果」厚生 29

越永重四郎他（1975）「戦後における親子心中の実態」厚生の指標 22（13）

小峰茂之（1937）「明治大正昭和年間に於ける親子心中の醫學的考察」小峰研究所（編）『財団法人小峰研究所紀要邦文 第五巻』

佐藤裕（1979）「わが国の自殺に関する研究Ⅲ——親子心中の実態」聖路加看護大学紀要 6

沢山美果子（2008）『江戸の捨て子たち　その肖像』吉川弘文館

社会保障審議会児童部会・児童虐待等要保護事例の検証に関する専門委員会（2005 〜 2018）「児童虐待による死亡事例の検証結果等について（第 1 次〜第 14 次報告）」

高橋重宏他（1977）「日本における複合殺（いわゆる心中）の実態——母子自・他殺の全国調査を中心として」厚生の指標 24（3）

滝内大三（1972）「親子心中と日本人の子供観」京都府立大学学術報告「人文」24

滝内大三（1973）「最近の親子心中をとおして見た日本人の子ども観について」教育 23（6）

長尾真理子他（2013）「『親子心中』の実態について——2000 年代に新聞報道された事例の分析」子どもの虐待とネグレクト 15（2）

中田修（1992）「内因性うつ病の殺人とその責任能力」犯罪学雑誌 25（2）

永田幹夫（1950）「親子心中——その調査報告」社会事業 33（6）

生江孝之（1927）「所謂親子心中の實相」社会事業 11（9）

姫岡勤（1966）「戦後における心中の実態」高坂正顕他（編）『日本人の自殺』創文社

法務総合研究所（2013）『研究部報告 50 無差別殺傷事犯に関する研究』法務総合研究所

ランディ・バンクロフト他著、幾島幸子訳（2004）『DV にさらされる子どもたち』（金剛出版）

読売新聞（1978 年 11 月 19 日付け朝刊）

読売新聞（1978 年 11 月 21 日付け社説）

〈引用判例〉

京都地判 昭和 32·11·8 判時 135 号 5 頁

東京地判 平成 8·3·28 判時 1596 号 125 頁

論考

自殺対策における
医療、保健、福祉的支援の課題
親子心中を防ぐ可能性のある技術と胆力について

はじめに

　わが国の自殺者総数は、1998年に一挙に3万人を超え、以後14年間、高止まりの状態が続いた。こうした状況の中で、2006年には自殺対策基本法が制定され、その法律に基づいて、2007年には、わが国の自殺対策の問題意識と目標を明記した自殺総合対策大綱が閣議決定された。その結果、わが国の自殺対策は、「可能であればやる」という単なる努力目標ではなくなり、国や自治体、さらには民間のさまざまな組織や団体が取り組まねばならない義務へと変わった。そして、基本法や大綱に明記されたさまざまな対策が効を奏したのか、2012年以降には自殺者総数が3万人を下回るようになり、2016年には1998年の急増以前の状態に回復している。

　このように、自殺者総数の推移だけを見れば、わが国の自殺対策は一定の成功をおさめたと言えるかもしれない。しかし、だからといって世の中から自殺という現象が消えたわけではない。実際、本書が主題としている親子心中に関して言えば、いまだにその効果的な予防策として確立されたものはなく、筆者の知り得た限りでは、その問題をターゲットとした対策事業は存在しない。

　それでは、自殺対策基本法制定から10年あまりが経過した現在、さまざまな対策によって何が変わり、何がいまだ変わらないのか。そのようにして対策を振り返り、課題を明らかにすることは、将来における自殺対策の方向性を考える上で不可欠だろう。

69

その中で好ましい変化として、ひとつ断言できることがある。それは、「自殺」という言葉を口にしやすい社会になったことだ。筆者自身の経験だが、かつては自治体が主催する自殺対策事業として講演会を引き受けた際、主催者から「演題名に自殺という言葉は使わないでほしい」と求められたものであった。それくらい「自殺」という言葉が忌避されていたのだ。しかし今は違う。「自殺予防」「自殺対策」と銘打った講演会は各地で多数開催されている。確かに変わった。

　それでは、この10年間で、精神科診察室や心理面接室は悩める人が安心して「死にたい」と言える場所になっただろうか。あるいは、地域のさまざまな相談機関——たとえば保健所や福祉事務所、児童相談所など——はどうだろうか。さらに私たち援助者は、患者やクライエントの「死にたい」という告白に動揺することなく、その言葉の底にある、「死にたいほどつらいが、そのつらさが少しでもやわらぐならば本当は生きたい」という意図を汲み取り、その重苦しい面接に耐える技術と胆力を身につけただろうか。残念ながら、それについてはいささか心許ない。

　本書が主題とする「親子心中」という現象は、加害者には自殺（未遂）者としての側面があり、その意味で、「拡大自殺」という、自殺行動の特殊な一形態とみなされている。もちろん、現状ではその背景要因や関与する精神医学的病態の一般的特徴は必ずしも明らかではない。しかし、自殺対策の残された課題を克服すること——すなわち、地域に「死にたい」と言いやすい場所を増やし、援助者が「死にたい」という言葉に適切に対応できる技術と胆力を身につけること——は、一般的な自殺のみならず、親子心中の予防にも資するのではなかろうか。

　そこで本章では、この「死にたい」という言葉をどう捉え、どう向き合ったらよいのか、という実務的な話題を提供させていただきたい。

「死にたい」は自殺の危険因子

　最初に断言しておきたい。「『死ぬ、死ぬ』という奴に限って死なない」という通説は迷信以外の何ものでもない。Kesslerら（1999）の大規模疫学調査は、自殺念慮を抱いた者の34％は具体的な自殺の計画を立てており、自殺の計画を立てた者の72％は実際に自殺企図に及んでいたことを明らかにしてい

る。つまり、自殺念慮を抱いたことのある者の26%が実際に自殺企図に及んだ経験があったわけである。そして言うまでもなく、この26%という割合は一般人口における自殺企図の経験率とは比較にならないほど高い数字だ。この事実だけでも、「死にたい」という発言や考えが、将来における自殺リスクと密接に関連していることがわかるであろう。

とはいえ、実際の相談・支援の現場では、それとは矛盾する事態としばしば遭遇する。たとえば、筆者が専門とする精神科診療の現場でも、診察のたびに執拗に自殺念慮を訴えながらも、結局死ぬことなく、何年間も外来通院を続けている患者は確かに存在する。しかしその一方で、自殺念慮をひと言も漏らさないまま、「青天の霹靂」のように自殺既遂に至ってしまう患者がいるのだ。

これはどういうことであろうか。前者の患者は、実は「死ぬ気」などさらさらないのであろうか。そうは思わない。前者の状況では、患者の「死にたい」という訴えが援助者の注意を喚起することで、奇跡的に、それこそ「首の皮一枚」で踏みとどまっていると考えるべきだろう。

一方、後者の場合はどうか。最終的に自殺している以上、決して自殺念慮がなかったわけではない。少なくとも、最期の行動に及ぶ直前になって、突発的かつ唐突に自殺念慮が湧いた、などといったことはまず考えられない。おそらく自殺念慮は存在していたが、それが語られなかったために、援助者がそれに気づくことができず、自殺へと至ってしまったと考えるべきだろう。

このことが意味するのは、相談・支援の現場において防ぎ得なかった自殺の多くは、援助者がその人の「隠された自殺念慮」に気づかなかったことによって生じている、という事実だ。したがって、自殺予防という観点からは、何よりもまず、悩める人が胸に押し隠している自殺念慮に気づく必要がある——少なくとも筆者はそう考えている。

どうすれば「死にたい」に気づけるのか

「隠された自殺念慮に気づく」と言葉で言うのは簡単だが、これはなかなか容易ではない。残念ながら、隠された自殺念慮を同定できるような医学的検査など存在しないし、今後、どれだけ医学が進歩しても永遠に不可能であろう。これまでも、そしてこれからも、自殺念慮に気づくには、「直接本人に問いかける」以外に手はない。

しかし、それにもかかわらず、援助者はしばしばその問いかけをしそびれる。多くの場合、それは無意識的に起こる。おそらく私たちの心のどこかに、自殺という重苦しい話題を避け、クライエントが抱えている困難を「大丈夫、たいしたことじゃない」と過小視したい気持ちがあるのだろう。

　実際、筆者自身にも思い当たる経験がある。もう10年以上昔の話、自殺したある男性患者を最後に診察したときのことだ。そのとき筆者はうまく言語化できないものの、ある種の違和感のような感触を覚えたのだった。というのも、この数年、渋面しか見せなかった患者が、その日に限って不思議と何か悟ったような、吹っ切れた表情をしていたからだ。突然の変化に筆者は少しだけ胸騒ぎを覚えた。脳裏に「自殺？」という考えが一瞬だけよぎったのもはっきりと記憶している。しかし筆者は、「まさか」とすぐさまその考えを打ち消し、「次回も気になったら質問しよう」と自らに言いきかせて診察を終えた。何しろ、その日は自殺に関する話題を持ち出すのは唐突な気がしたし、「今日くらい彼を笑顔のまま帰したい」と思った——いや、そうではない。正直に言えば、自分が重苦しい話を避けたかったのだ。

　彼が自ら命を絶ったのは、それからわずか2日後のことだった。今でも私は、「あのとき質問していれば……」と後悔の念に苛まれることがある。もちろん、たとえ彼の自殺念慮に気づいたところで、その背景にある現実的な困難を解決することはできなかったかもしれないが、少なくとも次の診察日には生きた彼を来院させることができた気がする。単なる時間稼ぎ、一時的な延命に過ぎなかったかもしれない。しかしそれでも、ほんの些細な障壁が人の運命を180度変えることだってある。サンフラシスコのゴールデンゲートブリッジから飛び降りようとしているところを警察官によって強制的に退去させられた人たちの追跡調査の結果は、そのよい例かもしれない。その調査によれば、強制的に退去させられた者は、巨大橋梁からの飛び降りというきわめて致死性の高い手段による自殺を決行寸前までいったにもかかわらず、その約9割が7年後にも生存していたというのだ（Seiden, 1978）。ちなみに、彼らは決して精神科病院に連れて行かれたわけではない。ただ、パトカーで自宅に送り届けられただけだった。

　繰り返しになるが、自殺念慮に気づくには質問するしかない。自殺のサインにはさまざまあり、どれに最も注意すべきかを明言できるほどの根拠はないが、多くの自殺に共通しているのは、「何となくいつもと違う様子」である。した

がって、何らかの困りごとや悩みを抱えている人が、「いつもと態度や雰囲気が違う」という印象を受けた際には、「妙なことを聞きますが……」と前置きをした上で、躊躇せずに、そして真摯な態度で自殺念慮に関する質問をしたほうがよい。

　援助者の中には、自殺念慮に関する質問をすることで、「かえってクライエントの『背中を押す』ことになるのではないか」「もっと精神状態を不安定にするのではないか」と恐れる者もいる。しかし、聞いたからといってクライエントが自殺しやすくなることを明らかにした研究は今のところひとつもなく、専門家は口をそろえて「質問しなければならない」と強調している。それどころか、その質問が意思疎通の通路を開く契機となる場合もある。Chiles と Strosahl（2005）は、「（自殺について質問されることで）むしろクライエントは安心することが多い。質問されることによって、これまで必死に秘密にしてきたことや個人的な恥や屈辱の体験に終止符が打たれる」と指摘している。

「死にたい」にどう向き合ったらよいのか

　自殺念慮について質問することの意義をこれほど唱えてもなお、躊躇する援助者もいる。躊躇する理由は、「質問に対して『死にたい』と回答された場合、どうしたらよいのかわからないから」というものである。

　確かに一理ある。それでは、「死にたい」という告白にどう対応したらよいのだろうか。思いつくままに、筆者なりの心構えや対応の原則を、以下に列挙してみたい。

●誰でもよいわけではない

　クライエントは誰彼かまわずに自殺念慮を告白するわけではなく、「この人ならば理解してくれるかもしれない」という相手を選んで告白していることである。その意味で、「クライエントから自殺念慮の訴えをされることが少ない」という援助者は、自分の日頃の臨床態度を反省する必要があるかもしれない。

●告白には勇気がいる

　援助者の多くが経験しているはずだが、自殺念慮の告白は面接の終了間際、あるいは、私たち援助者の就業時間の終わり間際や、これから帰宅しようとす

るタイミングでなされる傾向がある。こうした性質ゆえに、援助者の中には、自殺念慮の訴えをある種の悪意や操作的な意図から行われているのではないかと疑う者もいる。

　しかし実際には、クライエントはずっと以前からそのことを伝えようとしながらも躊躇することを繰り返していることが少なくない。最終的には、「もうあと少ししか時間がない」という状況に追い詰められてやっと告白に至る、というパターンがむしろあたりまえなのだ。おそらく「死にたい」と誰かに告白するのには、それこそ「清水の舞台から飛び降りる」ような勇気が必要なのだろう。

●告白は称賛に値する

　援助者の質問に対して、あるいはクライエントから自発的に「死にたい」という言葉が出てきた場合には、訴えを軽視しないで真剣に向き合い、共感と支持、思いやり、そして支援を約束する姿勢が伝わるべきだ。

　自殺を考えるに至った原因は何であれ、クライエントは自らが現在置かれている状況を恥じていたり、人に告白してもまともに向き合ってもらえないのではないかと思い込んでいたりする。したがって、まずは正直に自殺念慮を告白してくれたことを称賛し、「自分の気持ちを正直に語ることは良いことである」というメッセージを伝えるべきだろう。

●「自殺はいけない」はいけない

　安易な励ましをしたり、やみくもな前進を唱えたりすべきではない。「残された人はどうするのだ」「家族の身になってみろ」「死んではいけない」という叱責や批判、あるいは強引な説得も好ましいものではない。「自殺はいけない」と決めつけられた時点で、クライエントはもはや正直に自殺念慮を語ることができなくなる。そうなった場合、援助者は自殺のリスク評価が困難となり、再企図を防ぐことは覚束なくなるであろう。

　また、自分の信念や哲学、人生観、生命観、思想、信仰に基づいて、「いかに自殺がいけないことか」を説いたり、クライエントとのあいだで「自殺は良いことか、悪いことか」を議論したりするのもよくない。こういった関わり方は、効果がないばかりか、有害ですらある。たとえ自殺の是非について長時間にわたって議論し、最終的にクライエントを論破したとしても、クライエント

は決して「気持ちを受けとめてもらった」という感覚を抱かない。

　自殺を告白するクライエントには、「死にたい」と「生きたい」という矛盾する２つの考えがあり、両者はたえず動揺し交代しているが、そうした心理状態にある者を強引に説得すると、相手はかえって意固地になってしまう。その結果、ますます自殺を肯定し、気持ちが死へと傾いてしまう危険性がある。これでは完全に逆効果だ。援助者として正しい態度は、「自殺の是非は誰にもわからない」という中立的なものであり、それでいながら、「しかし、いま現在幸せな人は『死にたい』などと考えない」という認識であろう。

● 「聴くこと」と「質問すること」

　自殺念慮の告白に対して、援助者がすべき対応はさしあたって２つである。ひとつは、「聴くこと」である。クライエントの主張がたとえ論理的に妥当なものではないとしても、ひとまず相手の言い分に耳を傾けることが重要である。その際、相手の発言の中で重要と思われる言葉を繰り返す、あるいは、援助者が「つまり、あなたは〜の問題で困っているのですね」と問題を明確化する必要がある。

　もうひとつは、「質問すること」である。「あなたを死にたいと考えさせるに至った原因について、もう少し具体的にお話しいただけますか？」といった質問によって、自殺念慮の背景にある問題──健康問題や家庭問題、あるいは経済・生活問題など──を明らかにする必要がある。私たち援助者がすべきことは、自殺の是非を哲学的、倫理学的、もしくは道徳的に判断することではない。あくまでも自殺念慮の背景にある問題を同定し、その解決に向けたマネジメントを考えることなのだ。

　こうした作業を続けながら、一方で、少し視点を変えて、「それほどの困難や苦痛を抱えながらも、なぜこの人はこれまで死なずにすんだのか」と考えてみる。これは、自殺の危険因子に拮抗する「保護的因子」を同定する作業であり、その作業から得られた情報は、本人に自殺行動を思いとどまらせる際の材料としての価値もある。

　いずれにしても、「死にたい」という告白を前にして援助者がすべきなのは、「聴くこと」と「質問すること」であり、決して自分の信念を「伝えること」ではない。

●自殺念慮者の心性に配慮した関わりを

　自殺念慮を抱く者の心理は両価的である（Shneidman, 1985）。つまり、「死に
たい」という訴えの背景には、「助けを求める気持ち」と「助かりたくない気
持ち」とが同時に存在しているのである。前者ゆえに、その言動は時に演技的、
操作的なものに見えてしまい、援助者の陰性感情を引き起こす。その一方で、
後者は、援助者の助言や指示に従わない挑戦的な態度として現れ、やはり援助
者の陰性感情を刺激する。

　いずれにしても、自殺念慮を抱くクライエントは、援助者にとって対応困難
なクライエントであることが多い。クライエントに対する怒りや敵意が制御で
きなくなり、過度に感情的な態度をとってしまう援助者もいる。そうなると、
クライエントが援助者に心を閉ざし、結果的に自殺のリスク評価が困難となる
ばかりか、治療は中断され、クライエントの自殺リスクはいっそう高まってし
まう。

　いっそのこと、援助者はあらかじめ「自殺リスクの高いクライエントほど援
助者に挑戦的な態度をとる傾向がある」と心得ておくべきなのかもしれない。
考えてみれば、援助関係を破綻させ、それによってますます孤立を深めるとと
もに、自らの自殺リスクまで高めてしまうその態度は、ある意味で自傷的と言
えるだろう。そして、援助者がそうした態度に感情的に反応するのは、言うま
でもなくクライエントの自傷を手伝う行為となる。

　さらにもうひとつ伝えておきたい。自殺念慮を抱えている者は自尊心が低下
し、無力感に捕らわれているが、自己効力感が乏しく、自らの無力さにうちひ
しがれている者ほど、支配されることに過敏な傾向があるのだ。したがって、
本人の意向を無視した強引な援助は本人の強い抵抗を引き起こしやすく、援助
関係は容易に「綱引き」のようなパワーゲームの様相を呈してしまいやすい。

● 「家族には言わないでください」という要請には

　自殺念慮者や自殺未遂者の援助においては守秘義務の原則は適用されないこ
とも強調しておきたい。クライエント自身が「このことは家族には言わないで
ください」と訴えた場合にも、「あなたを守るためにそれが必要である」こと
を粘り強く説明すべきである。もしも家族と連絡を取らないまま対応し、その
後まもなく自殺既遂もしくは再企図となった場合の訴訟リスクは無視できない。

　とはいえ、クライエントの意向を無視して家族に連絡を取ることで、クライ

エントとの治療関係が破綻するリスクもある。そこで、クライエントが家族への連絡を拒んだ際には、「もしもあなたの家族がこのことを知ったらどんな反応を示すと思いますか?」と質問するとよい。その結果、クライエントが怖れているのが、「自分が自殺を考えている」という事実を家族に知られることではなく、「その事実を知った家族の反応」——頭ごなしの叱責・説教、もしくは、本人の自殺念慮を否認・矮小化する態度——であることに気づかされる場合もある。

いずれにしても、一般的に言って、「家族に連絡しないください」と訴えるクライエントほど、家族への心理教育などの介入を要することが多い。

● 「自殺しない約束」は有効なのか

プライマリケア医向けの研修会では、自殺念慮を抱く患者や自殺未遂に及んだ患者との面接では「自殺しない約束」をするように推奨されることが多い。

しかし、こうした「自殺しない約束」の有効性を証明した研究は存在しない。むしろ近年、米国では、その有効性に関する何らのエビデンスもないにもかかわらず、あまりにもこの「契約」が臨床現場で過大評価され、ときにはルーチン業務として実施されてきたことが問題視されつつあるという (Shea, 2002)。実際、ルーチン業務として、あたかも「流れ作業的」に行われる「自殺しない約束」には、たんにスタッフの不安を軽減する以上の効果はない。Shea (2002) によれば、この契約に同意した直後に自殺企図に及んだクライエントは意外に多く、特に強固な自殺意図を持つクライエントの場合、表面的に同意することでその意図を隠し、かえって自殺を遂行しやすい状況を手に入れてしまうという。

その一方で、筆者自身、援助者とのこの約束のおかげで「自殺しないですんだ」とか、「生き延びることができた」と語る患者と数多く遭遇してきたのも事実だ。結局のところ、この契約を生かすのも、そして殺すのも、「誰と約束するのか」という問題なのであろう。たとえば救命救急センターのスタッフのように、今後、二度と会う予定のない援助者との約束には意味がないが、継続的な援助関係の中でこの契約がなされた場合には重要な意味を持つ。言いかえれば、この約束は必ず次回の面接予約とセットでなされるべきものということになる。

なお、この契約によって確認されるのは、クライエントが自殺の計画を諦め

たかどうかではなく、「自殺したくなったら必ず連絡する」という援助者との治療同盟である。したがって、この約束を交わす際には、緊急時に対応できる精神科救急窓口や夜間相談窓口の連絡先を伝えておく必要があろう。

●入院の功罪

自殺念慮が存在するだけでなく、具体的に自殺の計画を立てている場合には、再企図のリスクは切迫していると考えなければならない。クライエントの安全を物理的に確保するためには、非自発的な入院治療に踏み切らざるを得ない事態もある。

しかし、入院させたからといって安心はできない。Chiles と Strosahl（2005）は、「精神科病院への入院が自殺を減らすというエビデンスはなく、自殺は、他のいかなる施設よりも、精神科病棟と刑務所で起きている」と述べている。実際、医療者や家族の安心のためだけの入院は、「物理的に行動を制限する」以上の意味はなく、非自発的入院という自己決定権の剥奪体験が、かえって退院直後の自殺を誘発する場合もある。

とはいえ、入院治療がまったく無駄とも言えない。たとえば、妄想などの精神医学的症状が直接に自殺念慮に関連している場合には、入院治療は危険因子を解決する上で確実な方法である。また、入院によってクライエントの安全を確保した上で、家族内葛藤の調整や福祉サービスの申請など、退院後の生活を見越したソーシャルワークを行うことは、危険因子を減らし、保護的因子を増やすという意味で、自殺予防に資する介入と言えるであろう。

「死にたい」が意味するもの

●「死にたい」をめぐる両価性

自殺を考える者は両価的であり、その考えはたえず「助かりたい」と「助かりたくない」とのあいだを揺れている。

私たちが行った救命救急センターに入院した過量服薬患者を対象とした調査は、興味深い知見を明らかにしている。私たちは過量服薬患者を、「自殺の意図」から過量服薬した者（自殺群）と「自殺以外の意図」から過量服薬した者（非自殺群）とに分け、過量服薬直前の予告の有無を調べた。すると、予告は自殺群で顕著に多く、非自殺群には1人も該当者がいなかったのである（図）

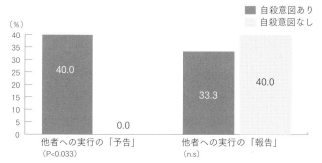

図　自殺意図の有無による過量服薬前後の「予告」と「報告」の頻度に関する比較（松本ら、2013）

（松本ら、2013）。

　この結果は、「過量服薬の前に予告の連絡をしてくる患者は、周囲の関心を惹きたいだけで、本気で死のうとしていない」という通説を覆すものと言えよう。非自殺群には過量服薬前に予告した者が1人もいなかったのは、その多くが周囲の人間に何も期待していないことと関係があると考えられる。というのも、非自殺群の多くは、「感情的苦痛を誰にも頼らずに緩和する」という意図から過量服薬していたからである。

　それでは、なぜ自殺群では過量服薬前に予告した者が多かったのだろうか？おそらく自殺を考える人は「死にたい」のではなく、「自分が抱えている困難な問題を解決したい」のだ。しかし、現状ではなかなか建設的な解決策が見つからないから、仕方なく「死ぬしかない」と考え、それでも考えは揺らぎ続けている。そして、「本当に死ぬしか解決策はないのか」と迷う中で、一部の者は医療機関に自殺の予告をしてしまうのだ。

●自殺念慮が隠される理由

　自殺念慮が深刻なものであればあるほど、そのアセスメントは困難をきわめる。フィンランドにおける心理学的剖検研究（Lönnqvist et al, 1995）では、自殺既遂者の多くが、自殺直前には周囲に自殺の意図を伝えていないことが指摘されている。実際には、周囲に自殺の考えを漏らすのは、それよりももう少し手前の時期、たとえば数週ないしは数か月前のことが多いという。

　こうした現象の背景には、自殺を強く決意したクライエントの心性として、精神科医や援助者を敵とみなす傾向が生じることが影響している（Chiles & Strosahl, 2005）。確かに、心理的視野狭窄に陥り、「耐えがたく、逃れられない

苦痛から解放されるには自殺しかない」と確信したクライエントにとって、自殺を止めようとする援助者は、苦痛を長引かせ、楽にさせない張本人と映るであろう。だとすれば、切迫した自殺リスクに瀕したクライエントが援助者に対して致死的行動の計画を隠すのは、ある意味であたりまえだ。

　したがって、自殺を決意したクライエントの中には、計画の露見を怖れて平生と変わらない態度を装ったり、ことさらに元気そうに振る舞ったりする者もいる。さらに皮肉なことに、自殺を決意した者の中には、「この耐えがたい苦痛もあと少しで終わりだ」という意識から精神的に余裕が生じ、不思議と穏やかさや落ち着きを示す者もいる。

　こうなると、周囲が本人の切迫した自殺の危険に気づくのは至難の業となってしまう。だからこそ、自ら「死にたい」と話してくれた機会に真摯に向き合うことが大切なのだ。

おわりに──安心して「死にたい」と言える関係性

　繰り返しになるが、「死にたい」という言葉は矛盾に満ちている。Ando ら（2013）は、救命救急センターに搬送された自殺未遂患者の退院1年後転帰を調べる中で、偶然にも自殺念慮が持つパラドキシカルな性質を明らかにしている。それは、自殺未遂患者の救命救急センター退院1年以内の再企図を予測する要因を検討したところ、再企図の予測因子として導き出された危険因子のひとつは、なんと入院中に実施された自殺のリスク評価に際して「自殺念慮を否定したこと」であった。

　この結果は、一見、「死にたい」と訴えない者は自殺リスクが高く、「死にたい」と訴える者は自殺リスクが低いことを示唆するかのように思える。しかし、それはあまりに皮相な解釈であって、おそらく真実はそれほど単純ではない。自殺念慮を否定したにもかかわらず再企図に及んだ者は、「いのちを粗末にするな」「死んではいけない」と、背景にある困難を棚上げされ、自身の気持ちを頭ごなしに否定されるのを嫌って、堅く心を閉ざしたのだ。

　だから、こうまとめることができる。自殺予防のために必要なのは、「安心して『死にたい』と言える関係性」である。そして、もしも地域の保健・医療・福祉的支援の場にそうした関係性があれば、もしかすると親子心中を予防することにも資するかもしれない、と筆者は考えている。

もちろん、「死にたい」という訴えを繰り返し聴き続ける立場は、お世辞に
も楽な作業とは言えない。あまりにも受け止め続けた結果、あたかもコーナー
に追い詰められ、パンチの連打を浴びて失神しかけたボクサーのような、一種
の感覚麻痺に陥ることだってあるだろう。

　しかし、忘れないでほしい。本章の冒頭でも述べたように、「死にたい」と
いう言葉を誰かに告げるという行為には、「死にたいほどつらいが、もしもそ
のつらさが少しでもやわらぐならば、本当は生きたい」という思いが含意され
ている。だとすれば、それは決して勝算のない戦いではないはずだ。

〈文献〉

Ando, S., Matsumoto, T., Kanata, S., et al.（2013）One-year follow up after admission to an emergency department for drug overdose in Japan. Psychiat. Clin. Neurosci., 67: 441-450.

Chiles, J.A., Strosahl, K.D.（2005）Clinical manual for assessment and treatment of suicidal patients. American Psychiatric Publishing, Washington DC.（高橋祥友訳 J・A・チャイルズ、K・D・ストローザル著「自殺予防臨床マニュアル」、星和書店、東京、2008）

Kessler, R.C., Roger, R., Adams, P.A.（1999）Prevalence of and risk factors for lifetime suicide attempts in National Comorbidity Survey. Arch. Gen. Psychiatry, 56: 617-626.

Lönnqvist, J.K., Henriksson, M.M., Isometsä, E.T., et al.（1995）Mental disorders and suicide prevention. Psychiatry. Clin. Neurosci., 49: Suppl 1: S111-116.

松本俊彦、井出文子、銘苅美世（2013）「過量服薬は自殺と自傷のいずれなのか──自殺意図の有無による過量服薬患者の比較」精神医学、55: 1073-1083.

Seiden, R.H.（1978）Where are they now? A follow-up study of suicide attempters from the Golden Gate Bridge. Suicide. Life. Threat. Behav., 8: 203-216

Shneidman, E.S.（1985）Definition of suicide. Wiley, New York.

Shea, S.C.（2002）The Practical Art of Suicide Assessment: A Guide for Mental Health Professionals and Substance Abuse Counselors, Wiley, Hoboken.（松本俊彦監訳「自殺リスクの理解と対応──死にたい」気持にどう向き合うか」、金剛出版、2012）.

第2部 「親子心中」事例

第2部では、「はじめに」で簡単に紹介したように、近年発生した「親子心中」にかかる公判傍聴記録12事例を提示している。読者にわかりやすいよう、それらの概要について一覧表（表4-1・2）にまとめたので、全体の状況を把握するガイドとして利用していただければ幸いである。事例については、プライバシーに配慮して固有名詞などすべて伏せるとともに、事例の本質を損なわない程度に一部を改変している点をお断りしておきたい。

　なお、これら12事例は、加害者を父母別に分けて並べた。その趣旨は、第1部でも明らかにしたとおり両者の特徴に違いがあり、防止策についても異なったアプローチが必要と考えたことによる。

　また、事例理解のために、一つひとつの事例について各分野の識者による討議を行い、事例の末尾に掲載したことも、すでに述べたとおりである。

表4-1　母親加害者の事例　　　　　　　　　　　　　＊表中の【　】は心中の形態を示す。

NO	事例の概要	精神鑑定	判決
M①	【母子】母親が、就寝中の長女（当時9歳）を包丁で何度も刺して殺害。母親自身は手の指に切り傷を負ったが、命に別状はなかった。夫とは離婚し、母親の両親・弟・祖母と同居していた。	有（大うつ病性障害、解離性健忘、強迫性パーソナリティ障害、境界知能）⇒心神耗弱認定	懲役2年6か月
M②	【母子】母親が、浴室内で次男（当時9歳）の首を絞めて殺害後、自殺を図った。長女・長男は留学中で、夫と3人で暮らしていた。	有（双極性障害）⇒心神耗弱認定	懲役3年執行猶予5年
M③	【母子】母親が、長男（当時10歳）・次男（当時8歳）・長女（当時4歳）の首を絞めて殺害。母親自身は手首から血を流し軽傷。夫を含む5人家族だった。	有（適応障害中～軽度）⇒完全責任能力有	懲役23年
M④	【母子】母親が、長男（当時4歳）の首を絞めて殺害。母親が首を吊って自殺をしようとしているところを、帰宅した夫が見つけて通報。3人家族だった。	無	懲役8年
M⑤	【母子】母親が、次男（当時3歳）の顔に枕を押しあてて窒息死させた後、大量服薬して手首を切った。帰宅した長男（当時15歳）が発見し、通報した。夫とは離婚し、母子家庭だった。	有（情緒不安定性パーソナリティ障害（境界）型）⇒完全責任能力有	懲役3年6か月
M⑥	【母子】母親が、次女（当時11歳）と三女（当時8歳）の脇腹や腹部を刺した後、自殺を図った。母親と三女は命をとりとめたが、次女は死亡。母親の交際相手が居候をしており、事件当時は4人で暮らしていた。	有（軽度精神遅滞）⇒完全責任能力有	懲役14年

84

討議は、本書の共同執筆者5名で行った。松本俊彦は精神科医の立場から、高橋温は弁護士として、上野昌江は保健の立場から発言した。長尾真理子は心理職として、川﨑二三彦はソーシャルワークの立場から討議に参加した。ただし、討議開催日の都合で、事例によっては欠席した者があったこともお断りしておきたい。

　討議は本書掲載順に行ったわけではないので、後段に置いた事例のことが前段の事例で話題となる場合もある点をご了承いただきたい。なお、事情により父母各1事例（事例M⑤と事例F⑥）で討議を行う機会を持てなかったが、第2部の最後には各識者が全12事例をふまえた考察を記しているので、そちらを参照されたい。

表 4-2　父親加害者の事例　　　　　　　　　　　　＊表中の【　】は心中の形態を示す。

NO	事例の概要	精神鑑定	判決
F①	【父子】父親が、長女（当時8歳）の首を絞めるなどして殺害後、手首を切るなどして自殺を図った。離婚直後で、長女は母親と一緒に暮らしており、父親は一人暮らしだった。	無	懲役10年
F②	【父子】父親が、駐車場に止めた軽ワゴン車内で、長女（当時5歳）と次女（当時1歳）の首を絞めて殺害後、自らも自殺を図った。妻が出て行き、離婚届を提出したばかりだった。	無	懲役16年
F③	【父子】父親が、長男（当時4歳）の首を絞め、浴槽に沈めて水死させた。父親自身は、腕や腹に切り傷があり、自殺を図った。父子家庭だった。	有（うつ病性障害の重症） ⇒完全責任能力有	懲役6年
F④	【父子】父親が、衝動的に妻（当時42歳）を殺害して約1か月後、長男（当時10歳）を殺害。数日後、父親の乗用車トランクから妻と長男の遺体が発見された。父親は「自分も死のうと思った」と供述した。	無	懲役26年
F⑤	【父母子】父親が、就寝中の妻（当時34歳）と長男（当時6歳）の首をひもで絞め、背中などを包丁で数回突き刺した上、灯油をまいて自宅に火をつけ殺害。父親自身も両手足火傷の重傷を負った。	無	懲役20年
F⑥	【父母子】父親が、妻（当時36歳）と次女（当時10歳）を刺殺し、長女（当時15歳）を刺殺しようとした。犯行後、家に放火して自殺を図った。	無（精神科医の意見書有）	懲役26年

第4章

母親が加害者となった事例

事例M①
祖父母と同居中に精神疾患を抱える母親が児童を
殺害した母子心中の事例

(1) はじめに

　本事例は、母がうつ病などの精神疾患を長期にわたって抱えており、病状が良くなったとして長女である本児（当時9歳）と同室で寝るようになってから数日後に起こった母子心中の事件である。父母は離婚しており、母と本児は母方祖父母らと同居していた。母が病気であったため、母方祖父母が〈親代わり〉として本児を育てていたという家族背景がある。事件後、母は「解離性健忘」により、事件についての記憶を失っている。そのような中、公判では殺意や責任能力について争われ、母の事件前の病状などが質疑の中心となった。

(2) 事件の概要

　x年5月下旬、母方祖父から「娘が孫を刺した」と119番通報があった。警察が駆けつけたところ、小学4年生の本児が腹部や首など30か所以上を刺されて倒れており、病院に運ばれたが約1時間後に死亡した。部屋の前の廊下に座り込んでいた母が刺したことを認めたため、現行犯逮捕された。母は手の指などに大怪我を負っており、警察はいったん釈放して入院させた。母は「一緒に死のうと思った。自分は死ねなかった」などと泣きながら話したという。司法解剖の結果、本児の死因は、肺に達するほどの刺傷による失血死だった。

　同年7月中旬、警察は母を殺人容疑で再逮捕した。調べに対し、母は「当時のことは覚えていない」と供述。地検は、3か月間鑑定留置した後、責任能力

X年5月（事件発生時）のジェノグラム

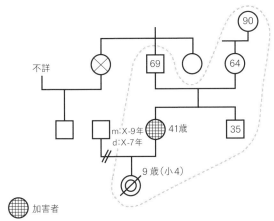

が問えるとして、母を殺人罪で起訴した。

翌年10月、母の裁判員裁判が行われた。論告求刑で、検察側は懲役5年を求刑。弁護側は、母には重度の精神疾患があり、犯行時は心神喪失状態で責任能力はないとして無罪を主張した。これに対して裁判所は、心神耗弱を認めた上で、懲役2年6か月（未決勾留日数270日を含む）の実刑判決を下した。

（3）家族構成

家族は、母、本児、母方祖父母、母方叔父、母方曾祖母（以下、「母方」は除き、祖父母、叔父、曾祖母と表記する）。4世代同居の6人暮らしだった。

また、母の父方伯母は焼身自殺をしていること、その伯母の息子が精神疾患に罹患していること、母の父方叔母が大量服薬による自殺未遂歴があることが、公判で示された。

（4）母の生育歴

母は、前置胎盤により36週で帝王切開にて産まれ、精神面も運動能力も特に問題なく成長した。祖父によると、「おとなしい子」「近所の子と遊ぶ普通の子」だったとのことで、精神鑑定を行った医師は、「もともと熱心で、割とこだわりが強く、どちらかと言うと、一生懸命やって良い子であろうとする性格であったようだ」と述べた。

幼稚園のときからオルガン、小学2年生からはピアノを習い、中学生まで続

けた。小学生のときには、学校のコーラス部でのピアノ奏者、高学年では地方大会に出てテレビに出演するなどの活躍をしていた。大人になってもピアノは趣味で続けており、母も「ピアノだけは自信がある」と公判で述べた。

中学校卒業後は、公立の高等学校に進学。祖父によると、成績は「心配しない程度。とびきり良くはない」とのこと。中学１年生から２年生の間にいじめを受けたが、母は両親には話さなかったという。祖父母も、いじめについての相談はなかったので知らなかったと証言した。公判で、弁護人からいじめの内容について尋ねられた母は「言いたくありません」と答え、その内容はわからないままである。

高校３年生のときには、40日間程の不登校の経験がある。その理由について、母は「クラスのみんなよりもバイト先の友達と仲良くなって、その子たちと遊ぶようになって、不登校になった」と公判で述べた。両親は、学校から連絡があって、初めて母が学校を欠席していることを知ったという。

高校卒業後、歯科衛生士の専門学校に進学するが、２年次に中退。中退した理由について、祖父は「２年目に入ると実習があって、個人病院に行くことになる。母は、人との関係が不得手のような感じがあって、勉強よりも、実習の段階で人間関係がうまくいかないことを気にしていたと思う」と話した。中退の時期は「６月頃」と祖父は答えている。

鑑定医からは、母が専門学校に通っているときに些細なことがきっかけで３か月程度の家出をしたことが話された。家出の理由について、母は「母親（祖母）とトラブルになり、誕生日を祝ってもらえず家出をした」と話した。家に戻った理由は、「（働いていた）ラブホテルで売春が行われており危険を感じて帰った」とのこと。専門学校時代の何年生かは公判で明確にされなかったが、２年生であれば、ちょうど中退の時期と重なっていることになる。

母は家出から帰宅した後、看護助手などとして勤務するが、頑張りすぎて疲れ、抑うつとなり、転退職を繰り返した。祖父によると、20社以上の会社を転々としていたという。

25歳の頃から、自分の顔へのコンプレックスにより、過食や拒食を繰り返すようになった。痩せ細り、クリニック（何科かは不明）に数回通院している。祖父によると、この頃から母にはリストカットがあり、「死にたい」と多々漏らしていたという。

30歳のとき、職場で知り合った男性と結婚。この職場は、母が最も長く働

いた場所で、半年程在職していた。母の退職後に、2人は交際を始める。そして、結婚を機に地元を離れ、新しい生活を始めた。祖父母によると、この頃はまだ母が家事などを行っていたという。

その後、本児を出産。この頃も母は育児を普通にやっていたという。その翌年には、父母の離婚が成立する。離婚理由については、祖父母はいずれも、「よくわからない」と話した。母の体重が落ちてきたため、祖父が離婚協議書を作成し、離婚に至ったという。本児の親権者は母。このとき、祖父は父と直接話をすることはなかったと証言している。

離婚後、母は本児とともに、実家に戻った。その後4年間はさまざまな仕事を転々としたが、その後は引きこもり生活をするようになった。通常の育児や家事ができる状態ではなく、食事も自室にて1人でとるようになったという。

母が育児をできなくなったため、本児が2歳のときに保育所に入所させている。保育所の送迎は、初めの頃は母が少しはしていたものの、だんだんとできなくなり、次第に本児の着替えや食事の世話もできなくなったという。そのため、祖父母が〈親代わり〉として本児を育てていた。

この頃、母はリストカットなどの自傷行為もしていた。そのため、家族は家中の刃物を隠し、母がリストカットできないように対応していたという。しかし母のリストカットは続き、主に祖父が母のリストカットの傷の手当てを行っていた。病院に行かないといけないほどの傷ができたことも数回あり、通院したこともあったという。リストカットをしたときの状況について、母は「いつも気がついたら血が流れている」「切っている認識はない。そのときは痛くない。後で痛くなる」と話した。また、母は2回ほどマンションから飛び降り自殺を図ったことがある。このときの状況についても「気がついたら、パジャマ姿でマンションの踊り場に足を乗っけてぶら下がっていてビックリした」と母は述べた。このようなエピソードから、鑑定医は母には事件前から解離症状があったと指摘した。

（5）母の通院歴

母は、事件の約6年前から精神科通院を開始している。祖父が2か月かけて母に精神科受診を勧め、母はようやく通院する気持ちになったという。ただ、「人に会いたくない」との思いがあったため、自宅から離れた病院に通院することとなった。その病院では「全般性不安障害、摂食障害」との診断を受けて

いる。その翌年からは、自宅近くのクリニックに通院するようになった。そこでは「うつ病」と診断され、約1か月間の入院をしたこともあった。

この頃、母は本児の首を絞めたことがあるという。「ハッと気づくとやっていた」と話した。

事件の約1年前、母は本児に「（薬が）臭い」と言われたため、服薬を中断するが、その事実を祖父母や主治医には伝えていなかった。

本事件の約8か月前、外出した母は駅前のスーパーにて包丁を購入し、同店トイレで自分の腹を刺し、自殺を図った。しかし、その記憶は母にはなかった。この事件の後、母は同クリニックに入院している。

（6）父について

公判では、父の年齢や生育歴などについては明らかにされなかった。母によると、父は母が働いていた職場の管理職であったという。母は、父について「私の父親（祖父）がすごく仕事ができる人なので、すごく尊敬していて、父親みたいな人と結婚したかった。彼も偉い職種に就いていたから、父親そっくりだと思って結婚を受けた」と話した。

婚約後、父から「仕事を辞めた」「地元を離れる」と聞かされ、母はショックを受ける。しかし、すでに婚約していたため母は父と結婚し、父とともに地元を離れた。引っ越した後、父は働かず、貯金で生活費をまかなう生活が続いた。父は酒を飲み、臨月の母に酒を買いに行かせることもあったという。

本児が生まれた後も父の態度は変わらなかった。そのため、母は離婚を決意したという。離婚後、父とはまったく連絡を取っていなかったため、公判において父の供述調書などはなかった。

（7）本児について

生後6か月の頃、母は離婚にともない、実家へ引っ越した。その後は、母、祖父母、叔父、曾祖母と同居生活をしていた。

2歳のときに保育所に入所。母の病状が悪化したため、保育所への送り迎えは祖父母が中心に行っていた。

小学生に上がったとき、母は引きこもり生活をしていた。そのため、1年生時のPTAには祖父母が出席し、祖父母が本児の〈親代わり〉になることを伝えている。本児の学校行事などにも、母はほとんど参加せず、祖父母が参加し

ていた。

　家庭でも、祖父母が本児を旅行などへ連れて行き、具合の悪い母が同行することはほとんどなかった。

　また、母の病状が悪化したため、本児は２歳の頃から祖父母の部屋で寝ていた。しかし、本事件の１週間程前、母の病状が良くなったと思った祖父は、初めて母の居室の２段ベッドで母子ともに寝かせるようになった。この２段ベッドは、本児が小学校に上がるときに、ゆくゆくは母子が一緒に寝ることを想定して購入されたもので、その目的がようやく実現した矢先の事件であった。

(8) 犯行の経緯

　x 年５月頃より、母は「うつ病がいっこうに治らず、生きていても仕方がない」と考え、「自殺したい」と強く思うようになった。具体的な自殺方法として、幼少の頃に祖父とよく行った港に行き、自分の腹を刺して海に飛び込もうと考え、事件の３日前に近所のスーパーで包丁を購入。さらに、港までの経路を調べ、タクシー会社に問い合わせるなど、自殺のための準備をした。

　一方、この頃、初めて本児と一緒に２段ベッドで寝るようになった。

　事件当日の昼過ぎ、母は自宅でテレビドラマを見ていた。主人公の女の子が白血病で亡くなってしまうという内容で、それを見た母は「その子が死んで、なぜ自分が生きているのだろう」と考え、「自分は今日死ぬのかな」と思うようになった。

　午後３時頃、帰宅した本児は、すぐに塾へ行った。母は、本児が残していった宿題を確認し、わからない問題について聞かれても答えられるように準備した上で、いつものように自室にて１人で夕食をとった。夕食後、本児の宿題の確認をしてあげた。

　その後、母は本児のためにテレビ番組を録画し、入浴した。入浴後、自室のベッドに横になっていたところ、入浴を終えた本児が部屋に入ってきた。午後10時半になっていたので、２人は就寝した。

　しばらくして、母は「いよいよこれからタクシーで港に行って、包丁でお腹を切って、飛び込んで自殺しよう」と考え、起き上がり、電気をつけ、着替え、最期の別れをするために本児の寝顔を見ていた。しかし、ここでいったん母の記憶は途切れ、気がついたときには、母はガムテープの切れ端を手に持って、自分の鞄を肩からかけて立っていた。どうしてそんな状態になっているのか

まったくわからなかったため、母は「もう今日は外出できない」と考え、再び就寝した。

その後、母は本児の背部などを包丁で多数回刺すなどした後、午後11時過ぎに、祖父母の寝室に行き「○子（本児の名前）を殺してしまった」「○子は死んだ」などと何度もわめいた。その声で起き上がった祖父は、午後11時13分頃に119番通報。そのときも、母は「死にたい、死にたい」「○子だけが死んで、自分だけは死ねなかった」などとわめいていた。

通報により、午後11時22分頃、救急隊員が到着。2階廊下に座り込んでいた母は、消防隊員に対し「一緒に死のうと思ったのに」と発言したという。公判では、殺意の有無を認定するため、この発言の真偽が問われることとなった。

本児の遺体には、合計33か所の刺切創があった。

(9) 精神鑑定

公判では、鑑定医が証言台に立った。母の診断名は、「大うつ病性障害」「解離性健忘」「強迫性パーソナリティ障害」、知能検査から「境界知能」であることが示された。

精神疾患と本事件の関連性について、鑑定医は「うつ病は希死念慮を持つ精神疾患であること、うつ病と衝動制御能力が弱いところに関連があると考えられるが、もともと母は衝動制御能力が弱いところもあったので、自殺行為については本人の人格から大きく離脱していない」「境界知能であるので、複雑な状況を理性でもって処理するより、原始的な自我の防衛機制をとりやすい。それは解離性障害の背景になる」「解離性障害は、病的な自我防衛であるので、無意識的な欲望の行動を促す。これにより、頻繁に自傷行為をしていたこと、その結果、事件に繋がったと考えられる」「自分の指の自傷と子どもの殺害を『自殺の代替行為』と考えれば、理解できる」などと説明した。

今後の医療的治療については、うつ病であることが母のアイデンティティでもあるため、「医療には反応しにくい」「今は解離しているので葛藤から逃れている。もし思い出したら大変。死にたいと思うだろう」などと説明した上で、「治療行為にあたらないが、こうしたことをやったから自分で責任を取ったということで、刑罰を受けることは、母が救われるひとつではないかと、私は考える」とコメントした。

（10）判決

　裁判における争点は以下の3点である。

　①**犯人性**　検察側は母が犯人と主張。弁護側は、犯行当時の母の記憶がないため肯定も否定もしないという立場。

　②**殺意**　検察側は殺意あり、弁護側は殺意なしと主張。

　③**責任能力**　検察側は心神耗弱、弁護側は心神喪失を主張。

　検察側の論告求刑では、①犯人性については、犯行当日の状況から母以外の者に犯行は不可能であり、母が犯人であることは明らかとした。②殺意については、本児の遺体の状況から、母が本児の致命傷となる部分をねらって、多数回にわたって相当強い力で刺したことが認められるため、殺意があったことは明らかと主張した。③責任能力については、犯行3日前に包丁を購入するなど準備を進めていたことや、犯行時の母の行動などから、「準備段階から犯行当時の行動はこれまで意識的、あるいは無意識的に願望を持っている、自殺を決行する目的に適った行動」と評価し、犯行性・合目的性が認められるとした。さらに、犯行当時、救急隊員に「○子を殺してしまった」「○子だけ死んで私は死ねなかった」などと発言したことを認め、ある程度の状況判断ができていたとした。その上で、母に精神疾患の影響は認められ心神耗弱とし、懲役5年を求刑した。

　一方、弁護側は最終弁論において、②殺意について、6つの根拠に基づき、母には本児に対する殺意がなかったと主張した。すなわち、1.母と本児との母子関係は良好であった、2.当日の母の行動も殺意を物語っていない、3.母には本児を殺害すべき動機がない、4.母は一貫して殺意を否認している、5.本件現場の状況は殺意を持った殺人としては説明がつかない、6.母には、過去の自殺未遂などの際にもその認識がない。③責任能力については、母は犯行当時、意識野が狭窄し、朦朧状態において行動していたもので、解離性同一性障害に近い状態であり、心神喪失の状態であったと主張した。

　以上に対して、判決は、心神耗弱を認定した上で懲役2年6か月の実刑となった。①犯人性については、各証拠より母が犯行を行ったことは明らかとし、②殺意については「被害者の姿勢や刺切創などによれば、被告人は、被告人の攻撃から身を守るために逃げ惑う被害者に対して、その上半身の中心部分を目がけて、包丁を複数回にわたり刺すなどの行動をとったことが、強く推認でき

る。このことから、被告人が被害者を殺害する意思を有していたことが、合理的に推認できると言うべき」とした。③責任能力については、包丁を購入した事実などをもって犯行に計画性があるという検察官の主張は退けたものの、犯行前の状況や犯行時の状況、及び供述などにより、「母は『自殺をしよう』という気持ちと、本児に対する思いを高じさせるあまり、衝動的に本児を殺害して自殺することを『一緒に死ぬ』との思いにまとめ上げてしまい、本児と一緒に死ぬという意図のもと、本件行為に及んだと考える他ない。鑑定が、本件につき、『自殺企図の延長線』『自殺の代償行為』あるいは『自殺の代替行為』というところも、このように理解される」と、鑑定医の見解を採用した。

（11）討議

参加者
川﨑／松本／高橋／上野／長尾

① 関係機関の関与

・これくらい危ないケースでも防げないとなると、どうすればいいんでしょうね。そう思うくらい、危ないケースだと思いますけど……。
・しかも、本事件が起こる数年前に、母は本児の首を絞めています。
・公判では、母は本児の首に手をかけようとはしたが絞めていない、と証言していました。また、事件直後の検察官調書には、祖父が「母が本児の首を絞めたから、別々に寝かせるようにした」と供述したと記録がありましたが、公判では祖父母ともに母が本児の首を絞めたこと自体を否定しました。そういうこともあってか、裁判所は祖父母が母をかばう証言をしたと判断しました。
・公判からすると、母はずっと子どもと一緒に寝ていなかったんですよね。一緒に寝るようになって、すぐの出来事。ショックですね……。
・こういう事例は多いんですかね。感覚的には、祖父母には児童相談所に相談に行ってほしいと思うんですけれど、行かないんですよね。やっぱり抱え込むんですかね。
・相談機関はどこも関与してなかったですね。母が医療機関には行っているけれども。子どもの学校は、そんなに問題にしていないですね。「おじいちゃんとおばあちゃんが育てているから」「お母さんは病気だから」ということ

第4章　母親が加害者となった事例

でしょうか……。

・祖父母が母を守っているように見えるけれど、場をコントロールしていて、外部機関が入れないようにしている感じもありますね。

・祖父母の養育がどうだったかはまったくわからないけれども、仮に母に本児の養育ができなかったとしても、なぜか本児のことについては母にあれこれ言ったりしていて、母の自尊心はどんどん下がってきていたのかもしれませんね。しかも、外の人が入れない状況で。

・もっと危ない場面がいっぱいあったはずなのに、祖父母が何とかしようとしていますね。

・公判では、本児を母と一緒に寝かせないようにした理由を聞かれた祖父が、「（母が）リストカットをするようになって、その傷痕や、その行為を子どもが見たらいけないと思って、離した」と答えていますね。つまり、祖父が母に「そんなことばっかりやっていると本児に良くないから、別々に寝たほうがいいよ」と言ったということですよね。それからずっと別々で寝ることになっていますよね。

・スーパーでお腹を切るというのは、家族は本当に困りますよね。それでも、どこにも相談に行かないというのは、どうしてなんでしょうね。家の中でも、ぶつかって骨折したりもしてますよね。助けを求めないのか、何か隠さないといけない事情があるのか……。

・母は精神科病院に入院・通院はしています。母の治療はしていく、本児は祖父母が見ていく、という形だったんですかね。

・医療と福祉がどう連携するか。親が医療機関にかかっているときにも、子どもが福祉機関にかかっているときにも、同じ問題が出ると思います。

・本事例では、福祉機関に一報も入っていなかったというのは、残念な気がします。

② いつ危機感を持てたのか？

・本事例は、事前にサインはあったように思います。お腹を刺したのは、大きな出来事。そう捉えると、サインは出ていたと思います。そういうところに目を向けなくてはいけないと思いますね。

・事件の前年に、腹部を刺していますね。医療機関は、ここでの緊張感が足りなかったですね。

・このとき入院もしています。そのとき、子どもがいるということで、保健機関や児童福祉機関と連携をとらなかったのは、確かに問題だと思います。それ以前は、別としても。

・他の事例で、引っ越し前に母親が包丁を子どもに向けたことがあったけれども、その情報が転居先に伝わっていなかったということがありましたね。せめて、こういう具体的な行動があった事例だけでも、どうにかならないかと思いますね。レッテルを貼ってしまうことになることとどう分けるかが、難しいところだとは思うんですけど……。

・子どもがいる女性患者の自殺のリスクアセスメントとして、子どもが被害に巻き込まれる拡大自殺になるリスクを考えることは大事ですよね。

・この事例では、子どもに手をかける危険性というのは、どの段階で考えられましたか？　やはり、当初から危険性があると考えられますか？

・当初は、よくいる自傷や摂食障害の患者さんとして医者の前に現れていて、その後も症状を中心とした医療との付き合いをしている。母の全貌がまだ共有されていなかった。

・事件の4年ほど前に本児の首を絞めようとしたことが医者に伝わっていたかどうかはわかりませんが、少なくとも前年の腹部を刺す自傷行為は、これまでのリストカットとは少し次元が違うと捉えるべきでしょう。リストカットはさまざまな意図から行ったと思いますが、やり方が違ったときは一段階意図がひどくなったときなんですね。この時点で、医療関係者が自殺のリスクを深刻に考えるべきだったと思います。しかも、スーパーでやっているので、異様な感じがしますね。少なくとも、この時点ですね、ポイントは。

・ひとつは、医療機関がどう考えるか。もうひとつは、祖父母。腹部を刺傷したとき、祖父母にはまったく動きがありませんでしたね。母を入院させてはいるけれども。本児は自分たちが見ているし、母がいなくても、もともと母が養育をしているわけではないので、困ることはなかったんでしょうかね。

・ひょっとしたら、祖父母が「自分たちが孫の安全を守ります」と出てきて、その勢いに圧倒された医療機関が「じゃあよろしくお願いします」となってしまったかもしれないですね。そうすると、こういうことが起こるのかもしれないですね。

・祖父母が当てにならない状況であれば、逆に、医療関係者がもっと積極的に動いたかもしれませんね。

③ 心中事例を防ぐには？

・心中事例を防ぐのは、やはり難しいですね。

・やはり、この前年の腹部刺傷のときですね。子どもがいる母親の自殺予防の、ひとつのお決まりのパターンとして、子どもを巻き込む場合があるということを、いろんな専門家や医療関係者が共有しておかないといけないと思います。

・私も、このケースの話し合いの中でそう思って、これは医療関係者に強調して言っていかないといけないことだと思いました。

・(児童福祉法の) 25 条通告だけでもしておいてくれると、少しは取っ掛かりがあったように思います。何もできないよりはましな気がしますね。

・保健所にも伝えておいたほうがいいですね。

・さっきもあったように、本事例では、周囲の家族が一見しっかりしているように見えるから、保健所に対しても「自分たちで何とかします」とおっしゃるように思うんです。そう言われてしまうと、保健機関の健診で会っても、祖父母が育てていると聞いたら、「大丈夫。もう何とかなるかな」と思ってしまうように思いますね。

・そのときに家族の思うように動いて、援助者が他機関と連携するということのつじつまをどう合わせるかですね。

・そうですね。ここで家族が「大変で」と言ったり、生活保護だったりすると、保健機関も「行きましょうか」と展開するんですけどね。

④ 母の家族関係

・母は、祖父がいるときにリストカットをすることが多く、祖父に傷の手当てをしてもらっていることを考えると、母と祖父の距離感は近かったように思います。祖母は血を見るのがまったくダメで、母のリストカットの傷の手当てをしたことはなかった、と話していました。

・鑑定書には書いてあるのかもしれないけれど、いろんなことを判断していく上で、2 つわからないことがあります。ひとつは、母の養育状況。いじめを受けたと言ってますが、家庭内でのいろんなことがあって、そこにいじめが加わって、こういう食異常行為や自傷行為が出るというのは、お決まりのパターンです。しかも、こういう患者さんたち全員が、ただちに自分の子どもに対する具体的な加害行為に出るとは限りません。やはり、どこかで人から

深刻に裏切られる体験がないと、他害的な衝動に繋がらない気がします。たとえ、うつで、拡大自殺だったとしても、です。

・そう考えると、母と祖父との距離感、リストカット後に祖父が何回も手当てをしているという行為は、ちょっと不自然ですね。そういうとき、もし祖父に他害的な行動があったのなら、その関係に母がいること自体が、休養のようで休養にならないかもしれません。そういう状況がどうであったのかが、わかりませんね。

・もうひとつ。母は「死にたい」と言っているが、「死にたい」には常に理由があるはずです。一部そうでない人がいるにしても。何か現実につらいことがある、それが何なのか、公判の情報からはそれが見えてきませんでした。ひょっとすると、語るにも語れないものかもしれないですけどね。

・証言台に立たれた祖父は、どんな感じの人でしたか。

・きちんとした感じの人でした。服装も整っていて、受け答えもしっかりされている感じでした。祖父が家庭のことを仕切っていたんだろうな、とは思いました。祖母もそんなに強い感じの人ではなかったので、祖父が家庭の支えを担っていた感じがしました。

・この祖父の姉が、焼身自殺をされています。

・それは随分激しいですね。

・母は、犯行後に、その伯母の声が聞こえるなどと言っています。

・公判では、伯母が焼身自殺をした理由までは、明らかにならなかったんですよね。

・そうですね。いつのことかもわからないです。

・焼身自殺は、精神病水準の人たちがけっこうします。

・母は、犯行後、その伯母が「こっちにおいで」と言っている声が毎晩聞こえてくると言っていますね。

・この伯母と母は、どういう関係だったのでしょうか。声が聞こえるというのは、精神病水準でも出てきますし、こういう解離性障害でも出てきます。

・これは、遺伝的影響というのは考えられますか。

・それももちろんあると思います。あと、環境因もあると思います。

⑤ 家族について

・祖父母は、公判では「心配していた」といった発言はしなかったようですが、

実際問題として、どうだったんでしょう。祖父母が、母の自殺や拡大自殺の危険性を感じていたのかどうかはわかりませんね。

・公判では、祖父母から「母の行動に困っていた」という発言はまったく出てきませんでしたか？

・公判を聞いた印象としては、祖父母が母の行動に「困っていた」という印象は受けませんでした。どちらかというと、「こんなに一生懸命やっていたのに……」という感じでした。

・あくまで印象ですが、解離性障害の方の家族は否認が上手なんです。たとえば、夫と娘に性的関係があったとしても、それをなかったかのようにして生活できるというように。

・確かに、変な違和感はありました。たとえば、母が離婚したときも、祖父母はその理由を聞いていません。私は、どうして聞かなかったんだろう、と思いました。私にはとても大切なことのように思ったので。そういうふうに、ところどころ変な感じを受けました。

・細かなことを言わなくても受け入れてくれるとも言えるかもしれないけど、普通は聞くよね。

・この離婚の話もそうだけれど、どこか母が祖父母を信用しきっていない感じも受けますね。

・母にこれだけ「死にたい」という気持ちがあるのに、「なぜ」死にたいかということに関して興味を持っていないのが不思議。

・家族を悪者にすると議論が偏ってしまうけれども、これだけ自傷などを繰り返されると、普通の健康な家族でも「勘弁してくれ」「死んでくれないかな」という気持ちが出てきたりするんですよね。子どもとは別々に寝かせて、「別の部屋で死んでも」という思いがあったのかもしれませんね。もちろん、死んだ後は、それはそれでショックでしょうが……。

・祖父母も、大変は大変だったんでしょうね、これだけのことをされているので。母がいなくなって探しに行ったら、飛び降りようとしていたこともあったんですからね。

・祖父は、母を説得して、病院にも連れて行っていますね。

・この受診は、母自身はあまり行きたがらなくて、家族が無理やり連れて行った感じですよね。

・祖父は、説得に２か月かかった、と証言していました。結局、問診の際も祖

父母が一緒に入っていたから、あまり喋らなかったと母は言っていました。ただ、いじめのことは、主治医と2人だけにしてもらったときに喋った、と話していました。

・母が祖父母を「すごく信頼して、なんでもよく喋っていた」、という印象は持ちませんでした。母は、薬を飲んでいないことも、祖父母や主治医に伝えていませんでしたしね。

・このような人の治療は難しいでしょうね。もしかしたら加害者的な要素を持っている親に無理やり連れて行かれる病院で、心は開かないよね。薬も飲まないよね。

・この家族の葛藤とか、母の育ちとか、そういうことが公判ではわからなかったので、母がどういう人だったのかも、よくわからないところがありました。

・こういう人は、これまでで一番話せる人が鑑定医だったということになるかもしれませんね。

⑥ 自殺決意後の言動

・祖父母には、危機感がまったくなかったということですね。

・なかったみたいです。むしろ、調子が良くなったから、母子で同じ部屋に寝かせるようにした、と証言していました。

・祖父母は母をずっと見ていたから、母の病状の良し悪しはわかるはずのところにいた人ですよね。

・臨床的には、母の両親が「安心した」というのは納得がいきます。自殺を強く決意した患者さんは、具合が良くなる傾向があります。なぜかと言うと、2つパターンがあります。ひとつは、自殺を決意すると、もう終わりになるということで、これまでの感情的苦痛が楽になるからです。そうすると、周りの人には明るくなったように見えます。もうひとつのパターンは、確実に決行するためには、自分に自殺の意図があることを周りに知られてはいけないので、いつもと同じように振る舞ったり、いつもより元気そうに振る舞ったりするということもあります。

・そういう意味では、本事件の直前に母の両親が母の調子が良くなったと感じたことは、母の自殺の決意が固まったからかもしれませんね。もちろん推測ですが。

・母が自殺を決意した後で、祖父母が本児と一緒に寝かせてくれるようになり、

本児を巻き込んだ拡大自殺に展開していった可能性もあり得ると思います。

・自殺決意をしたら少し状態が良くなるというのは、経過を見ないとパッとはわからないですか？

・わからないですね。

・そうすると、医者も順調と思い、誰も危機感を持たないこともあり得るということですね。これは、虐待ケースのアセスメントにおける心配な状況とは逆。

・「状態が良くなったら通報してください」とは言えませんしね。

・「元気だけど、死ぬことを決意したのでは」と言うと、変わるかもしれないですね。

⑦ 母の病状について

・母の診断名は「全般性不安障害」「摂食障害」とされていますね。症状だけを見ると、この人の本質は、いじめといったトラウマ経験が軸にあるように思います。でも、母は、医者にあまりヒントをくれない人のような気がします。時々、断続的に入院して、医者も母もお互いにゴールがわからない中で治療していたような印象です。

・それに、これだけ解離をしている人であれば、普通はもっと早く、10代前半からリストカットを始めていてもおかしくないと思います。なのに、どうして25歳くらいからなのか……。もしかしたら、本当は前からやってはいたけれども事例化していなかった可能性もあるし、本当に安心できない状況だと自傷もしなくなるから、ようやく25歳になってから、自傷の頻度を少しずつ出せたのかもしれないですね。そうなると、医療の中では本当にヒントがありません。何か隠さないといけないのか、そういうものがあるのか。そうなると、外部が入ってくるのは大変でしょうね。推測になってしまいますが……。

・母は、自分がリストカットをしたことを「覚えていない」と言っています。どの程度の傷かはわからないけれども、「本当に覚えていない」と言っています。

・自傷をする人全員に解離があるわけではないけれども、中には解離が関わっている人はいます。いろんなパターンがあって、解離状態から戻るために自傷を使う人もいます。つまり、痛みを使って、現実に戻るような人もいる。

交代人格があるような人の場合には、交代人格が身体を乗っ取って、主人格に対して殺害の意図を持っているときに、周りから見ると自傷に見えますよね。そのときは、全部のプロセスが、ごっそり記憶にないということはあります。しかも、程度が深刻になる。

・母は、飛び降りようとしたときの記憶もないと言っていますね。

・こういうひどい解離や自傷行為がある場合、医療機関としては入院を勧めないんですか。

・勧める場合もあるし、勧めない場合もあるので、ケースバイケースだと思います。ただ、このように解離がともなう自傷行為があれば、医療機関もただの「不安障害」「摂食障害」ではないと普通は思うんですけどね。

・残念ながら、トラウマなどに関心のある医師ばかりというわけではありません。気づかない場合もあるし、うっかり気づいて巻き込まれても大変と思って、見て見ぬふりをする医者もいます。確かに、巻き込まれると大変なこともあるんですけどね……。

⑧ 判決について

・母は、解離性健忘で事件のことを覚えていませんでした。しかし、鑑定結果は、事件当時は「心神耗弱」の状態だったと理解されていますね。

・よくわからないのは、「心神耗弱」でなぜ医療観察法にまわされずに、減刑になったのか。そうすると、拘留期間中も含めて、2年くらいで出所することになります。出所しても、子どもはもういないわけですよね。そして多分、母は地域の精神科医療に繋ぐことになると思います。そうなると、次に危惧されるのは、母の自殺ですね。母には、「子どもを殺したから、いつ死んでも構わない」という考えがあるかもしれませんね。

・こういう事例では、裁判所は、やはり素直に、心神喪失か否かを判断するのかもしれませんね。

・裁判で心神耗弱だった人も、医療観察法で来ている人がいますね。法律上は、心神喪失もしくは心神耗弱。なので、本事例ではどうして心神耗弱で医療観察の対象にならなかったのかと思って……。

・鑑定医は、今は解離性健忘のために、犯行をしたとは思っていないが、「解離から抜けたときに、刑に服していた方が本人のためにはいい」とコメントしていました。

第4章　母親が加害者となった事例

・本事例の鑑定医は、自分の意見をけっこうおっしゃる方という印象でした。治療について尋ねられた際に、「事件後、入院中の治療反応性があまりよくなかった。数年間うつ病であるということは、彼女のアイデンティティ。それがなくなるということは、自分がなくなるということ。そういう心理的な面からしても、治りにくい」「医療に反応しにくい。むしろちゃんと自分が解離から出たときに、自分が償っていたほうがよいと、私は思う。治療反応性がないからといって、医療の必要性がないわけではない。自分がやったと直面した場合には非常にストレスになる」などと話していました。

・なるほど。鑑定医が司法的処遇を押していたんですね。

・部分的には、確かにそういう考え方もあると思いますが、2年ですからね。償う感じもしないと思いますが……。

・ほとんど2年弱。逆に言うと、自覚をする可能性というのは、ほとんどないという状況ですね。

・そうですね。拘留期間もけっこう長いですよね。そうすると、医療保護のほうが長く拘束されることになったでしょうね。

・こういう方、出所後の医療機関はどうなりますか？

・本人が「行きたくない」と言ったら、行かないですね。

・法的に、医療機関に繋がるということもないんですか？

・仮釈放、保護観察期間だけですね。法的期間が過ぎたら、医療機関に繋がるかどうかは本人に任せられます。

・そうすると、保護観察だったとしても、その1年9か月間が最大ということになるということですね。

・でも、この事例では保護観察はつかないですよね。きっと仮釈放が出るだけだと思います。母は模範囚になって、仮釈放もつくと思う。何となく、早く出所することを一心に考えて、出所したらすぐに自殺するパターンが考えられる。

・殺人でこのパターンだと、保護観察はつけられません。殺人罪の刑の下限は5年で、減刑しても半分の懲役2年半になり、270日しか未決勾留日数を持っていませんので、心神耗弱にして、執行すべき刑期がないものじゃないとダメ、つまり勾留期間で刑期を全部消せないと保護観察はつけられません。傷害や強盗であれば、心神耗弱を認定して医療観察法で入院させることはできますが、この事例だと法律の規定にあたりませんね。刑期が残ってしまっ

103

ているから。だから、この事例では、心神喪失でなければ医療観察法で入れなかった。そう考えると、ひどい話ですね。

・医療観察法では「医療観察制度の対象者は、刑法39条1項により無罪の確定裁判を受けた者又は同条2項の規定により刑を軽減する旨の確定裁判（懲役又は禁錮の刑を言い渡し執行猶予の言渡しをしない裁判であって、執行すべき刑期があるものを除く）を受けた者に限られる」とある。

・なるほど。鑑定が長引いて、勾留期間が延び、残りの刑期がなくなっていたら、医療観察にまわされていたということですね。

⑨ 解離について

・判決のとき、母は自分の犯行を自覚はしていましたか。

・していないと思います。母はずっと「自分がやるはずがない」と主張していました。

・被告人質問の最後に、裁判長から「何か言いたいことがありますか？」と問われた際に、「お母さん（祖母）が証言をするときに囲いを立てていただいたのはありがとうと思って……」と述べています。質問に対する答えがずれており、その様子からも、自分の犯行を理解しているようには思えませんでした。

・解離もあるかもしれないし、否認も加わっているようにも思いますね。そのまま一生、生きていければいいけれども、そういうわけにいかないでしょうし……。

・鑑定医が尋問を受けている場面では、鑑定医が本音と少し違うところに誘導されていないかと思うところがありました。判決では、「鑑定医が『母は犯行前後を通じて、殺人という行為についての違法性や反道徳性は認識していたと考えられる。自ら包丁を購入し、タクシー会社に電話し、計画を練るなど、ある程度の合目的的な行動は可能であった』としている」と述べられています。でも、解離状態でも合目的的行動はできますよね。妄想を持っていても、その妄想に従って合目的的に動く人もいるので。そこは、慎重に考えるべきだと思います。

・鑑定医は、解離状態でも、それも人格だから、という説明をしていました。

・解離性障害の鑑定で、アメリカなどである時期にあったのは、たとえば解離性同一性障害で、まったく価値観の違う交代人格でもそれはそれでひとつの

人格だから、その人格の中で一貫していれば有責とする考え方。その前は、逆に、メインの人格とまったく価値観が違うのは心神喪失としていました。今の主流は、その中間を取っています。交代人格でも、本人がまったくコントロールできない場合もあるし、異なる人格でも少し価値観を共有できるところがある場合もあるので、そこを細かく吟味して、慎重に鑑定を行ったほうがいいだろうと思います。

・母の生育歴はわからないけれども、この解離性健忘の激しさは、かなりしんどい親子関係からきている可能性もあるように思いますが……。

・その可能性もあり得ると思います。また、伯母の焼身自殺があるので、ベースに精神病性の脆弱性や発達障害などがあったとすれば、普通では起きないような解離が起きることもあります。それに関しては、情報が不足しているので、議論のしようがありませんね。

⑩ 治療可能性

・母は、治療にあまりのらない方なのかなと思われましたが、この人に治療者はどう関わることができたのでしょうか。もしくは、今後どのように治療をしていくことができるのでしょうか……。鑑定医は「治療をしても反応性があまり良くなかった」「医療に反応しにくい」とおっしゃっていましたが。

・母は医療機関に繋がっていたけれど、そもそも親のニーズで断続的に関わっていた感じがしますね。家族に対する怒りもあったけれども、その怒りを家族に知られてはいけないという気持ちもあったように思います。母自身が安心して話せる場所があれば、また違ったと思います。それは、医者かもしれないし、看護師、児童福祉司かもしれませんね。

・公判では、犯行前の通院時に、「医者に『死にたい』とは言っていない」と母は述べていました。その理由は、「祖父も一緒だったから、知られてはいけないと思って」と話していました。

・イメージですけれども、普通の感覚だと、「親に知られると心配させるから」と解釈できるけれども、もしかしたら祖父母とのコミュニケーションの中には隠れた何かがいろいろあって、それで医者にも話したくなかったというのもあるのかもしれない、と思ったりもします。

・診療時に、100パーセント祖父母が同席だったのか、半分くらいは一対一で話す時間を設けていたのかにもよりますね。

・腹部を刺したのは大きなことだけれども、その前にも何度もリストカットや自殺企図があった。周りからは気づきにくいけれども、その辺りを見ていかないといけないケースだったんでしょうかね。

事例M②
躁うつ病の母親が次男を殺害した後、自殺を図った母子心中の事例

(1) はじめに

　本事例は、加害者である母親が躁うつ病を患っており、うつ状態のときに本児を殺害したものである。事件が起こったのは、都市部の高級住宅街。一家は、外国人の父親が国際弁護士をしており、裕福な家庭だった。母親は、高校時代に留学経験があり、大学も卒業している高学歴の女性であった。母は、公判中も鑑定医が指摘するように「軽い軽躁状態」であった。

(2) 事件の概要

　x年9月某日午後11時過ぎ、帰宅した父が、浴室内で母と本児（当時9歳男児）が倒れているのを見つけて110番通報した。警察が駆けつけたところ、本児は浴槽内でぐったりしており、間もなく死亡した。母も同じ浴槽内で腕や腹に切り傷を負い、血を流した状態で倒れていた。

　翌年、地検は母が本児の首を延長コードで絞めつけ窒息死させたとして殺人罪で起訴。裁判員裁判で、母は犯行時躁うつ病のため心神耗弱状態であったと認定され、懲役3年執行猶予5年の判決が下された。

(3) 家族構成

　本児死亡当時の家族構成は以下のとおり。
　父（49歳）：外国人。国際弁護士
　母（42歳）：日本人。専業主婦
　姉（15歳）：長女。父の母国に留学中のため、別居
　兄（13歳）：長男。父の母国に留学中のため、別居
　本児（9歳）：次男。インターナショナルスクールの小学3年生

第4章　母親が加害者となった事例

X年9月（事件発生時）のジェノグラム

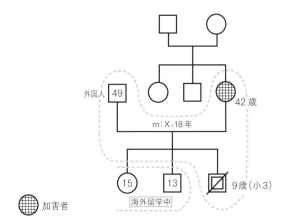

（4）母について

　母は、3人きょうだいの末っ子として出生。姉と兄が1人ずついる。

　都市部で育ち、私立の中学校、高等学校を卒業。中学校時代はバトン部、高校1年時はアーティスティックスイミング、高校2年から3年にかけては他国の文化を学ぶために1年間海外に留学。その後、私立大学に入学し、4年間で卒業した。

　公判で読み上げられた、身上に関する母の供述調書には「いろいろなことに興味を持ち、実行してきて、活発な女の子でした」「学生時代は性格が真面目、授業もきちんと通い、成績も努力したので良かった」とあった。

　父の供述調書では、母は「知り合った当時から自分の考えを持っていて、自立心が強く、賢い人」「昔から頑固な面があり、自分が正しいと思ったら謝らない性格」と表現された。

　大学卒業後、都市部の会社に事務職として勤務。約1年後、父との結婚を機に退職した。

（5）父について

　外国人。大学入学前は軍隊に所属し、戦争への参加経験もある。公判では、子ども時代に父親から体罰を受けたと証言したが、それ以前について語られることはなかった。

母国の大学に入学。大学時代に、母が在籍していた大学に留学し、母と出会い交際するようになった。父の一目惚れだった。大学を卒業すると、自然に母と結婚することになった。

（6）結婚後の生活について

結婚後、2人は父の母国で新生活を始める。父は保険会社に就職し、母は日本大使館に勤務した。

約3年後、長女出生。それを機に、2人は日本に帰国した。父は、保険会社の日本支社に勤務した。長女が生まれた直後の母の様子について、父は「暗くなったり、眠れなかったりしていた」と母の産後うつの状態について話したが、母はそれを否定した。

その翌年、長男が出生。間もなくして、父は仕事の内容が良くないとの理由で退職し、日本文化を学ぶために日本の大学院に入学した。それにともない一家は転居。当時の生活について、父は「すごく幸せ。やりたい勉強もできて。妻も子どもをよく育ててくれた」「妻は本当に良妻賢母。僕のことを支えてくれ、長男の面倒をよく見ていて、教育ママではなくてゆとりがあり、自然と子どもを育ててくれた」と公判で話した。母も当時のことを「楽しかった」と話した。母の姉も「父の収入がなくなってしまったので、経済的には苦しかったよう。しかし決して夫婦仲が冷めることはなく、とても幸せに暮らしているように見えた」と供述している。この頃母は、喘息だった長女のため1日に3回掃除機をかけ、アレルギー性の病気もあったため1日2回シャワーを浴びさせるという生活をしていた。

その後、父は大学院を修了したが、研究者になることは断念。一家は、再び父の母国へ渡った。父は国際弁護士資格を取得するため、ロースクールに通い始める。一家は生活保護で生活する状況だった。その頃、次男である本児が誕生する。この頃母は、父が勉強の傍ら趣味のプラモデルをしていること、当時まったく英語を話せなかった子どもたちの英語教育にまったく興味を示さなかったことなどに不満を持ち、離婚話が出たこともあった。

父は2～3年で国際弁護士の試験に合格し、弁護士事務所で働き始める。この頃から安定した収入が得られるようになり、経済的にゆとりが出てきた。

その後、再度日本に戻り、家族5人で暮らし始めた。母は、子どもたちの将来を考えてインターナショナルスクールに通わせることにした。一家は都市部

の広い家に住み、母は育児や家事に追われ、父との葛藤も重なり、不眠などの症状に悩まされるようになっていった。そのため、帰国した次の年から、母は精神科・心療内科に通院するようになる。

(7) 子どもについて

子どもは本児、姉（長女）と兄（長男）の3人。本児は小さいときから喘息はあったが、いたって健康だった。事件当時は9歳、インターナショナルスクールの小学3年生だった。母方祖母（以下、祖母とする）によると、本児は「友達も多く、学校にも病気以外は休まず通っていて、サッカーをやっており運動神経が良かった。性格はとても明るく穏やかで、お母さんのことが大好きな子ども」だった。母が家出をしたことがあったが、そのとき本児は、母のために千羽鶴を折るなどしていたという。

長女は、事件の前年より父の母国に留学中。

長男は、10～11歳の頃に扱いが難しくなり、父が体罰を与えるようになったという。公判でも、父自身が「（長男が）母にも暴力を振るうようになったから、平手で顔を叩いた」などと話している。体罰が原因で夫婦喧嘩をすることもあった。父は、これ以上叩きたくないとの思いから、自ら学校のファミリー・カウンセリングを受ける。事件の前年より、長女とともに留学中である。

また、公判において父は、本児に対しても体罰をしたことがあると証言した。母の食欲がなく、母が「中華料理なら食べられる」と言ったとき、本児が「中華料理以外がいい」とわがままを言い続けたので叩いたという。他にも、宿題のことなどでも叩いたことがあるとのことだった。

(8) 母の医療保護入院までの経緯

事件の前年7月、母は、家族でキャンプに行った際に、上機嫌でカラオケのマイクを放さないといった行動をとった後、家に戻ってからはまったく家事をせず、友達に長いメールを送ったり、外出して連絡もしないまま夜まで帰ってこないなどの行動をとり始める。この頃から、周りは母の言動に異変を感じ始めた。

同年8月中旬、父が母に、子どもたちのキャンプの準備をしていないと注意したのに対して、母は話を聞かず携帯電話を操作し続けたため、父が母の携帯を取り上げた。すると母は、父に飛びかかって暴れるなどしたため、父は母

を取り押さえた。その後母が家を出て行ったため、父は追いかけ、引き留める
ために母の鞄を引っ張ったところ、母が転倒した。この件について、母は警察
に行き、父のDVを訴えた。しかし、警察が「家庭問題」として処理したた
め、母は失望する。母は、祖母や自身の姉（以下、伯母とする）にも、父の
DVを訴えたが、2人は取り合わなかった。当時のことについて、祖母は「腕
を見せられたところにシミのような痕はあったが、DVで受けたような明らか
な傷や痣はなかったし、私自身現場を見ていないので、母には父のDVに関
して否定も肯定もできないと伝えた」と述べ、伯母も「父にDVについて聞
いたところ、父は家庭での母の行動や状態を説明してくれ、それを聞いて母が
言っていることは大袈裟で思い込みだと思った」と供述している。

　その翌日、父が子どもの留学の相談をしようとしたところ、母は「助け
て！」と叫んで家を飛び出し、近所の友人宅でアルコールを飲んで騒いだ。次
の日には、1人で遠方の親戚宅に行ってしまった。

　また、この頃、母は自身の兄に以下のような意味不明なメールを送信する。

　1通目：件名「〇子（母の名前）活動の経過報告」。本文「昨日伝わったか分
からないけど、私、世界中の子ども達の未来のために活動すべき人材だと思う
のです。命がその分短くなっても」

　4通目：件名「〇子　広島平和記念公園より」。本文「今まで、私は原爆投下
が世界体制の採択に役立ったのか問い続けてきましたが、今回答えが出ました。
原爆投下は正しかったのです。その理由を述べます。人間は痛い目に合わない
と戦えないからです。返答御無用」

　6通目：件名「提案書」。本文「私、〇子の職業は専業主婦ではないとのこ
と。私〇子は、世界の子ども達の未来のために家庭外においても活躍すべき人
材であること。私〇子は、金銭の収入を得ていないものの、立派な仕事をする
よう尽力し続けているよう、強情な夫である××（父の名前）は理解するよう
努力する」

　この時期の母の様子について、近隣住民は「ハイな状態はひどく、傍から見
ていても、子どもと一緒に生活させて大丈夫かなと思うくらい」と供述し、母
の友人も「ハイテンションというか活動的な状態だった。具体的には『絶対に
何かをしよう』という内面の思いが強く、その気持ちが外にも現れている状態
だった」と供述している。

　親戚宅に行っていた母は、数日後自宅に戻った。近く長女と長男が父の母国

に留学することとなっており、一家全員で父の母国に行く予定があったため、母は自分のパスポートを探した。しかし父は、母が今の状態のまま海外に行って行方不明になったら大変との思いから、母のパスポートを隠していた。母は、自分のパスポートが見つからなかったため慌てた。

同じ頃、父は母の対応に困り、伯母とともに母の通院する精神科に相談に行った。精神科医が「母は程度の高い躁状態が疑われる」「対応困難な場合は医療保護入院もある」とアドバイスしたので、父は同日、警察にも出向いて医療保護入院について聞いている。一方母は、その深夜、パスポートについて相談するために警察に行った。母が警察に来ているとの連絡を受け、父も警察へ行き、その場で母に医療保護入院の説明がなされた。

その翌日から約1か月間、母は精神科に医療保護入院することとなった。診断名は「双極性障害」。入院中、母は隔離室で行動を制限され、躁状態を抑える薬などを処方された。母はこの入院が不当だとして、父や親族、医師を激しく責めた。父は、強制的な入院を続けることへのためらいもあったため、親族が皆反対する中、唯一退院に賛成し、通院を条件に退院を了承した。

退院後、母の躁状態は落ち着いたものの、子ども2人の留学を見送れなかったことや、無理やり入院させられたことへのショックが大きく、父や両親、警察や医師などに対する不信感や恨みをふくらませていった。

この医療保護入院について、裁判所は精神疾患が認められるとして「医療保護入院が不当であるとまでは断言できない」とした。

一方父は、退院後に母から短気な性格を指摘されてカウンセリングを受けるように言われ、カウンセリングを受け始める。公判でそのことについて聞かれた父は、自分自身のことについて「『病気じゃない』と言われた。ただしコントロールしたがる面があり、家族全体を支配したがる」と話した。

(9) 母の家出

x年5月初め、母は単身で家出をする。きっかけは、通院するように母を説得しようとした父が、苛立ってペットボトルの蓋を母の背中に投げつけたことだった。母にとっては、父のDVからの「避難」だった。

母の家出中、父は家政婦を雇って、本児の面倒を見ながら生活を続けていた。父からは母にメールを送っていたが、はじめ返信はなかった。次第に返信が来るようになったが、内容は「帰るつもりはありません」といったもので、離婚

話も出た。

　家出した母は、インターネットカフェやビジネスホテルを転々とした後、ア
パートなどで一人暮らしをしていた。父の証言によると「（妻が）一人暮らし
している間、（妻は）いろいろな先生と相談して、いろいろな薬を飲んでいた。
体に合わない薬もあり、その副作用で体調が非常に悪かった。顔や足がマヒし
ていた」とのこと。

　同年8月末、母は体調不良などもあり、自宅に戻った。それ以降は3人で暮
らしていた。この頃から、母は処方された薬をまったく飲んでいなかった。公
判で鑑定医は、「母が病状に合った薬を飲んでいれば、今回のような事件に至
らなかった可能性がある」と話している。

（10）事件の経緯・状況

　9月上旬、父は海外出張後、帰宅。この頃の母は、朝起きられず、家事もで
きず、前よりも弱った様子だったという。

　母は、本事件の1週間ほど前から「死のう」「死にたい」と考え始めたとい
う。ハローワークのPC教室に通うとき、電車のホームで「電車が来たら飛び
込んでしまうだろう」「衝動的に飛び込んでしまう。それは絶対やってはいけ
ないことだ」などと考えたという。

　そして、事件当日であるx年9月中旬の朝、母は「死ななければならない」
と思い、自殺を決意。その際、「愛する本児と一緒に死にたい」、また「自分が
死んだら本児が父との生活で精神的に苦しむ」などと考え、無理心中を決意す
る。当時のことについて、母は公判で、「死ぬ前は自分1人で死にたいと思っ
たが、本児のことが心配で、無理心中という選択しかありませんでした」と泣
いて話した。

　父と本児が自宅を出た後、母は包丁と延長コードを浴室の風呂のふたの裏に
隠した。それから母は、父宛、長女宛、長男宛、祖父母と伯母宛に、5通の遺
書を書く。父宛の遺書には「愛しています。お世話になりました。×（父の名
前）の愛情、心の底からありがとう。本児も幸せでした。××がいてくれたか
らです。××が許してくれるなら、生まれ変わったらまた5人になりたい」と
あったが、公判で母は「本心とは違うことを書いた」と話した。

　昼頃、父は自宅に電話をし、母にテレビ録画を頼んだ。しかし、母は気弱な
様子で「やり方がわからない」と言うので、父は母がうつ状態であると理解し、

それ以上は言わなかった。

午後6時頃、本児が帰宅しテレビを見始めた。父は、午後6時か7時頃に再び自宅に電話し、夕食は自宅でとらないと伝えた。その際父は、母が昼よりも元気な声だと感じたという。

母は、入浴前に、自身が服用していた睡眠効果がある精神安定剤を本児に飲ませた。その後、いつものように2人で入浴した。テレビを見ながら入浴しているうち、本児は入眠。母は隠していた延長コードを取り出し、後ろから本児の首に巻き付けて窒息死させた。首を絞める方法を選んだのは、本児の身体に傷をつけたくなかったからだという。うめき声やもがき苦しむ様子はなかったという。午後7時頃だった。

母は、本児を抱いて浴槽から出た。浴槽には本児の排せつ物があったため、母はそれを手ですくってトイレに流した。その後母は、本児と2人で暮らすときのための枕を用意し、最後に母自身のぬくもりを与えるため本児に母のTシャツを着せ、浴室の床の上に寝かせ、冷たくないようにブランケットをかぶせた。

それから母自身は赤い服を着て、用意していた包丁で手首を切った。何回も往復して切りつけ、他に腕や腹、首にも包丁を刺した。しかし、首は固くて包丁が入らなかったので、最後に心臓を刺した。「これで死ねる」と思い、本児に与えたのと同じ精神安定剤を大量服薬し、気を失った。

午後11時頃、父が帰宅して2人を発見し、110番通報した。

(11) 精神鑑定

鑑定医は、初めに、公判での母の様子を「軽い軽躁状態」とし、「本児の殺害についてあまり反省してないのではと思わせるところもあるが、それは軽い軽躁状態の気分からくるものと理解することが可能」と説明した。また、鑑定した際は「軽躁状態」で、公判時よりも調子が高かったことも明らかにした。犯行時は「うつ状態」であり、遺書の内容と現時点での母の答えとのニュアンスがかみ合わないのは、遺書を書いたときと現時点で気分の状態が違うからだと説明。その上で、それをふまえた鑑定結果であるとした。

母の診断は「躁うつ病（双極性障害）」。もともとエネルギーを持っている人で、長女が産まれた頃から病状が生じた。原因は、生まれ持った素因の影響もあり、引き金は出産・育児、父との関係、海外生活などいろいろあったと考え

られる。父の DV が原因とは言えず、また「現在の母の状態像からは DV の被害者とまでは言えない状態であるが、夫婦関係で日々悩んでいたことは確かである」と説明した。

病状が生じ始めた当初は「うつ状態」で、明らかな「躁状態」が出たのは事件前年の夏。これに対処する形での医療保護入院については、「当時の状況を見るとやむを得ない」としつつも、周りすべてが父の言うことを信じるような状況であったため、母が引っ掛かりを持ったのもわからなくはないと話した。

犯行時の母の精神状態は、躁うつ病の中でも「うつ状態」であり、自分がいなければ本児は生きていけないなどと視野が狭まり、無理心中を決意したものと述べ、鑑定医は「日常生活の認知や思考の歪みの影響はあるが、妄想や幻覚などの精神病に支配されたものではない」と説明した。

治療可能性については、「治療可能ではあるが、すぐには治らない」とし、以下の 3 つを治療のポイントとして挙げた。①躁うつ病の治療、②夫婦関係の調整、③本児の死を受け止めること。そして、刑務所でできる治療は、ひとつ目の躁うつ病の治療のみであると付け加えた。

(12) 判決

公判では、事実関係に争いはなかったため、母の量刑が争点となった。

検察側は論告求刑において、刑を決めるにあたり重要な事実として以下の 3 点を挙げた。①最も重視すべき点は、母の行為により本児の命が奪われ、父や親族に多大な悲しみを与えたこと。②母の犯行態様として、事前に凶器を隠すなど、強い殺意に基づき計画的な行動をとっていること。③母の犯行動機は、本児に自分の死体を見せたくないなど、身勝手なものであること。これらのことから、夫婦問題を理由に刑を軽くすべきではないと主張し、懲役 5 年を求刑した。

弁護側は最終弁論において、責任能力に関して心神耗弱であったと述べた上で、以下の 4 点から情状について説明し、執行猶予判決を求めた。①殺害を計画したのは悪質な理由ではなく本児が苦しまないためであるし、そもそも計画と言っても当日の行動のみで、本事件は病気にとらわれた突発的なもので、計画的というよりは衝動的であると考えられること。②将来のある本児の命を奪ったことは身勝手と評価することが可能であろうが、母は犯行当時そもそも善悪の判断や自分の行動をコントロールすることが困難な状態にあったこと。③刑罰には、再犯を予防する目的と社会復帰という 2 つの目的があるが、母の

場合、執行猶予で入院し治療することが社会復帰に繋がると思われること。④夫婦関係の問題は母の病状を悪化させており、本事件に関連があると考えられるが、今回の事件後、父は自分の問題を見つめ直しており、親族も今後母のサポートをしていく努力をしていること。

　以上に対して、裁判所は、心神耗弱を認めた上で、懲役3年執行猶予5年の判決を下した。最後に裁判長は、母に「まず治療を根気強くしっかり受けて、家族や親族の意見をよく聞いて、その人たちの助けを受けて、しっかり病気を治すこと。そして、本児の死に向き合い、自分が行ったことを、本児のために一生をかけて償ってほしい」と諭した。母は涙ながらに聞いていた。

（13）討議

　参加者
　川﨑／松本／髙橋／上野／長尾

① 双極性障害の特徴
・双極性障害は、うつだけよりもよくないですか？
・自殺や暴力事件を起こすリスクは、うつだけの人より双極性障害の人のほうが高いですね。
・母は双極性障害で、事件はうつ状態のときに起こっています。その後、軽躁状態になったということですが、この辺りはどうですか。
・大きな他害行為・自傷行為が大きなカタルシスになることがあります。双極性障害だけでなくすべての重篤な精神障害に関して言うと、たとえば、統合失調症で幻聴に命令されて耳を切り落としてしまった後、同じ行動を直ちに繰り返すことはむしろ稀で、一時的に状態が安定することのほうが多いです。大きな出来事によるショック療法的なものなのでしょうか。
・双極性障害に関して言うと、ストレスがかかって躁状態になったりします。結局、スイッチが入るか入らないかが問題で、その振り幅はそのときになってみないとわかりません。精神分析の先生の中には、躁状態自体が躁的防衛で、躁状態が落ち着いた後に抗うつ薬を投薬することが再発予防になると言っていた人もいました。しかし、本当かどうかはわかりません。結局、躁うつの波のスイッチが入るのは、環境の変化や大きな出来事で、この鑑定医が証人尋問でおっしゃっていることは、本当にそのとおりだと思います。

・双極性障害は、生物学的要因が確かに大きいけれども、双極性障害になった人たちとそうでない人たちを比較すると、被虐待経験に差があります。双極性障害になった人は、小さいときに虐待の被害を受けた人が多いというデータがあります。特に、若年発症の人には多くみられます。実は、解離症状が双極性障害のように見えることもあります。
・母は双極性障害に罹患しなければ犯行に至らなかったのか、という問題があります。母の場合、素因だけで犯行に至ったのかと問われると、なかなかわかりません。家庭の中でギクシャクしたものがないわけではないので。

② 母の解離症状
・母には解離があると書かれていますが、それは双極性障害による解離なのでしょうか、生育歴の中で出てきた解離なのでしょうか。
・それは、本当にわかりませんね。ただ、重篤なうつのときに解離状態になるのは事実だし、統合失調症の人が腕を切り落としてしまうときに痛みを全然感じないというのは解離だと言う人もいます。
・母には、けっこう典型的な解離症状が出ていますね。そうすると、DV のようなものがあった可能性も考えられます。または、外国人男性と一緒に海外で暮らしているとき、英語はできたかもしれないけれど、孤立的な状況に置かれたのかもしれません。帰国子女の子どもの中には、解離しやすい子がたまにいます。言葉はわからないけれどいじめられている雰囲気だけは感じていて、ぼーっとしながら教室に居続けるということがあります。

③ 夫婦関係について
・先ほどの DV の話ですが、母は、「自分は DV を受けた」と信じていますね。一方父は、「飛び出すのが危険だから押さえた」と言っています。母の被害感は、躁うつ状態に影響していたのでしょうか。
・客観的に見て父の行為がどういうものだったかわからないので、何とも言えませんね。ただ、患者さんの中には、家族が取り押さえたのを「DV だ！ DV だ！」と言う人もよくいます。そういうケースの可能性も考えましたが、記述を読む限り父の DV も否定しきれないので、けっこう戸惑っています。
・確かに、父自身も、カウンセリングで「自分は支配的な傾向があると言われた」と言っていましたね。

第4章 母親が加害者となった事例

・父は、子どもに体罰を加えていたけれども、その方法では言うことを聞かないという理由で、カウンセリングを受けています。ですから、体罰至上主義に凝り固まっているわけではない。でも、母の立場からすると、子どもが留学するという時期に自分だけパスポートがなくて、父もありかを教えてくれず、それでかなりパニックになってしまった可能性もあるのかなと思います。しかも、医療保護入院にもなってしまっているので。

・穿った見方ですが、父に振り回されてきた怒りや恨みつらみの積み重ねのほうが大きいように感じました。母は多分、早くから留学したりしていて能力の高い方だったけれど、父に振り回されて生活保護を受けたり、大学院に行くため転居したりもした。その後、父が国際弁護士になってから、長年溜め込んだものが弾けたということがあるかもしれませんね。それが、病気の上に乗っかった可能性もあるように思われます。

・公判の中で、母の生育歴についての話はでてきましたか？

・すごく可愛がられて育って、暴力を受けたことなんてない、と聞きました。学生時代には、アーティスティックスイミングをしていたとも。

・母の両親は、娘（母）が外国人と結婚して、その後生活保護を受けることになったことについては、どのように感じていたんでしょうね。両親は黙って見ていたのか、何か言われるのが嫌で母は両親に言わずに黙っていたのか。

・確かに。転居も繰り返していますしね。

・しかも、母は父の趣味が嫌だった。父が子どもの養育よりも趣味のプラモデルで遊んでいたことに不満を持っていましたね。

・それは頭にくるかもしれませんね。

・父は、母のうつ状態を理解してなかったようですね。「うつの人は苦手」「自分がアクティブだから連れ出してしまう」「どう対応すればよいかわからない」と証言していましたから。

④ 医療観察法の対象者について

・医療観察法による入院処遇を担当する指定入院医療機関の病棟には、母のような女性がけっこうな割合でいます。統合失調症の妄想型の方や、双極性障害や単極性障害の気分障害の方もいますが、もしかしたら医療観察法のすべての対象行為がそうなのかもしれないけれど、解離が被っている人が多いです。虐待、DV被害を受けたエピソードのある人が、やっぱり多い傾向があ

りますね。

・医療観察法の対象患者には自殺が多いことが問題点として挙げられています。特に通院患者に多く、人口10万単位で試算したら1000人を超えています。その中でも一番目立つのが、子殺しのケースです。つまり、拡大自殺をして、加害者になってしまったけれども、大切な人を失ってしまっています。典型的なパターンは、入院中は自殺企図を隠していて、良くなったと思わせて退院した後、すぐに自殺を決行してしまう人たちです。

・母は、まだ躁状態が高いけれど、治療をして落ち着いたら、知的にも高いので、いろんなことが見えてきた後、大変かもしれないですね。

⑤ 公的支援

・「どうすればよかったか」という観点からすると、子どもは学校に通っていたので、学校は、母の不思議さに少しは気づいていたと思います。また、近所の人の証言で、母の躁状態がひどかったので、傍から見ていて「子どもと一緒に生活させて大丈夫かな」と思ったと言っています。

・つまり、母の危うさは、周囲にまったく見えていなかったわけではなくて、ある程度は見えていた。それくらい危うい状態だったと思います。それでいて、公的な支援に結びついていなかったというところが、このケースに関して大変気になるところです。社会認識上、危ないものは危ないという認識が広がっていると、行政の積極的な介入が期待できたかもしれないと思います。

・本児は良い子でしたね。良い子ということが、逆にリスクを隠すというか、家族の問題を見えなくするところがあるのかもしれません。

・けれど、父は自分の正当性を主張したい人だと思うので、家庭訪問したときに「妻がおかしくなっているんです」と言ったと思うんですよね。母を囲い込まなかったと思います。

・長男のときは、長男の暴力のことで学校のファミリー・カウンセラーのところに相談に行っていますしね。

・保健センターや保健所、あるいは精神保健福祉センターなどは、全然関わっていませんでしたか?

・公判の中では出てきませんでした。

・父が日本の制度を知らないかもしれないですね。

・そうですね。母も学校で教えてもらってないでしょうし、海外と日本を行っ

たり来たりしているから、知らない可能性のほうが高いでしょう。高級住宅地という地域性もあるのかもしれません。もし田舎だったら、近所の人が「何とかしろ！」と保健所に言いに来たと思いますね。

・母が家出をした際、役所に DV 相談をしています。役所の窓口で突飛なこともいろいろと言った気がするけど、どうしてキャッチできなかったんでしょう。

・DV のことで、警察にも行っていますね。痣の写真を撮ってもらっています。

・母は、「最初の警察は良くなかったが、後から行った警察は良かった」と証言していましたね。

⑥ 医療保護入院

・鑑定医がおっしゃっているように、入院は必要だったという意見と同時に、もう少し説明をしてあげるとか丁寧な対応があってもよかったかなと思います。犯罪行為をしている人ではなくて、病気で治療が必要な人ですので、もう少し丁寧な対応をしていれば、治療も十分できて、リスクも減ったように思います。そういう意味で言うと、治療プロセスの中で、リスクを下げる取り組みが考えられたと言えるかもしれません。

・私も、この鑑定医が言っているように、もう少し丁寧に対応したほうがよかったと思います。理想的には、役所などで「おや？」と思ったときに、役所あるいは精神保健センターが動いて、本人が相談しに来なくても、ご主人と継続的に相談関係に入るとか、周りを丁寧に固めてから対応できていれば、違ったと思います。伯母が、たぶん心配して精神科に相談に行き、一気に荒療治になってしまったところは、昭和の精神科入院をイメージさせますね。それが、事をこじらせてしまった感じがします。

⑦ 父の DV をどう理解するか

・本当に父の DV がなかったかどうかは、わからないと思います。DV 加害者は、けっこうきちんとしているように見える人が多いので、余計に世間が甘めに判断するところがあります。父は、ある時期は生活保護だったけれど、今は国際弁護士。どう見ても、父のほうがまともに見えるでしょうし……。

・面接で、相手が「けっこう、きつく叱ったんですよ」と言ったとして、「きつく叱る」というイメージが、相手と自分で全然違うことがあります。具体

的に聞かないとわからない。だから、どの程度の強さで、どんなふうにしたのかを、もっと具体的に聞いてもよかったかもしれません。

・具体的に聞いたとしても、父としては「大したことはしてない」と思っている可能性も大いにあると思います。母の目線で「とんでもない旦那ですね」と言ってくれる人がいると、もう少し流れが変わったかもしれないですね。

・一方で、母は暴力を受けた経験がなかったので、そのショックも大きかったのかもしれません。同じ行為に対しても、体罰文化で育った人とそうでない人とでは、受け止め方が違います。そう考えると、母のストーリーでは、とても大変なことが起こっていたと理解できますね。周りの人は、「それは病気だから」という見方をしてしまって、距離を置いていた可能性もあります。

・国際結婚をした DV 被害者の女性に会ったことがありますが、彼女たちの中には「外国人男性が怒ると怖い」という人がいました。言葉はわからないけれど、怒っているのはすごく伝わってくるので、とても怖い体験になるようです。

・父はすごく日本語が上手な人だから、日本語で怒ってくれた気もしますが、軍隊にも行っていますね。きっと姿勢とかも良くて、それだけで威圧感があるかもしれません。法廷で証言するときも、説得力が違いそうな気もしますね。

・父は、紳士的な雰囲気で、質問にも丁寧に答えていましたから、印象は悪くなかったと思います。誠実に答えている感じがしました。自分が暴力を振るったことも認めていました。弁護士ですから、法廷のこともよくわかっているんだろうと思うところもありますが。

⑧ 予防のタイミング

・母のメンタルヘルス問題に対して、もっと上手に介入する視点については、いろんな意見が出てきますが、心中や子殺しを防ぐための視点は出てきません。親の精神障害を防げばいいのかもしれませんが、心中や子殺しを予見するのは難しいですね。

・結局、予見できないので、気がつかないまま未然に防ぐしかありませんね。つまり、予見できなくても、一つひとつに丁寧に対応することで、援助者も無意識のうちに予防するということです。

・具体的にいつなのかは難しいかもしれませんが、母は家出までして、事件の

前月まで一気にテンションが上がっていって、駄目だとわかったら、急降下が始まるというところまでは、ある程度予見できますよね。薬もまったく飲んでいませんから、そこからくる急降下はものすごく大きいというのは、予測できます。それが予見できていれば、少なくとも対応のイメージはできた気がします。

・母は、家出して、住まいも転々とした後に戻ってきたのだから、その空白期間も含めて、「何が起こっても不思議じゃない」という予見はできたかもしれません。

・母にとって、家に戻るということは、「やっぱり自立できなかった」という敗北感もあったと思います。

・割り切ってしまえば、急降下が始まりそうなときに、子どもだけでも助けようと思うのであれば、父に説明して母子分離を勧めていれば、分離することは可能だったと思います。しかし、その分離自体が引き金になって、母が自殺する危険性があったかもしれません。だから、その見極めは非常に難しいし、勇気もいることだと思います。

・この家は、母が家出している間は家政婦を雇っているくらい経済的に裕福なので、子どもをどこかに預けるという発想はなかったのだと思います。低所得の家庭であれば、母親がいなくなると困るので、子どもに留守番させるとか、小さければ預けるという発想もあったとは思います。

・ひとつの傾向ですね。経済的に不利な状況にある人たちに対しては、支援が割と入りやすい。

・高級住宅街ではよくあることかもしれませんね。虐待があっても、マンションの造りもいいので、怒鳴り声も泣き声も近隣に漏れない。

・見えないところで、虐待が起きてしまうということですね。

⑨ 母の被害児への思い

・母にとっては、上の子たちがどんどん成長して自分とは違う世界に行ってしまった、本児ももうすぐ自分の手を離れるかもしれないと、どこかで思っていたと思います。今はまだ手元にいるけれども、あと何年か経ったら離れていくという意識はあったと思います。上の2人を見ていると。

・子どもを所有する方法が、一番暴力的な格好になってしまったのかも……。

・上の子たちも、母の状態が悪いのを冷静に見ていて、自覚しているような感

じの発言をしていますね。そうすると、本児だけでも自分の手元に残したいという思いはあったのかもしれませんね。この子だけが被害にあったというのは。

事例M③
適応障害の母親が夫へのあてつけに3人の子どもと母子心中を図った事例

(1) はじめに

　本事例は、新居購入問題をめぐって父と喧嘩を繰り返した頃から適応障害になった母が、3人の子どもと母子心中を図った事例である。母は、本事件の直前にも、父や長男に包丁を向ける行為を繰り返していた。それについて、研究会での討議では、母には以前から包丁を持ち出すなどの行動があったのか、それとも今回の件が初めてだったのか、抗うつ薬の影響はどうだったのかなどについて、議論された。

(2) 事件の概要

　x年3月某日午後7時半過ぎ、帰宅した父が「家族が自宅で倒れている」と119番通報し、警察が駆けつけたところ、長男A男（当時10歳）、次男B男（当時8歳）、長女C子（当時4歳）の3人が居間で死亡していた。母も手首から血を流していたが軽症で、「子どもたちの首を絞めた」と話した。

　翌日、警察は母を殺人容疑で逮捕。母は「自分も死ぬつもりだった」と供述した。司法解剖によると、子ども3人の死因は、首を絞められたことによる窒息死だった。

　同月、地検に送検された母は、鑑定留置を経て、責任能力を問えると判断されたため、殺人罪で起訴された。起訴状によると、母は子ども3人に睡眠導入剤などを服用させた上、縄跳びのひもなどで首を絞めて殺害した。

　翌年、母の裁判員裁判が始まった。検察側は懲役25年を求刑。弁護側は「当時は適応障害で、善悪を判断する能力が阻害されており、懲役20年が相当」と主張した。母には、懲役23年の実刑判決が言い渡された。

第 4 章　母親が加害者となった事例

X 年 3 月（事件発生時）の家族図

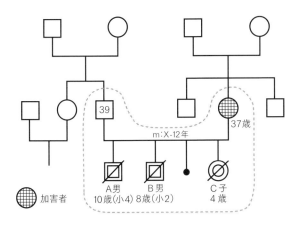

（3）家族構成

死亡当時、同居していた家族は以下のとおり。

父（39 歳）会社員

母（37 歳）：専業主婦

A 男（10 歳）：長男。小学 4 年生

B 男（8 歳）：次男。小学 2 年生

C 子（4 歳）：長女。在宅。事件のあった翌月から保育園に入園予定であった

（4）母について

　3 人きょうだいの第 2 子で、兄と弟がいる。地元の小中学校を卒業後、高等学校商業科に進学。高校卒業後は、電気店の事務職として就職するが、意地悪な先輩がいたとして 1 年で退職。その後、ショッピングセンターの店員として勤めたものの、ノルマが厳しく 3 年で退職。その後、コンビニで働いていたが、父と結婚したため 1 年で退職した。

　25 歳で結婚し、このとき初めて実家を離れた。その後、27 歳のときに A 男、29 歳のときに B 男を出産。父の転勤に伴い遠方に引っ越したが、環境になじめず、この時期に一度流産している。そのため、父は仕事を辞め、家族で地元に戻った。その後、C 子を出産。結婚後は専業主婦で、一度も働いていない。

　母は、人付き合いが苦手で、他人に対して何事も強く言えない性格。中 2 の

頃にいじめにあい、そのような自分の性格が嫌いになったという。当時、自殺未遂を起こしたこともあった。

事件前年の12月、リビング誌に掲載された〈社会不安障害〉の記事（「人格が変わる」という夢のような内容）を見て、普段から人前に出るとドキドキするなどのあがり症があることから、精神科を受診。〈社会不安障害〉と診断され、抗うつ剤と抗不安剤を処方される。その後も通院し、母は「薬の効果がない」と訴え、抗うつ剤を増量してもらう。また、事件直前には、うつの疑いと不眠のため、抗うつ剤と睡眠剤を処方されている。

(5) 父について

公判において父の生育歴が語られることはなかったため、詳細はわからない。姉がいるが、その他の家族状況については不明。母より2歳年上である。

父は、母が23歳頃のときに知り合い、2年後に結婚した。当時、会社勤務をしており、Ａ男とＢ男の出生後、転勤のため転居した。転勤先では営業所の支店長を務め、手取り40〜50万円を得ていた。しかし、母が環境になじめなかったこと、また流産したことから、退職して地元へ戻った。その後、同業種の会社に再就職したが、給料は20万円程に減少した。

証人尋問を聞く限り、週末にはいつも家族で出かけるなど、家族思いの父親であった様子が感じられた。

(6) 子どもたちについて

Ａ男は、WPW症候群[1]、喘息、アレルギー性結膜炎などがあった。Ａ男について、母は「しっかりした子で、学校から帰ってくるとすぐ宿題をして遊びに行くような良い子」と述べ、父は「恥ずかしがり屋だが素直で、主張したいことは言える穏やかな優しい子」「サッカーが大好き」「文集には『漫画家みたいにきれいな絵を描きたい』と書いていた」などと話した。学校の教師は「おとなしく素直な子」「絵が得意で、マンガの絵を描くと、周りに人が集まった」「運動が得意で、足が速く、成績も良かった」「自分の意見を表には出さないが、

1　WPW（ウォルフ・パーキンソン・ホワイト）症候群とは、生まれつき心房と心室の間に電気刺激を伝える余分な伝導路があることで発生する病気。心拍数が異常に速くなる頻脈がみられることがある。

日記には素直に書く子だった」と供述した。

　B男には吃音があり、母はそれを気にしていた。B男について、母は「家族のムードメーカーで、ひょうきんで明るい子」、父は「心の優しい、よく笑い、周りを楽しませる素直で明るい子」「身体を動かすのが好きでサッカーやドッジボール、走ることが好き」「折り紙やあやとりも得意」と話した。学校の教師は、「穏やかで真面目な子」「吃音があり、緊張から言い出せないこともあったが、友達とは問題なく遊んでいる」と供述した。

　C子は、事件の翌月から、保育園に通う予定だった。C子について、母は「家族みんなのアイドル」、父は「よく笑う、キティとチョッパーとピンク色が大好き」「兄2人に混じってサッカーをしたり、ブランコが好きでしたが1人では乗れず、だっこして遊びました」「優しい子で、部屋の一番端で寝る私の枕元に来てほっぺにキスをしてくれ、私が寝てから戻ります」などと話した。

(7) 新居購入をめぐって

　父には、「(会社で) 持ち家を持っていないのは、自分ともう1人の同僚だけで恥ずかしい」との思いから、住宅購入の希望があった。そこで、x年2月中旬、父は近隣地区の中古オープンハウスに行き、好印象を抱いたため、その日の午後、母と子どもたちを連れて再度見学に出かける。しかし、母の印象は良くなかった。その家の近くに母の苦手な人が住んでいること、子どもたちが転校しなければならないこと、生活が苦しくなるという金銭的な問題などが、その理由であった。

　数日後、父は母とともに再度見学に行くが、担当者に資金不足を指摘される。そこで父は、その日の午後、銀行に対して単独で住宅ローン申請の事前審査を申請した。ただし翌日には、銀行から「資金不足」の返答があった。そのため、父は父方祖母に資金の要請に行こうとしたが、母は「行かないで」と泣いて頼み、家の購入に反対した。

　同月下旬、自宅購入を諦めきれなかった父は、父方祖母に資金援助を要請した。ただし、父方祖母は母が泣きながら反対したため、父にその物件を諦めるように勧め、父も断念した。その後も、父は他の地域で物件を探すが見つからなかった。

　事件の1か月前のこと、父が、帰宅後さらに物件探しに行こうとするので、母は包丁を突き付けて「行かないで」と止めた。その夜、口論になり、売り言

葉に買い言葉で父から離婚についての話も出る。その後、母は寝ているＡ男に包丁を向けるが、何とか思いとどまり、自分自身にも包丁を向ける。しかし、うまく刺さらなかった。翌朝、母は再び寝ているＡ男に包丁を突き付ける。目を覚ましたＡ男が抵抗し、その声を聞いた父が母から包丁を取り上げた。母は「自分も死のうと思った」と話した。公判でこの件について尋ねられた父は、母は本気ではなく、自宅購入を辞めさせるアピールだと思ったと証言している。

　心中未遂があり、また母が母方祖母や父方祖父母から父に諦めるよう言ってもらったこともあって、父はいったん自宅購入を諦める。しかし、3月初旬には自宅購入問題が再発する。母は父方祖母に「まだ諦めてない。うつがひどくなる」と泣いて電話で訴え、夫婦仲は再び険悪になった。

　この件をめぐって、夫婦間でたびたび口論するようになり、夫婦間の会話は減少。母は意気消沈し、ふさぎ込みがちになっていった。その結果、子どもたちは父に懐くようになり、母は寂しい思いをするようになっていった。

(8) 自殺から心中へ

　母は「嫌なことが重なり生きていたくない」と、次第に自殺を考えるようになる。そして、「自殺するにあたって1人で死ぬのは寂しい」「1人で死ねば、嫌いな義理の母（父方祖母）に子どもたちを奪われてしまう」「子どもたちを道連れに死ねば、父も後悔するだろう」などと思い、将来の不安や父への絶望感を募らせていった。

　3月中旬になると、母は「子どもたちが眠っているうちに苦しませずに死なせたい」と考えるようになり、精神科を受診して、睡眠薬を入手した。その翌日には、殺害前に子どもたちに飲ませるための鎮痛剤も購入する。この日母は、最後の望みのつもりで、父に「しばらく実家に帰ってほしい」「子どもたちと4人だけにしてほしい」と頼むが、断られている。

(9) 事件前日

　その後も母は心中を実行するかどうか迷い続けていたが、事件前日になると昼食を作る気になれず、「これで（子どもたちと）食べてきて」と父に3000円を渡した。

　「3000円ではゲーム代も含めると足りない。もう外食しない」

「じゃあ 5000 円、1 円も残さずに使ってくれば！」

苛立った母は 5000 円を机の上に置き、上履きを壁に投げつける。物にあたった自分が嫌になり、母は涙が止まらなかったという。

父と子どもたちはラーメン店に行き、昼食を食べた後、ゲームセンターへ行った。

夕方帰宅した父は、何も言わずに、おつりの 7、800 円をタンスに置いた。自分が怒ってお金を渡しただけなのに、何も考えず、4000 円以上も使った上に謝罪もなかったことで、母は絶望し、「私はお手伝いさん」「父は自分の行動が私をどれだけ追い詰めているかわかってない」とあらためて絶望し、心中を決意する。

（10）事件当日

翌日、父は午前 7 時に出勤。子どもたちは春休み初日だった。母は「死なせるなら今日しかない」と思い、昼食のカレーに鎮痛剤 20 錠、ジュースに睡眠薬を入れた。昼食後、子どもたちは眠そうになり、午後 3 時にはリビングの床の上で寝てしまった。

母は「やるしかない」と思い、まずは B 男の首をタオルで絞めた。B 男を最初にしたのは、以前 A 男を刺そうとしたときに騒がれたからだった。首を絞められた B 男の鼻からはたくさんの血が出て、抵抗した B 男は仰向けのまま足を動かして逃げようとしたが、母は首を絞め続けた。B 男は「ううっ」と声を上げて動かなくなったが、背中に耳を当てるとまだ心臓の音が聞こえたので、母は縄跳びのひもを持ち出し、B 男の心臓の鼓動が止まるまで再び首を絞めた。

次に、母は仰向けで寝ていた A 男の首に縄跳びをまわして絞めた。A 男は抵抗して縄跳びを外そうとし、「痛い」とつぶやいたが、母は手の力を緩めることなく絞め続けた。A 男の手が母に向かって上がり、その後、力が抜けて床に落ちた。それでも母はしばらく絞め続け、まったく動かなくなってから、心臓の音が止まっているのを確認した。

最後は C 子。C 子を最後にしたのは、「小さくて一番可愛いので、最初はやめようと思ったから」という。C 子は、ぬいぐるみを枕に顔を横にしてうつ伏せで寝ていた。母は C 子の首に縄跳びをまわし、交差させて引っ張った。首を絞め続けていると、C 子は左手の拳をギュッと握り、その後力が抜けた。母は C 子の心臓の音が止まっているのを確認した。

その後、母は鎮痛剤24錠、睡眠薬5錠を服薬し、剃刀で左手首を3回切った。ある程度血が出たので「このまま死ねる」と思い、朦朧としていた。しばらくして父が帰宅。母は、父が窓ガラスを割って室内に入ってきたのも覚えていた。

(11) 事件後の父母の状況

　母は、逮捕後に一度自分で自分の首を絞め、自殺未遂を図っている。体重は4か月で7キロ減少した。

　父は、事件後カウンセリングを受けていたが、事件から約半年後、自殺を図っている。その日は、母の鑑定結果の出る日であること、住んでいたアパートの思い出の品を全部処分する日が翌日に迫っていたこと、近いうちにアパートの損害賠償金の取りまとめがあることなどから、午後3時半頃に遺書を書き、子どもたちの写真と飲み物と子どもたちが描いた絵を広げて、鎮痛剤を24錠飲み、エアコンにひもを3回程巻き付けて、首を吊った。意識を失ったが、気がついたらひもがゆるんで床に落ちていた。もう一度固く結んで首を吊り、再び意識を失ったが、再び下に落ちてしまった。父は「子どもたちが止めているのかもしれない」と思い、自殺を諦めたという。公判が行われた時点でも、父はカウンセリングを受け続けていた。

　事件後、父は母の面会に2回行っている。事件から約2か月後に行き、約5か月後に再度訪ねている。手紙は、母から父へ3通、父から母へは2通のやり取りがあった。母から父への1回目の手紙は、事件から約4か月後だった。手紙には、謝罪の言葉が並んでいた。母から父への2回目の手紙は、2回目の面会後だった。その手紙には、謝罪の言葉とともに、父への不満の言葉も並んでいた。たとえば「あなたは私の性格と病気のせいと思っているみたいだけど、それだけじゃありません」「あなたの言動が私を追い詰めたんだと理解してほしい」「この前私が（子どもと）一緒に死ぬつもりだったか確認するようなことを言っていたよね。それはもしかして私が最初から死ぬつもりがなかったかもしれないと思っているってことですか？　もしそうだったとしたらそれは絶対にありえません。私は死ぬつもりでした、手首は10針縫いました。でも、だからなんだって感じだよね。本気だったってことは信じてください」

　同月、父は母に手紙を出す。そこには「確認したのはどうしてこんなことに、と思ったからです。今となってはもうどうにもならない。母がそこまで追い詰

められていたとは思っていませんでした。一家の大黒柱として家族を守れなかったことは、悔やんでも悔やみきれません」との言葉から始まり、母が子どもたちに手をかけたことをどうしても理解できない苦悩、自殺を図ったときのことなどが書き連ねてあった。

その後、父は母に、捺印済の離婚届記入用紙を短い手紙を添えて送った。そのときの気持ちを尋ねられ、父は「事件の後から『どうして』と思い続けて、どうしても一緒に住めないという思いがあり、離婚届を送りました」「逆の立場はわからないですが、子どもたちに手をかけるのは踏みとどまれると思う」「離婚届はびっくりするだろうと思ったが、理解できなかった面と、これだけのことを1人で計画してやっているので、離婚届は（署名して）返してくれるだろうと……」と答えた。

それを受け取った母は、翌月、感情的な手紙を父に送った。離婚届は同封されていなかった。母の手紙には「結果的に悪いことをしたのは私ですが、悪いのは私だけですか？　私だけのせいですか？　あんなことをした私をもう人間として見てはくれないのですか？　協議離婚で私をぼろきれのように捨てるのですか？」などと書かれていた。公判で、離婚届を受け取ったときの心境を聞かれた母は、「ショックで頭が真っ白になりました」と答えた。

公判時、離婚届はまだ母の手元にあった。父が同封した手紙に「裁判後に出します」とあったためであり、母も離婚するつもりではあると証言している。

（12）精神鑑定

精神鑑定の結果、母は、明確なストレスが存在するとして「適応障害（抑うつ気分、希死念慮あり）軽〜中等度」と診断された。もともと適応障害発症の温床ができている中、新居問題が発生した事件の前月中旬から適応障害になり、希死念慮から拡大自殺へ発展したと説明された。責任能力は、ある程度は障害されているが「著しく」ではないとの見解だった。

心理検査などによる母の心理特性としては、強迫的心理（結果を多く求める）、潔癖症、人格統制はとれているが衝動性コントロールが悪い、両価的で情緒刺激に曝されると刺激統制が悪くなるなどが挙げられた。

鑑定医は、公判時の母の病状について「うつ病とも適応障害とも言える」と説明し、「今後は、薬物療法とカウンセリングが必要」と述べた。

(13) 判決

　裁判員裁判では、事実関係に争いはなく、争点は母の量刑だった。

　論告求刑において、検察側は本事件で認められた事実関係を、以下の4点からあらためて説明した。①本件で最も重視すべきことは母が幼い3人の子どもの命を奪ったこと、②動機は、母の自殺願望から「1人で死ぬのは寂しい」「1人で死ねば父方実家に子どもたちを奪われる」「子どもたちを道連れにすれば父が後悔するだろう」というものであり、子どもたちに殺される理由はないこと、③事件前の父の言動が母に悪影響を与え、配慮が足りなかったところはあるが、父に悪気があったわけではなく、殺人を正当化できるものではないこと、④鑑定からは、一定の病気の影響はあったものの、責任能力は「著しく」ではなく「ある程度は」障害されていたという結果であったこと。その上で、有期懲役刑が相当とし、懲役25年を求刑した。

　最終弁論では、弁護側は以下の5点を挙げ、どのような情状を考慮すべきか説明した。すなわち、①適応障害、抑うつ状態、希死念慮があり、善悪の判断能力が相当程度障害されていたこと、②犯行前まで葛藤し迷っており、周到な計画性はなかったこと、③父らを痛めつけようという攻撃的な気持ちはなかったこと、④深く反省、後悔していること、⑤今後再び犯罪を起こすことはないこと。その上で、懲役20年が相当とした。

　判決は、懲役23年。裁判所は、重きを置いた点として、①睡眠導入剤などそれなりの計画性があったこと、②苦しむ様子を見ながらも思いとどまることなく、1人ずつ確実に殺害しており、悪質かつ冷酷であること、③将来ある子どもの命を奪ったこと、④夫婦間の不幸な感情のすれ違いという動機は身勝手で、子どもたちに落ち度はないが、怨恨などとは悪質性が違うこと、⑤事件の前月中旬から適応障害になり希死念慮があったこと、⑥前科がなく反省しており、再犯の可能性が低いこと、を挙げた。

(14) 討議

　参加者
　川﨑／松本／高橋／上野／長尾

① 心中に至る経過

・母には、けっこう判断力があったのかなと思います。母自身も正直に答えているために、不利になっているところもあると思います。そうすると、夫にあてつけで嫌なことをしてやろうというのはわかるけれども、子どもたちのことは好きだったと思うので、これだけしっかりした判断能力があって、別に子どもたちの将来を悲観していたわけでもないのに、3人も殺害するというところは、すごく飛躍しているような気がして、理解できませんね。実は子どもたちのことが嫌いだったのだろうか……、と判断にすごく悩んでしまいます。

・しかも、本事件前には、A男に2回も包丁を向けています。

・鑑定医は、簡単に適応障害を認めているけれども、そんなに簡単に了解していいのでしょうか。

・相当深刻な経済的問題もあったとすると、事件前日のランチ代として渋々渡した5000円のうち4000円以上使ったというのは、やはり家計の一大事だとは思いますが、それで心中を決意したというのは簡単に了解していいものでしょうか。確かに腹が立つでしょうが、母はもともと、そんなに非常識な人だったんでしょうか。

・確かに、思考が飛んだ感じがしますね。

・犯行は周到にしています。事前に医者に眠剤をもらいに行ったり、B男を殺しきれなかったときにもう一度縄跳びで首を締め直したりしています。そこから、犯行は非常に周到で、母の強固な決意も感じます。それに関しての意図が明確にあったとしても、やはり唐突ですよね。

・対人関係に過敏なのは事実だと思います。転勤先でなじめなかったエピソードもあり、意地悪な先輩がいて仕事を辞めたりしているので、人間関係に非常に過敏で落ち込みやすいところはあったとは思いますが……。

・地元を離れて遠方に転勤したときは、父が母のために仕事を辞めていますね。もしかしたら、これまでは〈父が母に合わせる〉という関係が続いていたのかな、と思いました。でも、今回の新居購入については、父は母に合わせず、初めて強く希望を押し通したのかもしれない。それは、この夫婦の中では今までなかったことで、母にとっては一大事、危機的状況だったのかな、と思ったりしました。そうだとしても、ここまでの事件を起こすほどのことだったのかどうかは、ちょっとわかりませんが……。

- 父は、一度は折れていますね。一度、新居購入を諦めているんですよね。

- そういうときに、「実家に帰らせていただきます」というケースはいっぱいあって、そういう内容の法律相談もよくあります。しかし、本事例ではそうはならず、母は子ども3人を殺害しています。そこがわからないんです。なぜ子どもを殺すに至ったのか。釈然としないですね。

- 最後のきっかけはラーメン代のお釣りのことでした。ラーメンを食べに行くのに5000円を出して、しかもそのお釣りを父が何も言わずに置いたということ。それが、心中を決意するきっかけになるのかなとは思います。確かに釈然としないですね。

- 自殺の衝動性がそれ以前にあり、ラーメン代は最後の引き金だったということでしょうか。他の心中事例においても、最後のきっかけはいつも些細なことのように感じます。人が何か重大なことに踏み切るときに、「なるほど」というよりも、「え、そんなことで？」というイメージがあります。人間の行動というのは、そういうものなのだろうか、と考えてしまいますね。

- 本事例は、父が子どもたちを連れてラーメンを食べに行っています。4人分のラーメン代となると、3000円だとちょっと心もとない気はしますね。

- そうですよね。私もそこはそう思っていて、父がそんなに無駄遣いをしてきたようには思えないんですよね。

- 父が初めて自分の我を通そうとしたときに母がとった行動が、母のこれまでの生育歴から見て、「あー、この人ならそうするよね」というものなのかどうかですね。でも、もしそうだったら、もっと早くに深刻なトラブルが起こっていたと思うんです。それとも、専業主婦だったから、そういうのがあまり顕在化してこなかったのかもしれない。でも、ショッピングセンターで3年間働いた経験はあるんですよね……。

- 鑑定医は否定していますが、これこそ抗うつ薬（SSRI）の影響はないですかね。鑑定医は、「（SSRIによる賦活症候群という不安焦燥・興奮状態は）すぐ起こるものなので」ということで否定しているが、すぐじゃなくてもそういう症状が出たケースもあるので。

- 前日の出来事というよりは、3月中旬から「薬をもらおう」と思って、計画して、事件当日は「春休み初日で子どもたちも家にいるから」と、この日に心中しようということは、決めていたんでしょうか。きっかけはラーメン代のお釣りとありますが、それ以前に決めていたということはないでしょうか。

第4章　母親が加害者となった事例

・事件当日は春休み初日で、父もいません。心中する人は、「今日しかない」「今しかない」と思ったと発言することが多い気がしますが、母もそういう感じがあります。父がいたらできないので、チャンスがあまりない。そして、5000円の引き金があって、ちょうど春休みになった。そういうことでしょうか。

・眠剤をもらった日に鎮痛剤も購入しているので、プランはあったんでしょうね。

・眠剤をもらってからは、どっちに転んでもおかしくない状況でずっときていて、まさに5000円の引き金があった。本事件は、根本的にはすでに動機があって、たまたまラーメン代という引き金があって、起こった事件なのかもしれませんね。

②直前の心中未遂

・母は包丁を突き付けているので、父も母が包丁を出していることはわかっていたけれど、父は「まさかそんなことはないだろう」と思っていたんでしょう。結局、この事例でも兆候ととれる行為は実際にあるけれども、身内の方には、それはあまり重視されなかった。まさか、5000円のお釣りがきっかけになるとは思わないでしょうけど……。

・もちろん、家族が事態を過小評価したり、否認したりする傾向はあるでしょう。それにしても、包丁を持ち出すのは大ごとのような気がしますが……。

・母は、いつも包丁を持ち出す人だったんですかね。夫婦喧嘩の度に、必ず刃物をチラつかせるとか。そういうエピソードがあったかどうか、ですね。

・そういう話は、公判では出てきませんでした。中学2年生のときに自殺未遂をしていますが、手段については明らかにされていません。

・事件前は、包丁を人に向けるなどの他害行為が中心だった印象があり、それも不思議です。自殺未遂行為から最終的に拡大自殺になった事例はあるんですが、本事例では初めから他者に刃物を向けているので。A男に2回も包丁を向けていたことは、大ごとだと思うんですけどね。

・このあたりのことを、家族はどう受け止めたんでしょうか。包丁を向けている、しかも繰り返しています。

・なぜ、A男だったんでしょうね。

・12歳で、もう身体も大きいはずでしょうし。

133

・もしかしたら母子関係が悪化していて、反抗期が始まっていたかもしれませんね。そのあたりの事情は、公判の記録からではわかりませんが。
・母が、A男とやりにくいと思っていたかもしれないですね。

③ 抗うつ剤の影響

・鑑定に疑問があります。鑑定医は、母はこれまでいろいろあったが、元々の適応としては衝動の統制が悪くない人だと言っています。そのことが、事件当初の行動に援用されすぎてしまったように思います。
・今回、母が精神科に行こうと思ったのも、C子の保育園のPTAで喋る機会が増えるということで、雑誌の切り抜きの『人格が変わる』といった夢のような記載内容を見たことがきっかけですね。美容整形のメンタル科に行った、ともとれるような感じ。深刻な主訴がなく、人前で緊張するから「自分は社会不安障害ではないか」といって通院していますね。そういう程度の人ということですよね。それなのに、こんな短期間で、かなり残酷なやり方をしています。包丁を何回もチラつかせるというのは、穏やかではありません。これに対して、父がもっと激しいリアクションをしなかったことが不思議です。それでも、少なくとも鑑定医が捉えたこれまでの母の生き様からすると、この犯行は懸隔というか、差があるような気がします。
・その短期間の間に大きなイベントがあったかというと、父と新居購入のことで揉めたくらいですね。
・そんなに簡単に了解していいんでしょうか。理由がはっきりわからない攻撃性は、普通に考えると、脳にダメージを受けているか、薬の影響か、です。薬の影響と考えると、この人の場合はSSRI（抗うつ剤）ぐらいしかありません。
・母の元々の病状は、多分そんなに悪くないのではないでしょうか。人前で少し緊張してしまう程度の問題で。
・父は、母について「子どものことをよく思って愛していたと思います。家事もよくし、子どもの面倒もよくみてくれました」と答えています。とてもいい人な感じがするけれど……。わからないなぁ……。
・とてもいい人が、急に包丁を向けてきたら、びっくりしますよね。なぜ父が大きなリアクションをしなかったのかがわからないですね。
・ただ、母がとてもいい人だとするならば、犯行に至る経緯は、鬼気迫る感じ

がしますよね。

・そうですね。転勤先で「地元に帰りたい」と言ったときと同じくらい、鬼気迫る感じも。それでも、母の主張を断わっているのを見ると、夫婦関係が冷え切っていた印象も持ちます。

・やはり、母が精神科に行って薬を処方され始めてから、家庭でのトラブルが増えている感じがします。

・こんな鑑定書で納得しちゃダメ、という気がするけれども。

・心中の理由は「父に後悔させる」と。この理由はどうなんでしょう。心中の理由として、子どもと自分が一体となって……という考えはよく聞くけれども。父に後悔させるという考え方は……。

・変ですよね。精神病水準で、いろいろな現実感を失っている人ならあり得るかもしれませんが。後は、知的に非常に低い人なら理解できます。

・逮捕後の手紙のやり取りでも、母は父に、事件のことについて「私だけのせいですか」「悪いのは私だけですか」などと問うています。これはどうなのかなと思って。これでは、結婚生活を続けていくのは難しいという気持ちになると思います。そう考えると、本当に母は父に「あなたを後悔させたい」と思った気持ちを理解してほしいということなんでしょうか。

・拘置所で、外で飲んでいた服薬を続けているかどうかも影響していると思いますね。続けていれば、犯行当時のままでしょうし、服薬をいったんすべて止めてしまうとそのギャップがわかりやすいと思いますが。

・確かに、この供述もおかしいと思うし、この感じでこれまで普通に主婦をやっていたというのがおかしい気がします。

・服薬で急激に悪化したとすれば、父がどうして危機感を抱かなかったのかもおかしくなりますね。

・気づいてほしいですよね。

・そういう発言は、どこにもなかったですね。

・もしかしたら、もともと父だけには攻撃性を向けていたという可能性はあるのかもしれません。他の人にはまったく出さないけども。

・それもあるかもしれないですね。

・それにしては、父からの手紙が優しすぎないですか。

・確かに。

・父には気づいてほしかった。日常生活をともにしていると、なかなか気づき

にくいんでしょうかね。

④関係機関の介入
・服薬の影響なども考えると、このケースの振り返りはなかなか難しいように思います。
・子どもに包丁を向けたという情報が児相に伝わっていたとしたら、保護を考えたと思います。しかも2回も包丁を向けているわけですから。こういうケースの危機的状況が伝わらないですね。母がＡ男に包丁を向けた後も、母は通院しているわけですが、このことは伝わらなかったんですかね。
・本人は、そのことを医者に言ってはいないと思います。
・そうですよね。だから、気づかないですよね。
・Ａ男は、学校で言わなかったんですかね。こういうことがあったって。
・子どもは包丁を向けられて、抵抗していますよね。その声を聞いて父が包丁を取り上げた、と。相当な出来事だと思うんですが……。
・普通なら、お母さんのことが怖くなるでしょうね。
・父に新居購入を諦めさせるために、Ａ男に包丁を向けるというのも、ちょっと論理的に飛躍していますね。
・そういう気分になったとしても、それを実際に行動に移してしまう心理はなんだったんでしょうか。
・自分の実家や、父の実家と、メールで「父は（新居購入を）まだ諦めてない」とやり取りをけっこうしていますね。
・公判では、父方祖母のことを母は嫌っていたとあったのに、こんなにやり取りをしているところに、少し違和感を持ちました。必死さからなのかもしれませんが。
・母方祖母が心配して「家に行こうか」と言っても、母は断わっていますよね。実家との関係も、あまり良くなかったのでしょうか。
・父が法廷で話しているところで、「1年前」とか「半年前」とか言っていますが、事件が起点なんでしょうか。そうすると、精神科に行って服薬する前から、変化があったともとれます。「半年か……1年前までいきませんが、生理的に受け付けない、拒否されていると感じていました」とか「車で急ブレーキを踏んだときに母に『あんたとは死ねないんだからね』と言われた」とか。そうともとれますね。

136

第4章　母親が加害者となった事例

・転勤先にいたときは、母に「死にたい」と言われています。父は母を心配して、仕事を辞めています。しかし、包丁を取り上げた後には仕事に行っているわけですから、そのときには危機感はなかったということでしょうか。

・もしかしたら、もっと前から包丁沙汰ということは頻繁にあって、父も「いつものこと」と思ったのかもしれませんね。

・A男が母をあまり恐がっていないのも、前から包丁を持ち出すことなどがあったのかもしれませんね。はっきりとはわかりませんが。

・父はけっこう優しい方というか、母に振り回されることを苦にしない方のようですね。

・それでも、新居のことは金銭的な計算もしていて、「買える」と思っていたようですね。大きな買い物だったから、諦めきれなかったんでしょうか。

・父は、転勤先では支店長をしており、収入も良かった。それを辞めて地元に戻ってきていますね。

・地元に帰ってから、また同業の会社に就職しているので、父は仕事のできる人ではあったんでしょうね。

・収入が40万円の職場から、手取り20万円の職場に移っていて、子どもも3人いるので、生活はけっこう大変だったんじゃないかなと思います。

・子どもがこのくらい大きいと、子どもの自己防衛能力というか、誰かに発信できなかったところが悔やまれます。心中を避けるには、一部としては、子ども自身に、逃げるエネルギー、人に言える能力を持ってもらうことも大事かなと思います。この事例では、兆候があったわけですが。

・裁判員裁判だからかもしれないけれども、周りの人物の登場がありませんね。一家族だけという感じがしてしまいます。

・昔の刑事裁判なら、近隣聞き込みの供述調書があったりしたかもしれませんね。

・そういう聞き込みがあると、こういう研究ではよかったかもしれないですね。

事例M④
母親が発達障害の疑いのある子どもと
心中を図った事例

(1) はじめに

　本件は、母親の非行、経済的な問題、夫婦間の葛藤、子どもの発達障害など、

さまざまな問題が背景にあったと考えられる。また、保健センターの保健師が母親と接触を持とうとしていたが、母親に拒否され、良好な関係が持てていたとは言い難い状況であった。

本事例は、明らかな虐待がなかったため児童相談所などは関わっていなかったものの、「要支援」家庭であったことは間違いないだろう。このような家庭に、公的機関がどのように介入・援助できるかが、今後の課題として挙げられる。

（2）事件の概要

x 年 7 月某日正午頃、トラック運転手の父が「妻が子どもに手をかけた」と警察に通報。駆けつけた警察が、室内で心肺停止状態の本児（当時 4 歳男児）を発見、病院に搬送したが死亡が確認された。母が首を絞めて殺害したことを認めたため、警察は母を殺人容疑で緊急逮捕した。家族は親子 3 人暮らし、父が帰宅した際、母は押入れの鴨居にひもをかけて首を吊ろうとしていたところであった。

翌年、母の裁判員裁判が始まった。母は、生活上の悩みに耐えきれず自殺を図ろうとし、本児を残していけず、タオルで首を絞めて窒息死させたことが明らかになった。母には懲役 8 年（求刑・懲役 10 年）の刑が下された。

（3）家族構成

事件当時の家族構成は、以下のとおり。

父（39 歳）：トラック運転手

母（32 歳）：無職

本児（4 歳）：保育園児。自閉症の疑い

（4）母について

母は、4 人きょうだいの第 2 子で、兄・妹・弟がいる。

母方祖父は、主に遠方へ出稼ぎに出ており、母が 19 歳のときに心筋梗塞と肝硬変のため出稼ぎ先で亡くなった。母方祖母（以下、祖母とする）は若い頃、日中は建設作業員として、夜はキャバレーで働いていた。本事件の 4 年程前から体調が悪く、事件の 2 年くらい前には子宮がんの手術を、4 か月前には大腸がんの手術を受けており、事件当時は無職。母の妹（以下、叔母とする）は過

第 4 章　母親が加害者となった事例

X 年 7 月（事件発生時）の家族図

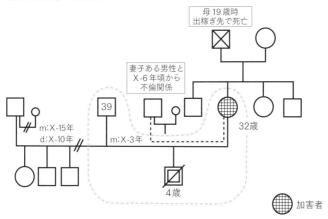

去に覚せい剤で逮捕歴があり、事件があった頃は薬物依存症対象者の施設でボランティア活動をしていた。

　母は高校に進学したものの、高校 2 年生のときに自主退学。妊娠に気づいたが、すでに中絶するには遅かったからだという。相手は、母の友人の姉の夫だった人で、大工。母が中学 3 年生のときにはすでにその男性は離婚しており、母と性的関係を持つようになっていたという。そして、母は 17 歳で第 1 子を出産し、その直後に結婚した。その 2 年後には第 2 子、翌年 20 歳のときに第 3 子を出産。その後、22 歳頃に離婚している。親権について揉めたが、前夫が親権を獲得した。

　本児の父とは、前夫との婚姻中に知り合った。離婚するときにはすでに父と交際しており、離婚後すぐに一緒に暮らし始めたという。当時、父はトラック運転手、母は保険会社を退職後スナックで働いていた。スナックは、5 〜 6 か所転々とし、短いときは 1 か月、長いときは 2 年ほど勤めた。

　母が 26 〜 27 歳の頃、妊娠が判明。妊娠中、父は生活苦で遠方に出稼ぎに行っていたため、母は実家で祖母とともに暮らすようになった。そして、本児を出産した。その翌年から、父とともに 3 人で暮らすようになり、母が 28 歳のときに結婚している。

　父と結婚後、母は本児を連れて 2 回家出をしている。1 回目は事件の前年で、父が本児のことを名前で呼ばずに「ジュニア」と呼ぶことに我慢できなかったことが理由だという。このときには離婚話も出るが、お互いに踏みとどまって

139

いる。2回目は祖母の大腸がん手術後（事件の4か月前）だった。祖母が死ぬかもしれないということで混乱し、本児と一緒に実家に帰ったという。

母の職歴は、事件の3年程前から半年くらいスナックに勤務、事件の前年に2か月くらいスーパー勤務、その後1か月くらい袋詰め作業などで勤務。事件の前年12月から3か月間くらい麺の袋詰め作業などの仕事をして以降は、無職であった。借金があるが、ほとんど返済できていない状況であった。

また、事件の6年前から、スナックで知り合った妻子ある男性と不倫関係にあった。本児を妊娠した際には、その不倫相手に「あなたの子ども」と説明したという。本児の名前には、その不倫相手の名前の一文字が使われているが、母は公判で「同じ字だが不倫相手からとっているわけではない」と話した。

（5）父について

父の生育歴などについては、公判では明らかにならなかった。

本児が産まれるときに遠方に出稼ぎに行ったのは、250万円の車のローン返済のためだったという。その後、母子と一緒に暮らし始めてからはトラック運転手として勤務。早いときは朝3時から、遅いときには夜10時まで働いていた。休みは日曜日のみで、その日曜日に仕事が入ることもあった。仕事の日には、母は父のためにほぼ毎日お弁当を作っていた。また、月1～2回は、1週間ほどの出張もあった。

家庭では、早く帰ってきたときは本児をお風呂に入れたり、ミルクを作ったりしていたという。

なお、事件後父母は離婚している。

（6）経済状況

父は、母と一緒に住み始めてから、金銭管理はすべて母に任せていた。

母は、父と一緒に住むようになってからパチンコ、本児出生後はスロットをしていたという。事件の前年暮れ頃より、母はスロットに多額のお金をつぎ込むようになり、家賃、熱費、携帯代、借金返済などの支払いが遅れるようになっていく。しかし、父に怒られると思い内緒にしていた。

そのため、x年1月からは、父と祖母に「スナックで働く」と嘘をつき、祖母に本児を預け、デリバリーヘルスで働くようになる。しかし、同年4月中旬には、祖母が「本児の面倒は見ない」と言ったため、5月からは働けなくなっ

た。

　同年4月、父は自身が抱えていた借金返済が終了したため、今後は預金がで
きると考え、母に通帳へ記帳をして残高を確認するように伝えていた。また、
母が父の携帯代を滞納したことで父の携帯が止まったため、父は母に支払うよ
うにきつく言った。父は母に、7月にデジタルテレビを購入予定であることを
伝えていたが、母は父に隠れてスロットでお金を使い続けていた。

　同年6月になると、母は自身の兄（本児の母方伯父）からお金を借りて支払
いをしたり、祖母からお米をもらったりして食い繋ぐ生活になっていた。

　7月、母は滞納していた借金をまとめて返済するため、父を連帯保証人とし
て消費者金融と契約する。しかし、そのことは父には内緒にしており、書類の
父の名前欄には母の妹が署名した。借金について問われた母は、「日々払って
いけば大丈夫だと思った」と公判で述べた。

　母は、3〜6月までの4か月分の家賃計15万円も滞納しており、大家には7、
8月には払うと約束していた。7、8月分の給料とボーナスで支払えると思って
いたという。しかし、7月初旬に父から給料18万円を手渡されるとスロット
に使ってしまい、7月中旬には手元に3000円しか残っていなかった。家賃も
携帯代も、父に言われたデジタルテレビも買えない状況だった。

　逮捕時、母には消費者金融などに80万円あまりの借金があった。

（7）子どもについて

　本児は、1歳頃までは、母と祖母とともに暮らしていた。1歳2か月頃から、
父母と3人で暮らし始めたが、1歳半健診の際、自閉症の疑いを指摘される。
母は、その後、保健師との接触を拒否し、3歳児健診は未受診であった。

　3歳10か月のときに保育所に入所。入所当時の本児の様子について、担当
保育士は以下のように供述している。

　「入所初めは、ほとんどの子が母親と離れると泣くが、本児は母と離れても
泣かずに、母に『バイバイ』と言っていた」

　「最初は友達と交わることができず、1人でコマを回したり、窓の外のカラ
スを見て鳴き真似をしたり、1人で遊んでいることが多かった」

　「回る物が好きで、換気扇をずっと見ていることもあった」

　「私がボールを蹴っても蹴り返してこないし、私の質問にもおうむ返しで答
えるだけで、言葉の発達も遅れていた」

このような様子から、保育士も自閉症を疑ったという。

本児が4歳3か月のとき、保健センターの心理士が本児の発達検査を実施。その結果、本児の発達レベルは2歳半程度だった。心理士は自閉症スペクトラムの疑いがあり、自閉症からくる軽い知的障害と考えた。そのため、母に医療機関受診を勧める。しかし、母が本児を医療機関に連れて行くことはなかった。

保育所の担当保育士によると、この頃から本児は担当保育士に「イヤだ」と主張するようになったという。人の表情も読めるようになり、クレヨンやハサミも使えるようになった。

x年2～4月は、本児の保育所欠席が増えた。母によると、2月は祖母の病気、3月は本児のおたふくかぜ、4月は本児の風邪とのことだったが、それ以外の連絡がなく、担当保育士は「何かおかしいな」と思っていたという。母から「本児が行きたくないと言っている」という連絡もあったので、「登園すると楽しく過ごしているから連れてきて」と話したが、母が本児を連れてくることはなかった。この時期は、確かに祖母が大腸がんの手術を受けた時期でもあるが、母がデリバリーヘルスで働いていた頃でもある。

本児が4歳8か月のときの運動会には、張り切ってたくさんの種目に参加。この頃、オムツもはずれた。

担当保育士は、本児について「今年に入ってからは気持ちの交流ができていた。視線が合い、アイコンタクトもできるようになった。これまでは『せなか、かゆい』と二語文だったのが、亡くなる数日前には『せなかがかゆい』と格助詞を含んだ文章で言えるようになり、成長がみられていた。（就学後のことを考えると）普通級が難しくても、特別支援級で楽しく過ごせたと思う」と供述している。

公判で、母や父が本児の育児や発育状況について話す機会は少なく、本児が家でどのように育てられ、どのように過ごしていたかはわからなかった。

（8）行政の関わり

1歳半健診受診の際、保健センターの保健師は本児の自閉症を疑い、人との交わりが必要だと思ったため、子育て支援センターへの受診を勧めた。しかし、母は「知らない人のいるところに行くのは苦手」と言って応じなかった。

同月下旬、自宅訪問の日取りを決めるため、同保健師は母と電話で話す。その際も、母には本児の発達の遅れなどについての認識はなかった。その後、保

健師は何度も母と連絡を取ろうとし、自宅訪問を繰り返したが、母の拒否的な態度が続いた。3歳児健診についても、保健師は何度も受診を勧めたが、結局は未受診であった。

公判で母は、保健師を拒否した理由について「1回目の訪問の帰り際に『本児は障害児かもね』と言われて頭にきた」と話した。それに対して保健師は「医師でもないのに（『障害児かもしれない』と言うことは）絶対にない」と否定している。

また同保健師は、事件前年に子育て支援センターの先生とともに自宅訪問した際、本児が具のないスパゲッティと味噌汁を食べているのを見て、栄養バランスがとれていないと思ったと供述している。これについて母は公判で、「本児は好きなものを先に食べるため、先に具を食べてしまったからであって、具のない物を食べさせていたわけではない」と述べた。

その後、本児の保育所入所が決まった。母が「担当保健師を変えてほしい」と訴えたため、担当が保育士に変更。その保育士は、保健師より引き継ぎを受け、母に検査を受けた方がいいとのアドバイスを伝えたため、本児の発達検査実施に繋がった。検査後、心理士は、本児に自閉症の疑いがあるとして医療機関受診を勧める。公判で、本児を医療機関に連れて行かなかった理由を尋ねられた母は、「本児は言葉が遅いだけだと思っていたから、行く必要はないと思った」と答えている。

同保育士によると、x年5月に母は本児の発達状況についてようやく理解を示し始め、翌年の再検査を約束するに至ったという。

公判では、母はx年4月頃から、本児が同年齢の子と比べて言葉や絵のレベルが遅れていることを感じ始めたと話した。しかし、「障害児じゃないという思いが強かった」ことや、祖母に「早く自閉症と診断されて手帳をもらえれば手当がもらえる」と言われたことに対して抵抗があったと語った。

(9) 事件前日

x年7月某日夕方、母は父に、家賃や携帯電話の支払い、銀行口座の残高などについて、電話で聞かれた。その際、家賃や携帯電話代を支払うお金もなく、銀行口座にも残高がほとんどない状態だったにもかかわらず、「家賃は払った。残高は13万円ある」「スナックの手伝いに来てくれと言われたので、行っている」などと嘘をついた。

その後母は、不倫相手に会って気を紛らわせようと思い、メールを送ったものの会うのを断られる。さらに、スナックの客にも電話をしたが、やはり会うのを断られた。そのため、母は本児と2人で公園に行き、自身の過去のブログを読み返していた。父に浮気を疑われて蹴られたときのブログや、本児が自閉症であると言われたことについて書いたブログを読み、父に対する腹立たしい気持ちと、本児に対する申し訳ない気持ちを抱いたという。お金がないことや、その件で父に嘘をついたこと、不倫相手に断られたこと、祖母や叔母の体調のことなど、生活上の悩みに耐えきれず、母は自殺を決意する。そのとき、本児と一緒に死のうと考えた。

判決では、以上のような経過がおおむね認められたが、公判で当時のことについて聞かれた母は「お金のことで死のうと思ったことは一度もない」と答えている。母は、「滞納している携帯代や家賃などは8月の給料とボーナスで支払いはできると考えていた」と話し、見通しの甘さが指摘された。

その後、母は本児と一緒に川へ歩いて行ったが、途中で雨が降ってきた。母は雨に濡れてしまった本児を見て「風邪をひいちゃう」と心配になる。そうやって本児を心配している自分に気づき、「(死ぬのが)馬鹿らしい」と思って、死ぬことを止めたという。その日は2人で家に帰った。父は、先に帰ってすでに寝ていた。

(10) 犯行当日

翌朝、父は母を起こさず黙って仕事に行った。これまで、父が出勤するときに母が寝ていれば、父は必ず母を起こしてから出勤していたが、この日、父は母が疲れていると思い、起こさなかった。一方、母は、目覚めると父がすでに出勤していたことにショックを受け、「自分は必要とされていない」「自分はいなくてもいいんじゃないか」と思い、再び自殺を決意する。

「父は本児の面倒を見てくれない」

「本児には障害があり将来が暗いため、残していけない」

「一緒に死のう」

母は、そんなふうに考えたという。

本児と一緒に死ぬことを決意した母は、「ごめんね。つかれちゃった。なにもかも」などと遺書を書く。そして、「ママとぎゅーっとしよう」「おいで」などと言って本児を呼び寄せ、正面からタオルを後ろに回して、「ごめん、ママ

もすぐ行く」と謝りながら、本児の首を絞めた。本児がぐったりした後、母は「自分も早く死ななきゃ」と思い、首を吊るために冷蔵庫の前の椅子を取りに行こうとしたら、本児が「ふー」と言うのが聞こえてきた。母は「生きてる」と思い、本児の背中を叩いたり、息を吹き込んだりしたという。しかし、本児はそれ以上息をしなかったため、「早く死ななきゃ」と思って再び椅子を取りに行った。そのとき、父が帰ってきた。

正午前、父は携帯が繋がらなくなったため、携帯代の支払いを母に確認するために、家に立ち寄ったのであった。母の様子がおかしかったので、父が問い詰めると、母は「○男（本児の名前）、殺しちゃった」「あんたが○男をちゃんと見てくれないから」などと話し始めた。それを聞いた父が警察に通報し、事件が発覚した。

公判では、前日の自殺の動機との関連について質問があったが、母は前日の思いと本件犯行の関連を否定した。本事件の動機は、あくまで犯行当日に父が自分に声をかけずに出勤したことがショックで寂しかったことだと主張した。

（11）判決

公判では、事実関係に争いはなく、争点は母の量刑であった。しかし、母が自殺を考えるに至った動機についての見解は、検察側と弁護側に相違がみられた。

検察側は、論告求刑において以下の4点を挙げた上で、懲役10年を求刑した。すなわち、①本児に落ち度はなく、自閉症の疑いがあったものの、周りのサポートを受けることで成長することができた。その本児の未来が奪われたことは、取り返しがつかない。②母は、本児がもがいているにもかかわらず手を緩めることなく首を絞め続けており、犯行態様が残酷である。③本児を殺害した動機は、「将来を悲観して」ということで弁護側とも一致しているが、世間一般でいう障害児を育てた末の殺害とは異なり、同情はできない。一方、自殺の動機は弁護側とは異なり、検察側は経済的な問題、子どもの将来、家族の体調、不倫相手との関係、そして父の無断出勤であると考えている。その動機は、身勝手である。④父が厳罰を望んでいる。

一方、弁護側は、以下の点から懲役6年を求めた。①動機は、父から必要とされていないと思ったこと。経済関係、本児の障害、不倫相手との関係などは、動機とは関係がない。②犯行態様は、刃物などではなく残酷な方法ではな

い。蘇生も試みており、計画性もなく、短絡的・衝動的なもの。③犯行後、反省し、本児や父に謝罪している。④ギャンブルについて反省しており、社会復帰後は働き、お金を貯めて父に渡すと言っており、更生に強い意欲がある。

判決は、懲役8年。動機は、ほぼ検察側の主張を認める形となった。

(12) 討議

参加者
川﨑／松本／高橋／上野／長尾

① 母の弁護方針について

・母は、事件前日の出来事や経済的状況は本事件に関係ないと主張していますが……。
・弁護方針として、加害者である母の非行状態と殺人は関係ないとしているのでしょう。客観的に見て、母は人から褒められる生活をしておらず、そこに動機があるとなると、母自身が選択した生活の中で出てきた母自身の不都合が原因となって、本児への殺意が形成された、となります。そうすると、やはり人格的非難に値することになりますよね。したがって、最後の引き金を強調し、他の事柄は関係ないといった戦略を立てたのではないかと思います。

② 母のアセスメント

・母が小さいときの家庭背景は、たぶん、家庭がガタガタだったり、大事にされてこなかったりと、養育状況が適切ではなかったと想像できます。そうすると、自己評価が低くて、悪い男にしか縁がなくなってしまう。そして、だんだん八方塞がりになっていってしまう。母は、それを不倫やスロットで発散した結果、にっちもさっちもいかなくなったという感じですね。
・母子保健の人たちは、この家族の問題を感じ取って、早くからこの人たちの家に入り込もうとしていますね。それは、適切な見識だと思います。しかし、こういう家庭に限って、第三者が家に入ることを非常に恐れているので、なかなか上手く介入できませんでした。そこが、難しいところだと思います。

③ 同性の友達がいない女性の特徴

・母はいろんな問題を抱えていて、しかも早くから家を出て、親との関係も疎

遠になっています。こういう女性のひとつの特徴として、同性の友達が少ないことが挙げられると思います。要するに、異性との関係ばかりになってしまって、孤立しやすくなります。そうすると、世界が全部男性（夫）越しになってしまうから、男性を飛び越えて入り込んでくる介入に関しては、すべて警戒したり、あるいは男性が干渉したりということになります。地域保健の保健師が注意しなくてはいけないのは、「女友達の少ない女性には注意する」ということだと思います。つまり、人間関係がすごく拙劣ということです。異性だったらセックスで繋がれるけれども、同性とは繋がれないのでね。

④ 加害者の生育歴と裁判員制度

・この事例を考えていくと、母は高校中退して妊娠・出産をしているわけですが、そこに至るまでに、たぶんもっといろんなことがあったと思います。そこがわかると、「この人はこういう人生の中でこういうことになってしまったんだな」と納得がいくように思います。逆に言うと、母の育ちまで考えていけば、防止対策もわかるのではないでしょうか。

・裁判員制度が始まって、争点を絞るように言われるようになりました。一般的な弁護士であれば、母親の生育歴の話をするでしょうが、裁判所に「それはこの件とどう関係があるんですか？」と言われてしまいます。「こういう生育歴だから、この母親は大変な人格に育ってしまったんです」と言えればいいですが、弁護側としてはそこまでは言いたくない。裁判所からは、今の人格に問題がないと考えるのであれば動機を問題にすればいいし、今の人格に問題があるから事件の原因になっているというのであれば、そういう主張でいいですよ、と言われてしまうわけです。弁護側としては苦しい状況です。

・裁判員制度が始まる前は、そういう弁護は普通にありました。つまり、殺人を犯す人はどう育ってきたのかについて、裁判で普通に議論されていました。しかし、裁判員裁判になってから、そこがむしろ見えにくくなっているような気がします。

⑤ 保健センターの関わり

・子どもが1歳半のときに、保健センターがいきなり〈発達の遅れ〉というところから関わっているので、家庭に入っていくことがすごく難しかったのではないかと思います。たぶん、4か月健診にも行っているのではないかと思

います。そのあたりから、保健師が少しずつ関わっていき、養育のことに
入っていくことができていれば、もっと関われたのではないかと思います。

・公判記録を読んでいると、自閉的傾向はそんなに重度ではなかったようです
から、保健師は様子を見たほうがいいというくらいだったのかもしれません
ね。検証報告書があれば、保健師の関わりがわかるのですが……。保健機関
の関わり方については、振り返らなくてはいけないと思いますね。

・保健師の話によると、1歳半健診のときに子育て支援センターへの参加を勧
めたものの、母は「知らない人がいるところは苦手」と言って拒否していま
す。母は、子どもの発達のことではなくて、母自身の生育歴の中からあまり
人と関わることが得意ではなくて、子育て支援センターを拒否したというこ
とも考えられます。この後、保健師は家庭訪問をしたり、電話をしたり、い
ろいろとアプローチしてはいるんですけどね……。

・たぶん、保健センターも早くからマークしていたんでしょう。マークしてい
て、確実に繋がるひとつの方法として子どもの発達の問題を挙げたけれど、
失敗してしまった。母の関心を促して、心の扉を開こうとしたけれども、逆
に閉じてしまったということでしょう。

・父とのやり取りでも、父は「そんなところに行く必要ない。連れて行ったら
許さんからな」と怒っていますね。子どもの発達について関心がなく、そう
いう反応を示す父親はけっこういると思います。

⑥ 家族状況の把握の必要性

・母の犯行動機はともかくとして、この家庭は借金で首が回らないような状態
でした。家賃も滞納していて払えないし、携帯電話も止まり、テレビを買う
お金も払えない状態でした。父も、そういう状況であることはある程度わ
かっているのに、自分は仕事が忙しいということで、最後まで金銭管理を母
に任せていますね。父がこのあたりを見過ごさなければ、対策もあったので
はないかと思います。

・たとえば、1歳半健診のときに、家族との接点はありますね。そのときに、
家族状況などをもう少し把握できなかったのかと思います。子どもの発達に
関する支援はいろいろしているけれども、それしかしていなかったとも言え
ます。保健センターの保健師や保育所が登場人物として出てきますが、家族
との関係は持ちにくかったんでしょうかね。

第4章　母親が加害者となった事例

・1歳半健診を受診しているのは、婚姻届を出した翌月ですよね。そういうことも含めて、母子保健の立場から突っ込めなかったのかなと思います。子どもに自閉傾向があるということで発達上の問題は指摘しているけれども、家族背景がどうなっているかという視点も必要だったのではないでしょうか。

・発達の遅れに関しても、なぜこの子が遅れたのか、この子が持っているものなのか、生活からくるものなのかという判断もしないといけなかったでしょう。そういうものがなくて、心理士がそう言ったから自閉的傾向だということになっているようにも感じます。母の関わりによるものかもしれないという視点がないように思われます。そういう視点があると、もう少し注意深く家族を見ますよね。母の生育歴を少し見て、母の大変なところがわかれば、その辺りから支援していけますよね。夫との関わりが難しいことなどもわかるはずです。公判では、そういうところは出てきていませんが、検証をすれば出てくるかもしれないですね。

⑦ 心理士の対応

・余談ですが、この心理士の態度は少し気になります。発達検査の後、心理士は母に、児童相談所や医療機関での受診を勧めていながら、「保健師や保育士には自閉症の疑いとは言いません」と言っている点です。これでは保健師などが援助を続けにくくならないでしょうか。

⑧ 虐待の可能性

・母は、本児をネグレクトしていなかったでしょうか。

・この状況を見ると、可能性はあると感じます。

・ごはんを食べさせていなかったとか、体重の増え方がどうだったのか、検証しなければいけないところだと思います。

・仕事柄、妊娠中に飲酒していた可能性もあるし、他にもいろんな問題がたぶんあるでしょうね。

・そういう意味では胎児性アルコール症候群の可能性も考えられます。

・非常に広いスペクトラムの中で、でしょうね。認知と行動に軽い問題も抱えつつ、環境や養育の問題もきっと重なっていたんでしょう。

149

⑨ 夫婦間の問題

・公判を聞いていて、母は子育てに悩んでいる感じでしたか。

・そういう印象は受けませんでした。被告人質問のときに、傍聴に来ていた父と言い合いになりかけたりしていて、そういう様子からは、子育ての悩みというより、夫婦間の問題の方が大きかったのかなと思いました。

・公判においても、亡くなった子ども不在で、夫婦でいがみ合って責任を押し付け合っているみたいな風景ですか。

・母は「私の責任なんだろうけれど、夫のせいだと思ってしまってごめん」という感じでした。

・事例F①の場合も、妻との愛情葛藤が問題となっていましたね。夫婦間の問題が、子どもに向かうということでしょうか。

・確かに、父子心中ケースの動機のひとつに離婚問題があるように思います。事例F①では、これは私の印象ですが、妻への未練があったように思いました。

・母子心中ケースでは、一人親ケースと両親が揃っているケースと、どちらの方が目立ちますか。母子心中ケースでは、本来は夫に向かうべき攻撃性が子どもに向かっているように見えることもあるものですから。

・2000年代の新聞報道を集めた分析では、まず配偶者の有無を把握できた数自体が少なかったです。母子心中事例257件のうち、配偶者の有無が把握できたのは183件であり、その中で配偶者と同居していたのは約70%（129件）でした。一方、父子心中事例39件のうち配偶者の状況がわかったのは35件、その中で配偶者と同居していたのは約50%（19件）でした。

・そうすると、一般人口と比べて一人親が少ないとかは言えないですね。

・母子心中事例では、夫婦間の問題だけでなく、もっと広い意味で、対人関係の問題を持っている人たちが多い印象を持ちました。

・仮に男性が母の立場にいたら、奥さんは子どもを連れて別れてしまい、同居していないでしょうね、きっと。でも、母は経済的な問題もあるので、そういうことができないだろうし、父もごはんを作ってくれてセックスさせてくれるんだからということで別れないでいる感じを受けます。そういう家庭で起こった問題ですよね。

第4章　母親が加害者となった事例

⑩ 父子の血縁関係

・本児は、この父の実子なんでしょうか。

・確かに疑いはあります。経過を見ると、本児は父が出稼ぎに行っていた頃の子ですね。同時期、母は妻子のある男性との関係もあるので、この不倫相手の子どもではないかという疑いがあります。不倫相手の名前を1字、本児の名前に使ってもいるので。

・もし実子でないとすると、父はすごく可哀そう。

・公判ではDNA鑑定とかそういう話にはならないんですか。

・検察官がDNA鑑定をして、父の実子であることが確認できたから争点にならなかった可能性もあります。子どもは死亡して解剖しているので、少なくとも父がDNA鑑定を望めばするとは思います。もし父が「やらなくていい」と言えば、検察官もたぶんそこまでやらないでしょう。

・公判の中でも、それを疑う様子はないですね。

・そうですね。もしかしたら、顔を見て、明らかに実子とわかったのかもしれないですね。

⑪ 1回目の結婚について

・母の1回目の結婚のときの子どもたちとの関係がどうだったか、連絡を取っていたのかどうかが、すごく気になります。たぶん、交流はないんでしょうけどね。

・母が17歳のときに産んでいるので、一番上の子はもう15歳くらいですよね。

・離婚のとき、親権が父親になっています。不倫のことなどが理由でそうなったのかもしれません。そういうことであれば、父親が実家で子どもを育てるという感じで別れているんじゃないかと思います。想像ですけどね。そうすると、子どもたちとも関係はなくなっていきますよね。

⑫ 借金

・事件が起こるまでの4～7月の間の、家計に使える収入は、どれくらいあったんでしょうか。給料は差し押さえられていて、携帯も止められていて、7月の給料はスロットに使ってしまっていて。

・車は一家に1台ですかね。この地域で車がなければ、完全に孤立します。パチンコに行くのにもタクシーを使っているわけですから。

151

・借金をする人は、もう計算をしないですよね。「いくらの借金があるからどうしようか」という考え方ができず、お金があれば使ってしまうし、借金の額を聞かれてもわからないです。これが、借金する人のだいたいのパターンだと思います。
・裁判でも、検察官に「どういう風にお金を返すつもりだったのか」と聞かれて返答はしますが、「これだけしかないんだから無理でしょう」と突っ込まれていました。常識的に考えると返済は無理だとわかるけれども、母はそれでやりくりできると信じているので、破綻してしまいます。
・弁護側が挙げていないということは、本来は父の月給でギリギリ回るのかもしれないですね。もし父の収入が少なかったのであれば、弁護側は指摘していると思います。
・なるほど。父も借金をしていたけれども頑張って返しました。父の計算では、これからは楽になるはずだったけれども、父は家計の管理は母にすべて任せた状態でした。給料を差し押さえられているのに、任せていたわけですよね。
・公判で、「自分で通帳を見なかったんですか」と問われて、父は「忙しいから」と答えていました。お互い、経済的に甘かったから、追い詰められたということなんでしょうけど……。
・父の生育歴や学歴はどうだったんでしょうね。
・公判では出てきませんでした。

⑬ 心中の動機
・本事件の犯行動機がわかりません。裁判で母は、父が黙って仕事に行ったことで「自分が必要とされていない」と思い自殺を決意し、「子どもを残して（あの世に）いけない」と思って道連れにしたと言っていますが、納得しづらい理屈です。検察は、さまざまな問題に追い詰められて、自暴自棄になったと主張していますが、母の心中企図の動機というのは、どう理解すればいいでしょうか。
・この事件は面積が広い過疎の町で起きていますよね。地域保健のキャッチメントエリアも広くて、車で訪問するのも大変で、病院も1か所しかないというような状況が想像されます。もし場所が都会であれば、母のような人は精神科クリニックによく来ています。リストカットとか、「うつ」とか、そういう理由で。医療に来たからといって状況が必ずしも良くなるわけではあり

ませんが、もし母が精神科を受診していたら、弁護士によっては、公判の中で精神鑑定を行う方向になったかもしれませんね。動機は、本人もわからないかもしれないですね。

・すごく孤立感を感じます。孤独感と言うか、見捨てられ不安と言うか。母は、誰を信頼していたんでしょうか……。

・近所の人も登場しませんね。事件前日は不倫男性にも断られ、そこからもブロックされてしまっています。

・母は、父に対して腹を立てると不倫男性のところに行って、少し機嫌を良くしてきていたんでしょうね、たぶん。それで折り合いをつけていたんでしょう。

・母は、どこまでも自分から見える世界の感覚で生きているという印象が非常に強いです。仕事をしていれば、こうはならなかったのではないでしょうか。自由になるお金があって、憂さ晴らしができていれば、こうはならなかったかもしれない。つまり、父が朝に声をかけなかったとしても、「何よ！」と思って、またどこかでお金使って気分転換をすれば、大丈夫だったのかなと思うんです。そういう意味で言うと、本人の世界観の中では、万策尽きている状態なんですね。男にも断られ、お金もなくてパチスロにも行けず、このモヤモヤはどこにも持っていきようがない、だから死ぬ、という流れがあった感じがしますね。

・もしくは、子どもの面倒を見てくれる人がいて、デリバリーヘルスで働くことができていれば、もう少し違ったかもしれません。祖母も、事情があって子どもの世話ができないというよりも、母の態度を見て本児の世話を拒否しているという印象があります。身内からも拒否されてしまった状況ですね。

・言い方は悪いですが、子どもを殴って憂さ晴らしをしている親であれば、心中ケースにはならず、典型的な虐待ケースになります。典型的な虐待と心中では、思考パターンが真逆。心中ケースでは、子どもが大事だから道連れにするという発想になってしまうんですね。

・母は、発想としては自殺が先にあったということでしょうか。

・私は、そうだと思います。

・直前に何かしらの介入があれば、流れが変わったかもしれません。少なくとも、生命保険目当てに、周到に計画する自殺とは違いますね。

・まったく違いますね。本当に、ちょっとしたきっかけで、実行に移してし

まった感じですね。

・母自身も、「自殺を考えたのはいつですか?」と聞かれて、「前日」と答えています。逆に言うと、それまでは自殺を考えたことがなくて、事件当日やその前日に、急に自殺を考えたということですよね。そういう意味では、心中ケースでは、思いついてから実行までの期間がすごく早いという印象があります。長期間にわたって考えている人もいるかもしれませんが……。

・いいのかどうかはわかりませんが、リストカットなどをする人であれば、心中にならずにリストカットで終わっていた気がします。そういうものがなかったから、急に心中になってしまったような印象を持ちました。

・リストカットがあれば、それをきっかけに事例化して、援助機関に繋がることができると思いますが、本事例ではそういう問題が表面化してこなかったんですね。

⑭ 事件に対する母の捉え方

・父が帰ってこなかった場合、母は本当に自殺をしたのだろうか、少し疑問なところがあります。

・父に対する「あてつけ」のようなイメージですか?

・「あてつけ」にしては派手過ぎますよね。ただ、自分の子どもが完全に自分の一部になっていれば、派手なリストカットみたいな感じでしょうか……。

・そんなイメージも少しあります。

・代理人によるミュンヒハウゼン症候群ということですか。

・「私はこんなに大変だったのよ!」というアピールの印象を感じなくもないんです。反省の弁もあまり語られなかったので。

・反省があまりなかった?

・反省しているというよりは、父に対する不満を法廷でも言っていたので……。

・「自分は被害者だ」みたいな。

・その辺は、この公判の特徴だったと思います。「自分は加害者で、われに返って、子どもには本当に申し訳ない」というイメージが、あまり感じられませんでした。

・謝罪は最後までなかったんですか?

・「許されることではない」と話してはいたんですが、その一方で、父を責めているという印象でした。

第4章　母親が加害者となった事例

・自分の子どもを殺害してしまったことに対して、「大変なことをしてしまった」というイメージが少し薄いんでしょうか。
・現実感が少し乏しいというか、自分のさまざまな感情体験から疎隔されてしまっているという印象ですかね。
・もしかしたら、出てきていない生育歴の中で、もっと他の被害があった可能性もありますね。その辺りが見えてくると、この事件もわかりやすくなるかもしれませんね。

⑮ 母のパーソナリティ
・母は、ブログを書いています。
・最近はよくブログを書きますよね。困難事例の母親の事例検討会をしているときに、資料としてその母親のブログが出てきたことがありました。訪問してもなかなか会えなかったんですが、ブログで子どもの生存を確認をしました。まあ、ブログには良いことしか書かないんですけどね……。
・公判で、ブログやメールが証拠として出てきたんですが、母のブログを見ていると、全体的に追い詰められていたというのは間違いないように思いました。でも、心中の動機としてそれは違うと、弁護士だけじゃなく母自身も強く否定しています。とにかく、「父は育児もしてくれないし、私はいらない人間だ。それが原因だ」と主張しています。これは、やはり母の言うとおりだったのでしょうか、法廷対策というものがあったのでしょうか……。
・全体的に見て思うのは、母自身、自分が何を感じていたのかわからなくなってしまっているということです。事件後、父に対して「愛している」とか書いていて、ブログとは全然矛盾している。「愛している」と書いていながら、法廷ではいがみ合っているというパターンですよね。法廷対策を立てているというよりは、母自身が自分の感情をわかっていない感じ。それが苦しいんだと思うんですけどね。
・客観的に見ると、経済的問題や対人関係を含めて、追い詰められていて、苦しくなっているんだろうなとは思うんです。けれども、母自身の中では、何が問題であるかは整理されておらず、どうすればいいかという解決策も出てこないわけですよね。
・難しいですね。このようなお母さんが「いつ引き金を引くのか」というと、予測不可能です。そして、そういうケースすべてに、見守りや保護、分離を

155

考えることは、おおよそ不可能だということはわかります。

⑯ 防止策

・では、どうすればよかったのか。関係機関の関与で言えば、母子保健がそれなりに関わっていました。自治体で検証されていれば、もう少し良い関わり方とは何か、が見えてきたんでしょうが。だからと言って、決定的に関わり方を間違ったわけでもなく、それなりに取り組んではいましたよね。

・たとえば、自分自身のことを「私は人格障害だ」と言って、出産を間近に控えている女性がいるとします。周りの関係機関はすごく心配して、「産んだら預けたら」と言うけれども、本人はそう言われることをすごく嫌がっているとします。その人に対して、子どもの安全のために何ができるかを考えると、どんな状態で何を垂れ流されても、そのまま受け止める人が横にいて、最後の引き金を引く前に、少し弱音が出たときに、介入するというようなことでしょうか。それぐらいの立ち位置しかありえない気がするんですが……。「それは間違っているからこうしなさい」なんて言ってしまったら、「さよなら」と言って関係がなくなってしまう気がするんですよね。

・行政などがシステムとしてそういうものを作るのは別として、こういうタイプの人から何かをキャッチしようとすると、そういう関わり方くらいしか思いつかない。

⑰ 自治体による検証

・この事例は、児童相談所が関与していないから検証されていないんですかね？

・たぶん、そうだと思います。現地では、本事件を大変な事件として扱っていないように思います。こういう事件を、やはり検証してほしいですね。

・心中事例は、検証されることがほとんどありません。

・検証しない理由はなんですか？

・検証された大変なネグレクト事例では、児童相談所の対応が批判され、児童相談所も改善策を考えなくてはならなかったんです。一方、事例F⑤では、加害者である父親は普段は大変いい人で、夫婦関係に問題があったんだろうけれど誰も気づいておらず、関係機関は関与していません。そうすると、検証をする動機が高まらないんでしょうね。改善策を出そうにも、関係機関が

関与していないので、難しいのでしょう。

・本当は、こういう事件の検証も積み重ねていかなければいけないと思うんですが、現状ではあまり検証されていないですね。

・本事例は、保健センターも保育士も関わっていたのだから、振り返りをしてもいいと思いますけどね。

・関与していた機関は、かなりショックを受けたでしょうしね。

事例M⑤
情緒不安定性パーソナリティ障害(境界型)の母親が次男と心中を図った事例

(1) はじめに

本事例は、精神鑑定で情緒不安定性パーソナリティ障害（境界型）とされた母親が、次男とともに母子心中を図った事例である。

公判では、本事例の背景として、母親の被虐待歴の影響が検討されることとなった。虐待の「世代間連鎖」をどのようにしたら断つことができるのかについて考えることは、今後「親子心中」を予防するためにも必要であろう。

(2) 事件の概要

x年5月某日深夜、自宅アパートで母（当時42歳）と本児（当時3歳男児）が倒れているのを、帰宅した異父兄（当時15歳。以下、兄とする）が発見した。兄は、自身の実父である母の元夫（当時63歳）に電話し、電話を受けた元夫が119番通報した。警察が駆けつけると、本児は寝室の布団の上で死亡しており、母は玄関で手首から血を流して意識不明の重体であった。

兄が発見する10分前、母から兄の携帯電話に「2人で死ぬことに決めました。ごめんね」とメールがあり、兄は急いで自宅に戻ったという。また、遺書とみられるメモも見つかった。

事件の前年12月末、母は児童相談所に設置されている虐待相談ホットラインに「子どもを殺してしまいそう」「子どもを預かってほしい」などと訴えていた。しかし、話をしているうちに母の口調がしっかりしてきたことから相談員は落ち着いたと判断し、相談を終えている。また、その後相談内容を検討した児童相談所は「虐待の危険性が低いケース」と判断し、担当が母に電話で状

X年5月(事件発生時)の家族図(母子以外の年齢は推定)

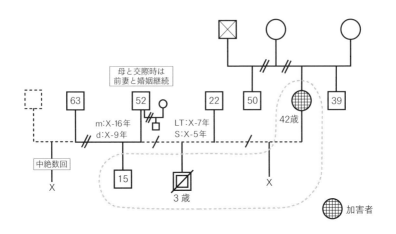

況確認をするにとどまっていた。

警察は、母を本児に対する殺人容疑で逮捕し、殺人罪で起訴した。起訴状によると、母が自宅寝室で就寝中だった本児の顔に枕を押し当てて口と鼻を塞ぎ、窒息死させた。精神鑑定では「情緒不安定性パーソナリティ障害(境界型)」と診断されたものの、責任を問うことはできる判断された。

裁判員裁判では、検察側は「完全責任能力」を、弁護側は「母は幼少期、自らの母親との関係が劣悪で精神疾患を発症し、長年抑うつ状態に悩まされていた」として「心神耗弱」を主張。裁判所は、完全責任能力ありと判断し、懲役3年6か月の実刑判決を言い渡した。

(3) 家族構成

事件当時、同居していた家族は以下のとおり。

母(42歳):訪問介護ヘルパー(週2回各30分の勤務)

兄(異父兄)(15歳):高校1年(療育手帳所持)

本児(3歳):保育園児

兄と本児の父親は異なる。元夫(63歳)、母方祖母はそれぞれ、母子の住む家の近くに暮らしており、頻繁に交流があった。

本児の父は、母より10歳年上。事件当時は、体調不良のため入院中であっ

158

た。なお、本児出生当時、本児の父は別の女性と婚姻中であったこと、本児妊娠中に母と別れたことなどから、本児を認知していない。

(4) 母の両親について

母の実父（母方祖父。以下、祖父とする）は農家出身で、小さいときに養子に出されている。中学卒業後に結婚し、子ども（母の異母兄）が生まれたが、その後離婚。都会へ出て、暴力団組員になり、服役歴がある。出所後、母の実母（母方祖母。以下、祖母とする）と再婚、建築業に就いた。そして2人の子ども（母とその実弟）をもうけ、母の異母兄を含めた5人で暮らし始めた。祖父は気性が荒い性格で、酒乱があり、仕事に出ないこともあった。次第に夫婦仲も悪くなり、離婚。別れた後は生活保護を受給し、ホームレス生活の末、67歳で死亡している。

祖母は、祖父と同郷の生まれ。幼少期に両親を亡くし、養子に出されている。養親宅では学校に行かせてもらえなかったため、漢字や複雑な計算は苦手。15歳のときに都会へ出て、ホステスとして勤務。その際祖父と知り合い、結婚した。

(5) 母について

母は、上記両親の元に出生。8歳年上の異母兄がおり、後に3歳年下の実弟が生まれる。両親の喧嘩が絶えない家庭だったという。

幼少期より祖母から体罰を受けている。小学校での勉強は普通レベルだったが、乱暴な子どもだった。

中学時代は不良仲間と遊び、登校したのは3分の1程度。酒、タバコ、シンナーをやり、仲間の家を泊まり歩いて、自宅に寄り付かなくなった。中学卒業後は就職し、アパートで一人暮らしを始めた。

19歳のとき、自宅に戻り、スナックのホステスの仕事を始めた。このとき、母は異性との関係がいろいろあり、中絶を何度か経験している。

27歳のとき、21歳年上の元夫と結婚し、自宅を出た。翌年、本児の異父兄を出産。しかし、喧嘩が絶えなかったため、約7年後（母が34歳頃）に離婚。母は兄を引き取り、祖母と同居し、介護ヘルパーの職に就いた。

36歳のとき、自己破産し、生活保護を受給し始めた。この頃、10歳年上の妻子ある男性（本児の父）と交際を始め、半同棲の生活を約1年半送る。その

間に、母はその男性との間の子を妊娠し、結婚を望んだが、男性には妻子がいたため断られ、その後別れた。その男性との間の子である本児を出産したのは、母が 38 歳のときであった。

40 歳の頃、祖母との関係が悪化。母は、祖母との関係がつらいとの思いを手紙に書き、主治医に渡している。手紙の内容について、公判で母は「祖母が本児に対して『汚いね』『馬鹿だね』と言うのを聞くと、自分が言われたような気持ちになり、祖母を殺したくなるのが怖いから別居したいと訴えた」と証言している。また、児童相談所にも、祖母との別居について相談に行っている。

この件について祖母は、公判において、その当時の母の交際相手と自分の関係が良くなかったから別居に至ったと証言しているが、それに対して母は「祖母がそう思っているだけ」で、別居の理由は祖母の本児に対する邪険な態度だと述べている。当時の母の交際相手は、母よりも 20 歳以上年下の男性であった。

事件の 2 年前の春、祖母と別居し、母子はその交際相手と一緒に暮らし始めた。母はその交際相手の子を妊娠したものの中絶し、結局別れている。この頃の母の様子について、兄は公判において、「母が交際相手と揉めて、刃物を持って自傷行為をしようとしたところを止めたことがある」と証言している。

祖母と別居したものの、祖母が引っ越した先は母子らが住むアパートから近く、交流は続いていた。祖母宅にはお風呂がなかったため、祖母は母子宅で週 2 回入浴していた。また、本児は降園後、ほぼ毎日、祖母宅で 1 〜 2 時間過ごし、祖母が面倒を見ていたという。本児は祖母に懐いていたこともあり、事件直前の頃には、祖母は母子宅を頻繁に行き来するようになっていた。

(6) 母の精神症状の変遷

鑑定医によると、母は中学時代にもいろいろと問題行動があったが、精神的な症状が出始めたのは 19 歳以降とのこと。19 歳の頃、異性関係のことが原因でリストカットをし始めたという。その後も、リストカットや自分の手に噛みつくなどの自傷行為、その後の記憶がないなどの解離症状が続いていた。

兄出産後の 29 歳のとき、摂食障害を発症。ストレスから摂食障害（過食）になり、89 キロまで体重が増えたが、その後の極端な食事制限や嘔吐などのダイエットで 43 キロまで減少した。

32 歳のとき、心療内科を受診。「難治性うつ病」という診断名を受け、事件

第4章　母親が加害者となった事例

発生時まで通院を続けていた。

（7）元夫について

　元夫の生育歴については、公判では明らかにされていない。元夫は、母より21歳年上であり、48歳頃に当時27歳だった母と結婚。本児の兄の実父である。母との出会いは不明であるが、結婚前から母の自宅でほぼ同棲状態だったという。

　約7年後、元夫が55歳の頃に離婚。離婚の理由について、元夫は「（母に）しつこく言われるのが嫌で、『うるさいから出て行け』と言っていた」と公判で述べた。また、婚姻中に母が精神的に落ち込んだり、突然ヒステリーを起こしたりすることについては、「気づかなかった」と答えた。

　元夫は、本児と血の繋がりはない。しかし、離婚後も母子宅の近くに住んでおり、交流は続いていた。本児からは「父ちゃん」と呼ばれており、休みの日に本児を散歩や動物園に連れて行くなどしていたという。公判において、検察官に「本児と血は繋がっていないが、本児はどういう存在だったか？」と聞かれた元夫は「宝物」と答えた。

　事件後、元夫は拘置所に15回以上母に会いに行き、再婚を申し出ている。公判において、再婚したい理由を尋ねられた元夫は、「出所後、身寄りがないと思うので、私が引き取って面倒を見る」と述べた。これについて母は、今の状況で返事はできないとの理由で断っている。

（8）本児の父について

　本児の父である男性の生育歴などについては、公判では明らかにされていない。父は、共通の友人男性による紹介で、母に初めて出会った。父は46歳頃、母は36歳頃のことである。当時父には妻子がいたが、結婚生活は破綻していた。

　出会ってからしばらくして、父は母から「付き合ってほしい」と言われた。そして、父は大半を母宅で生活し始め、妻子のいる自宅には週に1日くらいしか戻らなくなった。そういう生活が1年半ほど続いた。

　その後、母は父との間の子を妊娠。それが、本児である。妊娠したことで母に結婚を迫られたが、父は「自分の子どもが大学を卒業するまで待ってくれ」と言って拒んだ。母は「待てない」と言い、2人は別れることになった。母は本児を出産したが、当時父は離婚が成立していなかったため、認知しなかった。

161

その後、父は性格の不一致のため離婚（事件の約2年前）。離婚成立後、体調不良のため入院生活を送っている。

　母と別れた後、父が本児に会ったのは4回。1回目は、本児出生時に母から連絡があり、母が入院している病院に会いに行った。2回目は、本児が生まれて1年経った頃。このとき、父は離婚が成立していたため、母とよりを戻したかった。しかし、母はよそよそしく、よりを戻す雰囲気ではなかったため、言い出せなかったという。3回目は、父が体調悪化により意識不明になり、約3か月後にようやく意識が戻った頃。母が本児を連れて、面会に来た。最後は、事件5日前。母が本児と一緒に面会に来た。そのとき母は、「最後にこの子とあなたの写真を撮りに来た。この面会を最後にする」と話し、母自身が大量服薬したことや本児に包丁を向けたことを話したという。父は母の不安定な様子を心配したものの、入院中の自分には何もできないと思ったという。面会時間は、15分ほどだった。

(9) 兄について

　兄は幼少期より言葉の遅れがあり、軽度の知的障害で療育手帳を所持しており、学習障害も指摘されている。事件当時は15歳、高校1年生（特別支援学校）だった。

　母と元夫との間の子で、6歳頃に両親が離婚するまでは親子3人で暮らしていた。両親の離婚後は、祖母と母との3人暮らし。8〜9歳くらいのとき、1年半ほど、本児の父と一緒の生活をしている。本児の父は当時の兄について、「明るい性格の子」「障害があり支援級と聞いたが、普通の子に見えた」と述べている。

　兄が11歳の頃、異父弟である本児が産まれ、祖母と母と本児との4人での生活が始まった。その後、しばらくして母は20歳以上年下の男性と付き合い始め、一緒に暮らし始める。間もなく祖母が別居したため、母とその交際相手と本児との4人暮らしになったと思われる。母がその交際相手と別れた後は、母子3人で生活していた。

　公判において、兄は母について以下のように述べている。母の自傷行為や精神的に不安定なときのことについて聞かれた際、「小学生ぐらいのときに、母と祖母がケンカをして、母は『そんなに私のことが嫌なら殺して』と言った」ことや、兄が母と揉めた際に母から「自殺する」というメールが来て心配した

エピソードを話した。また、兄が中学生の頃、母の交際相手の男性と一緒に暮らしていた際、その男性と揉めた母がカッターと包丁を持って自傷行為をしようとしたところを兄が止めたことも話された。

兄は、精神的に不安定で自傷行為を繰り返している母を目の当たりにしながら暮らしてきたと想像される。兄の年齢が上がると、兄は母に反抗しつつも、一方では母の自傷行為などのストッパー役も担っていたようである。

事件後の兄の母に対する思いは、以下の弁護士とのやり取りからも、未成年である兄が母に対して強い責任を感じているように感じられた。

「母が精神的に参っているときに、自分が助けてあげればよかったなと、今は思う？」

「今になって、母を追い込んでいたことを実感しているし、もっと家にいてあげて、もっと家族として時間をとってあげていれば、もっと明るい家庭になっていたのかなとも思う。もしこうなったとしても、どうすれば助けてあげられたのかなと思う」

「裁判が終わったら、母にどうなってほしい？」

「自分にとっては大切なひとりの母なので、早く戻ってきてもらいたい。母も今は思い出してつらいと思うので、傍にいてあげたい」

「今の気持ちで言うと、許しているか、許していないか？」

「自分は母のことをあまり悪いと思ったことがなくて、自分が追い込んでしまったと思っているので、気持ちとしては許している」

（中略）

「先ほどの休憩時間のときに、そこの席から母の方をじーっと見つめていた。目が合ったら、母に優しくニコッと笑いかけていたが、それはどういうこと？」

「母もつらいだろうし、それなのに自分がつらい顔をしていたら悪いと思ったし、自分の笑顔を見て少しでも元気になってくれればと思った」

「母が外に出たときに頼りになるのはあなただと感じている。その期待に応えて、母のことを監督すると誓える？」

「はい」

（10）本児について

本事件の被害者である本児は、当時3歳、保育園児だった。実父が誰である

かは知らされておらず、元夫のことを「父ちゃん」と呼んでいた。

本児が通っていた保育園の職員によると、本児は0歳児クラスから入園し、事件当時は年少クラスに所属していた。保育士は本児について、「活発で、保育士の言うことを聞く、とても良い子」「ブロックや絵本が好きな子」と述べた。

保育園降園後、ほぼ毎日、本児の面倒を見ていた祖母は、本児について「ハイチュウ（お菓子の名前）が好き」「クレーン車が好き」と公判で話した。祖母宅には本児自身が行きたがっていたので、祖母も本児を可愛がっており、本児も祖母に懐いていたようだ。

本児から「父ちゃん」と呼ばれていた元夫は、本児の存在を「宝物」「天真爛漫で明るい性格」と話している。

(11) 母の生育環境

公判では、母のパーソナリティに影響を与えたことのひとつとして、母の育った家庭環境や祖母からの虐待が挙げられた。

母は被告人質問の際、祖父母（自分の両親）の関係について「母はいつもふてくされた顔をしていた」「父はお酒を飲んで、気に食わないことがあると、お箸を投げたり、母に向かって罵声を浴びせたりしていた」「〈家族の団らん〉という雰囲気はなかった」と話した。祖母については「小さい頃から事あるごとに叩かれていたので怖かった」「『馬鹿』『うちの子じゃない』『うちから出て行け』と言われた」「小学校に上がってからは、箸や布団叩きで叩かれ、太股にみみず腫れができた」「弟への態度が自分へとは違うと感じていた」などと話し、抱っこされた記憶もなく、甘えたこともないと述べた。

母が幼少期の頃に手を上げていたことは祖母も認めている。また、母が中学時代に家出を繰り返していたことについては、当時の母に対して何も聞かなかったとも話した。その理由について聞かれると「聞いても言わないと思ったから」と答えた。母が本事件を起こしたことについては「小さい頃、厳しくし過ぎたのがいけなかったのかね」と述べた。

母の異母兄は、母が幼い頃の家庭環境について、「（自分たちの）父は毎日お酒を飲んでいた」「仕事から帰って間もない状態で、酔っていない状態のときは、普通に宿題についても受け答えしてくれていた」「酔っ払ってからしつこくすると、『自分でしろ！』と突然豹変したので、怖かった」「母は、日頃から

思慮が足りないところが多かったので、そういうことがあると、父はキツイ言葉で怒鳴りつけたり、時には叩いたりということもあった」と話した。

また、祖母による母の子育てについて、異母兄は「（祖母は喜びを）表情に出す人ではないのでわからないが、普通の母親であればあやすときに笑顔になるけど、そういうことはなかった」「育児放棄はない。普通に授乳もしていたし、オムツも替えていて、面倒は見ていた。けれど親密さはなかった」「（祖母は）コミュニケーションを取るのが苦手だが、母はとても積極的だった。なので、台所などで母が祖母に関わろうとすると、祖母は『邪魔だ！』『うるさい！』などと言って追い払うことが多かった」などと述べ、日常的に祖母が母に手を上げていたことも話された。また、母と母の実弟に対する祖母の態度が明らかに異なっていたとも述べた。

鑑定医は、母の両親について、祖父は「アルコール依存症」「パーソナリティの問題も大きい」、祖母は「知的な面あるいはパーソナリティに問題があるかもしれない」と述べた。さらに、母が育った環境が母のパーソナリティに与えた影響については以下のように考察した。

「（母が育った）家庭は、酒飲みで仕事に行かないお父さん、非常にあるいは過度に厳しいお母さん、両親の関係も殺伐としていた。きょうだいとの交流も乏しかった。非常に不幸な生育環境であったことは間違いない。ただ、本人が盛んに主張するお母さんの虐待をどう評価するか。客観的な情報を見ると、それに近い評価をしている人もいるし、そんなことはないと評価している人もいるので、ハッキリしない。ただ、母の特徴を考えると、かなり極端な一面的な見方をする人だったのではないかと思う。いずれにしても、パーソナリティが出来上がる重要な幼い時期に、安らかな家庭環境はなく、特に祖母との関係が良くなかったことから、自分を大切にする心、あるいは周りの人を信頼する、思いやる、自分の気持ちの安定、女性としての生き方というところが、十分に育っていなかったということは間違いないと思う」

（12）行政の関わり

事件の3年前の4月下旬、母は児童相談所に自ら来所している。相談内容は、同居している祖母が本児に対して「泣いてばかりでうるさい」「馬鹿」などといった乱暴な言動をとるのでやめてもらいたいが、祖母にはいつも本児の面倒を見てもらっているので「やめて」と言うのがつらいので、別居したい、とい

うもの。児童相談所への相談はこのときが初めてであった。ただし4月以降は、本児が保育園を利用し始め、祖母と会う頻度が減ってきているとのことだったため、担当者は、別居に関しては市役所に相談するよう助言した。そのため、相談は1回で終了している。

事件の2年前の7月頃、保育園での面談の際に「本児と長時間一緒にいるのが精神的に無理」などと話している。

事件の前年12月末、児童相談所内にある子ども虐待ホットラインに、母は「本児と一緒にいると精神的におかしくなり殺してしまいそう」「預かってほしい」などと電話で訴えた。担当した相談員は、話しているうちに母の口調が落ち着いてきたとして話を終えた。しかし、母はその後、祖母に泣きながら電話をして、祖母に本児を一晩預かってもらっている。

後日、その電話相談の内容について、児童相談所に連絡が入る。そのため、x年1月初め、児童相談所の担当者は母に電話連絡し、市役所の保健師と家庭訪問することを約束した。

約1週間後、児童相談所から着信があったため、母は児童相談所に折り返し電話を入れた。その際、母が「子どもを施設入所させるのか」と不安を示したため、担当者は施設入所がないことと、一時保護について説明をしている。

1月中旬、母は市役所に電話をし、「通院する」との理由で、家庭訪問をキャンセルした。

3日後、児童相談所に母から手紙が届く。内容は「来ていただいたのに留守で申し訳ありません。近頃、安定剤も身体に慣れてきて、精神的に落ち着いてきている。『息子も殺して自分も死のう』と思うのは、決していいことではなく、責任を持って育てていかないといけないと、心から思っている。年末は保育園に行けず、家にいることがとても重圧的で、不安定になっていましたが、今は落ち着いています」というものであった。その後、児童相談所から母に電話したが、応答はなかった。

1月下旬、児童相談所から母に電話したところ、母は「気持ちが落ち着いている」と話したため、児童相談所は相談を終了している。

(13) 事件前の心中未遂

x年4月、兄が高校に進学。環境が変化したことも影響してか、母は気分の変調が激しくなった。

5月初め、母は本児との無理心中を漠然と考え始める。2〜3月頃から、祖母が頻繁に母子宅に来るようになり、祖母が本児に対して「馬鹿だね」などと言うのを聞いて「頭がおかしくなった」という。

5月中旬、夕食時に、兄が本児に「おめー、うぜんだよ、あっち行けよ」などと言った。本児は泣いて母のところに行ったが、母は包丁を取り出して本児を刺そうとした。兄がその包丁を取り上げると、母は大量服薬し、怒鳴ったり、物にあたったりし始めた。その後、兄は自室に戻るが、母と本児の寝室から「ドンドン」という音が聞こえたので、兄が見に行くと、母が本児の顔を枕で押さえつけていた。兄は母を止め、自身の父（元夫）を呼んだ。元夫が母宅に到着すると、母はトイレでぼうっと突っ立っていたため、元夫は119番通報し、母は病院に救急搬送された。母は、包丁を出したことや大量服薬後の言動について、記憶がないと証言している。

(14) 心中の準備期間

退院後、母は、犯行に使用した睡眠薬を購入、家族や知人に手紙を書くなど、身辺整理を始めた。

5月下旬、心療内科に通院し、主治医に会う。このとき、母はすでに心中を決意していたが、主治医に相談することはなかった。

数日後の午前中、母は本児を連れて、本児の父が入院する病院を訪ねた。母は父に「最後にこの子とあなたの写真を撮りに来た。この面会を最後にする」「5月の中旬くらいに薬を大量に飲んで入院した。この前、この子を包丁で刺しそうになった。この子が死ねば、この子のことで祖母から嫌な顔、態度をされずに済むと思うと、そういう気持ちになった」などと話した。母と本児は15分ほど滞在し、父と一緒に写真を撮って退室した。

事件前日、母は本児の通う保育園の連絡帳に「明日から4日休みます」と記載した。また、同日、母は本児の父や中学時代の友人に、手紙を送った。

(15) 犯行当日

x年5月某日午前7〜8時頃、母と兄、本児、元夫は、車で警察署に行った。兄がバイクを2人乗りし、警察に捕まったためだった。

その後、元夫は仕事へ、母子3人は遊園地へ行き、アトラクションに乗ったり、プリクラを撮ったりして遊んだ。昼食をマクドナルドで買って帰宅し、3

人で昼食をとった。

夕方、本児が好きだったキャラクターのデザインのケーキを、夕食として3人で食べた。その後、兄は外出。

午後7時半頃、母は睡眠薬などを溶かしたガムシロップを本児に飲ませ、外出着に着替えさせた上で、本児を寝かせた。午後9時頃、母は寝ている本児の顔面に枕を押し当て、窒息死させた。その後、母は携帯電話で「○男（本児）とお母さんは死にます」などの内容のメールを送信予約する（母は、翌日午前3時半頃に予約したつもりだったが、間違って当日午後11時半頃に送信された）。その後、母は睡眠薬を大量服薬し、リストカットし、心停止状態になった。

午後11時半過ぎ、母からのメールを見た兄が異変を感じて帰宅。自宅で母と本児が倒れていたため、自身の父（元夫）に連絡し、元夫が119番通報。母は病院に救急搬送され、2日後に意識が回復した。

（16）精神鑑定

鑑定医は、鑑定結果を以下の2点にまとめた。①精神障害の有無。母は、本件犯行当時、「情緒不安定性パーソナリティ障害（境界型）」により、多くの精神不安と生活困難を抱えており、「気分変調症」によって慢性的なうつ状態に陥っていた。②精神障害の犯行に対する影響。本件犯行は、祖母の本児に対する態度に、母自身が自責的になり、本児を巻き込んで周到な準備のもとに企てた拡大自殺、心中と考えられる。しかし、本児を殺害したものの、自殺は未遂に終わり、当初の目的は果たせなかったもので、いわば拡大自殺の頓挫型と言いかえることができる。その一連の行動には過剰とも思える祖母に対する否定的感情、本児とのきわめて強い一体感など、「情緒不安定性パーソナリティ障害（境界型）」に基づく母特有の心性が関与したと考えられる。

事件前に母が通院していた精神科では、母は「難治性うつ病」と診断されていたが、それについて鑑定医は「撤回が必要だと思う」と述べた。その理由について、「本来うつ病というのは、抑うつに陥る時期がずっと続くわけでは必ずしもなく、ある程度それが軽快して安定する。それを繰り返すのが、基本的な病状。母の病状は、それとは随分と違う。母の場合は、漠然とした抑うつ感、あるいは空虚感が慢性的に持続した状態にあると捉えることができる」「もう1点は、日常的なストレスにその都度動揺する点」「もう1点は、重症度。（母の場合は）ある程度の活動性は保たれている。それで、日常生活に格別大きな

第4章　母親が加害者となった事例

支障をきたすほど、重症なうつ状態は認められないと評価することができる。つまり、心身の活動の低下はそれほど重症ではない」「（以上の）いくつかの点から母の抑うつに関しては『うつ病』という診断には当たらない。むしろ、パーソナリティと、生活でのいろんなストレスに基づいた、慢性的なうつ状態。『抑うつ神経症』あるいは『抑うつ反応』と理解するのが適当だと思う」などと説明した。

（17）判決

公判では、事実関係に争いはなく、争点は母の責任能力と量刑であった。

検察側は、論告求刑において、以下の5点を挙げ、母の精神障害は能力に対してほとんど影響がなかったとして完全責任能力を主張した。①極めて計画的に犯行に及んでいる。つまり、x年5月初めに本児との心中を考え始め、5月末までに、心中に使用する睡眠薬の購入、勤務先への退職届提出、身辺整理など、準備をしていたこと。②母が、本児と無理心中をするという目的に向けて、一貫した行動をとっている。犯行を兄に止められないように外出させたこと、本児を殺害しやすいように睡眠薬で眠らせてから犯行に及んでいること、本児を確実に殺害するために合理的な手段を選んでいること、母自身の自殺（未遂）についても準備をしていたことなどから、自らの行動をコントロールできていた。③本犯行は、日頃の人格と異質なものではない。本事件は、鑑定医が述べたように、母が祖母に対してバランスを欠いた過剰に否定的な見方をしていたことや、ストレスに接した際に自分を責める傾向にあること、アイデンティティの確立が不安定であることから本児と極めて強い一体感を有していたことが原因となっており、母の日頃の性格、人格が現れたものである。④犯行動機が理解できる。確かに母が祖母の本児に対する態度を否定的な方向に曲解したことが本犯行に繋がっているが、それは統合失調症などにみられる妄想や幻覚に基づくものではなく、情緒不安定性パーソナリティ障害による認識の歪みに基づいており、母の人格に照らすと本犯行は十分に理解できるものである。⑤犯行当時、自分が行おうとしていることの意味や違法性を十分に意識していた。母が犯行前日に書いた手紙の内容、兄に身辺整理をしていることを問われ合理的な嘘をついたことは、鑑定医の証言から明らかである。その上で、母の生い立ちは同情すべきであり、母自身も死ぬつもりだったことは明らかであることを情状として挙げ、懲役7年を求刑した。

一方、弁護側は、考慮すべき情状として以下の5点を挙げ、心神耗弱により保護観察付執行猶予懲役3年が相当と主張した。①精神障害に罹患した原因について酌むべき事情がある。つまり、母が情緒不安定性パーソナリティ障害（境界型）に罹患したのは、母にはコントロールできない幼少期の家庭環境、母子関係の影響があり、本事件に情緒不安定性パーソナリティ障害が影響を及ぼしていること。②母は、自ら児童相談所などに相談しており、社会的支援が適切に受けられていれば、本事件は防ぐことができたこと。③母には本児への憎しみや恨みはなく、殺害手段も本児が苦しまない方法を選択していること。④更生の可能性がある。つまり、遺族は減刑を望んでおり、家庭に戻った際には母を監督することを誓っていること、治療可能性があるため刑務所より医学的更生がふさわしいこと、母自身が反省していることなど。⑤前科・前歴がないこと。

　最後に、裁判長に促されて証言台に立った母は、「大変申し訳ありませんでした。たくさんの人に迷惑をかけ、これからは本児の冥福を祈り、一生供養を続けて生きていかないといけないと思っております。申し訳ありませんでした」と泣きながら話し、結審した。

　これに対して、裁判所は「精神障害の影響はあったが、善悪の判断が困難だったとは言えない」として、懲役3年6か月の実刑判決を下した。裁判長は、母が祖母の言動などに悩み、本児との心中を決意したことに対して、「周囲の者に相談することができた。動機は身勝手なものと言わざるを得ない」と指摘した。一方、「犯行前まで愛情を持って本児を養育していた」「母は幼少期に祖母から十分な愛情を受けずに育ったため精神障害を抱え、犯行にも影響を与えた」と酌量軽減の理由について説明した。

＊なお、本件については、都合により研究討議を行うことができなかった。

事例M⑥
長女に交際相手を奪われた知的障害の母親が次女と三女とともに心中を図った事例

（1）はじめに

　本事例は、知的障害のある母が、次女と三女を道連れに母子心中を図った事例である。背景には、母の不適切な環境での生育歴、結婚後の夫による継続的

第 4 章　母親が加害者となった事例

な DV、男性をめぐっての長女との軋轢など、複雑な家庭状況があった。

　本事例の特徴のひとつは、さまざまな関係機関が虐待の危険性を感じて関わりを持っていたが、心中については誰も予測せず、事件を防ぐことができなかった点であろう。もうひとつの特徴は、母親が知的障害を有していたことである。今回取り上げた母親加害者の 6 事例の中で、精神鑑定で知的障害と診断された母親は、本事例のみであった。

（2）事件の概要

　x 年 1 月某日午後 9 時過ぎ、通報により駆けつけた警察官が、母（当時 38 歳）と 2 人の子どもが倒れているのを発見した。3 人は病院に運ばれたが、次女（当時 11 歳。以下、C 子とする）は右脇腹を刺されて死亡、三女（当時 8 歳。以下、D 子とする）は腹部を刺されて重傷を負ったが命はとりとめた。母は、腹部に刺し傷があり重傷を負ったが命に別状はなく、警察の取り調べに対して「3 人で死のうとして刃物で刺した」と供述した。通報したのは、母の交際相手（長女の元交際相手でもある）。母から交際相手に「ごめんなさい、大変なことをした」と電話があり、駆けつけたところ 3 人が倒れているのを発見したため、110 番通報した。

　母は精神鑑定を受けた後、刑事責任を問えるとして起訴され、翌年、裁判員裁判が開かれた。起訴状によると、母は、自宅寝室で、C 子の腹を包丁で刺して殺害し、さらに D 子の腹を刺して 12 日間の怪我を負わせた。検察側は、母は交際相手の男性に関する悩みから娘 2 人と無理心中を図ったもので「動機は身勝手で結果は重大」であり、娘 2 人に睡眠導入剤を飲ませ眠らせてから犯行に及ぶなど計画的で、完全責任能力があると主張した。弁護側は、「母は自殺未遂を繰り返すなど心神耗弱状態で、行政の適切な介入があれば事件を防げた」として刑の軽減を求めた。判決では、懲役 14 年（求刑・懲役 15 年）の刑が下された。

（3）家族構成

　事件当時の家族構成は、以下のとおり。

　母（38 歳）：無職、生活保護受給

　C 子（11 歳）：次女。小学 5 年生

　D 子（8 歳）：三女。小学 2 年生、知的障害あり

X年1月(事件発生時)のジェノグラム(父の年齢は推定)

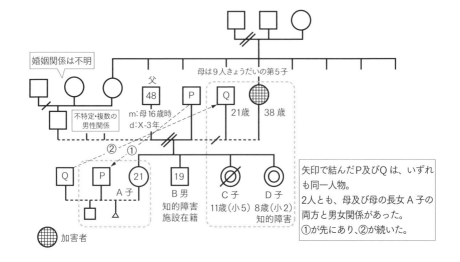

母の交際相手Q(21歳):事件2週間前から同居

同居していなかった家族は、長女(21歳。以下、A子とする)と長男(19歳。以下、B男とする)。A子は、自身の子ども(3〜4歳。父親は事件当時の母の交際相手Q)と母の元交際男性Pとともに生活していた。B男は、知的障害者のための施設に入所中であった。

(4) 母について

母は、9人きょうだいの第5子として出生。きょうだいのうち2人は知的障害がある。

14歳のとき、両親が離婚し、母は姉夫婦に引き取られた。そのとき、姉の夫の息子(姉の実の子どもではない)と性的関係を持つ。また、テレクラで知り合った男性や、兄の友人との性的関係もあった。前後関係は不明だが、この時期、姉の夫や母自身の兄からレイプされたと、母は証言している。また、シンナー吸引の経験もある。当時、児童相談所に一時保護された記録があるが、理由などは不明である。

16歳のとき、母は父(母より約10歳年上)との子を妊娠したことをきっかけに結婚。翌年、A子が誕生した。この頃から、髪を引っ張る、包丁を突き付けるなど、父から母への暴力が始まった。2年後には、B男が生まれた。

20 代になった母は、焼肉屋、パチンコ店、スナック、寿司屋等を掛け持ちして勤務。焼肉屋は約 1 年間続いたが、他は 1 ～ 2 か月で辞めている。

その後、27 歳頃に C 子、30 歳頃に D 子が生まれた。

27 ～ 8 歳の頃、母は「(父の) DV が耐えられないから一緒に死のう」と言って、当時小学 3 年生だった A 子の首を絞めたことがある。この頃から精神科に通院し、「うつ病」「パニック障害」と診断された。

母が 30 代前半の頃、当時 17 ～ 18 歳だった A 子が当時の交際相手 Q (以下、Q とする) との子を妊娠し、出産した。ただし、すでに Q とは別れていたため、結婚などはしていない。

事件 3 年前の 6 月、母が 36 歳の頃に、母は携帯アプリで知り合った男性 P (母より年下、A 子より年上。以下、P とする) の支援を受け、父の暴力から逃れるために、A 子とその子ども、及び B 男、C 子、D 子を連れて、家を出た。住むところが決まらず、C 子と D 子は児童相談所に 1 か月間一時保護されている。翌月、生活保護受給が決まり、転居。母子は、P と一緒に住み始めた。その数か月後、父との離婚が成立した。

(5) 子どもたちについて

長女 A 子が、公判で証人として証言台に立った。A 子自身は、父の事情できちんと学校に行けなかったという。小学 3 年生のときには、母に「一緒に死のう」と言って首を絞められたことも証言した。また、本事件前後に、母の元交際相手である P との間の子どもを出産している (家族図では、妊娠中として記載している)。

長男 B 男については詳しくわからないが、問題行動のために児童相談所が長期的に関わっていたようである。父母が離婚した後、知的障害者のための施設に入所している。

次女 C 子は、事件当時、小学 5 年生だった。A 子によると、C 子は「明るくて活発」。児童館に行っており、友達もたくさんいた。将来は「ケーキ屋さんになりたい」「お花屋さんになりたい」と言っていたという。

三女 D 子は、小学校 2 年生、知的障害を持っていた。A 子は、D 子について「おとなしく、言葉も少ない」「やさしい」と話した。本事件で命をとりとめた D 子は、事件後は児童相談所に保護され、施設に入所している。

173

(6) 事件に至る経緯

　事件3年前の6月に母子で家を出た後、同年10月頃から母は家事をしなくなった。母の服薬管理や家事は、A子と当時の母の交際相手Pが行っていた。また、C子やD子の学校行事にも、A子とPが行くような状況だったという。

　そのような中、事件の前年3月頃から、A子とPは親密な関係になっていく。母は、2人が親密になっていく様子を見て、2人の関係を疑うようになった。この頃、母は児童相談所に電話し「手首を切ってしまった」と訴えている。

　7月、母はA子を問い詰め、A子とPが男女関係にあることを聞き出した。それを知った母は、物を投げたり、A子に暴力を振るったりして暴れ、自分の腹に包丁を突き付けた。A子は近所に避難し、母は自分で110番通報したため、警察が来る事態になった。その後、家族関係は悪化し、母は「A子とPに裏切られた」「死にたい」と漠然と考えるようになったという。

　8月には、A子がPの子どもを妊娠。10月、A子は市役所に、母世帯から独立したいと申し出る。

　11月、母とA子の関係が悪化したため、A子は一時家出。母は自傷し、自ら119番通報している。

　12月、A子、A子の子ども、Pは母世帯を出た。A子は家を出るにあたり、母がC子とD子に暴力を振るうことを心配し、市に相談している。

　x年1月初旬、母はA子たちを探し出す目的で、心当たりのある場所を張り込む。そのため自宅は母の不在が続き、C子は知人宅に家出。警察から児童相談所に連絡があり、児童相談所が対応することになる。児童相談所は、一時保護も視野に入れて話し合いを行ったが、母が反省しており、母子ともに一緒に暮らしたいとの思いがあったため、在宅支援となった。

　1月中旬、母は、A子の元交際相手Qに連絡を入れ、呼び出した。A子がまだQに未練があると思い、母がQと付き合えばA子が戻ってくるとの考えからだった。その日から事件当日までの約2週間、Qは母の家に居候をし、2人は性的関係を持つ。以下は、公判の被告人質問で、母がQを呼び出した理由について弁護士に問われた場面である。

　「Qを誘おうと思ったのはどうしてですか?」

　「久しぶりに遊びたかったのもあるし、自分の愚痴を聞いてもらいたい気持ちもありました」

第4章　母親が加害者となった事例

「それで結局、Qとは男女関係になったんですよね？」

「はい」

「それはどうしてですか？」

「お互いに好きだったからです」

「A子に対する、何かあてつけのような意味はなかったんですか？」

「ありました」

「それはどういう……」

「腹いせ」

「腹いせというのは、どういうことですか？」

「Qと付き合っていれば、A子もやきもち焼いて、家に帰ってくるかな、と思いました」

「Qと性関係を持っているのは、A子に対する意思表示もあるわけですか？」

「はい」

「A子は何か反応してきました？」

「いいえ。反応はなかったです」

「反応がないことに対して、あなたはどう思いました？」

「ショックでした」

　事件10日ほど前、A子から母に、携帯電話と手紙が届いた。手紙には「探さないで」と書いてあった。母は、「A子がPと一緒で不幸じゃないと思って」ショックを受ける。その頃、母はQに「死にたい」と口にしている。

　事件2日前、母はA子とPに裏切られた怒りや寂しさなどから「死んだ方がいい」と考えるようになる。

　事件前日、母は、QがA子とのペアリングをいまだに持っていることを知り、QがA子に未練があると思う。Qにも裏切られたと思った母は、心中することを決意する。

(7)　行政機関の関わり

　本家族には、さまざまな行政機関が関わりを持っており、本件については検証報告書[2]が公表されているので、報告書及び公判の情報をもとに、行政機関

2　検証報告書は公表されているが、本書ではすべての事例の地域などを特定しないこととしているため、本事例についても同様の扱いとしている。

の支援状況及び家族状況についてまとめる。

事件3年前の2月、父の暴力を理由に、母とA子、B男、C子、D子及びA子の子どもの6人で転居した。B男の問題行動のために支援していた、転居前の住所地を管轄する児童相談所は、転居先の児童相談所にケースを移管した。以降、B男の問題行動を主訴として、児童相談所と市の生活支援担当課（以下、市生活支援担当課）が支援を開始した。

事件2年前の2月、知的障害のあるB男の問題行動が激しくなったことが原因で、母の体調が悪化。児童相談所はB男を一時保護し、4月に施設へ入所させた。一方公判では、B男と別居に至った理由について、母は「（当時の交際相手の）Pが異端扱いして追い出した」と話している。

同年4月、A子が市の母子保健担当課（以下、市母子保健担当課）に、A子の子どもについて相談しているが、詳しい内容は不明である。

事件前年の2月上旬、母は児童相談所に電話をし、「意識がないまま手首を切ってしまった」と訴えた。ちょうど、母がA子とPの関係を疑い始めた頃である。児童相談所は同月中旬に家庭訪問し、母とA子と面接し、C子やD子に危害を加えることはないことを確認している。検証報告書には「父につきまとわれている形跡があることから、母の不安が高まっている様子」と記載してある。公判で、このときに児童相談所に電話したことについて尋ねられた母は「覚えていない」と話した。この後、児童相談所は市母子保健担当課と情報を共有し、継続的に電話などにより状況確認をしている。

7月、母が「死のうと思って」包丁を持ち出し、自ら110番通報した。警察官が急行し、同行の上、かかりつけの病院を受診。処置された後、帰宅した。検証報告書には「母は『A子との確執から自分のことが嫌になった』ことを理由に挙げている」と記載してある。母が、A子を問い詰めて、A子とPの関係を確信した頃である。

8月、市の精神保健担当課（以下、市精神保健担当課）は包丁を持ち出した件で、精神保健福祉法第24条通報を受理する。そこで病院の精神科ソーシャルワーカーに状況確認を行い、市精神保健担当課、市生活支援担当課及び市の児童相談担当課（以下、市児童相談担当課）で情報共有し、学校と協力してC子とD子の安全確認を行うこととなった。学校側は、C子から7月の件を聞き、市に状況確認を行い、今後の情報交換に合意した。また、市生活支援担当課は児童相談所に情報提供し、今後の連携について合意した。同月、A子がPの

第4章　母親が加害者となった事例

子を妊娠する。

9月、A子が自身の子の3歳児健診を受診。その際、市母子保健担当課に、自分の子どもの育児や母の体調不良などに対する不安の訴えがあった。母とA子の関係が悪化していた頃である。

10月、A子が市（母子保健担当・児童相談担当・生活支援担当）に、母世帯から独立したいと申し出た。ただしA子は、母が精神的に不安定で家事や育児をすることが困難な状況であるため、独立後のC子とD子を心配していた。市は、関係課（児童相談担当、母子保健担当、生活支援担当、精神保健担当）が情報共有した上で、児童相談所にA子の転出とそのリスクについて報告した。また、病院の精神科ソーシャルワーカーに、A子転出後の家庭見守りなどのため、訪問看護導入の検討を依頼した。

11月、A子と母の関係が悪化。A子が一時家出をした。一方、母の精神状態は悪化し、自傷の上自ら119番通報した。検証報告書には、このときに「A子の第2子妊娠が判明。（母の暴力を恐れ、転出希望がさらに強くなっている）」との記載がある。

12月半ば、A子が母世帯から転出。A子は、これまではなかった母からC子とD子への暴力が起こるのではないかと心配していたため、A子転出後のリスクに対して市及び児童相談所が対応することとする。市・児童相談担当はA子に緊急時の対応を教示、市生活支援担当課は学校に状況提供した上で見守りを依頼、児童相談所に世帯への関与を依頼した。児童相談所は母に電話し、状況確認を行った。また、市母子保健担当課、生活支援担当課及び精神保健担当課は、転出後のA子、母の状況についても確認している。

同じく12月半ば、母が通院していた精神科病院の記録によると、母より訪問看護利用の依頼があったとのこと。訪問した看護師は、母について「聞いたことに答えるのではなく、話したいことをまとまりなく、あちこちに飛びながら話す」「話の内容を理解できないことが多かった」と記録している。

翌年のx年1月上旬、C子が知人宅に家出したため、警察より児童相談所に連絡が入った。児童相談所は、市生活支援担当課に情報提供し、転出後の状況を聴取。一時保護も視野に入れて、まずは知人宅でC子と面談した。その後、母、C子、D子と面談し、「C子が自宅での生活を希望」「母への拒否感・恐怖心はない」「身体的虐待は疑われない」などの状況から、在宅指導とした。公判で、このときの話し合いの結果について聞かれた母は、「Pのことを忘れて、

177

2人（C子とD子）の面倒を見ると約束した」と話している。児童相談所は、市生活支援担当課と警察に方針を説明し、精神科ソーシャルワーカーに対して今後の情報提供と支援を依頼した。

2日後、A子が市母子保健担当課に、C子とD子の養育状況について連絡（虐待通告）。内容は、「食事を作ってもらえない」「余計なことを言うなと母に恫喝されている」「C子とD子を置いて、家に帰らない日がある」といったものだった。

その翌日、市児童相談担当課から児童相談所に連絡し、市がC子とD子の安否を確認し、児童相談所が家庭訪問をすることとした。同日、市は児童会館でC子とD子の安否を確認している。

その後、1月中旬には、母がQとの同居生活を始めた。その数日後、母のもとにA子より携帯電話と手紙が届く。

1月下旬の事件2日前、児童相談所が家庭訪問をするが不在であったため、接触がないまま事件当日を迎えることとなった。

(8) 検証報告書

検証報告書は、事件から約7か月後に提出されており、母の公判前である。

検証報告書では、問題点と課題として、以下の4点を挙げている。

①本件における養育者（母）の状態は、ストレスに非常に弱く、家族関係の軋轢により突発的な行動をとる可能性が高く、母の「精神状態の変化」に着目することが、本家庭を支援する上での鍵であった。そのためにも、精神科通院中の母について、病状及び見通しが生活を営む上で影響があるのか、あるとすればどのような影響なのかについて調査する必要があった。

本件に関わっていた関係機関へのヒアリングからは、母が精神疾患を有していることを把握しながらも、その状態像の認識にはバラつきがあったことがわかった。本件の場合は、母の普段の生活状況を主治医と共有した上で、主治医の意見を聞くことができていれば、関係機関は母の特性について理解し、急激に状況が悪化する可能性があることを認識できたかもしれない。

②本件について「より適切な支援があったとしたらどのようなものであったか」という観点で考えた場合、2つの転機があると考えられた。

1つ目の転機は、A子が母世帯から転出したとき。ヒアリング調査によると、この時点で、市は「ネグレクト」の危険性を一番に考え、児童相談所も「身体

的な虐待のリスクについては低い」と判断しており、母からC子とD子への暴力を心配していたA子の思いとは「ずれ」があった。

2つ目の転機は、C子の家出である。このとき、児童相談所は「身体的虐待が疑われない」「C子から母親への拒否感・恐怖心がない」などの理由から在宅支援が適当と判断している。

いずれの段階においても、関係機関は「身体的虐待」の危険性を低く認識しており、確かに過去においてC子とD子に対する身体的危害を加える行為は行われてはいなかったが、母による複数回の自傷行為を「精神状態の変化による突発的な行動の可能性」として捉えていれば、C子とD子に何らかの危害が及ぶリスクをより強く想定できたかもしれない。

さらに、家庭不和を背景とした母の自傷行為が繰り返される家庭環境が、C子とD子にどのような影響を与えていたかという観点も重要である。このような心理的虐待の可能性を前提として、関係機関は子どもたちに関わり、状態像を把握する必要があった。

つまり、「身体的虐待」「ネグレクト」といった虐待の様態に捉われず、転機となる時点において「母の状態と見通し」「子どもに与えている影響」などを総合的に把握した上で、A子の転出が与える影響及びC子の家出の意味を分析し、「この家庭で子どもが養育されることが適当なのかどうか」という判断をすべきであった。

③児童虐待の危険性がある家庭に対しては、複数の関係機関が関与している場合が多いが、各関係機関で把握する情報や、支援方針や役割が異なるため、関係機関が協議して認識を共有するために「ケース検討会議」が必要となる。しかし、本件では、少なくとも事件の前年度以降は関係者間のケース検討会議は行われていなかった。

ヒアリングでは、児童相談所も市も「ケース検討会議の必要があった」と述べたが、実施にはいたっていなかった。これは、本件におけるリスクを、少なくとも緊急性の面ではそれほど高くは認識していなかったからである。適切なケース検討会議が有用に開催されるためには、問題の焦点がある程度絞れているか、ケースの見通しに危機感を持っている必要があるが、本件においては適切なリスクアセスメントがなされていなかった。

また、関係機関同士の連携が有効に機能するためには、各組織内においても共通の認識をし、方針が確認されていなければならない。そのためには、組織

内における日常的な情報共有、ケース検討会議の実施も重要と言える。

　④ヒアリングによると、本件について、児童相談所と市では「どこがケース検討会議を開催するのか（つまり、どこが本ケースの支援をマネージメントするのか）」の認識に差があったことがわかった。また、市役所内部においても、さまざまな担当部署が関わっており、マネージメントの問題があった。

　今後の再発防止策を考える上で、ケース検討会議を含めた支援全体のマネージメントを、どこを主体として考えるかということは、重要な論点である。

　以上をふまえて、検証報告書では5つの提言を行っている。

　①精神疾患を有する養育者にかかる状態把握のあり方について：福祉や教育に関わる市職員は、精神疾患のある方についての知識や理解を点検し、共通理解を高めるべきであり、研修の充実が必要である。要保護児童対策地域協議会（以下、要対協）を活用するなどして、主治医との情報交換も積極的に行うことが重要である。患者に対して守秘義務を持つ主治医に対しても、児童福祉法の説明を行い、緊急時に情報提供を得られやすくなるような体制作りが早急に必要である。

　②転機となる時点での適切な判断・評価の方法について：日常的に子どもや親と接する機関が適切な方法で様子を観察し、状況の変化を見逃さないような取り組みが重要であり、個々の機関での判断だけでなく、より多くの重要な情報が集約・共有されることが必要である。そのために、ケース会議の開催時期、マネージメントの主体のあり方について、一定の目安を持つなどの取り組みが必要になる。

　③関係機関の情報共有・ケース検討会議のあり方について：要対協を有効活用し、多機関が関わっているケースについて、どのような場合に情報交換が必要か、どのような段階になればケース検討会議の開催が必要かなど、具体的なルール作りが必要である。また、市役所と学校とが密に連絡を取れるように、現在の体制を見直したい。

　④連携にあたってのマネージメントの主体の明確化について：マネージメントの主体は固定化されにくい性質でもあるので、専門職種間が持つ共通部分を増やし、その上で柔軟な考え方やコミュニケーションを重視した連携を強化し、マネージメントの主体を柔軟に変えていくようなチーム・アプローチに関して、市でもその可能性を模索する段階にきている。このようなルール作りは、要対協であらかじめ検討しておくことが有益である。

⑤児童相談体制の強化について：職員数や専門的教育を受けた人の配置など職員体制の充実、児童相談所との役割分担の明確化、児童相談体制の強化が必要である。

(9) 事件当日

x年1月某日、朝食にサンドイッチを作って食べた後、母はC子とD子を児童館へ連れて行った。その後、母は自宅に戻り、Qと性交渉をし、買い物に出かけるなどした。

午後5時頃、Qが子どもたちを迎えに行き、帰宅。夕食を4人で食べた後、午後6時半頃、母は2人に睡眠薬（グアゼパム）を5錠ずつ飲ませた。2人が寝たことを確認した後、母自身もQに見つからないように、睡眠薬（グアゼパム）を25錠服薬。

母は2人を絞殺しようとして、C子の首を絞めた。C子はせき込んで、「死にたくないよ、ママ」「友達いっぱいいるし、D子も友達いっぱいできたんだから」と言った。それを見たQは、母を止める。その後、母はD子の首を絞めるが、D子も咳き込んだため、自ら止めた。ちょうどその頃（午後8時頃）、Qは電話で自分の母親が救急車で運ばれたことを知り、実家に帰るために母の家を出た。

母は、2人の首を絞めた際に2人が苦しそうな表情をしていたため、包丁で殺害することに決める。包丁を手に持ち、寝ていたC子の隣に座った。母は「ごめんね」と言ってC子のおでこを撫でてから、自身の耳まで包丁を振り上げ、C子の右脇腹に向けて振り下ろした。包丁は、C子の身体の奥まで刺さり、母はC子が死んだと思った。その後、母は寝ているD子の足元に座り「ごめんね」と言っておでこを撫でた。そして、包丁を振り下ろし、D子の右脇腹などを2回刺した。

2人を刺した後、母は自身の手首とお腹を包丁で刺した。そして、Qに電話をかけ、「ごめんね、やっちゃった」と伝えた。駆けつけたQが110番通報し、事件が発覚した。

(10) 鑑定結果

鑑定医は、母の鑑定結果を以下のように述べた。「診断は軽度精神遅滞（IQ=51、WAIS‐Ⅲ）。精神遅滞は、重症度と責任能力との間には直線的相関関

係があるものではなく、特に中等度・軽度精神遅滞については、個別に検討する必要がある。個別に検討した結果、母に理非善悪の弁識能力の障害は認められない。同能力に基づく行動制御能力は、その爆発性ゆえに障害されていると言えるが、著しいとは言えない」

また、治療可能性については「精神遅滞そのものは先天的な障害であり、治療可能性はない。ただし、それに付随する症状、たとえば、欲求不満から感情を爆発させたり、パニック発作様の身体的な心悸亢進や息苦しさなどの訴えが現れること、あるいは、心理的な反応としての不眠や不安などは投薬でおだやかになる可能性はある。いずれも対症療法になる。この対症療法を行う場合も、根底には社会生活上の不適応な状態が解消されるわけではないため、治療は困難になる。欲求不満に対する耐性を身につけて、不適切な怒りなどを抑制する能力を獲得することに向けた支援になるが、母の年齢はそうした教育的介入（再教育）には限界があると思われる」と述べた。

(11) 判決

公判では、事実関係に争いはなく、争点は犯行当時の母の責任能力の程度と量刑であった。

検察側は、以下の点から、母には完全責任能力が備わっていたと主張した。

①動機が了解可能で、幻覚や妄想によるものではないこと。母は、Ａ子に交際相手を奪われ、（Ａ子とＰが）２人で家を出て行ってしまい、寂しい気持ちと同時に裏切られたという気持ちから、「死にたい」と考えるようになった。そして、Ｃ子とＤ子と一緒に死にたいと思うと同時に、Ａ子とＰに思い知らせてやりたいという復讐の気持ちから心中しようと考え、犯行に及んだ。このような心境は十分に理解可能であり、幻覚や妄想によるものではない。

②犯行前や犯行当時に、合理的で目的に沿った行動をとり、犯行を思いとどまったこともあったということ。Ｃ子とＤ子が苦しまないように、また犯行を気づかれないように睡眠薬を飲ませたり、Ｑに犯行を止められないように隠れて睡眠薬を服用したり、Ｃ子の首を絞めて苦しんでいるのを見て自ら手を放したり、Ｃ子とＤ子を確実に殺害するためによく切れる包丁を選び、急所を狙って刺したりしている。つまり、母は犯行前にはＱに気づかれないような行動をとり、犯行時には確実に殺害する方法を選択しているし、犯行を決意した後も思いとどまったこともあった。

③犯行当時、母は子どもたちを殺害することが許されないことだと認識していたこと。Qに対して「子どもたちには可哀そうだけど一緒に死にたい」と言ったり、犯行直前は申し訳ないという気持ちから子どもたちの顔を撫で「ごめんね」と声をかけている。犯行直後には、Qに電話をかけ「ごめんなさい」と言っている。このような母の言動から、子どもたちを殺害することは許されないとわかっていたことは明らかである。

④鑑定医の証言が信頼できること。鑑定医は、母は軽度精神遅滞であり、善悪を弁識する能力に障害はなく、行動を制御する能力に障害はあったが著しいものではなかったと判断した。また、鑑定医は、母が犯行当時の記憶をおおむね保っていることから、睡眠導入剤の影響は否定している。

その上で、子どもは親の所有物ではなく独立した人格を持つ存在であることと、子どもを守るべき立場の母親が自殺の道連れにするために殺傷した点を指摘し、検察側は、結果が重大であり、悪質な犯行態様、動機が身勝手であることをふまえて、懲役15年を求刑した。

一方、弁護側は、各証人（Q、A子、鑑定医）に対する意見を述べた上で、犯行当時の母は衝動性を自分でコントロールすることが不可能であったとして「心神耗弱」を主張した。すなわち、Qは、1年前の記憶が不鮮明で昔のことを記憶することが苦手であるとして、事実認定証拠として採用する場合には相当の吟味が必要であること、A子は誠実に証言していたことからA子の述べた母の様子は正しいと考えられること、また、鑑定医の証言から、母のIQが中等度に近く、混乱した状態で適切に問題を処理することが困難であり、犯行時の衝動を制御することが困難であったと言えることなどをふまえ、母の制御能力の著しい低下は明白であると指摘した。

情状については、①行政の適切な介入があれば事件は防げたため、行政の落ち度を指摘すべきであること、②Qが迅速に対応し、一刻も早く救急車を呼んでいれば、C子の救命は不可能でなかったこと、③母の悲惨な生育歴と中等度と遜色ない知的水準からすれば、犯した罪の責任すべてを負わせることはできないこと、④親権を行使できなくなる未成年後見人の申立てを母が選択したことは、反省をふまえていること、の4点を挙げ、懲役5年が相当とした。

これに対して、裁判所は懲役14年の判決を下した。心神耗弱を主張した弁護側に対しては、「母は軽度の精神遅滞ではあるが、犯行に至った動機は、良い悪いは別にして、それなりに理解できる」とし、犯行を決意した後の母の言

動をふまえると、「犯行当時、人を殺すことが良いか悪いかを理解する能力が著しく乏しかったり、犯行を思いとどまる能力が著しく欠けていたなどということはできない。鑑定医の証言や鑑定書も、同様の事象をもとにして、こうした能力が著しく障害されてはいなかったとするものであり、納得できる」と述べ、母の完全責任能力を認める結果となった。

量刑判断の理由については、「無関係なC子とD子を巻き込んで犯行に及ぶなど、まったく身勝手であり、同情できない。将来ある子どもの命を奪ってよい理由はないし、親として子どもに手をかけることは絶対に許されない」「行政の手落ちや第三者の責任といった問題ではなく、このように身勝手で重大な犯罪を行った母自身が責任を負うべき」「母に知的障害があるとしても、行ったことの重みとしては懲役14年の刑がふさわしい」と述べた。

（12）討議

参加者
川﨑／高橋／上野／長尾

① 母の養育能力

・今回検討した母子心中ケースの中で、加害者の母親が明らかに知的障害だった事例は本事例のみです。
・学校には行かせているが、家の中はネグレクト状態になっていますね。健診で何か出てくるかと思うけれども、学校側からの対応もあまりなかったようですね。
・鑑定医は、「以前は子どもを育てられていた」と証言していました。暴力的だった父との関係は長い期間に及びますが、その期間の子どもの養育状況や、父との関係は、公判では明らかにされませんでした。ただ、A子は「学校にあまり行けなかった」と証言していました。
・A子が下の子の面倒をかなり見ていた感じがしますね。
・A子が出て行くときに「後のことが心配」と言っていることを考えると、それまではA子が下の子たちの面倒をかなり見ていたからではないでしょうか。母自身、もともとそんなに養育ができる人ではなく、PとA子がそれなりにいろいろとやっていたのかなと思います。

② 関係機関の関与

・母が子ども時代に児童相談所に一時保護されていて、家族状況もある程度把握している。その母が子どもを妊娠したという時点で、ハイリスクということになると思います。当時の児童相談所は把握していなかった感じがします。ノーチェックのまま走りだした印象。でも、どんなに遅くても、事件の2年前、B男が施設に入るときに、児童相談所が関わっているわけだから、ここでしっかり介入すべきだったと思います。

・C子の家出がありましたね。この時点で保護すべきだったと思います。親がいなくて困っての家出ですから、保護されることに、この人たちもそんなに抵抗がなかったのではないでしょうか。家族状況をもう少し深くつかんでいたら、対応も少し違った可能性がありますね。心中までは想定できないとしても、リスクが大きい家族だとは理解できるように思います。

・本ケースは、要対協に上がっていなかったのですか?

・検証報告書によると、上がっていませんでした。要対協を活用して検討すべきだったとの提言があったと思います。

・「子どもを放ったらかしにしてはダメですよ」というようなレベルではないと思いますね。

・検証報告書は、母の公判前に提出されていますよね。ここには、複雑な家族関係が書かれていません。ポイントとしてA子が家を出たからというのは、そうなんですけど……。

・児童相談所は、虐待対応で手一杯だから、知的障害のB男を家族のオーダーで預かることについては「はい、預かります」という会話で終わってしまう。心中ケースでなくても、虐待ケースでなくて単純な「養護」ケースだったからという理由で、判断が見逃されることが多いですね。一度、「虐待」として判断されていれば、チェックしたと思います。

・施設入所というのは、やはり重い事例です。かつては、単純な理由であったとしても、家庭訪問なども含めてきちんと調査していました。この事例は、対応によっては、結果が変わっていた気がします。

・学校からの情報も、あまり出てきていませんね。C子、D子は学校に行っているのに……。

・C子はいじめられて転校させたという話が、公判ではありました。

・母は、自傷したり、自ら児童相談所や警察に電話をしたり、けっこう外に

SOS を出しています。それを、関係機関がキャッチできていないですね。
・母は、手首を切ったことを児童相談所に訴えています。児童相談所は、C 子の家出で関わる際、「あの家族の中で起こっている」と思わなかったのでしょうか。
・母親が自傷したと児童相談所に訴えてきたら、児童相談所はどういう対応をするのですか？
・児童相談所としては、家庭訪問して、子どもたちに危害を加えることがないか否かを、まずは確認したと思います。本事例でも、C 子らに危害を加えられないという点は確認していますが、そこで「子どもに危害はない」「親の問題」として整理されました。そうすると母親の問題なので、児童相談所ではなくて、精神保健福祉センターや保健所で対応してもらおう、という流れになったのかなと思います。
・本当はまずいですよね。子どもの前で親が自傷行為を繰り返すのも虐待なので、本来であれば、児童相談所はそこで介入すべきだったと思います。
・母の大変さを理解することも大事ですが、子どもは家出しているのですから、一時保護して、状況を詳しく把握するという対応があったと思います。
・B 男は児童相談所の関与により施設に預けられているのだから、母が大変なときには子どもたちをレスパイトで保護できたと思います。その習慣がついていればよかったかもしれないですね。
・DV センターに母子で一度入所した経験もありますが、そのときに家族関係を把握しなかったのでしょうか。
・いろいろな機関が関わっていたにもかかわらず、どの機関も家族状況を詳しく把握していなかったのでしょうか。
・このような事例を防げなければ、一体何を防げるのかという感じですね。
・鑑定医が、一時母子でシェルターに入所したが、自らそこを出て行ってしまったと話していました。ルールがありすぎて出て行ってしまった、と。どのぐらいの期間在所していたかはわかりませんでした。シェルターなどの施設にのらない家族を、地域で支援するのも難しいだろうと思います。それこそ、いろいろな人の支援が必要になると思います。

③ 母の生育歴
・母の生育歴は凄まじい。これだけ虐待を受けていたら、母自身も生きるのが

大変だっただろうと思います。

・母の父親が暴力的で、両親の離婚後は姉夫婦のところに引き取られたものの、そこで姉の夫の息子と性的な行為があり、さらに姉の夫や自分の兄からもレイプされたというんですね。知的障害があり、抵抗するのも難しかったのだろうと思います。

・母子心中の背景として、母親が受けた性暴力の影響は大きいと思います。

・母子心中のケースでは、母親の精神的不調がどうして起こっているのかを考える必要があるように思います。本事例の母は知的障害もありますが、それ以上に生育環境が過酷です。もっと、母親の生育歴を見ていく必要があると思います。そうしたリスクをふまえた上で、注意をするという考え方をしないといけないように思います。本事例での関係機関の関わり方は、その都度の相談には対応していますが、その対応の中で「家族はどうなっているか」という視点が希薄だったように思います。当面の対症療法だけでは、心中は防げないと感じました。

・母の生育歴からすると、周りのサポートで防がないといけない事例だったと思います。これだけサインを発信していたのだから、キャッチできなかったことは問題でしょう。

④ 母の男性関係

・生育歴にも関連しますが、母は、その時々に男性関係が絶えない人という印象を受けました。その関係も不安定で、不安定な関係性と精神的な不安定さがお互いに影響しているようにも感じました。

・9人家族で育っていて、性的なモラルがなかった。性的繋がりが、人との関係の取り方のようになっている感じですね。

・A子が母の交際男性と出て行くのもそうだけれども、母がA子の元交際相手を連れてくるという発想には正直驚かされました。やはり混乱の中で生きているのでこういう関係になるんでしょうか。

・目には目を、歯に歯を、の発想ですね。

・Qもまた、どういう気持ちなんでしょうか、やってきて同居するという……。

・母が子どもたちの首を絞めた後、Qが家を出なければ、と思いますが……。母が子どもたちの首を絞めているのを見ながら、家を出られるというのは、

21歳という若さもあって、その後どうなるのかという想像がつかなかったのかもしれませんね。

・Qにとっては、自分の母親が救急車で運ばれているから、大変なことが起こってはいたんでしょうけどね……。

・セックスさせてくれればいいという関係で、ややこしいことには巻き込まれたくなかったのかもしれませんね。

・公判に呼ばれたのも、迷惑としか思っていないかもしれませんが、その場にいた責任は果たしてほしいですね。

・それでも、Qからすると、自分も被害者なんでしょうね。

第5章 父親が加害者となった事例

第5章

父親が加害者となった事例

事例F①
離婚直後、母と暮らす本児を連れ出し、殺害した
父子心中の事例

(1) はじめに

　本件は「父子心中」の事例だが、父子は同居しておらず、母と同居していた本児を父が連れ出して「心中」を図ったことがひとつの特徴である。そのような経過もあって、深夜に決意して未明には実行するという経過をたどっており、他の誰かがそれに気づいて止める手立てを講じる時間的余裕がなかった事例でもある。

　したがって、事件を未然に防ぐには、父がなぜこうした行動をとるようになったのかを詳しく分析していくことが重要であろう。ただし公判では、被告である父以外に証人の出廷がなかったこともあって、父の生育歴などについて十分明らかにされたとは言い難い。また、新聞報道など、公判以外の資料も十分なものではなかった。

(2) 事件の概要

　x年6月9日午後2時頃、父（当時42歳）から「娘を殺した」と110番通報があった。警察が父のアパートに駆けつけると、室内に父と本児（当時8歳女児）が血を流して倒れており、本児の死亡が確認された。父には手首や胸に切り傷があり、意識不明の重体。現場には、無理心中をほのめかすメモが残されていた。

　司法解剖の結果、本児の死因は頸部圧迫による窒息死だった。また、左手首

189

X 年 6 月（事件発生時）のジェノグラム

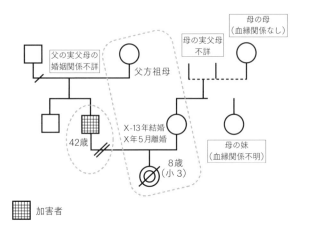

からも大量の出血があった。

同月 15 日、警察は、意識が回復した父を殺人容疑で逮捕。父は殺人罪で起訴され、裁判員裁判で懲役 10 年の刑（求刑・懲役 12 年）が言い渡された。

（3）家族構成

死亡当時、本児と同居していた家族は以下のとおり。（年齢は事件当時）

母（年齢不詳）：パート？

父方祖母（年齢不詳）：自営業

本児（8 歳）：小学 3 年生

なお、父は事件直前に母と離婚したばかりで、父は、本児死亡の 1 週間前から別居して一人暮らしとなり、母子は父方祖母との同居を続けていた。

（4）事件の経緯・状況

本児は、父母が結婚して 5 年目にようやく生まれた子である。父母は本児の誕生を喜んだものの、本児の教育方針をめぐって衝突するようになった。また、父の設立した会社が負債を抱え、事件前には借金がふくれあがって月額 100 万円以上の返済が必要となったが、その返済も滞るようになっていた。

このような中で、母は離婚を申し出る。夫婦関係について、喧嘩はしても仲が良いと思っていた父は、想定外のことであったためショックを受けたが、親権者を母とすることも含めて離婚に同意した。ただし、離婚後も、父はいつで

も本児に会ってよいということとした。

　なお、父母と本児の3人は、それまで父の母親、すなわち本児の父方祖母と同居していたが、本児が進級するまでは転校させないということで合意し、母子が現住所に残り、父が出て行く形で別居することとなった。離婚は5月27日に成立し、6月1日、父は父方祖父の所有するアパートに移った。ただし、別居直後の6月3日、父は早速本児をアパートに泊まらせ、翌4日、朝ごはんを食べてから母の元へ帰した。

　さて、6月8日夕方のことだ。父は、ある居酒屋の前に母の車が止まっていることに気づく。実はその居酒屋は、母の非血縁の母親にあたる人が開店したもので、母は手伝いに行っていたのである。

　「『（本児を）1人にさせない』という約束を破って、母は本児に寂しい思いをさせている」

　そう考えた父は、その足で実家に戻り、母が不在であることを確認する。

　「ママはバイトに行ったよ」

　本児がそう説明するのを聞くと、怒りを覚えた父は、そのまま本児をアパートに連れ帰り、母の元へは返さず自宅アパートで寝かせたのであった。父は本児の寝顔を見ながら、離婚して本児と離れたことや、事業の失敗による借金を抱えていたことなどを考えて絶望感にとらわれる。そして自殺しようという気持ちが浮かんできたのだという。となると、今度は本児と一緒にあの世に行き、2人で暮らしたいと思うようになり、本児を殺害して自分も死ぬことを決意する。とはいえ、すぐには決行できず、夜中じゅう逡巡を続け、外が明るくなってきた頃、3通の遺書を書く。

　1. ○子（本児の名前）は私の子　渡さない　身勝手をお許しください
　2. すみません　私から子どもを取ると何も残らない　人生のすべて
　3. ○子と別々の日々は私にはムリ　あの世で一緒に暮らす　葬式はしないで　親父と同じ墓には入りたくない

　9日午前7時頃、寝ている本児に対し、父は殺意を持って両手で首を強く絞めつけ、カッターナイフで左手首を切りつけた。父は自らの左手首も3回くらい切った。本児がうめき声を上げたので、さらに右手で首を絞めつけて窒息死させた。

　この後、父自身も意識を失うが、しばらくして目が覚めると血が固まっていた。死のうと思い、倒れるようにして自分の胸にバールを刺そうとしたが、う

まく刺さらない。そして、母や父方祖母が第一発見者になるとショックを受けると思い、警察に見つけてほしいとの思いから、午後2時前、自ら110番通報し、再び意識を失った。

(5) 父について

　父は次男として出生したが、幼少時のことは不明である。ただ、公判の中で、遺書として書いた「親父と同じ墓には入りたくない」という点について問われ、「私の父はずっと他県で別居していた。父は母を放っておいた。人生の半分も会っていない。（借金をかかえて困っていたときにも）相談にも乗ってくれなかった。父とは思っていない」などと発言している。自分の親との関係については、それ以上の言及がなかったので詳細は不明だが、離婚後に母子と別居した父が移り住んだアパートは、父の供述調書によると自身の父親（父方祖父）が所有している物件だった。

　公判で読み上げられた供述調書によると、父は高校を卒業後、めまぐるしいほどに職を転々としている。最初に勤めたのは車の部品を作る会社だったが、「つまらなくて」数か月で辞めており、以後、電話によるセールスの仕事に就いたものの、「うさんくさいし給料も上がらない」として約1年で退職。車の整備工場は「夜遊びで朝起きられず」1か月で退職。その後も、弁当配達、建築解体業、運送会社や引っ越し業などで働くが、交通違反で免停になる、事故を起こすなどがきっかけとなり、あるいは体力が持たない、上司の酒癖が悪い等々の理由で辞めており、いずれも長続きしていない。

　ただし、その後就職した広告会社では、初めて営業の仕事について成績も上がり、1年後には子会社の取締役にまでなって約6年続けている。しかし、この会社も考え方の違う上司が社長になったということで退職し、事件の約5年前、同じ広告関係の会社を設立する。

　当初は売り上げも伸びていたが、知人とともに共同で「キャバクラ」を経営することになったところで大きく躓いてしまう。経営に失敗して多額の負債を背負い、個人で借りている借金も含めると1億を超える額になったという。破産宣告も考えたが、そのための費用が2～300万円かかると聞かされ、断念したという。

　なお、母との結婚は、父が27、8歳頃のことで、知り合ったきっかけや結婚のいきさつなどは不明である。

第5章　父親が加害者となった事例

結婚した夫婦の住居については、離婚直前に父方祖母（父の母親）と同居していたことがわかっているが、結婚当初からそうだったのか、ある時期から同居を始めたのか、その点についても詳細は不明である。

(6) 母について

離婚した本児の母についても、年齢を含めて詳しいことはわからない。ただ、公判の中で「母は両親を知らずに育った。居酒屋を経営しているのは、血の繋がりがない母親だ」と父が話している。また、父によれば、「母には妹がいる」とのことであり、この妹が、母とともに拘留されている父に面会に現れたことが、公判では話されていた。

結婚後は仕事を辞めて無職だったが、離婚後はパート就労する予定だったようで、本児が登校している間の時間帯に働くことで月4〜5万円の収入が見込まれていたという証言があるので、具体的な就労先も決まっていた可能性がある。

(7) 本児について

父母は、子どもが生まれたことをともに喜んだ。供述調書の中で、母は「しばらく子宝に恵まれなかったので、妊娠がわかったときは嬉しかった」と述べ、公判では、母が子ども時代に着た服を本児に着せた七五三の写真が紹介された。

小学校1年になってから、本児は新体操のクラブに通っており、母は供述調書で「内気で優しい子」「練習ではよく泣いたが、発表会では感動した」と述べている。一方父は、「精神的に弱い子」「小1の頃、1人で学校に行けず、自分が手を引いて連れて行っていた」「小3になっても、母が車で送っていた」など述べている。

なお、小学校担任の供述調書には、本児の人となりについて、「問題も起こさず、分け隔てなく遊ぶ子ども。教室内で遊ぶことが多かった。将来の夢について書いてもらったことがあるが、『洋服屋さんになりたい』と書いていた」などとあった。

(8) 離婚

本事件は、父母の離婚が成立し、別居した直後に発生していることからも推測できるように、破綻した理由も含めて、夫婦関係が重要な背景要因になって

193

いると考えられる。そこで、公判で語られた内容の中から、夫婦関係に関わる部分を抜き出してみたい。

まず父の証言から。父は、「教育方針で衝突し、ひどいときはモノを投げ合ったりした。でも、仲は良いと思っていた」ので、離婚を言われたのは衝撃的だったと述べている。そのことを裏付けるように、「いつから仲が悪いと気がついたのか」と問われて、「仲は良かった」と答えており、夫婦関係にひびが入っているなどとは最後までまったく考えていなかったことを示唆している。

一方母は、供述調書の中で、離婚を希望した理由を次のように述べている。

第一は、子育てなどについての価値観の違いだと言い、たとえば、「母親は朝一番に起きるべき」などという考えを押しつけられたと述べ、教育方針についても、自分は子どもの自主性を尊重したかったのに、父はその日の気分で言うことが変わった。乱暴になり、罵倒されたりもしたなどと述べている。

第二は、借金問題である。父は莫大な負債を抱えてしまい、事件があった年には、銀行からも電話がかかるようになった。父はますます乱暴になり、パソコンなどのモノを投げたりもした。これでは子どもにとっても良くないと思い、ゴールデンウィークの頃には離婚を決意したという。

さて、母が離婚を決意した後、離婚届に署名したのは5月26日、翌27日には離婚が成立し、6月1日には、父がそれまでの住まいを出て別居している。離婚など思いもよらず、衝撃を受けたという父の気持ちを考えると、この離婚はかなり早い決着だったのではないかとも考えられる。

では、父はどうして離婚に応じたのか。話し合いの際には、「母に対し突っ張って『お金があれば渡せたのにな』と言った」などと証言しているが、父はこの離婚に本当は納得できないまま、見栄や強がりでサインしたのではないかとも感じられる。事実、公判の中では、「離婚と言われ、もう元に戻らないと初めてわかって、好きだったんだと感じた」といった発言もあった。

納得できないまま離婚という事実が先行してしまったことで大きな葛藤が生じ（換言すれば、母との結婚生活を続けることへの未練があり？）、それをコントロールできなかったということも考えられる。

（9）事件前夜

このようにして、父はアパートに移って1人別居し、本児と母、それに父の母（父方祖母）とが同居するという、いささか変則的な形の生活がスタートし

た。ただし、離婚した母子が転居せずに父方祖母と暮らすことは、父にとってはむしろ望ましいことであったかもしれない。というのも、本児（及び母？）との交流を続ける上では、母子が自分の手の届かない場所に転居するより、父の実家にいるほうが好都合と思われるからである。とはいえ、この形はやはり永続的なものではなく、翌年4月に本児が進級するまでの暫定的なこととしての約束であった。

さて、6月1日に別居した後、父は早くも3日に本児をアパートに連れてきて1泊させ、翌朝、朝ごはんを食べさせて別れているが、このときのことを振り返って、「あって当たり前のものがないという寂しさを感じた」「もう3人の生活には戻れないんだと思うと、寂しくてたまらず、1日も長く感じた」などと述べている。

そして事件発生前夜の夕方、件の居酒屋の前を通ったところ、母の車が店に停まっていることに気づいたという。この日はちょうど居酒屋の開店日だった。母は、放課後の時間帯を見計らって本児を学校まで迎えに行き、一緒に帰った後、「バイトに行ってくるね」と声をかけて居酒屋に向かったのであった。結果的にこれが母と本児の最後の別れになった。父にすると、「離婚後は子どもを1人にしないという約束だったのに」と憤りの気持ちが高まり、本児の家（つまりは自分の実家）に行き、本児を連れ出すことになる。

この点について、公判では、「小3の子が1人でテレビを見ているのが、そんなに可哀そうですか？」「そもそも、おばあちゃんがいたのではないですか？」といった質問があったが、父は、「これまで娘を見てきている中では、寂しいと思う」「精神的に弱い子。母親がいないと寂しい」などと答えている。

こうして本児を連れ出して車に乗せてから、父は母にメールを送っている。「ウソついたな。約束どおり子どもを連れて行く」といった内容だったというが、これに対して母からは、「監視してるの？　やむを得ないから」との返信があった。これを受けて父は、「お前たち親子を許さない」「犯罪者になってもいい」と書いて送り返したとのこと。

公判では「犯罪者になってもいい」という内容が問題となり、その意味を尋ねられた父は、「親権者から勝手に子ども連れ出した誘拐犯」「警察を連れてきてでも、連れ戻してほしかった」などと答えている。また、このメールに対する母からの返信がなかったことから、父は「返信もよこさず仕事をしている」と思い、ますます本児が可哀そうになったと証言している。

ただ、捜査報告書では、この後母から、「こんな時間に連れ出してどうするの」「あなたの家に泊めるの」などというメールが送信されたとされている。

　こうして本児を連れ出した父は、百均ショップでクレヨンなどを買ってやり、銭湯で家族風呂に入るなどして、午後9時過ぎ、アパートに戻っている。そして本児は9時半頃には寝てしまう。

(10) 犯行

　本児が寝た後の深夜0時頃、母からメールがあった。「学校に間に合うように連れてきてよ」という内容だった。弁護側は、「母はあなたを信頼してメールしていますよね」「でもあなたは、今夜はもう母は来ないと受け止めたの？」などと尋ねている。父はこれを肯定し、「（母は）本児のことを何も考えていない」「今後、本児は母一人子一人の生活になる。可哀そうだ」と考えたという。

　その上で、「ではどうしたかったの？」と問われて、「3人で生活したかった」「でも無理」「願いが叶わないなら天国で2人で暮らしたい」などと思いを募らせていったのだと答えている。

　そして、「本児に寂しい思いをさせたくない。自分も莫大な借金をどうすることもできない」と思って「子どもを殺害して自分も死のう」と決意し、苦しまない方法として首を絞めることを考えたという。だが、すぐには実行できず、躊躇しているうちに空が明るくなってきて、前述した内容の遺書を書く。

　そうして父は、寝ている本児に馬乗りになって両手で首を絞め、さらには確実に殺すために本児の左手首をカッターで切る。次いで、自殺のために自分の左手首を切った。その後、本児のうめき声を聞いて再び首を絞めて窒息死させ、自分も意識を失ったが、しばらくして意識が戻り、自分が死んでいないことに気づいてバールで胸を刺そうとしたもののうまく刺さらず、最後は午後2時前、自ら110番通報して再び意識を失った。父は発見当時意識不明の重体だったが、翌10日には回復、15日に逮捕されている。

　なお、110番通報に関しては、自首するためか否かが問題となったが、父自身は、母らが第一発見者となってこのような姿を見るのは忍びないとの思いからだったと説明している。

　母は、事件当日の朝、父に対して「おはよう、子どもは起きた？」「待っています」とのメールを送っていた。

196

（11）判決

　検察側は、論告求刑に当たり、殺害の事実は証明されており、どのような刑とするかが焦点である旨を述べた上で、重要だと思うことを4点挙げている。それによると、①犯行態様が、強い殺意に基づく非道な行為であること、②結果が重大であること、③動機が身勝手で自己中心的であること、④本児の母が、厳しい刑を望んでいることを述べた上で、父にとっていくつかの汲むべき事情を付け加え、懲役12年を求刑した。

　これに対して、弁護側も4点にわたって意見を述べている。すなわち、①父が事実を認めていること、②事案を正しく理解すること、特に、本児のみが生き甲斐だったが、母も同じ気持ちであることを理解し、離婚に際しては親権を母に譲ったこと、その点が父を苦しめ、同時に、本児が弱い子であるので自分を犠牲にしてでも子育てをしないといけないという思いを持っていたことなどは汲むべき事情であること、③動機についても、親権者である母に見てもらえず寂しそうだと感じていたこと、また3人で暮らせないこともつらく、1人で借金を抱え、絶望し、自殺を考えたことから、非現実的な考えに至ったこと。非現実的と切り捨てることは容易だが、それでは被告父を理解することはできないこと、④量刑については、犯行がことさら残虐とは言えず計画性もないこと、父も深く反省し、今後、繰り返すことは考えられないこと、また、どんな罰も受けると覚悟していること、自首が成立し、処罰を逃れようともしていないことなどを総合的に勘案すると、長く服役する必要はなく、懲役4年程度が適切であるとした。

　以上に対して、判決は、懲役10年の刑となった。

　このような量刑にしたことについて、判決はいくつか言及しているが、そのひとつは、弁護側の主張を退ける以下の点である。すなわち、父が自殺すると母一人子一人になって本児が不幸になると、あたかも本児の将来を思って殺害したという点だ。これについては、遺書にはそうした記載がなく、もっぱら父自身の心情が書かれているだけであり、本児を一個の人格として認めておらず、殺人の動機ははなはだ身勝手だと指摘した。

　他方、父が借金や離婚により追い詰められ、実際に自殺を試み、愛するわが子を殺したという事実は考慮されるとしつつ、同時に、離婚や借金は父自身が招いた問題であって、殺害された本児にはまったく無関係であり、考慮できる

こととしても限度がある、などとも述べて上記の刑を決定したとのことであった。

(12) 討議

参加者
川﨑／松本／高橋／上野／長尾

① 心中のタイプ

・心中と言っても、自分が死ぬことは先に決めていて、それに子どもを道連れにする場合と、自分1人では自殺の決断ができず、子どもと一緒に、あるいは家族で死にたいというケース、つまり、自殺の意思を補強するために「一緒に死んでくれ」という場合があるように思うのですが、本事例はどう考えればいいでしょう。

・子どもを殺害することによって「自分はこんなに追い詰められていたんだ」と訴えているような印象を、私は受けました。自分1人で死ぬのは寂しいというのか、1人だったらこの人は果たして本当に自殺に踏み込んだのかどうか……。

・公判になるのは加害者が生存している〈未遂事例〉なので、この研究でも、「親子心中未遂とは」という限定があると思いますが、本事例では、父も意識不明にまでなっているので、死のうと思っていたことは間違いないと思います。後で出てくる事例F④では、自殺行為をまったく起こしていません。ですので、そちらの判決は、「心中とは認められない」となりました。

・確かに、未遂ケースと既遂ケースが違うことは、心中にも言えるかもしれません。一般の自殺を考えてみると、子どものいじめ自殺で「加害者に思い知らせてやりたい」とか、「私を振った男を永遠に呪ってやりたい」といった、かなり強いアピール、メッセージ性を持った自殺があります。加害者が一生苦しむとか、自殺によって明確に得られるものがある場合、自殺未遂率が一番高くなると言われているんです。

② 夫婦間の問題と心中との関係

・父は、DV男性と似ているところがあるように思います。妻の心が離れているのに気づかなくて、勝手に夫婦円満の妄想・幻想の中にいた。本人の生育

歴を考えると、家庭に対する希望や大きな夢があるのに、いきなり妻から別れ話を切り出された。青天の霹靂ですよね。娘も奪われ、一気にいろいろなものを失って、仕事もうまくいかない。そういうことが重なって、妻に対する敵意が急激に高まった。「大事な娘を独り占めして、俺があの世へ連れて行ってやる」というような怨念を感じました。自分が死ぬということにどこまで繋がっているかはわかりませんが、娘を永遠に自分のものにするという点では、強烈な意図があったのかと思ったりしますね。

・この人はしきりに、「娘と天国に行きたい」と言っていました。「3人で暮らすのが一番いい」とも言っているので、夫婦間の破綻の影響がむしろ大きいんじゃないかと感じます。離婚のストレスが一番大きな動機になったんじゃないかとも思うのですが……。

・離婚に対する報復？　それとも復縁に対する脅迫？

・ある父子心中事例では、出て行った妻に対して、「帰ってきてほしい」「帰ってこなければ生きていく気がしない」としきりに言って、その望みが絶たれたと思ったときに、子ども3人を道連れに自殺していました。見込みがあれば待つけれど、その見込みがなければ報復するということかなと思ったものです。

・妻が逃げた後のDV男性の怒りは凄まじいですね。通常の怒りの延長では考えられないぐらい。そのため、DV加害者である夫が自殺すると、遺族としてはとても複雑な気持ちになります。もともとは散々な暴力を受けた被害者なのに、加害者の夫が自殺すると、立場が逆転して加害者になったように思えてしまうんです。暴力を振るうから「いっそ死んでくれないかな」と思う瞬間はたくさんあって、「だから死んでしまったんじゃないか」と考えたりするんです。この事例が、母に対するアピールだとしたら、やりすぎましたね。

③母について

・母は、危機感を感じていなかったんでしょうか。

・この家庭では、父のほうが家を出て行きました。そのため、父の実家に母子が残ったんです。珍しいですよね。

・DV男性の場合、割とこういう形の提案をしてきますね、あくまでも自分のコントロール下に置いておきたいから。妻のほうは、普通はそれが嫌だから

自分で家を出るんです。じゃあこの事例で、母はどうして家を出なかったのか、それを知りたいですね。

・母は、「離婚します！」とはっきり告げています。DV 被害を受けながら判断できずにズルズルと関係を続けていたというわけではなかったと感じます。

・自分のほうが主導権を握っているから、こんな事態が発生するとは思っていなかったんでしょうか。

・危険性は感じていなかったと思います。

④ 解離症状はない

・父に精神科の治療歴は？

・そういう情報は出てきませんでした。でも、それはないと感じました。

・法廷で、加害者の自責の念はどう伝わって来ましたか。相当悔いていましたか。

・シュンとした様子はありました。証拠調べと被告人質問のときには、ところどころで涙ぐんでいました。

・「あのときはどうかしていた」といったような発言はありましたか？　自分がやったことに対しては、「やった」と認めているんでしょうか。

・はい。連続性は感じましたし、解離症状が問題とされるような場面はなかったと思います。

⑤ 生育歴や背景についての情報が少ない

・父の実母の情報や、父に被虐待歴があるか否かの情報はありますか？

・そういう情報は出てきませんでした。ただ、父が自分の父親について話しているときは、父親への怒りが伝わってくるような話し方でした。「借金の相談にも乗ってくれなかった」と言っていましたね。

・ところが、別居するために父が借りたアパートは自分の父親名義。怒りを持ちつつも、頼らざるを得なかった。

・この事例では、加害者の未熟なキャラクターが見え隠れします。生育歴の中で父親からひどい仕打ちを受けたとしても、この歳になればそんなことは言わなくなるものですが、自分の父親に、今に至るも頼りながら攻撃している。そこに未熟さを感じます。

第5章　父親が加害者となった事例

⑥ 養育態度

・父は、子どもの養育には関わっていたんでしょうか。たとえば、おむつを替えるようなことをしていたんでしょうか。

・そういう話は出ませんでしたが、可愛がってはいたようです。母の供述調書に、「子育ての価値観が違う」という文言はありましたけれど、子どもが学校に行けないときは、父が連れて行くこともあった、と言っていました。

・事件前日、母子の住む実家に子どもを迎えに行ったときも、子どもは嫌がらずに父についてきています。子どもが父を怖がっていたという感じは受けませんでした。母も、父と子どもの面会はいつでもできるようにしていましたし。

⑦ 事件前夜の夫婦間のやり取り

・父は連れ帰った子どもを「（母に）迎えに来てほしかった」と言っているけれど、母にその気はなかった。もしかしたら、父の顔を見るのも嫌だったのかもしれません。

・母は、「預けても心配ない」と思っていたのでしょうか？

・「いつでも会ってよい」という約束もあり、以前の外泊時もちゃんと帰ってきているので、危機感はなかったという感じがしました。

・でも、前夜のメールで「お前たち親子は許さない、犯罪者になってもいい」と言われているわけですから、翌朝まで放っておくというのも大胆な気がします。警察に行くことなどは、まったく考えなかったのでしょうか。私が検察官ならその点は確認したいところですね。

・検察官は、そのメールを書いたときの思いを聞いています。父は「迎えに来てほしかった」と答えていました。

・父は、この種の脅迫を日常的にやっていた人のような気もします。少し逸れますが、こういう脅迫に動揺してバタバタしてくれるような配偶者、俗にいう共依存の人は、援助機関に繋がってくる。でも、そういう反応をせず放っておくような配偶者の場合、夫が自殺してしまったりするんです。ある意味、母は共依存に巻き込まれず、ちゃんと別れを決断できた人という印象です。

・次の日の母のメールは「おはよう」から始まっていますもんね。「そろそろ頭冷えた？」みたいな感じだったんでしょうか。

201

⑧ 借金

・借金が理由で一家心中に至る事例もいくつかありますが、本件で借金問題はどれくらい事件に影響していたのでしょう。借金の額だけで言えば、すごく大きいように思いますが。

・借金がなければ、母が「離婚する」と言っても、突っ張ねて同意しなかったのではないかと思います。「ふざけるな。俺が食わせてやっているだろ」といった感じで。

・その台詞は、お金というバックグラウンドがあるから言えることですよね。そういう意味で、この人はいろんなものが剥奪されていた。

・ただ、父は自営業ですから、何千万という額は、普通に考えれば、銀行か商工系のローンでしょう。今は借金の取り立てはそんなに厳しくはありません。以前のように玄関ドアを激しく叩くなんてことはないですし、仮にそういうことがあれば、ちゃんと調書に書かれると思います。むしろ、主観的な意味で自信を失ったということが大きな要因ではないでしょうか。

・自己破産に2〜300万円かかるとありますが、それだけ必要なんでしょうか。

・負債額に応じて裁判所に入れなければならない金額が違うと言われています。また、弁護士に自己破産を頼む場合、事業系だと法テラスの立て替え制度が使えないので、個人の出費になります。でも、月に100万円を返済していたのであれば、2か月分で捻出できるわけですから……。

・とすると、破産宣告に踏み切れなかったのは男のプライドみたいなものでしょうか。

・プライドというより判断力の問題という気がします。

・予防という観点で言えば、多重債務の相談窓口で夫婦関係を聞いてみるのはどうでしょう。児童福祉エリアよりも司法相談の窓口のほうが、意外と有効かもしれません。

・債務整理系の相談を受けた場合、そういう観点で見ることは少ないかもしれませんが、感度のいい弁護士は、気にするようにします。

⑨ 生育歴

・この子が生まれてからの様子はどうだったのか。この子の生育歴とか育て方が気になります。でも、公判ではあまり明らかにならなかったんですね。

・裁判員制度になってから、裁判所は論点を絞るようになりました。殺人事件

のような大きな裁判であれば、以前ならば全部取り上げてくれました。でも今は、「生育歴が量刑に何か関係あるんですか?」という会話になってしまう。検察官と弁護人の意見が一致するなら削ぎ落とされてしまいますね。

・裁判員は、調書を見たりするんですか。

・はい。ただし、裁判員制度になってから、調書の厚みは薄くなりました。裁判所は、情報量が多いと裁判員が整理しきれないというスタンスで、調書の量を絞ってくるんです。

・でも、この父の場合には、生育歴が大事なようにも思います。

・「生育歴が量刑に関係あるのか」と考えると、たぶん関係しないんでしょうね。パーソナリティの偏りは関係あるかもしれませんが、刑事責任能力には関係しない。

⑩ 母の証言・意見陳述

・ところで、母は、証人になることを拒否したんでしょうか。

・供述調書があって、その調書の内容に争いがなければ、そもそも証人は出て来ないですね。でも、人が亡くなっている事件ですから、被害者遺族として母が「参加したい」と申し出れば、独自の権利があって法廷で意見を述べることができます。ですから、母は意見陳述を望まなかったと考えられます。母に何か言いたくない事情があったのかもしれません。

・母の事情として、複雑な家族背景が少し見受けられました。母は現在の自分の母親と血が繋がっていないとのことですから、そのあたりのことも影響しているのかもしれませんが、事実関係はわかりません。

⑪ 離婚をめぐる問題

・仮定の話ですが、離婚後も共同親権であれば、こういう問題は発生しなかったかもしれないですね。たとえばアメリカでは、親権は共同で持つことになっているので、3か月間は母親のところで生活し、次の3か月間は父親のところで生活するというやり方を取る場合もあります。これには賛否両論あって、「子どもが落ち着かない」と言われるかもしれないですけれど。

・ただ、子どもと一緒に暮らせたら、父は本当にそれで満足だったのか疑問です。本当に求めていたのは母との復縁だったという可能性もないとは言えないと思うので。

⑫　直前のサイン

・この事例は、事件当日、衝動的に「心中」を決め即実行していると考えられ
　るので、やはり防ぐのが難しかったように思います。この点で何か感想はあ
　りますでしょうか。

・男性は、直前でもサインを出してくれませんね。女性の場合は、既遂に至る
　前に何度か自殺未遂をすることが多いので介入できますが、中高年男性の場
　合は1度きりで死んでしまうので、取り返しがつかないことが多いです。

■ 事例 F ②
妻の浮気などで追い詰められた父が
2人の幼児を殺害した父子心中の事例

（1）はじめに

　本件は、妻である本児らの母の男性関係によって精神的に追い詰められ、同
時に仕事上でもトラブルを抱えた父が、同じ日に離婚届と退職届を出した後、
無理心中を決意して実行し、父のみ生き残った事件である。事件の約1か月前
から自殺するという考えが浮かんでいた父は、母にも「愛しているから死にま
す」などといったメールを送っていた。ただし、無理心中を決意したのは事件
当日のことであり、なおかつ、最終的に実行に移したのは、実行場所であるワ
ゴン車の中で逡巡していたとき、急に雨が激しく降り出して大きな雨音がした
ため、「寝ている子どもらが起き出す前に決行しなくては」と決意を固めなお
して殺害したものである。

（2）事件の概要

　x年9月19日、海岸沿いの駐車場で、2児の父（当時32歳）が「子どもら
を殺してしまった」と110番通報した。警察が駆けつけたところ、車内で長女
A子（当時5歳）と次女B子（当時1歳）が首を絞められて窒息死しており、
父自身も手首から血を流していたため病院に搬送された。警察は翌日、父を殺
人容疑で逮捕し、父は殺人罪で起訴された。

　裁判員裁判では、妻の浮気が原因で別居し、事件前日に離婚、退職し、自暴
自棄になった被告人が、2児を絞殺した後、手首を切って自殺を図ったとし、
検察側が懲役20年を求刑したが、判決は懲役16年だった。

第 5 章　父親が加害者となった事例

X 年 9 月（事件発生時）のジェノグラム

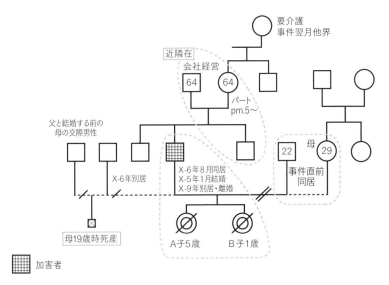

(3) 家族構成

事件当時、本児らと同居していた家族は以下のとおり。

父（32歳）：会社員

A 子（5歳）：長女、幼稚園年中

B 子（1歳）：次女、在宅

なお、事件発生の直前まで、本児らの母（当時29歳）も同居していた。また、本家族の近隣に、父の両親と弟（本児らの父方祖父母と叔父）が居住しており、父方祖父（64歳）は会社経営、父方祖母（64歳）はパート就労していた。また、母の両親（年齢不詳）も近くに住んでいて、父方、母方ともに A 子・B 子の養育の援助を行うなど、本家族と両実家との間では交流が密に行われていた。

(4) 事件までの経緯

共働きだった父母は、事件のあった x 年の春先までは実家（父方祖父母及び母方祖父母）の協力も得ながら子育てをしており、特段の問題はなかった。しかし、4 月頃から、母が勤務先の男性従業員と親しくなり、その男性と頻繁に電話でやり取りするようになった。父にそのことを問われた母は、男性に対する気持ちを「浮気ではなく本気」と言い、男性との関係を優先して夜遅く帰宅

することもしばしば見られるようになった。父母はその男性のことで喧嘩になり、関係が悪化。7月には別れ話が出た。父は、別れたくないとの思いを持ちながらも「秒単位」（父の証言）で気持ちが揺れ動き、母に未練があるにもかかわらず、逆に離婚届を書くよう強く迫ったため、母は署名し、父に渡した。母の浮気に悩み始めてから、父は2か月で20キロ以上痩せ、精神的にも不安定になっていった。

　9月6日、母は熱を出して寝ている子どもを置いて男性と遊びに行った。そのため、父は母を家から追い出した。母が気持ちを入れ替え再び戻ってくることを期待しての行動だったが、追い出されて行き場をなくした母は、男性と同居を始める。

　「ママは好きな人と暮らすから家を出て行く」

　母は、5歳のA子にこう伝えていたという。それを聞き知った父はショックを受け、犯行2日前に母と話し合ったものの、復縁の話にならないどころか、男性とはうまくいっているなどと聞かされ、母に捨てられた惨めさや寂しさが身に染みた。

　犯行前日になると、父は仕事上のトラブルをきっかけに衝動的に退職届を出す。そして同日、市役所に離婚届も提出した。

　このまま子ども2人と一緒に生活するのも難しいと思った父は、2児を道連れに心中することを決意し、2人を連れて深夜に車で自宅を出発した。

　犯行当日の朝には、事件現場となった海岸沿いの駐車場に到着した。そして、寝ていた2児の首を両手で絞めて窒息死させ、持っていた包丁で手首を切って自殺を図ったものの死にきれず、110番通報をして自首をした。

(5) 父について

　父の幼少時のことは、公判でほとんど語られることがなかったが、大学を卒業し、会社に就職している。ただし、いつの時点かはわからないがこの会社を辞め、事件の約6年前から現在の会社で働くようになった。母と知り合ったのは、この会社で働く少し前と思われるが、母が当時の同棲相手とのトラブルについて父に相談しているうちに親密な関係になり、一緒に住むことになったという。父はそれまで自分の両親や弟と同居していたが、母と同居するために自宅を出た。父が26歳のときのことで、転居先のアパートは、父の母（父方祖母）が所有していた物件であった。

「それまで、結婚を意識した女性はいませんでした」

父の女性関係の詳細は不明だが、多くの経験があったわけではないようであった。一方、母方祖父（母の父親）によると、父が最初に訪ねて来たときには「定職がない」と聞かされ、「仕事を見つけてから来なさい」と言って帰したところ、3か月後に再びやって来て、「就職先を見つけた」「母は妊娠している」と報告したとのこと。仕事は見つかったし、良さそうな人だと考え、結婚を認めたという。

なお、父が就労していた会社社長によると、父は6年前に就職した後、2年前には関連会社の取締役となって事件直前まで勤務していたという。

父の性格については、供述調書や証人として法廷に立った人がそれぞれ話しているので、それらをいくつか挙げてみよう。

まず、父方祖父母（父の両親）の話。祖母は、「何にでも一生懸命で、自分でやり遂げるタイプ」だと言い、祖父も「明るく弱音を吐かない子で、責任感が強い」「周りの迷惑になるようなことはしない」と話しており、祖父母が同じような評価をしている。また、母方祖父も「穏やかで真面目、面倒見の良い人」と見ていて、「怒ったところなど見たことも聞いたこともない」と述べている。そのせいか、「母の言いなりになっていた」とも述べる。また、「不器用な性格」という印象を持っており、この点は、次に紹介する職場の上司の見方とも共通する。

上司は、「自分から相談をするタイプではない」と見ており、「真面目だが、仕事の面で段取りが悪いところがあり、1人で抱え込むため、同僚に仕事を任せたり相談したりすることがほとんどなかった」と話す。

父の性格については母も証言しており、「優しい」点が結婚しようと思った理由だと述べ、「明るくて、面白い。笑わせてくれる」などと評していた。

なお、父方祖母によれば、結婚相手として紹介されたのは母が初めてであり、妊娠していると聞かされて了承し、A子が初孫に当たるとのことであった。

（6）母について

母の生育歴などは不明だが、19歳のときに死産を経験しているという。ただし、相手がどのような人物で、どんな関係であったかはわからない。母の男性関係で次に登場するのは、父と知り合う頃まで同棲していた男性である。当時、母は23歳前後になっていたと思われるので、19歳で死産となった子ども

の相手と同一人物ではないと思われるが、確定的なことはわからない（家族図では別人として表記）。いずれにせよ、この男性とのトラブルを父に相談するうちに2人が親密になり、同棲し、妊娠し、そして結婚し、Ａ子出産という経過をたどっている。

　母の就労経験については詳しくわからないが、父とは職場での知り合いだったというから、結婚前に就労経験があったことは間違いないだろう。ただし、結婚してＡ子が生まれると育児に専念し、Ａ子が3歳になった頃から、再び働くようになった。Ａ子の育児については、幸い両方の実家の協力があり、Ｂ子を妊娠したことがわかった後も仕事を続け、帝王切開で出産してしばらくすると就労を再開している。事件前年の12月頃のことであった。

　「翌年春にはＡ子を幼稚園に行かせるつもりだったので、月謝代のこともあったし、家にずっといるとストレスになるからです」

　働き始めた理由を、母はこのように説明した。なお、仕事は商品の梱包で、週5日、勤務時間は午前10時から午後7時ぐらいまでだったとのこと。そして、ほどなく勤務先の男性従業員と親しくなる。それが4月頃のことで、6月になると、携帯電話の料金が急に高くなって、父が男性の存在を知ることとなった。

(7) 2人の被害児について

　本事例では、2人の子どもが殺害されている。それぞれの子どもについて、父や母、また父方祖母などが証言しているので、それらを紹介しておきたい。

　まずＡ子について。事件当時は5歳5か月であった。Ａ子は、公園では滑り台やブランコが好きで、ひらがなやカタカナ、それに簡単な漢字も書けるようになっており、母に対しても何通かの手紙を書いている。獣医やアイドルになる夢を描いていたという。どんな子だったかを問われた父方祖母は、号泣しながら「明るくて何でもできる子」「運動神経も良く、ジャガイモの皮をむいたりするのも大好きだった」と振り返った。また、Ａ子は妹のＢ子にミルクあげたり、オムツを替えてあげたり、とても仲が良かったと述べている。

　一方、妹のＢ子はちょうど1歳になったばかり。父は、「生まれてすぐ手術をするなど病弱で気がかりだった」と述べているが、すでに「ママ」「パパ」「マンマ」などの有意味語も出ており、母は「Ａ子に比べて男っぽい」と評している。

子どもたち2人の養育については、父方祖母がその状況について説明しているので、その証言を紹介したい。結婚当初、父母の新居は、父方祖父母宅と徒歩5分の距離にあり、後に母が新築して転居した場所も車で10分程度のところだったため、父方祖母は「孫が生まれてから事件発生までの間、ほとんど毎日預かっていた」「母より長い時間見ていたかもしれない」と話す。

具体的な養育状況について尋ねると、午前7時には、父が連れてくるか自分で迎えに行くかは別として、子どもたちは祖母宅に移動し、幼稚園に入園してからも、送迎は祖母がしていたという。

ただし、父方祖母は週3〜4日、夕方からスーパーでパートの仕事をしていたため、その場合には、母方祖父に面倒を見てもらっていた。両者が子どもたちを引き継ぐ場所は父母の自宅。双方とも合鍵を持っていたので何も問題はなかった。祖母にパートの仕事がないときは夜も見ていたが、その場合には午後9時、10時頃まで預かることもあった。

母は自身の子育てについて、「A子はなかなか言うことを聞いてくれない」「B子は泣いている理由がわからない」などのためストレスを感じていたと述べている。なお、祖母や父によると、B子が生まれてからは、おむつ換えなども含めて母はあまり子育てに関わっておらず、公園などにも連れて行ったところを見たことがない、B子が熱を出しても病院に連れて行くのは祖母か父だったなどと話している。

(8) 母と男性の交際

さて、本件の発生は、母が、就労先で知り合った男性と交際を始めたことが重要な契機となっていると思われる。そこで、母と男性との関係、それらの情報に接した父の状況などを記述することで、事件発生までの動きを追っていきたい。

公判での証言や供述などを振り返ると、4月頃、母が実家の母方祖父に電話し、「親しい男友達ができた」「夫（本児らの父）は私のことを怒ってくれないけど、彼は私のことを怒ってくれる。その人が少しずつ好きになっている」などと話しており、この時期が発端だったと思われる。なお、母は父と別居するまでこの男性と性交渉はなかったと証言しており、そのことを根拠づける意味をこめてのことか、「私は（この男性に）一度振られている。告白したけど、けじめをつける必要があると言われた」などと話している。

この頃、母の希望もあって購入した土地に新居が完成し、家族は転居する。通常ならば、新居を構えて家族が新たな出発をするはずだが、同じ時期、父がこの男性の存在を知ることとなる。6月頃、携帯電話の料金の請求が急に高くなったことに気づいた父に尋ねられた母は、「職場の友達」と説明したが、7月になると、「好きな人ができた」と打ち明ける。

　この点に関する裁判官の質問と、母の証言はおおむね以下のとおりである。

　「わざわざそのようなことを言う必要はなかったのではありませんか。なぜそう言ったの？」

　「理由はないけど、私はバカ正直だから」

　「関係が悪化するとは考えなかったの？」

　「隠しておきたくなかった。私は、言いたいことがあると黙っていられない性格です」

　なお、母は自身の父（母方祖父）に、「夫も子どももいるのに、そんなことは許されない」と諌められているが、「人を好きになって何が悪い」と反論したとのこと。

　父は、このような態度や発言にショックを受けるが、その後の経過は、父をますます苦しめ、疲弊させていく。たとえば、父が浮気を責めると、母は（父が浮気と決めつけるからという理由で）「浮気じゃない本気」などと返答するので、父は「やっぱり本気なんだ」と考えて混乱に拍車をかけることになる。母の帰りが遅いので会社まで迎えに行ってみると、その日は朝から休暇を取って遊びに出かけていたといったエピソードもあり、母の帰りが遅いからと玄関先で泣きながら待っていたり、「魔除け」と言って真顔で庭に柊の木を植える、母がかつて別の男性との間で死産した子どもに「力を貸してほしい」とお願いする、あるときには、「もうわけわからない。自我が崩壊しそう。お願いだからわかって。〇子（母の名前）だけが心の支え」だとか「今日は早く帰ってカラオケ行けたら今回の件は水に流そう」などのメールを送ったりもしている。こうして5〜6月頃に85キロあった父の体重は、7〜8月になると65キロへと20キロも減ってしまう。

　一方、父方祖母は、A子から「ママ、（男の人と）お茶してきた」などと聞かされていたので、母の男性との交際については知っていたという。A子も、母の様子から今後のことが心配になったのであろう、母に対して何通かの手紙を書いている。

第5章　父親が加害者となった事例

「A子はどんな気持ちで手紙を書いたと思いますか」

弁護士から尋ねられた母は、次のように返答する。

「ママがいなくなるとわかったからだと思います」

「どんな返事をされましたか」

「ママには好きな人ができたから一緒にいられない。パパとA子・B子3人で暮らして、と書きました」

だが、A子はそれに従う気持ちになれない。

「自分だけは連れて行って」

このように頼むのだが、母は応じることができない。

「でも、幼稚園のお友達に会えなくなるよ」

「それでも行く」

こんなやり取りがあったというのだが、弁護士はさらに尋ねる。

「A子の最後の意思表示に対して、どのように返事されましたか」

「答えていません」

A子は、母の帰宅が遅くなったときなど、「パパじゃなくママと一緒に寝たい」と待っていたこともあったという。

(9) 別居

このような中で、8月になると離婚話が持ち上がり、父のほうから離婚届にサインするよう強く求めたという。とはいえ、父が本当に離婚を望んでいたわけではなく、相手と別れて戻ってほしいという気持ちの中の混乱した行為のひとつだった。一方、母によると、「今すぐサインしないと家から追い出す」などと言って強要され、「出て行きたくなかったから離婚届にサインした」などと証言している。その点につき、検察官が母に尋ねる。

「父の主張には矛盾があるが、その点について何か説明はありましたか」

「覚えていません」

ともかく、こうした経過を経て、8月には母が離婚届にサインして父に渡す。なお、離婚届の保証人欄にサインを求められた母方祖父によれば、父から「これは離婚を防ぐための離婚届」「自分には考えがある」などと説明され、しぶしぶ応じたという。こうした背景もあって、離婚届は出されないまま推移していく。

そして9月6日、B子が39度の熱を出す。ところが、母はそれを知りなが

ら交際男性のところへ行ってしまう。

「家族より自分のことを優先している」

そう考えた父は、母から交際男性の住所を聞き出し、そこへ母の荷物を送りつける形で母を追い出してしまう。とはいえ、戻ってきてほしい気持ちは捨て難く、別居を決めた翌日、「早く離婚しよう、住民票を移動して」とメールしたかと思うと、そのわずか5分後には再びメールを送り、「ごめんなさい、愛している」などと書いている。

「そんなに心が揺れ動いていたのですか」

「そうです。あの頃は秒単位で気持ちが変わっていました」

公判で、父はこんな供述をしている。

その後、父は母方祖父に電話し、涙ながらに「○子が好き。別れたくない」などと訴えており、母にもメールを送り続け、「苦しい、寂しい、憎い。死んだら解放されますよね。さすがに子どもの笑顔を見ると手はかけられないけど」とか「死ぬことばかり考えている」「愛しているから死にます」などと書く。ただし、母は自殺をほのめかすメールも本気だとは考えず、単に戻って来てほしいから書いただけと解釈し、返信もしていない。

（10）事件直前

父子心中を図って父が子どもたちを殺害する直前、2つの大きな出来事があった。ひとつは、別居した母と直接会って話し合ったことであり、もうひとつは仕事上のトラブルである。

事件の2日前、連休最後の日に自宅で行った母との話し合いで、「今は男性と同居している」と聞かされた父は、その場で「子どもに手はかけられないが、子どもを育てるのは（金銭的に）厳しい」などと話したという。なお、検察官に「この日、体を求めたが拒絶されたのですか」と問われて肯定する。

この話し合いの後、「母は別居後、交際男性とうまくやっている」と考えて絶望し、父は離婚を決意する。その夜、「想定していない事態に2人はどう対応するのでしょうか？」というメールを送っているが、結果的には、これが母に送った最後のメールになった。父は、「2人とは誰か」と検察に問われ、「母と交際男性のこと」と答え、「想定外というのは事件のことを念頭に置いていたのか」という検察や裁判所側の質問には、「そこまではわからない」「具体的に中身があったわけではない」と答えている。

第 5 章　父親が加害者となった事例

　一方、この頃、父は仕事上でもトラブルを抱えていた。連休明けに出勤すると すぐ、会社から「連休中にクレームがあった」と指摘され、対応すべく相手先に連絡すると、「またお前か、さっさと辞めろ」などと怒鳴られ、「死ね」とか「土下座しろ」などと一方的に言われてしまう。相手は得意先でもあり、電話を切って上司に相談し、この日は午後 3 時半頃に退社した。

　ところが、その後会社から電話があり、もう一度相手先に連絡してくれと言われる。電話すると、「今すぐ土下座しに来い」などと非難されたというのだが、父はこの時間には子どもたちと一緒にいたので行く気にならず、「もう会社を辞めよう」と考える。

　そして、市役所に出向いて離婚届を提出し、会社に戻って職場のパソコンに保存していた子どもたちの写真を削除した上で、退職届を書いて自分の机に置き、帰宅する。退職届に気づいた会社は父に連絡を入れたものの、繋がることはなかった。

　公判の中で、退職届を出したことと「心中」を決心したこととの関係について質問があり、父は「それぞれ別個のもの」と言いつつ、「まったく関係ないということでもない」「心中しようと思ったから、出しても大丈夫だと思った」などと答えていた。

（11）事件発生

　いざ退職届を出して家に帰り着き、財布の中身を確認すると 2 円しか残っていない。収入の道が断たれた以上は子どもに食べさせてやることもできず、生きていくこともできないという思いにとらわれる。
　「自宅を売ってお金を得ることもできたのではないですか」
　「ローンがあるのでマイナスになるだけです。自分ではどうすることもできませんでした」
　公判では、こんなやり取りもあったが、後の取り調べで判明した父の全財産は、預金残高を含めて約 2 万円しかなかった。
　途方に暮れた状態で、父は寝ている子どもたちを見る。
　「子どもたちを見て何を考えましたか？」
　弁護士が質問する。
　「寝ているままなら苦しまない。楽になる」
　「楽になるとは？」

213

「心中しようと思った」

しかし、子どもの養育についてはこれまでから父方祖母が手助けしてくれているので、弁護士はその点についても尋ねる。

「親に頼ろうとは考えなかったのですか？」

「何も考えられませんでした」

「なぜ？」

「十分世話になったし、心配かけたくなかった」

「あなたのおばあちゃんが病気で入院していたということもあったの？」

「はい」

この質問は、父方祖母が孫たち（Ａ子・Ｂ子）の面倒を見ながら、当時入院している自分の母親（本児らの曾祖母）の介護をしていたことを指している。それらを受けて、介護施設入所などの可能性についても尋ねた弁護人が、「心中を決意したのはこのときですか」と尋ねると、父はそれを認める。

「心中をしようと決意した理由をもう一度言ってください」

「寝ている姿を見てそのまま……」

「自分だけが自殺をするという選択肢はなかったの？」

「子どもが可哀そうだったから」

こうして父は、Ａ子・Ｂ子を車に乗せ、以前に行ったことがある水族館に向かって車を走らせる。高速道路を降りてひたすら海岸沿いを走ったのは、車ごと海に飛び込む場所を探していたからだという。

「絶対この日に決行すると決めて家を出たのですか」

「違います」

「子どもが目を覚ましたら無理だと思っていました」

海に飛び込む場所が見つからないまま水族館の近くまで来ると、父は駐車場に車を止めて考える。

「直接手をかけるしかないな」

とはいえ、すぐに行動に移すこともできず、その場で１時間以上はぼんやりしていたという。ちょうどそのとき、激しい通り雨が降ってきた。車体もすごい雨音を響かせたため、子どもが目を覚まさないうちに決行しなくてはと決意を固め、まずはＡ子の首を絞めて殺害し、ついでＢ子も同じようにして殺害した。

次は自分の番だと思うと手が震え、何も考えられなくなった父は、いったん

214

車外に出てたばこを吸い、再び車内に戻って包丁を握り、子どもたちにキスしてから左手首を切った。ただし、大量出血はしたものの血は次第に止まっていき、これでは死ねないと考えて右手首も切ると、気を失ってしまう。だが、それらの傷も致命傷とはならず、意識が戻った父は、車を移動させようとしたものの身動きできず、110番通報したのであった。

(12) 判決

　検察は、論告求刑で、事実関係は証拠によって明らかであり、焦点は量刑にあるとして、①2人の命が奪われるという結果が重大である、②犯行の態様が悪質である、③妻の浮気や仕事上の問題があったとしても、殺害された子どもらには何ら関係なく、犯行の経緯や動機に同情すべき点が乏しいなどの点を挙げた上で、懲役20年を求刑した。

　これに対して、弁護側は、①被告人は、子どもたちを深く愛していた。精神的に追い詰められての犯行であり、同情できる点がある、②犯行の態様についても、衝動的に自殺を計画、逡巡しながらも突然の豪雨に焦って行ったものである、③被告には前科もなく、深く反省しており、遺族も嘆願書を書くなど重い刑を望んでいないことなどを示し、長期刑は必要ないと主張した。

　これらを受けて、判決は懲役16年となった。

(13) 討議討議

　参加者
　川﨑／松本／高橋／上野／長尾

① 夫婦の関係
・男性の場合、一家心中を試みる人が多いように思います。この事例で、父は母を道連れにしようとは考えなかったんでしょうか？
・母はすでに別の男性と暮らしていて、父と子どもたちだけが家に残された状況でした。父にとって、母はもはや手の届かない存在になっていたということではないでしょうか。公判での父の話によると、母が夜遅くまで遊んで帰ってくるのを玄関先でずーっと待っているような状態だった。しかも母に、「浮気じゃない、本気だ」と言われて、ますます追い詰められていった。
・母はあっけらかんとしている人なんですか？

- 「本事件についてどう思いますか?」と聞かれたとき、母は「ひどいことをした」と言っています。一瞬、父が2人の子を殺害したことを指しているのかなとも考えたのですが、弁護士に「あなたがひどいことをしたという意味ですか?」と聞かれ、「そうです」と答えていました。「自分は遊んでばかりで、父に対してひどいことをした」という意味だったんです。
- 公判という場でのことですから、自分が悪人になりたくないから、そういう説明をしたということは考えられませんか?
- どうでしょう。自分が何をしているのか、母はよくわかっていないという感じでしたね。公判で、「相手の男性と性行為はありましたか?」と聞かれたときも、「ありません。私は振られているんです」と強く主張しました。何の話かと思っていたら、母は9月に家を出された後、男性と一緒に暮らしているんですが、その男性から「(母は)まだ婚姻関係が続いているから、けじめをつけないと性関係は持てない」と言われたことを、「振られた」と表現しているんです。

  また、「どうして浮気を父に知られたのですか?」と聞かれて、「私が言ったんです」と答えている。「なぜそんなことを言ったんですか?」と問われると、「私は嘘をつけない人間だから」と答える。「父がどう思うか考えなかったんですか?」と聞かれても、その問いの意味がピンときていないような感じの人でした。今回の事件を知って、やっと「自分がひどいことをした」と思ったのではないでしょうか。ですので、自分を防衛するというより、男女関係の機微がわかってない人のように思いました。
- 普通に考えると、父の怒りの対象は、母や母の浮気相手に向くように思います。なぜ子どもを道連れにして自分が死ななくてはいけなかったのか。その点がまだ腑に落ちない。
- 6月に新居を買い、これから家族4人で一緒に住もうというとき、母が男性と付き合うようになって家に帰ってこなくなった。父の生活はめちゃくちゃになっていますよね。事件前に20キロぐらい痩せ、逮捕後、さらに10キロ痩せていますから、やはり翻弄されています。でも父の場合、「母が許せない!」という感じではなくて、置いてきぼりにされたという絶望感が強い。攻撃性というよりは絶望。メールでは「出て行け!」といったようなやり取りもしているけれど、「たぶんもう帰ってこない」と悲観し、子どもとの心中に向かったのかなと思いました。

第 5 章　父親が加害者となった事例

・子どもの面倒を見ることについて、父は周囲に頼めなくなっていたのかもしれないですね。「自分が死んだら、子どもの世話は誰がするのか」という思いからこういう動きになることは、わからなくもない。

②退職

・このとき父は会社でもトラブルを抱えていて、そちら側のストレスもありますよね。別にそれほど会社に迷惑をかけていたとも思えませんが、結局は会社の誰にも相談せず、いきなり退職届を出している。そういう意味では、冷静に子どものことを考え、状況判断ができるような精神状態ではなかった。本人はもう、勝手に身の破滅と思っていたのではないでしょうか。

・この人が衝動的に退職する前、どういうトラブルがあったんですか？

・申請を出さなければいけないのに、申請を出さないまま工事をしようとして「まだ申請が出てないじゃないか」と言われ、「またお前か！」と怒られているんです。

・確かにそれは、会社にとっても迷惑な話だけど、取り返しのつかないようなことですか？

・同じような失敗を何度もしている印象はあります。

・でも、2年前からは、関連会社とはいえ取締役に任命されているんですよね。入社したときからずっとだめな人とも思えない。

・同僚の調書に「段取りが悪い」とありました。また、母が出て行った頃から遅刻・早退が増えて、大変そうだったとも言われています。

・怒られたのは取引先の人ですから、社内で居場所がなかったというわけではないんですよね。

③父の急激な体重減少

・ただ、父は2か月で85キロから65キロに、20キロも痩せているじゃないですか。これはすごい減量です。「うつ病」で体重減少がある人でも、短期間にこんなに体重が落ちるのは珍しいです。主因が母との関係ということは了解できますが、精神状態は、どう考えてもまともじゃないですよね。おそらく、会社でも急にミスが増えたりしたんじゃないでしょうか。そして、最後に衝動的な退職。まともな判断能力を失っているとしか思えない。それなのに精神鑑定もやってもらえない。可哀そうですね、男性は。

・確かに、それは感じますね。まともな判断ができなくなっていたから、こんな事件に繋がったんだと思うと……。
・逮捕後に精神的不調がわかって、精神鑑定を受けるということもありませんでした。
・女性であれば、精神鑑定になっていたんじゃないかと思いました。
・男性には厳しいんですよ。そういう意味で、この人は不幸ですね。
・大柄な方でしたか？
・背は高くもなく低くもなく。公判の頃はもう細くて、やつれた感じでした。

④母について
・子どもは、父方の実家で見てもらっていたんですよね。つまり、母は子どもが生まれてからほとんど育児をしていないということ？
・してなかった感じですね。
・子どもが熱を出したときも遊びに行ったというエピソードがあったし、「仕事に行く」と言って男性と出かけていたり。そういうエピソードが続くので、子どもの養育はほとんどできてない感じがします。
・だからなのか、父は「お前の面倒を見られるのは、自分くらいだ」と母に言ってます。「だから、戻ってこい」というふうに。
・母の男性遍歴も激しいですね。
・はい。だから、むしろ父とよくこんなに長く続いたな、と思うところもあります。
・母にすると、前回も今回も男女関係の相談にのってもらっているうちに、その人に乗り換えるようにして新たに交際を始める。それが繰り返されています。
・結婚したら、基本的にはその人とずっと仲良くしないといけないということをわかってもらいたいですね。
・母の父親（母方祖父）も母の浮気を知って、「いい加減にしなさい！」と言っているんですが、母は反発しているんですね。
・母の生育歴は？
・公判では、わかりませんでした。

⑤父の自殺予防

・母のことはともかくとして、問題はこういうときに、いかに「心中」を防ぐかです。

・父の会社の人は、父の異変に気づかなかったんでしょうか。32歳でまだ若いとはいっても、一応サラリーマンをしていることを考えると、全財産が2万円というのは、カツカツすぎませんか。自暴自棄になって、変なお金の使い方をしたのかしれませんが。まずは父の変調に気づくのが一番大切でしょう。

・自殺予防の観点で見ると、職場の人たちとか近場の人たちが、ゲートキーパーとして機能しなかったように感じます。「何か困っていることがあるんじゃないの?」と声をかけて、本人が少しでも心を開いてくれれば、母や子どもの話もできて、支援者と継続的に繋がっていくこともできますから、「子どものこと大丈夫?」といった形で支援ができた気がするんです。だから、この場合は自殺防止がそのまま「心中」防止になるんだと思います。

・幼稚園で、父との接点はなかったんでしょうか? それがあれば、幼稚園でも父のやつれ具合は察知できますよね。

・公判記録によると、父は幼稚園に連れて行ってないですね。実家が送り迎えをしていたようですから。

・直前の父の行動も、少し変です。

・言葉である程度の攻撃性が出せればいいけれど、内向してしまうと、攻撃性が表に出たとき、変な形になることがあります。

・うつ病が疑われる?

・そうだと思います。

・公判での父は、本当に意気消沈した感じでした。冒頭陳述の際もボロボロ泣いていて、弱っているのが目に見えてわかりました。

・こんなに変化があったのに実家や会社が気づいていないのは、単に鈍感だからなのか、啓発が足りないからなのか。それとも、父がもともと太った体形で、「痩せてよかったじゃん」というふうに済まされていたのか。

・公判記録に、「悩みを会社の同僚に相談した」とはありますね。

・そうか、相談はしているんですね。ということは、やはりゲートキーパーとして機能しなかったんですね。

・残念です。

⑥ どうすれば援助機関に繋がれるのか？

・こういう場合、家族会議をすることも多いと思うんです。両方の実家から出てきて、「あんた、何やってるの!?」とか言って……。でも、この事例ではそんな様子がみられない。

・でも父は、母方祖父には何度か電話はしているんですよね。

・そう。個別のやり取りはあります。けれど、集まっての相談はしていない。

・父は、自分の実家には電話はせず、母方祖父に電話をかけ、家族会議などは開かれていない。これも判断能力に欠けているように感じます。

・夜中に泣きながら電話しているので、母方祖父も、父が精神的にかなりまいっていることはわかっていたと思います。

・やはり兆候はあったんですよね。

・何らかの兆候があり、周りに気づきがあっても、児童福祉や保健関係の行政機関は、なかなか気づけないじゃないですか。そこが悩ましいですね。

・周りが兆候に気づき、何かしらの行動を起こさないと、結局は救えない。

・子どもたちの乳幼児健診には、誰が連れて行っていたのでしょう？ 実家のご両親だったんでしょうか。

・下の子はちょうど1歳になったところです。

・ですからこの家族には、4か月健診などの乳幼児健診を通じて母子保健の機関が関わる機会があったんじゃないかと思います。ただ、「両親とも仕事なんで、私が代わりに来ました」と祖父母が言えば、それ以上突っ込んで事情を聞くことまではしないかもしれませんね。

・従来、健診では、子どもの健康面や発達についてはよく見ていました。でも、昨今の社会情勢を考えると、やはり家族や家族状況への関心をもっと高めていかないと、問題を見逃してしまうおそれがある。

・夫婦のどちらかが精神的に不安定になるということは、けっこうあると思いますが、それを、誰がどう見ていくのかとなると、難しいですね。

・家族図を見れば、母の男性遍歴がよくわかり、この面ではなかなか落ち着かない人だということがわかります。でも、父はそれを見抜けなかった。母に対する見立てが悪かったということでしょうかね。妻にこれだけ翻弄される事例を見ると、やっぱり男は弱いなと感じます。

・追い詰められたときの弱さもそうですが、法廷における弱さも気になりますよね。鑑定さえしてもらえないわけだから。

第5章　父親が加害者となった事例

事例F③
重症のうつ病を発症していた父が
仕事上の悩みなどから起こした父子心中の事例

(1) はじめに

　本件は、妻と離婚し、実家の協力を得て子育てしていた父が、仕事上の悩みなどから父子心中を思い立ったものだ。だが、父は事件当時、重症のうつ病にかかっており、責任能力の有無が争われた。裁判に先立って精神鑑定が行われ、判決は、精神疾患は相当程度重症であったと認めつつ、本児殺害とその前後の一連の行動については、判断能力や自己コントロールが著しく低下しているとまでは言えないとして、懲役6年を言い渡した。

　なお、今回取り上げた男性加害者6事例のうち、精神鑑定が行われたのは本事例のみである。

(2) 事件の概要

　x年10月11日の夕方、本児（当時4歳男児）とその父（当時32歳）が自宅で倒れているのを、父の母親（父方祖母）が見つけて119番通報した。本児は、搬送先の病院で死亡が確認された。父は怪我をしていたものの命に別状はなかった。なお、父は本児と2人暮らしだった。

　同月15日、警察は父の回復を待って殺人容疑で逮捕した。容疑は、11日午前、自宅で本児の首を絞め、水を張った浴槽に沈めて水死させた疑い。父自身にも腕や腹など数か所に切り傷があった。父は「仕事や家庭環境に悩みを抱えていた。自分が死ねば子どもがどうなるかわからず、将来を悲観して心中しようとした」と供述した。

　裁判員裁判で、検察側は責任能力があるとして懲役8年を求刑。一方、弁護側は、「重度のうつ病で責任能力がなかった」と無罪を主張した。判決は、「妻の離婚後、うつ病の影響もあって自殺を思い立ち、自分が死ぬと同居する息子が1人になってしまうと考えた」と、その動機を認定した上で、責任能力はあるとして懲役6年の刑を言い渡した。

(3) 家族構成

　父（32歳）：会社員

221

X年10月（事件発生時）のジェノグラム

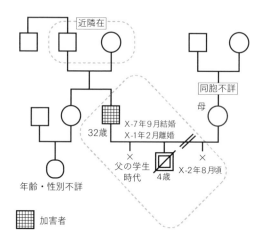

本児（4歳）：保育園在籍

なお、父は25歳で母と結婚し、事件の約1年8か月前に、親権者を父と定めて離婚、本児を引き取っている。

母は、離婚後本児とは一度も会っていなかった。

（4）父について

父の幼少時のことは、父方祖母（父の母親）が証言している。それによると、父は小さい頃から優しく、朗らかな子だったという。父には姉がいるが、「きょうだい喧嘩をしているところを見たことがない」と言い、小学校の頃には、いじめられている子を自分のグループに入れるなど、弱いものいじめを嫌い、正義感も強い子だったという。

また、中学、高校をともに過ごした同級生の1人は、「当時の父は周りに気を遣っていつも笑顔を絶やさず、悩みを胸にしまうような人だった」と供述している。

父は大学に入学したものの、専攻した学科に興味が持てず、ついて行けなかったことから、2年留年した上で中退しているが、学生時代にアルバイトしていた飲食店での調理が面白くなり、大学中退後は調理師専門学校に通い、卒業して資格を得ている。

ところが、専門学校に通っていた頃、小さな建築会社を経営する父の伯父

（本児の大伯父）に呼ばれ、将来会社を継いでほしいと頼まれたため、調理師の道を捨てて伯父の会社に就職する。社長でもある伯父は、まずは10年間働いてもらい、その様子を見た上で社長を交代するプランを持っていた。雇ってみると勤務態度は真面目、無断欠勤もなく、文句も言わずにとにかく一生懸命で、現場で指導すればもの覚えが早く、得意先からも良い後継者が見つかってよかったと言われていた。それゆえ、数年後にはバトンタッチできるのではないかと期待していた。

だが、職場の後輩は、父の性格について「考えすぎるところがあり、気になって尋ねても、『別に何でもない』ということが多く、性格がよくわからない」と言いつつ、次のように供述している。

「だからと言って、暗い性格ではなく、世間話、馬鹿話、子どもの話もします。うちの職場の人間は、他意はなくとも口が悪いため、仕事でミスをすると『何してるんだ！』と怒鳴るときもありますが、Ｆさん（父のこと）はそんなときでも笑いながら受け流す感じでした。そのため、人の話を聞いているのかどうかわからないような印象もありました。でも、仕事上の愚痴を聞いたことはないし、職人さんへの不満を漏らすこともありません。Ｆさんはストレスをためるようには見えず、イライラしたり怒ったりしないので、私は冗談で『仏のＦさん』と呼ぶこともありました」

中小企業経営者の会合で一緒になったことがあるという知人も、「性格的には非常に真面目、思いやりがある。融通がきかないぐらい」などと評していた。

（5）結婚と離婚

さて、父は学生時代に同好会の後輩であった母と知り合い、交際するようになる。そして、父が25歳の頃に同棲を始め、結婚するが、父の学生時代に、母は一度妊娠したことがあった。この点について、母は次のように供述している。

「中絶してほしいと頼まれ、手術を受けました。しかし、手術に同伴もしてくれず、手術後にいたわる言葉もなかった。しかも手術が終わった後、父の友達と一緒にカラオケに連れて行かれました。私はそこで気分が悪くなってしまった。このことは、結婚後もずっと心に引っかかっていることでした」

こうしたエピソードを抱えながらも、2人は結婚し、結婚4年目にして本児が誕生する。

「子どもは、生まれたときから大きくすくすく育ち、とても人懐こく、保育園の先生にも可愛がられていました。遊ぶのも大好きで、電車をすごく気に入っていました。発語が遅いと言われたこともありましたが、『パパ』『ママ』などと話してくれました。休みの日は動物園などに連れて行きました」

母は供述調書でこのように述べており、本児の誕生が夫婦を喜ばせたことがうかがわれる。本児が保育園に入園したのは生後6か月の頃。父方祖母は、その理由について次のように語る。

「母親が仕事を始めたからです。そのため、私が保育園から自分の家に連れて帰り、その後、仕事を終えた母がうちに来て自宅に連れて帰るような生活でした」

この点について、母は次のように述べる。

「父の給料だけで生活するのは難しいと思ったので、（本児が）生後6〜7か月の頃から酒屋のパートとして働き始めました」

「その後、私の帰りが遅くなるときは、おばあちゃん（父方祖母）に夕飯やお迎えを頼むようにしました。保育園のお迎えは、私よりおばあちゃんが多かったです。なので、（本児は）おばあちゃんに懐いていました」

「父も、早く帰ってくればお風呂に入れてくれたりしましたが、アフターファイブで知り合いと飲みに行くこともあり、おもには私とおばあちゃんで面倒を見ていました」

このような生活だったが、夫婦の関係は、母が3度目の妊娠をし、中絶したことがひとつのきっかけとなって離婚へと進む。ただし、離婚の理由については父母でニュアンスが違う。まず、父の説明。

「私は、妊娠を聞いて大変喜びました。（本児に）きょうだいができるからです。ところが、ある日突然、妻が『堕ろすことに決めた』と言います。話し合ったけれど、『もう決めたから』と言うだけです。ただ、自分も最初の妊娠時、中絶するよう頼んだので、このときは『わかった』と引き下がりました」

「ところで、離婚したのは翌年のことですよね。その理由はどのようなものだったんですか？」

弁護士が質問する。

「言い方が変かもしれないけど、中絶したことがきっかけで、妻が仕事から家に帰ってくるのが午前様になってしまったんです」

「その間、子どもの面倒は誰が見ていましたか？」

224

第5章　父親が加害者となった事例

「自分です。妻は朝起きてこないので、自分が保育園に送って行きました。冬の時期は比較的早く仕事が終わるので、自分が面倒見ました」

「最後に『もう一度やり直そう』と自分から頭を下げたんですが、『もういい』と言われて……」

なお、本児の養育や親権については、「母も帰ってこないので別れる前から自分で育てていたし、母に渡すと子どもが死んでしまうと思い、自分が引き取ることにしました」などとも話す。

一方、母の主張は少し違う。最初に挙げた理由は、金銭問題だった。

「（父は）計画的にお金を使うことができません。100万円もするようなベッドやテレビを買ったおかげで、月々8万円ものローンを払っていました。私はこんなに借金してまで高額な買い物をするのは反対でしたけれど、押し切られてしまいました。このような金銭感覚に不安を感じ、私は呆れていました」

こうした買い物については、父もその事実を認めている。

「借金の件は事実です。ベッドについては、肉体労働をしていたので、睡眠の質を上げたくて買いました」

そして母は、すでに述べたとおり、結婚前の妊娠・中絶にまつわる父の態度を批判した上で、次のように供述する。

「私は結婚後もそのことがずっと心に引っかかっていました。確かに子どもを可愛がってくれてはいたのですが、内心、あのときのことをどう思っているのかわかりませんでした。それに、友達や仕事関係の会合を優先し、私を大事に思っていないと感じていました」

「私の気持ちはだんだん離れていきました。夫婦の会話もなくなっていたんですが、そんなときに妊娠したのです。（父は）『2人目の子ができた』と喜んでいましたが、私は逆に気持ちが冷めていき、自分の判断で中絶しました。その後、離婚を切り出されたので、応じることにしました」

母はこのように供述した後、離婚後のことについて、次のように説明する。

「私も子どもを引き取りたかったけど、パートの給料では育てられませんし、養育費を払ってもらえるという保証もありませんでした。それに、子どもはおばあちゃん（父の母親）に懐いていたので、私が引き取るよりは良いかなと考えました」

225

（6）本児について

　このようにして離婚が成立し、父と本児の2人暮らしが始まった。ただし、仕事を持っている父がひとりで本児を育てるのは困難であり、養育には父方祖母の協力が欠かせない。

　「離婚後は、あなたが子どもの世話に関わった？」

　父方祖母に対する弁護士の質問である。

　「はい。朝は息子が保育園に送り出しますが、お迎えは私がしました」

　「息子さんの家に連れて帰るわけですか？」

　「はい。そこで食事をさせたり洗濯をしたり。息子が帰ってくると、子どもと一緒におもちゃで遊んだりするので、それを見たりしていました」

　「休日は？」

　「息子が子どもを連れてよく出かけていました」

　「しつけは誰が？」

　「息子です。息子が『自分がやるから、お母さんはやらんでいいよ』『お母さんは可愛がってくれればいいから』と言いましたもので……」

　「どんなお孫さんでしたか？」

　「電車が好きで、プラレールで遊んでいました」

　「プラレールは被告人が買ったものですか」

　「はい。絵本を見て列車の名前が言えたり、切符の値段を知っていたり。実際に電車が通ると、音だけでJRか私鉄か当てたりする子でした」

　「頭の良いお子さんだったんですね」

　「文字が読めたし、九九もできるので、『教えていたのですか？』と保育士さんに聞かれたことがあります」

　「あなたが教えたんですか」

　「いえ、私ではありません。息子が教えていたみたいです」

　「お風呂は？」

　「息子がお風呂に入れる方法を覚えて、一緒に入っていました」

　「お風呂が好きなお子さんでしたか」

　「はい。親子とも喜んで入っていました」

　「お子さんは、あなたにも懐いていましたか？」

　「はい」

第5章　父親が加害者となった事例

　父方祖母のエピソードにあるように、本児には障害その他のハンディはみられなかったようで、離婚して父子家庭になったとはいえ、特段の問題もなく育てられていたことが推測される。この点については、供述した父の知人も口々に、「目の中へ入れても痛くないほど可愛がっていたから、子どもに手をかけることだけはないと思っていた」「（父から）子どもと一緒に電車に乗って遊びに行ったことなども聞いていた。男手ひとつで仕事と子育てをこなしてすごいなと感心していたので、今回の事件は信じられない」などと述べている。

（7）犯行前の父

　このようにして生活しながら、父は自分の両親に、「家を建てるから一緒に住んで」「こっちもそのほうが安心だから」と話し、現に静かなところに土地も買って、基礎工事も済ませていた。ところが、いつのほどにか、心身に変調を来すようになる。
　「心身がおかしいと感じたのはいつ頃からですか？」
　「事件の1か月ほど前、9月頃からです」
　弁護士の質問に、父はこのように答える。
　「どういう状態でした？」
　「誰かに後頭部をつかまれるようなギュッという痛みが生じたんです。物事が理論的に考えられなくなって、どうしてできないんだろうと、その理由ばかりをずっと考えていました」
　「睡眠は？」
　「お酒を飲んでいたので……」
　「眠れましたか？」
　「眠くはなるんですが、次から次へと言葉が浮かんで、寝ているのか寝ていないのかわからないような状態でした」
　「ものが考えられなくなったとのことですが、具体的にはどのような状態ですか？」
　「今までだったら、次の日の仕事のバランスも考えてその日の段取りを立てていたのに、もう段取りすることすら考えられなくなりました」
　「優先順位がつかないということでしょうか？」
　「はい。友人とのメールのやり取りもできなくなりました」
　この点については裁判所も質問しており、父は「SNSでのやり取りなども、

227

返信する気持ちが涌いてこなかった」などと証言している。

「死にたい気持ちになったのはいつ頃ですか？」

「10月になってから。『死んだほうがよいのかな』と思ったり、『死ななくては』と考えるようになりました」

この頃の父の様子については、周囲の多くの人が気にしていた。たとえば職場の後輩は、次のように言う。

「Ｆさん（父のこと）は、9月上旬からみんなの輪から外れて1人でいることが多くなりました。先輩が気にして声を掛けたりしていましたが、本人は『別に悩みごとはない』と答えていたので、何に悩んでいたかはわかりません。事件が起きる前、最後に仕事をしたのは10月9日ですが、この日はＦさんに資材を運ぶ作業を手伝ってもらいました。ところが、作業が終わっても運び続けるので、『もういいですよ』と言ったのに、上の空で全然聞いてない。そこで『何か考えごとでもあるんですか？』と尋ねたんですが、『別に何もないけど』と答えるだけ。この日は、昼食もあまり食べてなかったので、そのことも聞きましたが、『節約してる』と冗談っぽく答えるだけでした」

また、父は保育園の保護者会の会長もしており、10月7日の会合で挨拶していたのだが、友人がこの日の様子を供述している。

「Ｆ君はもともと同窓会の幹事などよく務めていました。人前で話すのも流暢で得意だったんです」

「ところが、この日は挨拶の途中でどもったり、内容もまとまらず、あまりにもひどい状態だったので心配になりました。それで、私は彼のところに行き、『どうしたん？　緊張してたね』と声をかけました。すると彼は、泣きそうな顔で頭を抱え、『もう、どうしたらええのか、わからん』と言いました。『部下が俺をけなすけど、あいつらは俺がどれだけ苦労して頭を下げて回っているのか、わかっとらん』などと、一気に喋りました。こんなに悩んでいるＦ君を見たことがなく、私は彼を落ち着かせようと、『家ももうすぐ建つし、子どものことはおばあちゃんに任せられるから、大丈夫だよ』と言いました。そしたら少し落ち着いた様子でした」

ただし、父自身は公判で、この挨拶について「自分の中ではうまくいっているなと思っていた」と述べた上で、「今考えると、呂律が回らなかったり、話したこともよくわからない感じがあった」と振り返っている。

（8）犯行

　このような状態ではあったが、父は事件前日まで毎日出勤している。10月9日の仕事の様子はすでに述べたとおりだが、父は、この頃のことを弁護士に尋ねられて、「何者かが後頭部を締め付けるような感じがして、『死ねよ』という声が頭の中でこだましていた。仕事中は『俺は（仕事を）やらないといけない』という気持ちでいたけど、1人になると、『こんなに苦しいなら死んでしまえよ』と考えていた」などと述べる。

　そして事件の前日となる10日。父は本児を保育園に送り出した後、この日も出勤する。

　「仕事はできましたか？」

　「うまく作業できませんでした。現場に行ってみると、職人たちが『最近Fさんの頭、おかしくなってないか、ハハハ』と言って笑う声が聞こえたんです。『えっ!?』って思うと次から次に汗が流れ落ちてきて、手はしびれるし、体調がおかしい。どうかしているのかなと思って家に帰りました」

　午前10時頃には会社を早退し、薬局で睡眠薬を購入して自宅に戻り、それを飲んで寝てしまう。目が覚めたのは午後4時頃。起き出すと、父はドライブに出かけた。その理由を問われ、「自分が早く帰ったことで祖母に心配をかけたくなかった」と説明している。ドライブから戻ったのは午後5時半頃で、父は戻ってから酒を飲み始める。

　以下は検察側の質問に対する父方祖母の証言である。

　「あなたはこの日、保育園にお孫さん（本児）を迎えに行きましたか？」

　「はい」

　「その後は？」

　「息子の家に連れて帰りました。息子がいつもより早く帰ってきていて、お酒を飲んでいました」

　「ビールがなくなって、被告人はお酒を買いに出かけましたか？」

　「はい。私が洗濯していたら、『缶ビールがなくなったので買ってくる』と言って、焼酎を買ってきました」

　「その後は？」

　「食事の片づけを終え、また飲み始めたので、私は帰りました」

　「この日、被告人の様子がいつもと違うようなことはありましたか？」

「いえ、今考えると違っていたかもしれませんが、そのときは感じませんでした」

「被告人は何か悩んでいたと思いますか？」

「わかりません」

一方父は、この夜、本児と遊んだ記憶はあるが、虚脱感があり、ソファでうとうとして午後10時過ぎに目が覚めたと供述する。本児はそのときすでにベッドで寝ていたらしく、自分もそのまま寝てしまう。こうして犯行当日の11日がやってきた。

弁護士が父に尋ねる。

「翌日起きたのは何時頃ですか？」

「朝の6時頃です。虚脱感と後頭部に激しい痛みがあって、完全におかしくなったと感じました。もう仕事のことは考えられませんでした」

「それからどうしました？」

「このままおかしくなってしまうのかという気持ちと、周りからの『死ねよ』という言葉で混沌としていて、どれくらい考えていたのかわからないけど、死ぬことを決断しました」

「どうやって死のうと？」

「考えていません」

「子どもについては？」

「考えていませんでした」

「何も考えなかった？」

「とにかく自分は死ぬので、定かじゃないけど、『一緒に連れて行かないといけない』という思いが湧き上がって……」

「お子さんをこの世には残しておけないと？」

「たぶん、そうだと思います」

こうして父は、本児との無理心中へと進む。弁護士がさらに質問する。

「具体的にどういう行動に出たのですか？」

「（本児の）首を絞めました」

午前10時頃のことだ。

「そのとき、お酒は？」

「首を絞める前に、焼酎をストレートで1リットルぐらい飲んで、睡眠薬も飲みました。前の日に1回分服用していましたが、残った薬を全部飲みまし

た」

「どうして飲んだの？」

「薬を大量に飲んだら死ねると思ったので、飲みました」

その後、台所から包丁を持ち出し、息をしていない本児を抱いて浴室へ移動する。

「どうして風呂場へ移動したのですか」

「もともと一緒にお風呂に入るのが好きだったので、死ぬときもそのようにして死にたいと思いました」

そして、本児を両足で挟むようにして乗せ、浴槽に湯をためながら自身の手首を切る。ここで父は、祖母には死体を見られたくないと考え、いったん浴槽から出て玄関ドアにカギをかけ、ドアをひもで縛って遺書らしきものを書いた上、再び浴槽に戻って手首を包丁で切り、意識を失う。

なお、父が書いた遺書らしきものの内容の一部は、次のようなものであった。「この世に生を受けて感謝します」「すべては脳に支配されています」「ごめん。バブルが最大の原因。子どもを育てるときに逃げたのが原因」「人を馬鹿にしてはいけません。馬鹿にされてしまった人は死に至ります」

父と本児を発見したのは祖母である。その点について、検察官が祖母に質問している。

「事件当日の11日、あなたはどうされましたか？」

「夕方5時頃、保育園に迎えに行きました」

「お孫さんはいましたか？」

「いえ、『今日はみえてないですよ。お父さんからの連絡もありませんでした』と言われました。携帯に電話しても出ないので、おかしいなと思いながら、とりあえず夕飯を作ってから父の家に行きました」

「それで？」

「車があったので、居るんだと思ってドアを開けようとしたら、玄関のドアノブにひもが結び付けられていたんです。それが取れたので中に入ると、廊下に血が点々とついていました。最後に風呂場に行ったら、子どもが水に顔をつけてうずくまって……」

祖母は、涙で声を詰まらせながら証言する。

「先に子どもを叩いたけど返事がない。それで、息子のほうを叩いたら目を開けたんです」

「顔を叩いた?」

「はい。そしたら息子は、『お母さんごめん、殺してごめん』と言いました」

なお、本児の直接的な死因は首を絞めたことによるものではなく、水の中に顔が入り、呼吸できなくなったことによる窒息死であった。

(9) 精神鑑定

冒頭でも指摘したように、本件では父の精神疾患と、そのことによる責任能力の有無が問われた。以下では、父の精神鑑定をした医師の証言を紹介する。鑑定に際して、医師は留置場で合計9回、10時間以上の面接を行ったとのことで、次のように結論づけている。

事件当時、父は「すべての診断基準を満たした重症うつ病(うつ病性障害の重症)」であり、「入院を考慮すべき状態」であった。「被害妄想、罪責妄想があり、思考過程も合理的でなく、死ぬことしか考えられなくなっていた」「病気が本人を支配し、犯行に著しく影響を与えていた」

裁判では父の責任能力が争点となっていたため、この診断結果については、検察官や裁判官がいくつか質問をしている。まず検察側と医師との応答を示す。

「被告人には、希死念慮があった?」

「ありました」

「しかし、自分が死にたいと思うことと、子どもを道連れにしたいと思うこととは別ではありませんか?」

「被告人は離婚して子どもを育てていました。自分がいなくなれば、子どもは生きていけないと考えたことが動機だったと思います」

「そのような判断は、父の独善的な考えではありませんか?」

「うつ病によってそのような思考になった。それが前提の独善的な思考です」

「妄想と言いますが、実際に悪口を言われていたらどうですか?」

「事実であれば妄想ではないが、その確信がありません」

次に、裁判官とのやり取り。

「症状がすべて(診断基準に)当てはまるということですが、具体的にはどんな支障が生じていましたか?」

「子どもの世話を祖母に任せっぱなしだったし、仕事にしても、あまり出社できていませんでした」

「仕事には普通に出勤しており、早退したのは事件の前日だけですが……」

「実質的には仕事ができていませんでした」

「仕事ができていないということについて、具体的なエピソードにはどんなものがありますか」

医師はこの質問に対して、「面接のときには聞いたが、今すぐ頭の中にはない」と返答するので、裁判官はさらに、「作業が終わっても上の空で資材を運び続けるというエピソードは出ています。その他に何かありますか」と尋ねる。しかし、医師は具体的なことを話さない。裁判官がさらに尋ねる。

「保育園での挨拶がうまくできないということもありました。その他に先生が確認したエピソードはありますか？」

「客観的に会社でどの程度仕事ができたかについては聞いていませんが、生活機能が低下していることは間違いないと考えています」

少し間を置いて、医師はこのように答えている。

（10）判決

論点は、すでに述べたとおり責任能力の有無である。検察側は論告で、犯行当時、被告が重症のうつ病にかかっていて希死念慮が強かったことは認めつつ、「その影響の程度が問題である」として、判断能力、行動コントロール能力が著しく低下していたわけではなく、完全責任能力があったと主張した。その根拠は、おおむね以下のとおりである。

まず第一に、被告人の犯行の動機は了解可能であると述べ、「仕事上の悩みから自殺しようと決意したとき、本児を1人に残すのは可哀そうと思い、愛するわが子と一緒に死にたいと思った」「離婚後、被告人は父子家庭となって男手ひとつで育てていた。本児もお父さんが大好きだった。それを考えると、仮にうつ病でなかったとしても、被告人が自殺してしまうと本児が1人残され、不憫だと思う気持ちは了解可能な範囲である」などを根拠として挙げる。

第二に、無理心中の方法も合理的であるとして、殺害から発覚に至るまでの一連の行動について解説し、第三点として、犯行の経過の中で、「ごめん、父ちゃんも一緒に行くから」と言いながら首を絞めたり、自分の母に発見され意識を取り戻したとき、「お母さんごめん」などと謝罪しているように、自分の行為が悪いということもわかっていたと述べる。

また、事件当時の生活を見ても、仕事もしているし、保育園の活動もできていたのであり、社会的に適応できていたと主張し、これらを鑑みれば、決して

判断能力やコントロール能力が著しく失われたとは言えないと結論づける。

　その上で、事件の結果は重大であり、犯行態様は強い殺意に基づく悪質なもの、動機も身勝手だと断じ、被告人に精神障害があり、現在は深く反省しているなど有利な事情はあるが、懲役8年の実刑が相当であるとした。

　一方、弁護側は、本件犯行は精神障害そのものに原因があり、責任能力はないとして無罪を主張した。概略は以下のとおりである。

　精神鑑定でも明らかなように、被告は犯行当時重症のうつ病に罹患しており、思考は停止し、被害妄想にとらわれ、死にたいとの思いが強くなっていた。会社の同僚も、被告を見て「上の空で様子がおかしかった」と証言し、知人も「泣きそうな顔で頭を抱えながら、『もう、どうしてよいかわからない』と喋りだした。こんな追い詰められた父を見るのは初めてだった」と被告の様子を説明している。

　被告は本児を本当に可愛がっており、精神病にかかっていなければ本児を道連れにすることはなかった。たとえば、本児の面倒を毎日見ていた被告人の母親に託すこともできたはずだが、うつ病の影響で物事が考えられず、そんなことに思い至らず、無理心中するしかないと思い込み、衝動的に殺害したものである。

　検察側は「社会的に適応できていた」と主張しているが、犯行前日の様子を見ると、仕事中も上の空で仕事はできていない。また、同僚に陰口を言われていると思って、居ても立っても居られず早退している。こうした様子を見れば、社会に適応できていない状況だと考えられる。

　なお、そもそも責任能力とは、ある人が何らかの精神障害にかかっていて、①善悪を判断する能力がない、もしくは②自分の行動をコントロールする能力が欠けているという要件のうち、いずれかが認められれば責任能力がないと判断される。検察側は、「善悪の判断はできていた。それゆえ責任能力はあった」と述べているが、要件のうちの2番目、すなわち、被告には自分の行動をコントロールをする能力が欠けていたと考えられるので、責任能力はなく無罪であると言える。

　おおむねこのような論述をした。

　最後に裁判長に促されて父が証言台に立ち、「この1年間、罪を見続けてきました。自分は一生懸命罪を償っていきます」と涙ながらに話して結審した。

　こうした論告を受けて、裁判所は、懲役6年の判決を下す。判決は、論点

となった責任能力についての判断に重きを置いて、その理由を説明した。まず、精神鑑定における「重症のうつ病の診断」という鑑定結果を尊重するとしつつ、他方「この鑑定では、うつ病の重症度を具体的に指摘するエピソードが示されず、具体的な事実をもって判断されたのかどうか疑問」と指摘した。

　その上で、うつ病の程度について、判断能力は相当程度低下したと認めながら、「楽に死ねるように」と睡眠薬やお酒を飲むなどの合理的な行動をとっているし、生活面でも、保育園の保護者会での挨拶がうまくできなかった点や、仕事を早退したことなどはあっても、それ以外では具体的なエピソードが示されておらず、「重症のうつ病が大きく影響するほど続くような状態ではなかったと認められる」とした。

　さらに、本児に対して「ごめんね」と言ったり、父方祖母に対して「お母さん、殺してごめん」と言うなど、判断能力や自分の行動のコントロール能力が完全に失われている、もしくは著しく低下しているとまでは言えないとして、責任能力はあると結論づけたのであった。

(11) 討議

参加者
川﨑／高橋／上野／長尾

① うつと責任能力

・今回、合計 12 事例について公判を傍聴しましたが、その中で、唯一男性加害者が精神鑑定を受けていたのが本事例でした。それで、重症のうつ病という点では争いがなかったのですが、弁護側が心神喪失として無罪を主張したのに対し、検察側は完全責任能力があるとして真っ向から対立しました。鑑定医は「家事も仕事もできなかっただろう」と推測したのですが、裁判長から「具体的なエピソードは？」と問われて説明できず、結果的には責任能力を認めて実刑判決となりました。

・裁判官は「うつというのは、自分が死にたいと思っているだけで、物事がわからなくなっている状況とは言えない」という発想を持ちやすいところがあります。ですから、「何かをやろうとしてもできない」「行動制御能力がない」ということを示す具体的なエピソードがないと、なかなか「責任能力なし」という結論にたどりつかないんですね。

・精神鑑定の結果があったとしても難しいのでしょうか。

・問題は「責任無能力」ですから、うつの場合は、そこまでは認めてもらえないということがあります。ところで、父の心神耗弱は認めましたか？

・いえ、それも認めませんでした。

・結構シビアですね。

・公判での父は、上ずった、少しハイな感じの喋り方だったように感じましたが、そういったことも影響したのでしょうか。

・公判時点でうつ状態がひどければ、少しは違ったかもしれませんね。

② 夫婦の関係

・公判には、母が遺影を持って傍聴に来ていました。父に対しては批判的な姿勢が強いと感じました。意見陳述したわけではありませんが……。

・被害者遺族として意見聴取を希望すればできたと思うんですが、親権者じゃなかったからでしょうか。

・離婚した後、母方祖母（母の母親）が大きな手術をするなどの事情があって、母は父に対して1年ぐらい連絡を取っていなかったんです。その後、「子どもに会いたい」と希望したようですが、「今さらなんだ」という返事が返ってきたとのことです。

・この事例では、「中絶」が夫婦関係にすごく影響しているように思います。母は、最初の妊娠で「堕ろせ」と言われ、そのときの父の対応に引っかかりを感じていた。2度目の中絶は、父が妊娠を喜んでいたのに母が勝手に堕ろしてしまった。それが2人の関係を悪化させているように思います。

・離婚後、父が子どもを引き取ったのはなぜですか？

・父方祖母がすでに面倒を見ていたからだと思います。

・父によると、母は朝帰りをしていたので、母に渡しても育てられないし、子どもが死んでしまうかもしれないとさえ思ったと話していました。

・母は仕事をしていたんですか？

・はい。ただ、何の仕事かはわかりませんでした。

・一般的には、母親が親権者になると思うんですが……。

・離婚裁判では、母親となるケースが多いと思います。でも、当事者間での争いでは、母親が夜遊びしたり、借金を作っていたりすると、自ら引かざるを得ない場合があります。「お前には渡さん」と言われて「わかりました」と

いうことで終わるわけです。

③ 男性加害者

・父は重症のうつ病でしたよね。そして「死ぬしかない」と強く思っていた。ですので、子どもに関しては、「1人だけ取り残されたらつらいだろう」と考えていたわけでもなく、「障害のある子で不憫だった」というわけでもありません。単に子どもと離れたくないといった動機で「心中」に至っているように感じます。となると、こうした事件を起こさないためには、父親の自殺を防ぐという点が大切になってくると思います。

・確かに、この父の場合「死にたい」という気持ちが先行し、「心中」はその後からついてきているように思います。本研究でこれまで見てきた加害者父の「心中」では、経済的な問題が重くのしかかっていたり、夫婦間のトラブル、妻への未練などから逃れられないような印象の事例がいくつかあったと思いますが、本事例では、「重度のうつ病」という点が、大きな要素になっていて、パターンが若干違うように感じます。でも、うつの背景にどんなことがあったのか、具体的なコンテンツは何だろうかと考えると、夫婦問題や、会社の同僚とうまくいかないなどの対人関係の不調といったことがベースにあるような気がします。

・経歴だけを見ていると、基本的には自分に自信が持てず、誘われるままに伯父の会社に就職し、気持ちが固まり切らないまま離婚となって、会社では部下から陰口を叩かれる。「やっぱり自分はだめかな」と思い詰めて一気に落ち込んでしまったという感じです。

・父の生育歴はどうでしたか?

・大学を留年し、中退して専門学校を卒業しています。

・母親からは、「小さい頃は責任感が強い子で、小学校でもいじめられている子を自分のグループに入れたり、弱い者いじめが嫌い」といった発言がありました。子どもが好きで姉の子を可愛がっていたというエピソードもありました。

④ 予防策

・遺書らしきメモですが、「この世に生を受けて感謝します」ということについて、何かコメントはありましたか?

- いえ、書いたことも覚えていないということでした。お酒と睡眠薬を飲んで書いたようです。
- 「バブルが最大の原因」というのもよくわかりません。このメモの意味のわからなさは、やはり精神状態の重さを物語っているように思いますが、裁判所の判断は厳しいですね。
- はい。
- 自殺を考え、他の事は頭に入らず、自分1人では寂しくて子どもを道連れにする純粋な道連れ動機。でもこのとき父は重度のうつだったので、「そんなことは社会的に許されないですよ」と言っても、伝わらないですよね。「残された子が不憫だから」といった発想であれば、「いや、殺されるほうが不憫ですよ」といった啓蒙も意味を持つと思うんですが……。
- ただ、父方祖母も毎日家まで来て子どもの面倒を見ているし、父とも会って話もしている。父方祖母は父の様子が心配にならなかったのでしょうか。
- 保育所の保護者会や職場でも父が少しおかしいぞということには気づいていましたからね。それこそ「休憩したほうがいいよ」「治療したほうがいいのでは」などという働きかけがあれば、またちょっと違ったかもしれませんね。
- 社長でもある父の伯父が気づけば、「ちょっと様子が変なんだけど」などと父の母親に連絡してみるんじゃないでしょうか。伯父にも、それだけの精神医学的な知識がなかったということでしょうか。
- 伯父はあまり気づいていなかったようです。
- 一般的に言って、企業は自殺予防を含めてストレスへのアプローチもすると思うんですが、こういう小さい企業だと、そこまでの健康診断がされず、相談できるところもなかった可能性がありますね。
- みんな気づいていたけど、治療に繋げるという発想は誰も持てなかった。そこが残念なところです。

事例F④
妻を殺害した後、父子心中を企図したが、子を殺害して自殺行為がなかった事例

(1) はじめに

本事例は、「父子心中」として取り上げたものであるが、「心中」の動機は、

夫婦間のトラブルが原因となった夫による妻の殺害に起因しており、妻を殺害した後、子ども（父の長男、以下本児）と「心中」しようと考えたものの、その試みがなされないまま1か月あまりが経過していること、思い立って子どもを殺害した後も、父に具体的な自殺行動がないまま逮捕されていること、公判で検察側、弁護側とも子ども殺害の動機に関して「父子心中」を図るためとしたものの、判決では「心中」が否定されたことなど、果たしてこれを「父子心中」と呼べるのかという疑問がないわけではないが、少なくとも父の主観としては、子どもを殺して自分も死のうと考えたと思われることから、本書の対象事例として取り扱うこととした。

　なお、母子2人を殺害してはいるが、少なくとも母の殺害に関しては、「無理心中」の意図がまったくなかったと思われることから、本件は「一家心中（父母子心中）」ではなく、「父子心中」として位置づけている。

(2) 事件の概要

　x年3月10日、乗用車を運転して国道を通行中の父（当時55歳）に、警察官が職務質問し、車のトランクから母（当時42歳）と本児（当時10歳男児）の遺体を発見し、警察は父を死体遺棄容疑で逮捕した。家族は父母と本児の3人暮らしだったが、3人は3月4日から行方がわからなくなり、父の母親（父方祖母）が9日に捜索願を出していた。父は「2人とも自分が殺した」「自分も死のうと思っていた」と供述した。

　3月23日、警察は母に対する殺人容疑で父を再逮捕した。母の頭をソケットレンチで殴り、ひもで首を絞めて窒息死させたという容疑であった。4月13日、地検は母に対する殺人罪で父を起訴した。

　さらに、4月14日、警察は本児に対する殺人容疑で父を再逮捕した。3月3日、本児の首を絞めて窒息死させた疑いである。その後、地検は本児に対する殺人罪、及び母と本児の死体遺棄罪で父を起訴した。

　裁判員裁判では、懲役26年（求刑：懲役30年）の刑が言い渡された。検察及び弁護側は、本児殺害については、「心中」の意図があったとしたが、判決では弁護側が考慮するよう求めた「心中」について、認められないとした。

(3) 家族構成

　父（55歳）：競走馬の生産牧場経営

X年3月（事件発生時）のジェノグラム

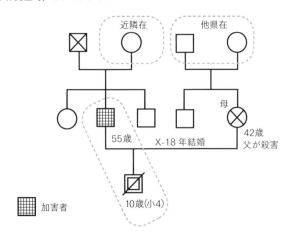

母（42歳）：牧場手伝い

本児（10歳）：小学4年生

なお、牧場は父方祖父から父が引き継いだもので、おもには夫婦で営んでいたが、すぐ近所に父方祖母が住んでおり、手伝っていた（父方祖父は、事件当時すでに他界していた）。

（4）事件の経緯・状況

①母の殺害

x年1月26日昼頃、父は自宅敷地内で除雪作業をしていた。そこへ母が外出先から戻り、その月の生活費の遅れや未払いの種付け料（150万円）の支払いについて父を問い詰めたところ、「支払いの目途が立っていない」と答えたので、母は激しく責め立てた。父はその非難に耐えきれず逆上し、母の頭部を鉄製のソケットレンチで1発殴った。

「この先、殴ったことを責め続けられるのは嫌だ」

そう思った父は、反射的に「殺さなきゃ！」と思い、うずくまった母の頭部をさらにソケットレンチで数発殴り、とどめを刺すために首をロープで絞めて窒息死させた。

父は遺体を寝袋に入れ、自宅敷地内の雪山に埋めて隠し、血のついた帽子やロープを近くの焼却場で燃やした。

「妻を殺した以上、自分も生き続けることはできない」

そう思った父は、所有する馬などを処分し、身辺整理を行ったが、馬を処分したお金や預金口座から引き落としたお金は、パチンコや風俗店で費消した。一方、本児には「母は実家に行っている」と説明した。

2月下旬になると、近隣住民が父の牧場から馬がいなくなっていることに気づき、事情を尋ねるようになった。また雪解けも近づいて、遺体をそのままにしておくこともできないことなどから、このままの生活は送れなくなると焦るようになる。夜になると母を殺害したことが思い出され、眠れない日々を過ごしていた父は、3月初旬、精神科を受診し、安定剤と睡眠導入剤を処方してもらった。

②本児の殺害

その翌日のこと、友人宅から帰宅した本児が「喉が痛い」と訴えた。風邪薬と偽って睡眠導入剤を飲ませれば、苦しませることなく本児を殺害できるのではないかと思った父は、本児に睡眠導入剤を飲ませる。眠った本児の顔を見ながら悩んだものの、「本児を殺して自分も死のう」と考え、本児の首をロープで絞めて窒息死させた。

本児殺害後、自殺するときは3人一緒の方がいいと思い、2人の遺体を車のトランクに乗せ、自分が死ぬためのロープを積んで家を出た。しかし、すぐ自殺する踏ん切りがつかず、お金を使い切れば決心もつくのではと考え、1週間ほどパチンコや風俗店などで遊び、お金を使い果たす。

「後は死ぬだけだ」

「山で死のう」

そう思って車を走らせていたところ、捜索願を受けていた警察が、車のナンバーから父を見つけて職務質問し、トランクから遺体を発見したため、自殺は遂げられずに逮捕されたのであった。

なお、父は、逮捕された後の留置場で自殺未遂を起こしている。

(5) 父について

報道によれば、父が経営する牧場は、50年以上前に父の父親（父方祖父。以下祖父とする）が創業したもので、父は子ども時代から牧場経営をする家族の長男として育った。きょうだいは姉と弟。3人きょうだいの真ん中になるが、きょうだい関係について公判で語られることはなく、詳細は不明である。父の

幼少期や少年時代の様子については、証人に立った父の母親（父方祖母。以下祖母とする）が、「素直で優しい子だった」「友達も多く、みんなを集めて遊んだりしていた」「リーダー的な存在だったと思う」などと話している。

土地柄かどうか、父は中卒後、実家を離れて高校に進学し、そのまま酪農関係の大学に入学する。物心ついた頃から家業の牧場を継ぐという気持ちがあったようで、大学を卒業すると実家に戻り、牧場で働くようになった。

地域での父の様子については、長い付き合いのある近隣住民が、「いい人だと思っていた」「地域での活動も活発にしていたし、推薦を受けて自治会長をしていたこともある」などと話し、おおむね好意的な評価がされていた。ただ、「結婚後は、近所付き合いなども少なくなった」との証言もあった。

（6）母について

母は殺害された当時42歳。公判で読み上げられた母の母親（母方祖母）の供述調書及び証人としての発言では、「3歳上の兄とも仲良く、しっかり者」「曲がったことが嫌いで、勝ち気な面もあり、納得がいかなければ妥協しない性格」だという。母が大学1年のとき、家族が転居する形で親と別れ、一人暮らしを経験したが、大学卒業後はいったん親元の近くで就職する。その後は、大学時代に住んでいた地に戻って働いた。子どもの頃から自然や動物が好きで、特に馬は気に入って、よく馬の絵を描いていたと、母方祖母は回顧している。

父母が結婚するきっかけは、母が「酪農体験実習」に参加したことによる。この体験実習は、自治体が後継者の育成や花嫁対策として位置づけているもので、母の実習先が父の牧場であった。ここで知り合ったことで2人は結婚する。このとき母は26歳、父39歳であった。この結婚について、母方祖母は、おおむね次のように証言している。

「親としては結婚に不安を感じていました。馬という生き物を相手にする仕事では休みもないだろうし、収入も不安定ではないかと気を揉んだわけです」

「それに、娘はもともと都会育ちだし、果たして田舎でやっていけるのかも気がかりでした。しかし、『彼は優しい人だから』と結婚を強く望んだので、認めるしかないと思いました」

「ところが、結婚直前になって、『考え直す』と言ってきました。聞くと、牧場が多額の借金を抱えていることを知らされてショックを受けたというのです。私たち夫婦も不安が増して、結婚を考え直すように促したのですが、最終的に、

『彼が頑張ると言うから』と言って結婚を決意しました。私たちもそれを尊重するしかなかったのです」

（7）借金について

　今回の事件では、莫大な借金が事件の重要な背景要因となっており、公判でも負債に関することが何度も取り上げられた。この地域の競走馬生産牧場の経営がどのような状況に置かれていたかについて、実情を報道した記事もあったので、その点についてごく簡単に触れておきたい。

　牧場経営は、雌の繁殖馬に種付けをして子を産ませ、それを売って収入を得るというもので、競走馬では血統が重要であるため、売買時には「種付け証明書」が必要となる。一方、支出は種付け料に加え、飼料費や草の肥料、農機具の燃料代など牧場を維持する諸費用となる。記事によると、この地域の馬生産額は、事件のあった x 年から数えて 20 年ぐらい前には約 650 億円あったものが、5 〜 6 年前になると約 300 億円へと半分以下に落ち込み、牧場数も半減したとのこと。地域全体としても厳しい経済状態に追い込まれていたことがうかがえよう。

　さて、母方祖母が証言した借金、つまり結婚を躊躇させることとなった事情はどのようなものだったのか。借金は、祖父自身が抱えていたものと、連帯保証人となっていた身内が事業に失敗してできた負債が合わさったものであった。負債額について、父は「結婚前の時点で 2 〜 3000 万円ぐらいあるのはわかっていた」と証言した。ただし、後述するように借金の額はそれを遙かに上回るものであった。

　この点につき、父は婚約者である母に対して借金があることは伝えたものの「金額は言わなかった」と述べ、祖母は、「借金のことは打ち明けて、『わかりました』という返事をもらいました」と述べている。公判でのこうした証言を総合すると、借金があること自体は、結婚前に話したものの、正確な金額は伝えられなかった様子が浮かび上がってくる。付け加えれば、結婚前後に借金の額を正確に把握していた者がいたのかどうかも、公判を傍聴した限りではよくわからなかった。

　とはいえ、数千万円にのぼる借金であることは父も自覚しており、母にどこまで伝えられたのかは不明だが、こうした事情を聞かされた母が結婚を躊躇するのは自然なことだったのではないだろうか。

(8) 牧場経営と結婚生活

　結婚後は、父の両親が住む実家と道路を挟んだ向かいに新居を構えることとなった。馬の世話など、母は慣れない仕事も一生懸命こなし、祖父母もたいそう喜んだが、母と祖父母との関係は、結婚当初からあまり良くなかった。

　結婚後1年足らずで、父は祖父から牧場経営を引き継いだ。年齢的にも40歳を迎えていること、母に「これからは2人が中心になっていくのだし、いつまでも親の指図を受けるのは嫌だ」という強い希望があったことがおもな理由であった。

　ところが、実際に引き継いでみると、9000万円近い借金があることがわかった。そのほとんどは連帯保証人として作った借金だったというのだが、父は公判で、「いろいろな名目で借りており、保証人としての負債がいくらなのか、正確な金額はわからない」と答えている。

　こうして借金の具体的金額が明らかになると、父母は激しく口論し、関係は悪化する。母にすれば、「それだけの負債を支払うことなどできない」という思いと同時に、膨大な借金の額を知らされていなかったということで、「騙された」との思いもあった。しかも、親戚・知人の誰1人としているわけではない地にやってきて頼るものは父以外に誰もいない。その中での背信だと思われ、到底承服できるものではなかったと言えよう。

　祖母の証言によれば、母に「いくら働いても自分たちには一銭も入ってこない。私たちが本当に返さないといけないのか」と言われたので、「頭を下げて謝った」とのこと。

　一方、父にも返済の見通しがあったわけではなく、金融機関で相談をし、「経営を続けていきながら、1年毎の赤字をなくしていけばいい」というアドバイス受け、それに従おうとしたようである。

　以後、母はたびたび不満をぶつけ、父の証言では、父に対しても「上から目線」でものを言う感じだったとのこと。「私を騙した」「借金があるところに来た！」という話になって、最後は父が謝って決着がつくのだという。それでも母は、自分の怒りをコントロールできず、父に対して物を投げたり、蹴ったりすることもあり、気持ちが高ぶって「刃物を使えば死ねる」「死ぬのは嫌だから、病院を探してくれ」などと言い、父が見つけた病院（心療内科）に1年近く通院している。

夫婦関係は冷え切っており、結婚後数か月は性交渉があったが、その後はなく、母が「子どもがほしい」と希望した時期を除いて、「まったくなかった」と父は証言している。

(9) 本児について

本児の誕生は、父が45歳、母32歳のときである。父母ともに本児の誕生を喜んだが、母は祖父母が本児に関わることを好まず、道路向かいですぐそばにある実家に連れて行くこともなかった。そのため祖父は本児を抱くこともほとんどないまま、本児誕生の2年後に死亡したとのこと。ただし、本児が大きくなってからは、母の留守中に本児が祖母のもとに遊びに行き、祖母にも本児との楽しい思い出があると、祖母自身がいくつかのエピソードを証言している。

本児の様子については、学校教師の供述調書が読み上げられた。正義感が強く、悪いことをした子に対しては注意もするクラスのリーダー的存在で、児童会の書記に立候補して当選し、成績も優秀だったという。祖母の証言も含めて、こうした供述に接すると、今回の事件に関する限り、子どもに何らかの育てにくい事情などがあったとは考えられなかった。

なお、担任教師は、死亡した母の人柄についても簡単に触れており、「学校行事にはいつも参加し、他の親御さんとも仲良くしていたし、穏やかだった」と述べている。また、母方祖母も、本児死亡後に担任から届けられた手紙を取り出し、「母はいつも颯爽としていて、前向きの意見を出しくれる方、担任の私も助けてもらって心強かった」と書いてあったと証言している。

(10) 経営の悪化

このようにして始まった結婚生活、牧場経営であったが、危機的な状態が改善するのは困難だった。

母方祖母の証言によれば、父が経営を引き継いで早くも2〜3年後には、新しい馬を購入する費用の工面ができず、200万円を援助したと述べている。これについては、月々2万円を返済してもらっていたものの、その後、父の消費者金融からの借金が明らかになり、それを精算するため、さらに150万円を援助したとも話す。

消費者金融からの借金というのは、父が母に渡している月々の生活費15万円について、あるとき12万円しか渡せないことがあって大喧嘩となり、父は

それに懲りて、借金をしてでも渡していたというエピソードが語られているので、そのあたりのことではないかと思われる。

それはさておき、牧場経営は、事件の約3年前頃から急激に悪化する。背景にはリーマンショックなどがあり、円高で輸入飼料や肥料代が高騰し、景気が悪くなって馬の売れ行きや平均価格が下がるなど、悪循環に陥ったことによる。

他方、母は事件の2年前に乳がんが見つかり、手術をする。手術は成功したが、以後は牧場のことにあまり口出ししなくなり、趣味の登山に頻繁に出かけるようになった。1泊とか2泊の計画で、「昨年1年間に30回程度は出かけたと思う」と、父は証言している。

ところで公判では、父に対して「経営が悪化していることについて、母と相談したのか」という質問があった。父は「相談すれば揉める。揉めるのは嫌だったし、見栄もあった」と答えている。つまり、事件発生当時は牧場経営の危機的状況が深まり、事件の発端となった「種付け料150万円の支払いの目処が立っていない事態」についても、直接尋ねられるまで母に知らされることはなく、この時期、母も経営について尋ねたり、口出しすることがないまま推移していたことになる。

(11) 事件1、母を殺害

このような背景の中で、最初の事件が発生した。事件当日の1月26日、父が自宅敷地で除雪作業をしているところへウォーキングしていた母が戻ってきて、不機嫌な顔つきで「来月の生活費は！」と責め寄ってきたのだという。25日に渡すことになっていた生活費が1日遅れていたので、父は「今日中に何とかする」と返答した。

ところが話はここで終わらず、母は、「種付け料」のことも尋ねてきた。しかし支払いの目処が立っていないため、父はドギマギして「用意できていない」と答えたところ、母は興奮し、「何をやってる！」「こんなことでは生活できない」「子どもを連れて出て行く！」「死んだアンタの親父と同じだ、借金ばかりして」などと攻撃、「死んでしまえ」と言って父の前を通り過ぎようとしたのだという。

父は何が何だかわからなくなり、レンチで母の頭を殴りつけ、その後も続けて4～5回殴ったという。そしてロープを持ち出し、絞殺した。

このとき、なぜこのような行動に出たのかを尋ねられた父は、「無我夢中

第5章　父親が加害者となった事例

だった」「殺さなくてはいけないという感じだった」などと話しているが、殺
さねばと考えた理由については、「（これからの生活で、殴ったことを）責め続け
られる」と答えている。また、「（後から考えると、牧場経営も）これまでは何と
かなると思ってやってきたけど、今度ばかりは（金策も）難しいかなと感じ、
不安があったかもしれない」とも述べていた。

　母殺害後、自宅敷地内に積み上げていた雪の中に遺体を隠し、母が身につけ
ていた帽子や殺害に用いたロープなどは焼却、本児に対しては「お母さんは実
家に行ってしばらく留守になる」と説明している。

　これらを考えると、母殺害は、自らも死を考えて行う「夫婦無理心中」に当
たらないことは明らかと言えよう。

（12）事件2、本児の殺害

　母を殺害した後の父の行動はどうであったか。公判でまず問われたのは、殺
害後の気持ちだった。これに対して父は「母を殺したからには、自分も死なな
くてはと思った」と説明する。なお、警察への通報、自首などは思いつかな
かったという。そして「いつ死のうか」「子どもはどうしようか」ということ
だけを考えていたというのだが、「具体的にいつ死のう」「どういう方法で死の
う」とは考えなかったとのこと。

　こうして、次の事件である本児殺害までの1か月あまり、「お母さんは実家
へ行った」との説明に疑問を抱かなかった本児はいつもどおり登校し、父は本
児と2人でスケートやゲームコーナー、温泉などに出かけている。

　一方、危機に陥った牧場経営については、整理するという気持ちになって、
所有していた馬は全部処分し、得られた代金や通帳から引き下ろしたお金のほ
とんどを、パチンコや風俗遊びに使ってしまう。

　公判では、当然このような行動の理由が問われているが、父は「1人でいた
くなかった」「知っている人に会いたくない」「他の遊びを知らなかった」など
と説明した。

　しかし、このような生活がいつまでも続くはずもなく、2月には、馬がいな
いことに気づいた近所の人からそのことを問いただされた上、雪解けの季節が
近づいてきたため、母の遺体も隠しきれないと思うようになる。

　夜になると、「死ななくては」という思いと、「子どもはどうする」という逡
巡、「子どもは殺せないから自分1人だけ死のう」「子ども1人を残して自分だ

247

けが死ぬわけにはいかない」などの思いに苛まれて、本児を殺害する直前の3月初旬、精神科を受診して安定剤と睡眠導入剤を処方してもらう。こうして次第に追い詰められていく中で、本児殺害の日がやってくる。

この日の夜、友達の家に遊びに出かけた本児を迎えに行き、連れ帰ると、本児が「喉が痛い」と言うので、ふっと「睡眠薬を飲ませて寝ている間に殺せば少しでも楽かな」と考えついたという。こうして父は、自身が処方してもらった睡眠導入剤を、風邪薬だと偽って飲ませ、眠った本児をロープで殺害した。

本児の遺体を寝袋に詰め、少し寝込んだ翌朝、父は雪の中に隠していた母の遺体を掘り出し、本児と一緒に車のトランクに積み、ロープや着替えも積んで、その車で自宅を出発する。公判では、その後の行動についての質問もあった。「ロープは首を吊るため」「一緒に死ぬことを考えた」と答えているが、実際にはそうした行動は行われておらず、本児殺害後も、2人の遺体を載せた車を駐車場に止めてパチンコや風俗遊びを続けていた。この点について問われると、「自分でもわからない」「どうせ死ぬのだから」などと答え、検察側から「自分は生きたいと思っていたのではないか」と追求されると、否定することはなかった。

このようにして本児殺害から1週間が経ち、所持金も使い果たした父は、いよいよ死のうと考えて車を走らせていたところを、警察に職務質問されて逮捕されたのであった。

(13) 判決

検察は、論告求刑で、①行動態様が残虐で極めて悪質であること、②人の命を奪うという重大な犯罪であること（心中であるとして罪を軽くすることはできない）、③動機が短絡的で悪質であること、④犯行後の態度に反省が見られないこと、などを挙げて懲役30年を求刑した。

これに対して弁護側は、事実関係は争わず、本人もことさら刑を軽くしてほしいと希望していないことを述べつつ、①母の殺害は、我慢に我慢を重ねて起こった突発的な犯罪である。②本児の殺害については、「心中」すなわち自ら後を追うことを考えての行為であり、現在は後悔と反省の気持ちでいっぱいである。これらを考慮すべきと述べて懲役15年程度が公平だと主張した。

これらの主張に対して、懲役26年の判決が言い渡された。

なお、「父子心中」という見方について、判決は、「弁護人は『心中』につい

て考慮すべきと言うが、父は本児を殺害した後も具体的な自殺行動をとっていない上、以後もパチンコや風俗店で遊ぶなどしており、弁護側が主張するような追い詰められた状況にあったとは認められない」として弁護側の主張を退けている。

(14) 討議

参加者
川﨑／松本／高橋／上野／長尾

① 金銭管理

・母は金銭をコントロールするぐらいの甲斐性を発揮しなかったんでしょうか。

・ピンチのときに、自分の実家から100万円とか200万円を工面しています。でも父は、返すと言いながら火の車で返しきれないんですね。1〜2年経って、「もういいよ」と言われています。

・借金について銀行に相談に行ったら、「毎年の赤字をなくすようにして、少しずつ返せばいい」と言われ、指示どおりやっていたと言うんですが、負債状況は毎年8000万、9000万を行ったり来たりの状態で、減ってはいませんでした。

・キャッシュフローが悪くなっていた?

・この年は、種付け料の150万円が本当に払えない状況になって、頭を抱えていたんだと思います。そんなときに、「あんた、種付け料どうするの!?」と言われて、カッとなってしまった。

② 夫婦問題

・夫婦の問題で言うと、母に性生活を拒否されて、父は唯々諾々と従っています。そうした背景があるところで、「アンタの親父と一緒!　何の甲斐性もない!」みたいなことを言われてわれを忘れ、思わず母を殴ってしまった。その結果、自分の行為に自分で恐怖心を抱き、冷静に処理することができないまま、殺害にまで至ったのではないでしょうか。

・殴ったことを、この先ずっと責め続けられるのが嫌だという発想ですね。逆DVを想像します。

・母は「都会っ子」で、大学も出ていますよね。母の両親は結婚に反対されな

かったんでしょうか。

・反対でした。でも、母の意思を尊重して認めたのだと思います。

・しっかりした奥さんだったようですから、借金のことでも最初にある程度の
ことは聞いているでしょう。そうして、「話が違う」となったら頭にくるで
しょうね。それこそ性生活なんて「冗談じゃないわ」となってしまう。母が
離婚をしなかったのは、子どもを育てるというところでギリギリのバランス
とっていたんだろうと思います。悔しいと思いつつ、実家に頭を下げてお金
も工面しています。

・借金について、父がはじめからきちんと説明していなかったとすれば、何だ
かんだ言っても自己中心的な感じがしますね。

③妻とその親との関係

・母方の祖母、つまり亡くなった母のお母さんの意見陳述はどんな感じでし
た？

・この方は、公判を全部傍聴していました。ですから、父や祖母が、証言で
「母にひどいことを言われた」とか、「こちらの習慣に従わない」などと話す
のを全部聞いているんです。その上での意見陳述でしたので、「あんな言わ
れ方をして」「死者に鞭打つようなことをなぜ言うんだ」と言っていました。
遺族代表として「永遠に許しません」と、切々と訴えていた。

・実家の両親への母からの年賀状には「いつも私たちを見守ってくれてありが
とうございます」と書いていたようです。母方祖母は、「娘がどれほど被告
人のことを信頼し、頼りにしていたでしょう。なのに、被告人は娘の気持ち
を踏みにじった」と話していました。

・また、事件の３年前、母から電話があり、「首を絞められて殺されそうに
なった」「信じられなくなった」と聞かされたそうで、「夫（母方祖父）はす
ぐに実家に帰るように強く言ったけれど、自分も娘もそんなに重要視してい
なかった」という話もありました。

・両親の反対を押して結婚しているので、母も泣き言が言えなかったのかもし
れません。

・首を絞めたという母方祖母の陳述については、後の被告人質問で問われてい
ますが、父は「首を絞めたかどうかはわからないが、押さえつけたことはあ
りました」と答えていました。

第5章　父親が加害者となった事例

- 日常的にもそういうことがあったのではありませんか?
- 父の言い分だと、母が暴れるのを押さえるためということでしたね。
- でも、母方祖母にすれば、殺されて雪の中に埋められていたと聞かされ……。
- 殺害後に性風俗の店で遊んでいたなんて話ですから、絶対に許せないでしょうね。

④加害者父について

- 心中という意味で言えば、父は子どもを殺して自分も死のうという気持ちはあったと思います。しかし具体的な実行行為はまったくありません。そのため、弁護側の「心中しようと思った」という主張に対して、裁判所は「心中するしかないという追い詰められた状況にあったとは認められず、弁護人が主張するような評価はできない」としています。
- 子どもを殺害してからの時間差もありますし、どうして子どもまで殺すのか、やはりわからないですね。
- 判決は、母を殺して大変なことをしてしまったのはわかっているのに、そこで思いとどまるのではなく、さらに子どもまで殺し、殺人を繰り返している。その罪は重いとしています。
- 3月初旬に精神科に行っているのは、自分のために薬をもらいに行ったんですかね。強迫的な感じがします。
- 死のうと思っているのに、不眠で精神科に行くんでしょうか。
- ここで一緒に薬を飲んでいれば、あるいは「心中」と認められたかもしれないですね。
- ここまで見た加害者父の事例の共通点を考えると、経済的な問題が絡んでいたり、夫婦関係の軋轢が背景にあることが多いこと、加害者母の事例と比べて、一家心中になりやすいと感じられること、女性の方が学歴が高く、男性が劣等感を持っているような事例もいくつかあること、などでしょうか。

事例 F⑤

父が一家心中を企図して妻子を殺傷し、自宅に放火した事例

(1) はじめに

事件が発生したのは、「田園が広がるのどかな集落」と伝えられる地域。住民の繋がりも強く伝統的な行事も続いており、本件ではこうした地域における風習や風土も背景にあったと考えられることから、必要な範囲でそれらについても言及したい。

また、この事件では、母子殺害の加害者となった父が犯行を認めつつも、当夜のことについて記憶が定かでないとして、犯行動機が明確にならなかった点も特徴のひとつである。

(2) 事件の概要

x年12月1日午前6時頃、「妻と子どもを殺した」と、民家に住む父（当時34歳）から110番通報があった。警察が駆けつけると、2階の寝室で母（当時34歳）、隣の和室で本児（当時6歳男児）がパジャマ姿で死亡していた。母と本児の首にはひもで絞めたような痕があり、背中や腹にも複数の刺し傷があった。また、室内には灯油をかけて火をつけた跡もあり、父は両手両足に火傷を負っていて病院に搬送された。

約半年後、退院した父は、殺人と現住建造物等放火の疑いで逮捕、起訴された。起訴状は、父が無理心中しようと考え、自宅2階で寝ていた母と本児の首をバッグのひもで絞め、背中などを包丁で数回突き刺した上、灯油をまいて自宅に火をつけ、2人を熱傷性ショック死等により殺害した、としている。

裁判員裁判では、父に懲役20年（求刑・懲役25年）の刑が言い渡された。

(3) 家族構成

父（34歳）：大工（建設業自営）

母（34歳）：施設職員

本児（6歳）：幼稚園年長

なお、本家族は父方祖父母（以下、祖父母とする）の離れに住んでおり、母屋には大工の祖父（67歳）、無職の祖母（65歳）の2人が居住していた。

第 5 章　父親が加害者となった事例

X 年 12 月（事件発生時）のジェノグラム

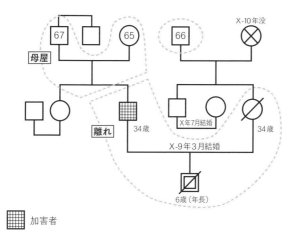

（4）事件の経緯・状況

　事件前日の午後 4 時頃、父は仕事を終えて帰宅した。その後、犯行までの間に、正確な時間は不明だが、母屋の台所裏にあった灯油入りのポリタンクを住居にしている離れに移動させた。

　翌日未明、父は、2 階で寝ていた母と本児の首を、それぞれ鞄の肩掛け用ベルトで絞めた上、母屋の台所から持ち出してきた包丁で 2 人の身体をそれぞれ数回突き刺した。父は 2 人が死亡したと思い込み、自分も死のうと考えて、母が寝ていたベッドの上に灯油をまき、火を放った。このため火災が起こり、母は熱傷性ショックのため死亡し、本児も出血性ショックと熱傷性ショックの 2 つが原因で死亡した。

　火をつけた後、父は自分も死のうとしてベッドに身体を倒すなどしたが、部屋に充満してきた煙の苦しさから 2 階の窓ガラスを手で割り、外の空気を吸った。そして午前 6 時頃、携帯電話で 110 番通報し、「妻と子どもを殺してしまった」と伝えた。父はその電話のやり取りの中で、仕事と家族のことで行き詰まりがあったことなどを話している。また、通報を受けて到着した救急車で病院に搬送される際、一緒に乗りこんだ警察官に対しても、「妻の首を鞄のひもで絞めた」「仕事のことで悩んでいた」と話している。

　なお、父は救急搬送されてそのまま入院となり、自身が負った火傷の影響で右足のほぼ付け根から先を切断し、車いすを使っての生活となり、退院後に逮

捕された。

（5）父について

　父は姉との2人きょうだい。高校卒業後、建設業を自営していた大工の父親のもとで、自身も大工として働き始め、25歳の頃に1歳年下の母と結婚した。母の父親（母方祖父）は、2人の出会いについて、次のように話す。

　「娘はお祭りが大好きで、2人が出会ったのもお祭りのお囃子を一緒にやっていたからです」

　結婚後は、実家の離れに新居を構えて生活を始めた。敷地内には、祖父母が住む母屋と離れに加え、大工仕事をする作業場があった。自営業であり、父と息子が同じ仕事をすることを考えれば、2世代が同居するのは当然のことと考えられていた。ただし、離れには台所や風呂がなく、後々そのことが大きな問題となっていく。

　結婚3年あまりして本児が誕生し、事件の約2年前には、父が祖父から会社を引き継ぎ、会社の経営のやりくりも父に任されることになった。父32歳のときのことである。以後は立場が逆転し、それまで親からもらっていた給料を、今度は父が、祖父や一緒に働いていた祖父の弟（父の叔父）に支払うこととなった。

　なお、この年4月には本児が幼稚園に入園し、10月頃には母が施設の職員として働きに出るようになるなど、本家族にとっては大きな変化がみられた年であった。

　父の人柄について、証言に立った祖母は、「非行に走ったことなどない」「おとなしくて内向的な子どもだった」と述べている。

　また、弁護人も父の友人や仕事仲間などの供述をまとめており、それによると、父と交流のあった人は口々に、「真面目」「口数は少ないが付き合いは良い」「自分の意見を無理やり通すことはなく温厚」「仕事は几帳面で妥協しない」「正直」「高校から今まで喧嘩をしているのを見たことがない」「腕は良く、仕事もすごく丁寧できっちりとこなす」「頼りになる大工」「人当たりもいいので、安心して仕事を任せられた」「息子を可愛がっていた」「息子の面倒をよく見ていた」などと話しており、評判はすこぶる良い。

　また、母の友人も、「母がたびたび父の自慢をしていた」と証言しており、母の話したこととして何人もが「うちの旦那はすごくいい人」とか、「うちの

旦那、頑張ってるよ。2級建築士の免許も取ったんだ」「うちの旦那は当たりだよ」「子どもの面倒をよく見てくれるし、優しい人だよ」などという話を聞いている。「（父に対する）悪口など、母から一度も聞いたことがない」と供述する人もあった。

なお、母方祖父は、検察官の質問に対して「父を恨むという気持ちはまったくありません」と証言した。

（6）母について

本児の母は、父の実家とほど近い隣接市で生まれている。公判での関係者の証言を聞く限り、母の実家は父の実家よりやや開けた地域のようであった。

母には4歳年上の兄が1人いた。小学校の頃、母はオーケストラに入っていたとのことで、母の人柄を尋ねられた母方祖父は、「はっきりしている性格」だと答えている。

地元の小・中・高校を卒業した後、母は実家を離れて下宿しながら大学に通い、卒業後は、地元に戻って市役所の臨時職員となった。おそらくはこの時期に父と知り合い、結婚後も市役所での勤務を続けていたが、本児出産を機に退職している。

その後は、すでに述べたとおり、本児が幼稚園に入園した後、施設で事務員として就労し、殺害されるまで働いていた。

なお、母方祖母は、母が結婚する前の年に他界している。

母の人柄については職場の上司や知人らが供述しているが、評判はおおむね良いものであった。たとえば職場の上司は、「勤務態度は真面目、無断欠勤や遅刻などもなく、仕事もできるので安心して任せられた。しっかり者で自分の意見はハッキリ言うタイプ。かといってトラブルなどはなく、他の職員ともうまく付き合っていた。新しい職員の面倒もよく見て頼りにされていた」と話す。また、子どもが通う幼稚園で知り合った女性は、「性格はざっくばらんで飾り気がなく、思ったことはハッキリ言うし、気が合った」と述べている。小・中・高と同じ学校に通った幼なじみで、何でも気軽に相談できる仲だったという女性も、母を「ちょっと男っぽいところがあり、サバサバしていて、物事をハッキリ言う人」だと評している。

一方、舅となる祖父は、母について「気の強い人」という印象を語っており、祖母も「一緒に暮らしてみるとハキハキした几帳面な人だった」と述べている。

（7）本児について

　本児が父にも母にも可愛がられていたことは、多くの関係者の供述などで示されているが、本児自身の性格・行動面については、入園していた幼稚園長の供述調書に示されている。

　園長によると、母は入園時、本児の発達の遅れを気にかけて事前に相談したという。確かに本児は内向的でおとなしく、自分から進んで発言するような積極性がみられず、トラブルがあっても対処できないことが多かったという。

　ただし、時間が経って次第に慣れてくるにつれて、子ども同士の関係もできて一緒に遊ぶようになり、他の子に劣るという感じもなくなったとのこと。

（8）実家との軋轢

　さて、弁護人から家族関係について質問され、父は「私の両親、特に父親が私の妻に対して気を遣わない態度をとるので、両親と自分たち夫婦の仲は良くなかった。それが私の悩みだった」と答えており、弁護人が、「それが事件と関係していると思いますか」と尋ねると、「どれぐらいかはわからないけど、そう思います」と答えている。

　では、結婚後の若夫婦と上世代にあたる父の両親夫婦との関係は、どのようなものだったのか。

①本児妊娠中のエピソード

　父母が結婚し、実家の離れで生活するようになってから、公判で述べられた最初のトラブルは、本児の妊娠の頃に表面化した。父も「はじまりは、母が妊娠したあたりかな」と述べている。つわりがひどく、体調を崩した母に対して、妊娠を知らなかった祖父が、「何で家事をしないんだ」などと非難したことがきっかけになったというのである。ただし、祖父は母に向けて直接言ったわけではないと証言している。

②お宮参り

　次の出来事は、本児が生まれて約1か月後、お宮参りとあわせて行った親戚を集めての食事会のことだ。母が体調を崩して出られなくなった。その折り、集まった親戚の前で、祖母が「何で出てこないの！」と父を非難したのである。

第5章　父親が加害者となった事例

せっかく親戚がお宮参りのお祝いに来てくれているのに、跡取り息子の嫁が顔を出さないのでは困ると考えた祖母の発言であった。しかし父は、「（母の）からだを気遣うより世間体を大事にする」と、腹を立てたという。一方祖父は、母が食事会に出ないということを、その日の朝に祖母を通じて初めて聞かされ、理由も聞いていなかったと述べる。

「子どものことを第一に考えた生活をしていこう」

両親が世間体を優先すると考えてがっかりした父は、夫婦の間でこんな会話を交わしたという。こうして、父母と祖父母との関係は、次第に悪化していく。

③台所の問題 (1)

本家族では、離れに台所を造るかどうかが大きな問題となっていた。それが最初に話題になったのは、本児が生まれて間もない頃だ。父母にしてみると、本児のミルクを作るにも台所がないと不便だということで祖父母に持ちかけたものの、断られてしまう。このときの具体的なやり取りは不明だが、それ以上は話が前に進まず、父母も諦めたのであった。ただし、台所を造りたいという希望が忘れられていたわけではなく、後述するように、この件はもう1度蒸し返される。

④七五三

さて、この地域で大変重要とされる行事に七五三のお祝いがあった。親戚や地域の人をホテルに招いて盛大に行うものらしく、祖父によれば、おそらく30人ぐらいは呼ぶことになるので、費用的にも100万円程度は必要になるとのこと。こうした行事は、この地域で広く行われているとのことで、もしも実施しなければどんなことになるのか。

「お互いに呼んだり呼ばれたりしているので、付き合い上まずいです」

「もしも取りやめたりすると、『何でやらないのか』と近所で噂になってしまいます」

祖父はこのように証言する。長くこの地で商売をしてきた祖父母にとって、七五三の祝いをしないことなど想像だにできないことであった。本児の七五三の行事を行うとすると、時期的にはx年11月、つまり事件直前の時期となる。そのため、この年の1月、祖父は、父母に対して風習に従い七五三のお祝いをするよう求めた。だが、父母は「金銭的な余裕がない」といって、これを断っ

てしまう。

　なお、この話と同時期、父の叔父宅で新年会が行われたが、母が欠席すると
いったエピソードもあった。それはともかく、こと七五三行事に関しては、祖
父母も簡単に諦めることができず、８月になると、もう一度この話を持ち出す。

　「１月に父母はこの話を断っていたわけですが、それを再び持ち出したのは
なぜですか」

　「親戚や部落の人たちとは招いたり招かれたりしているので、やらないとま
ずいです」

　「もうこの辺で準備を始めないと、間に合わなくなると思いました」

　弁護士の質問に、祖父母はこもごもこのように説明した。ただ、この件は改
まった席でやり取りされたわけではない。母屋の台所で、父母及び本児が入っ
てきたのを潮に、祖母が話題にしたものだ。しかし父母は、「お金がないから
やらない」「やらないと言ったらやらない！」と、強い口調で拒否する。それ
を聞いた祖母は、もう無理だと思って諦めたという。

　ところが、口論の場となった台所を立ち去った母が、玄関先で「クソバ
バァ」と発したらしく、その声を聞いた祖父が母を呼び止める。

　「クソババァとは何だ！？」

　「いずれ、この家を出ていきます」

　注意された母も、負けじと言い返したとのことで（祖父の証言）、この口論を
きっかけにして、祖父と母は互いに口をきかなくなってしまう。

　なお、これと前後して、母の実家では母の兄が結婚して別居したため、妻を
亡くしていた母方祖父は一人暮らしとなっていた。それもあって、母は仕事を
終えて本児を幼稚園に迎えに行くと、そのまま隣市に住む母方祖父の家に行き、
夕食を準備して一緒に食べるようになった。また、父も仕事帰りにそちらに立
ち寄り、風呂にも入って午後９時頃に３人で自宅に戻るような生活となった。
父は母の実家での様子について、「とても居心地のいい時間だった」と振り返
る。他方、自分の実家では、それまで祖父母と一緒にとっていた朝食も、時間
をずらして食べるようになった。七五三を話題にしての口論は、父母と祖父母
の関係をますます悪化させる要因になったと思われる。

　⑤台所の問題（2）

　10月になると、父は「離れに台所を造りたい」と、あらためて祖父に許可

を求める。

「台所のことを持ち出したのはなぜですか」

「離れでもちょっとした調理ができるようになればいいと思って……」

「便利だし、親と顔を合せるのもイヤだったので」

父はこのように述べているが、翌年春には本児の就学を控えており、通学するようになれば朝食の時間も早くなり、ちょうどいいきっかけになると考えた可能性もあろう。しかし、この申し出は、祖父が再び拒否したために実現しない。

「あなたのお父さんが反対しても、あなたは大工ですから、自分1人で造ることもできたのではありませんか?」

弁護士が問いかける。

「やればできました。けれど、反対されてまで造って後で何か言われるのがいやでした」

「それでやめることにしたのですか」

「はい」

ただし、台所を造ることに反対したのは祖父であり、祖母は必ずしも反対ではなかったとのことで、次のように話す。

「息子には『造っちゃいなよ』と言いました。けれど、『親父が賛成しないから』と返事して、台所はできませんでした」

このような経過をふまえ、母は父に対して、「それだったら家を出て、3人で借家住まいしよう」と持ちかける。

「うん、そうだな」

父はそう返事したものの、それを具体化する動きを見せることはなかった。

「踏ん切りがつかなかったのはなぜですか」

「後づけの考えかも知れませんが、自分は跡取りの長男だし、家を出るというのに抵抗があったかもしれません」

弁護士の質問に、父はこう答える。

「あなたの家には、大工の作業場があるんですよね?」

「はい」

「作業場が使えなければ、大工仕事も不便になるでしょうね」

「はい」

借家住まいに踏ん切れなかった事情が他にもあることを、弁護士は印象づけ

たかったのかもしれない。

（9）犯行前夜

　事件が発生したのは、12月1日早朝である。しかし、その前後のことについて、父には定かな記憶がない。そこで公判では、直前の様子などを祖父母や母方祖父に尋ねている。それらを総合すると、事件発生の2日前には、母方祖父の家で父母及び本児の3人が夕食をとり、事件前日も、同じように訪問していることがわかった。以下は、母方祖父の証言である。

　「この日（事件前日）は、来るのが遅かったので、食事はしないで風呂に入るだけで帰りました」

　「2日間とも、特に変わった様子はありませんでした」

　一方、祖父は、事件前日の夕方に父と会って話しているが、やはり特別変わった様子は感じていない。また事件当日は、祖母が旅行に出かけるために午前4時半に集合するというので、3時には起き出して祖母を集合場所に送っていき、帰宅後は再び就寝して6時頃に起床したという。

　「起き出してみると、玄関で話し声がするので出てみました。すると、消防車やパトカーが来ていて、それで何が起きたのかを知ることになりました」

　祖父はこう述べる。なお、母や本児のこの間の様子についても、誰も著変は感じていないとのことであった。

　以上をまとめると、死亡した母は別として、事件の直前の父の様子がおかしいと感じたものは誰もいなかったということになる。ただし、検察側は冒頭陳述で、「被告人は、110番通報した際や、救急車に同乗した警察官に対して、仕事と家族のことで行き詰まりがあったと話した」としている。とはいえ、弁護側は「被告人に仕事上の悩みや不安はなかった」と主張し、この点での対立があった。

（10）犯行

　さて、公判で、父は事件についてどのように証言したのだろうか。

　「110番通報した際、仕事と家族のことで行き詰まりがあったと話したのですか」

　弁護士が質問する。

　「取り調べのときに書類を見せてもらい、『ああ、こういうことを言ったん

だ』と思いました」

「救急車内での警官からの質問についてはどのように答えましたか」

「何かを聞かれた記憶はありますが、何を喋ったかは覚えていません」

また、犯行状況についての質問には次のように答える。

「細かく覚えていません。断片的に、映像のようなものが残っているだけです」

父は、包丁で母の身体を刺したことは認めつつ、「(母が抵抗したかどうかは)覚えていません」と述べ、弁護士が、「殺そうと思っていたんですね?」と問いかけると、「そうですね」と応じる。

「その記憶はあるんですか」

「取り調べを受けて、そうだったのかなという感じです」

他の質問に対する証言も、ほぼ同様だった。このように記憶が定かでない理由について、弁護側は、証拠として父を診察した医師の話をまとめている。それによると、診断名は「解離性障害、軽い抑うつ状態」とされており、「事件前後の詳細な記憶がないのは、妻子を殺害したという衝撃的な事実に対して防衛機制が働き、解離性障害に陥ったもの」としている。また医師は、「被告人に明らかな精神疾患の兆候はない」「記憶がいつ戻るかはわからない」などとも説明したという。

これに対して、検察官も父に質問する。

「あなたが(母を)刺したんですね」

「(母には)首を絞めた痕がありましたね」

「(本児には)10か所もの傷がありましたよね」

「(母や本児に)そんなことをされる理由はないですよね」

これらの質問について、父が認めるのを確認した上で、次のように尋ねる。

「どうして何度も刺したのですか」

「わかりません」

これが父の答えであった。検察官は、父の話を総合すると母や本児に対して不満などなく、父の両親に不満を抱いていたと考えられるとした上で、なぜ殺害した相手が母や子どもだったのかを尋ねているが、それに対しても、父は「わからない」と答える。動機が明確にならないからか、検察は、殺害方法についても取り上げて、「動機ではなく、種々の方法の中から、どうしてこのような方法を選んだのか」といった質問もしているが、父はやはり「わからない」と答え、後に裁判員から同様の質問を受けたときには、「今も謎」と答え

261

ている。

なお、父は逮捕後に祖父母との面会を拒絶したことがあった。弁護人にその理由を尋ねられると、「両親との仲が事件の原因になっていると思ったからそうしました」と、その理由を説明している。この点に関連して裁判官が、「両親と母との間をあなたが取り持つようにしないと、まとまる話もまとまらないのではありませんか」などと言われて「はい」と返事はしたものの、裁判員から「小さいときから育ててもらった両親に感謝の気持ちは感じていませんか」と問われ、「ちょっと出てこない」などと反応していた。

(11) 判決

以上のような経過を経て、検察側は、おおむね次のように主張した。まずは、今回の事件が父による犯行であることは立証されたと述べた後、①2人もの命が奪われるという極めて重大な結果が生じたこと、②被告人の犯行の態様が極めて残忍で残虐、そして冷酷であること、③母にしろ本児にしろ、殺害されなければならない理由など何もなく、動機に酌むべき事情がないこと、④延焼の危険性があったこと、⑤遺族である母の実父（母方祖父）が大変なショックを受けていることなどを挙げて、本来ならば無期懲役に処すべき事件だが、110番通報していること（自首）、自らも重傷を負っていること、これまで前科などなく真面目に働いてきたことなどを勘案し、懲役25年が相当だとした。

これに対し、弁護側は、犯罪の成立自体は争わないと述べた上で、無理心中でよくある経済的な要因で家族を巻き添えにするような事件ではないと主張する。その上で、本件に関する情状について、検察官の述べる「犯行態様の残虐性」「結果の重大性」を認め、次の7点にわたって主張を展開する。

①被告人は妻子をこよなく愛していた、②被害者の遺族に処罰感情がない、③被告人は真面目に生きてきたごく普通の人間である、④被告人自身が深く反省し、後悔の気持ちが深い、⑤今後一生車いすでの生活となるなど、すでにある程度の制裁を受けている、⑥更生の可能性がある、⑦自首が成立する、以上をふまえ、できるだけ寛大な判決を希望する旨を述べる。

なお、最後に発言の機会を与えられた父は、次のように発言した。

「9か月間拘留されていて、この間に、似たような無理心中事件をいくつか見聞きし、そのたびに苦しいような悲しいような気持ちになりました。『生き残ったことには意味がある』と警察官に言われましたが、無理心中なんかない

世の中にしたいと発信することが、その意味かなと思っています」

　検察側、弁護側双方の主張を受けて、判決はまず、父の犯行であることを認めた上で、「本件は強固な殺意に基づく非常に残虐な犯行であり、結果は誠に重大」と結論づけ、動機については「解離性障害のため、父に記憶がなく、他の証拠によっても明らかにならない」と述べる。ただし、仕事や収入についての不安は犯行動機とは考えにくいとして、これについては否定した。次に、父母と祖父母の関係が悪化しており、これが事件の一因となった可能性が高いとしつつ、自分の両親への反感が妻子に向かうのは理解しがたいとして、「動機は不明」と結論づける。その上で、他の諸事情を汲んで懲役20年とされた。

（12）討議

参加者
川﨑／松本／髙橋／上野／長尾

① 解離性障害
・父の供述を信じるのであれば、典型的な解離状態だと思います。自分で起こした事態に対して深刻さがない。別の意識システムがやったことなので自分の生活史の中にはめ込まれておらず、断片化されている。通常であれば、解離性障害かどうかで責任能力が問題になるようなケースだと思います。だから、なぜそうしなかったのか疑問です。
・現時点で当時の記憶がないということは、犯行時も解離性障害が起こっていた可能性があるということでしょうか。
・そういうことです。犯行自体は、一見すると非常に合理的な動きをしているじゃないですか。精神障害による犯行であれば合目的的な行動をとれないのですが、解離性障害の場合には、それができてしまうことがあるんです。悩ましいのは、救急車で運ばれるときに足の痛みを全然訴えていない点です。裂傷がひどくて痛覚が麻痺していたのか、解離性障害の一部なのか。片足を切断するぐらいなので、大抵は麻痺と考えて、そこから解離に広げるのは危険だとは思います。また、自分で通報している点も謎ですね。その段階で元の意識が戻っていると考えられます。だから、逃走の意図はないんですよね。
・父は、実家と母との板挟み状態で、自分では決断できない方ですよね。そのストレスが背景にあるのではないでしょうか。

・板挟みになるというだけなら、よくある話じゃないですか。では、なぜこの人が解離状態になったのか。父の生育歴や、これまで困難に対してどう対処していたのか知りたいところです。実はうつ状態だったとか、通常の人なら対処できる問題に対処できなかった要因が他にもあるかどうかが気になりますね。見ていると、祖父も被害者となった母も、絶対譲らない人のようだし。

・2人とも絶対に譲らなくて、父は2人の間で物事を決められないというのはわかるんですが、それでは、なぜこの日に犯行を行ったのか、きっかけとなったことが何かがわかりにくい。たとえば、事件直前の28日には本児のランドセルを注文し、29日にはいつもどおり、母の実家に行ってみんなで一緒に食事をしている。30日も、都合があって訪問時間が遅くなって食事はしなかったけれど、風呂に入って帰宅している。12月1日は父の母親が旅行に行く日だった。なぜこの日が犯行に選ばれたのか。やはり引き金がわかりにくいんです。

・そうですね。これだけ多くの人が出てきて証言しているのに、動機がわからない。不思議ですね。裁判所も動機が気になったから、いろいろな人の話を聞いたんでしょう。でも、結果的にはわからなかったということですね。

・父が住んでいた地域は、七五三の祝いをしないことが大ごとで、長男が親と別居することも大ごとですよね。そういう地域に、大学を出た女性が嫁いできて、不合理と感じられる風習を嫌った。

・こうした家族でのトラブルが原因で解離性障害は起こってしまうものなのでしょうか。

・解離性障害というと、一般的には幼少期に虐待を受けていたとかトラウマに遭遇したという方が多く、パーソナリティ障害のようになって解離性エピソードが繰り返されます。また、女性に多いです。男性の場合に目立つのは、うつ病のエピソードと一緒になって解離性遁走をしてしまうパターンです。蒸発して、樹海で自殺未遂で発見されたりします。そういう方は、意外に予後は悪くないんです。父は、そういうタイプの解離に近いように思います。事件前後に、うつを支持するエピソードがあったかどうかは、この情報だけではわかりませんが。

② 父と祖父との関係

・父は、自分の父親に対してかなり批判的でした。祖父に対する気持ちを聞か

れて、「何もない」と答えています。これだけの事件を起こしているので、「申し訳ありません」という気持ちがあってもおかしくないと思うんですが、そういう態度は感じられませんでした。翻って考えると、今これだけ自身の父への怒りをぶつけているのであれば、事件を起こす前に別居するとか、それができなくとも離れに台所を造るといった選択肢があってもよかったのではないかという気もするんですけどね。

・親子で対決できていれば、そもそもこんなことは起きなかったでしょうね。では、なぜ今になって怒りが出てきたのか。自分の父親に対する事件前の態度は、公判のときとは違っていたかもしれません。裁判のときは、普段と違う精神状態だったということもあるんですよね。裁判上の意識状態。都合のいい話なんですけど、解離性障害はいろいろな意味で都合のいいところがあるのでね。

・祖父への怒りも、確かにわかりますが、それしか出ていない。

・肝心なところで、自らの責任と向き合うことになってない。幼少時の父親と祖父の関係などは気になりますね。

・この地域で育って、そのまま家業を継ぐとなれば、父はこの地域で生きていかなければならない。そうすると祖父には反抗できない。内心では七五三の祝いをやれという祖父に従ったほうがいいとも思っているけれど、理屈で考える母の意見も明快だから、父はまさに分裂状態で暮らしていた。言葉を換えれば、父は、自分の父と妻という2人の主人のどちらにも仕えようとして立ち往生したように思います。

・自分の妻にも腹立たしい気持ちがあったのではないか、という見方もありますね。「嫁に来た以上は、ここで生きていかなければ」という話になりそうですが。

③ 防ぐ難しさ

・誰にも一言も相談せずに事件を起こし、母子2人は死んでしまっています。父も、当時の気持ちは忘れてしまっている状態で裁判が行われました。いくら聞いても、動機も何も出てこない。これを防ぐというのは難しいですね。

・父は、事件前もずっと誰かと会っています。にもかかわらず誰も気づかないわけですから、どうしたらいいのか。

・父はうつ状態だったかもしれないけれど、その点についても誰も気づいてな

いし、父にも自覚はない。

・仕事ができない状態でもなかったですからね。

・父に困っているという自覚はあったんでしょうか?

・もしかしたら全然ないかもしれないですね。

・「困ったなあ」と誰かにぼやけたら、この事件はなかった可能性があるようにも思いました。

④ 裁判時の意識状態

・裁判上の意識状態という話がありましたけれど、確かにちょっとハイな感じがしました。

・公判の最後に父が発言を求められ、「無理心中なんかない世の中にしたいと発信することが、生き残ったことの意味」のようなことを言っていましたが、裁判員もこの内容では納得できないのではないでしょうか。

・不釣り合いに明るい演説調というのが、逆に芝居じゃない印象を受けます。もし芝居なら、もっと神妙な態度をとるとか、うまくやるでしょうから。

事例F⑥
多額の借金を妻に言えず、経済的破綻の末に父が試みた一家心中の事例

(1) はじめに

　本件は、父が一家心中を企図して母と小4の次女(以下、B子)の2人を殺害し、中3の長女(以下、A子)も殺害しようとしたものの抵抗されて断念した後、殺害現場の自宅に放火して逮捕されたものである。父は「生活苦のため家族全員を殺して、自分も死ぬつもりだった」と供述している。

　住宅ローンやカードローンなどで、父は多額の借金を負っていたが、こうした借金の実情について母に伝えることができず、借金返済に向けた対策はおろか、母に言われるままに夫婦でパチンコに通ったり、母の度重なる泊付き旅行などで手持ち金が底をつき、事件発生へと繋がっていった。

　本事例は、借金の問題に加え、それらを解決するための努力を何らなし得なかった夫婦関係も背景要因と考えられる事例であろう。

266

（2）事件の概要

x 年 1 月 27 日午後 3 時頃、K 市の住宅から「父が家族を刺して、火をつけた」と 119 番通報があった。警察が駆けつけところ、3 階建ての住宅内部がほぼ全焼しており、室内から母（当時 36 歳）と B 子（当時 10 歳）が救出されたものの、2 人ともすでに死亡していた。同居していた A 子（当時 15 歳）も手を切るなどして軽傷を負っていたが、近所に逃げて無事だった。現場にいた父（当時 39 歳）は、現行犯で逮捕された。

父は、元公務員。住宅ローンの他、単身赴任による二重生活の負担からカードローンに手を出し、退職金で借金を返済しようと考えて事件の約半年前に退職した。しかし、以後は就労しなかったため、事件前日には所持金が 2000 円のみとなり、無理心中を決意する。

父は包丁を持ち出し、自宅階段において母の腹などを刺した後、2 階居間で B 子を刺した。次いで A 子も刺そうとしたが揉み合いになり、A 子が包丁を取り上げ、戸外に飛び出したため、父は A 子殺害を断念して 3 階寝室の布団にライターで火をつけたもの。母と B 子の死因は、首を刃物で切られたことによる出血性ショック死だった。

裁判員裁判で、父は起訴事実を認め、無理心中を図った理由については「住宅や車のローンで借金があった。妻に責められると思い、言えなかった。離婚になると子どもたちと会えなくなると考えた」などと答えた。検察側は論告求刑で、「多額の借金をしていた上、パチンコを繰り返した。弁護士から自己破産を勧められたが手続きをとらず、つまらないプライドから家族を殺して自分も死のうとした」などと指摘し、無期懲役を求刑した。弁護側は、「経済的、精神的に追い詰められて抑うつ状態になり、冷静な判断ができなくなっていた」として、懲役 13 年が相当としたが、懲役 26 年の判決が下された。

（3）家族構成

父（39 歳）：無職（元公務員）

母（36 歳）：パート

A 子（15 歳）：中学 3 年生

B 子（10 歳）：小学 4 年生

なお、本家族の自宅は母が幼少期から育った母方実家と同じ K 市内にある。

X年1月（事件発生時）のジェノグラム

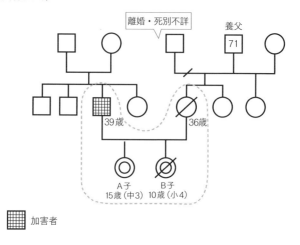

（4）結婚と家族の変遷

　父方祖母（父の実母）の証言によれば、父は4人きょうだいの第3子として生まれ、幼少期は病弱だったという。性格的にはおとなしく、甘えん坊で育った。学童期のエピソードは特に話されていないが、高校を卒業して公務員となり、しばらくは自宅近くで勤務していた。

　就職して2年後に転勤して自宅を離れ、母の実家があるK市で勤務することとなり、そこで母と知り合う。出会いのきっかけなどは話されていないが、知り合ったのは母が高校卒業間近の頃であった。

　母は中学時代、柔道部に入っており、母の養父は「男子を投げ飛ばしたという話も聞いた」などと供述している。高卒後は実家を離れて介護施設などで働いたりしたものの、ホームシックになって自宅に戻ってきたという。

　母の養父によれば、母が初めて自宅に父を連れて来たとき、父は黙ってポツンと立っているだけで一言も喋らなかったという。ただし、人柄がわかってくると、「真面目で良い人」だと感じたとのこと。

　父は、母の「明るい、はきはきしている」ところに魅力を感じ、知り合った翌年に結婚する。父23歳、母20歳のときであった。

　こうして始まった結婚生活だったが、A子の出産前後、経済的な危機に見舞われる。母が切迫早産で入院し、出産後にも転倒して再度入院したことなど

による費用がかさんで借金をしたことが発端となり、返済しては借りることを繰り返すようになった。

借金は夫婦合わせて約200万円あまりになったが、こうした状況のさなか、父は再び転勤し、家族も一緒に転居することになり、母は自分の生まれたK市を離れる。

なお、借金については父母ともに自己破産する形で解決をみたが、破産宣告後にB子が生まれ、さらに父の転勤が続き、家族4人は、再び母の実家があるK市に移り住む。A子はこのとき6歳。ちょうど小学校に入学した年であった。

(5) マイホーム新築

本家族のマイホーム新築は、父の転勤とA子の小学校入学などが重なる中で浮かび上がってきた。

「A子の通学も大変だね」

こんな話題が出てモデルハウスを見学し、宿泊体験もする。そうなれば、かなり積極的な勧誘が行われるのは想像に難くない。

「あなたはマイホームに賛成でしたか?」

「反対でした」

弁護士の問いに、父はこう証言する。自分の給料で借金を返済するには無理があるし、そもそもローンの審査も通らないだろうと考えたのである。事実、最初は審査ではねられてしまう。ところが、セールス側が別の金融機関での再審査を勧め、今度は一転、ローンが認められる。

「それで、妻が舞い上がってしまいました」

近々異動の可能性もあるし、単身赴任もないとは言えないと考えていた父は賛成する気持ちにならなかったが、母は「自分も頑張るし、あんたも頑張って」などと促す。

「それで、結局どうされました?」

「最後は、妻がセールスの人に『建てます』と言いました」

「それはだめだと、奥さんに伝えなかったのですか」

「言いました。けれど、『(妻が)私が決めたから』というので……」

「それであなたは、奥さんに従った?」

「はい」

結局、母の実家と同じＫ市に新築をし、そのために組んだローンの総額は
3200万円だった。

（6）夫婦関係

　数年前に破産宣告している上に、2人で意見が違う多額の買い物を、こうい
う形で決めてしまう夫婦の関係とはどのようなものか。以下ではこの夫婦の関
係について、公判での証言などから検討しておきたい。ただし、一方の当事者
である母は死亡しており、母の主張がまったく反映されていない点は差し引い
て考える必要があろう。

　父が証言する。

　「あるとき、妻からいきなり、『あんたに決定権はない、主導権はない』と言
われました」

　「それを聞いて、あなたはどのように返事しましたか」

　「『あ、そうなの。わかった』と」

　こうした証言を聞いていた裁判官が、次のように尋ねる。

　「いつからそんな関係になったのですか」

　「転勤があって、妻が自分の生まれたＫ市を離れた時期からです」

　「知らない土地に移って妻が精神的に落ち込んだ様子だったので、なるべく
刺激しないよう、言いなりになりました」

　こんな答えが返ってきたが、実はこの転勤前にも、次のような出来事があっ
た。Ａ子がまだ1～2歳頃のことだ。「妻が浮気している」という噂を耳にし
て疑った父が、こっそり母の携帯のメールを見たところ、「愛している」「私
も」という男性とのやり取りが残っていた。そこで母を問い詰めたところ、
「あんた、勝手に人の携帯見て」と逆ギレされ、以後はロックされてメールを
見ることもできなくなったのだという。

　一方、父はと言えば、母から友人関係を制限され、友人の結婚式なども、
「出る必要あるの」などと言われて出席しなくなり、ある年の忘年会の際には、
午後8時という帰宅予定時刻を過ぎたため鍵をかけられて閉め出され、ひた
すら謝って中に入れてもらったという。こうして父の交友関係は狭められて
いった。

　また、父は家事全般を自分で引き受けており、朝が苦手な母にかわって朝食
の支度をしたり、子どもの送り迎えなどをして出勤していた。後に述べる単身

赴任の際にも、毎朝電話して子どもたちを起こし、登校を促していたという。

裁判長に「退職後、家事すべてをあなたがしている間、奥さんは何をしているんですか？」と尋ねられ、「恥ずかしいけど、携帯ゲームです」と答え、「口では『後でやるから置いといて』と言うけれど、いつやるかわからないので自分がやっていました」などと証言する。

「あなたは、それについて奥さんに不満を言ったりしなかったのですか」

「はい」

このような夫婦関係は、事件発生までずっと継続し、変わることはなかったと考えられる。

(7) 単身赴任

マイホームを建てた後は、母もスナックで週3〜4回のアルバイトをして月々約10万円を稼ぎ、何とかローンの返済をしていた。しかし、父が再び転勤を命じられて単身赴任になると、経済的な事情が大きく変わる。事件の4年前のことだ。

スナックに勤める母は、夜の7時とか8時頃に家を出て深夜2時頃帰宅するようなスタイルであったため、父が単身赴任で不在の平日には、小学校に入学したばかりのB子と、やはりまだ小学6年生のA子だけを残して夜間に働くわけにいかず、週末に1回程度しか働けなくなった。したがって、単身赴任後は母の収入が大きく減った上、父は毎週帰省するため、新たに月4万円程度のガソリン代が必要となった。その結果、父の月収24万円の中から住宅ローン10万円、母の自動車ローン4万円、水道・光熱費3万円、さらにガソリン代4万円を支払うと、手許にはほとんど残らなくなってしまったのである。

こうした状況の中、単身赴任を始めて約3か月後、父が家計の管理をするようになる。単身赴任した父が家計を管理することに不思議さを覚えたのか、弁護士がその辺りの事情を尋ねる。

「給料は口座振込だったので、私がそこから車のローンを払い、残った分を家計の口座に入れて、それを妻が管理していました。そうしたら、『どうせあんたが郵便局に行くのだから、あんたやって』と言われたので、私が管理することになりました」

「理由は？」

「これという理由は聞いていません。面倒だったのかなと……」

「反論しましたか？」

「いえ、していません」

家計の管理を移すことについても、母が提案し、それをそのまま父が了解したことがわかる。しかし、このような単身赴任を続ける以上、生活費は足りず、住宅ローンの返済も滞ってしまう。困った父は、母に内緒でカードローンから借金しては、そのお金を生活費にあてるようになった。

ところが、このような状況に陥った後、夫婦はパチンコに通うようになる。1回につき、父は2〜3万円、母は4〜5万円ぐらい使っていたというのだが、この点についても弁護士が質問した。

「パチンコを始めたきっかけは？」

「これというのはありません。妻が『パチンコに行きたい』と言い出したので……」

「奥さんが行きたいと思ったのは、なぜですか？」

「聞いたことはないけど、もしかしたらテレビとかで見たのかなと思います」

パチンコを始めるようになった頃、家計はすでに危機的状況だったはずだが、父はその点を伝えないまま、母の希望どおりに行動したのであった。

「あなたがパチンコに行くときは2人で？」

「はい」

「1人で行くこともありましたか」

「ありました」

「それはどうしてですか」

「妻に『行ってこい』と言われて……」

「どうしてそんな風になるの？」

「気になる台が入ったらしくて、『行って見てきて』とか言われて……」

なお、パチンコ通いは事件発生直前まで続いており、事件前日の夕方も、父は母方祖父に借金を頼んで断られた後、パチンコ店で母と合流していた。

こうしたやり取りを聞いて、裁判員も疑問に感じたのか、さらに尋ねている。

「奥さんにパチンコを止めてほしいとは思いませんでしたか？」

「止めてほしかったけれど、『調子が悪い』とか、自分で『うつだ』とか言っていたので、少しでも気をまぎらすことができたらと思って反対しませんでした」

「奥さんは家計のことを知らずに趣味のパチンコをしていたとしても、あな

第5章　父親が加害者となった事例

たは経済状況がわかっていたのですから、せめて自分は行かないということは
できなかったんでしょうか」

「そうですね。勇気を出して、言えばよかったなと思います」

ところで、経済的な危機が進行する中、母はパチンコに加えて頻繁に旅行に
出かけるようにもなる。この点について、弁護士が質問した。

「いつ頃からですか？」

「単身赴任した翌年ぐらいに始まったので、（事件の）3年前頃からではない
かと思います」

「頻度は？」

「単身赴任しているときは、1〜2か月に1回ぐらいだったと思います」

「退職後も続いていましたか」

「はい。1か月に1〜2回は行っていました」

「ということは、退職後、旅行の回数が増えたということですか？」

「はい」

「一度行くと、大体何日くらい泊まるのでしょうか」

「少なくて1泊、長いときは3泊ぐらいです」

「1回にかかる金額はいくらぐらいですか」

「大体5万から10万円です」

父と面接した精神科医は、この旅行に絡んで、「以前に浮気があって、ス
ナックで働き、遠出もする。『もしかして浮気？』と疑ってもよい状況だと思
うが、本人はそう言っていません」と証言している。

それはともかく、経済的にますます苦境に陥った父は、勤務先の共済組合か
ら150万円の借金をし、さらに追加して140万円を借り入れる。

（8）退職

このような生活では、借金はふくれあがるばかりである。弁護士が質問する。

「借金がどんどん増えていきますよね。それについて何か対策を立てました
か」

「2回ほど弁護士に相談しました。最初は退職直前です。自己破産を避けて
債務整理をお願いしました」

このとき、弁護士からは「自己破産がよい」とアドバイスされたものの、父
にはその決断ができず、結局は退職の道を選ぶ。単身赴任による二重生活が経

273

済的に大変だったこと、家族と離れて寂しかったこと、退職金で借金を返済しようと思ったことなどが、その理由だという。

「退職について、事前に奥さんに相談しましたか？」

「はい」

「反対されませんでしたか？」

「いえ、『公務員は続けてほしいけど、自宅に戻ってきて働くのならいいよ』と言われました」

「つまり再就職が前提ですよね。退職時、次の仕事は決まっていましたか？」

「いえ、決まっていませんでした」

こうして父は、事件の約半年前、再就職のめどがないまま退職し、退職金として共済組合の借金を相殺した上で、約600万円を受け取った。

父は、退職直後にも弁護士に相談するが、「債務整理するなら定職について30〜40万円ぐらいの給料がないと無理だよ」と言われ、やはり自己破産を勧められる。

「あなたはそれを聞いてどう考えましたか？」

弁護士が質問する。

「弁護士の先生には、『奥さんとよく相談してください』と言われました。でも相談できなかったので、とりあえず定職を探すことにしました」

「どうして奥さんと相談できなかったんですか？」

「過去に一度自己破産していますし、新築した家を売るとなると、近所中に知れ渡って家族にも恥ずかしい思いさせることになります」

「ところで、退職後の再就職についてはどんなお考えでした？」

「すぐに見つかると思っていました。甘い考えでした」

「再就職のため、どのような行動をされましたか」

「ハローワークに行きました」

「何回ぐらい履歴書を出しました？」

「3回ぐらい。でも面接まで行きませんでした」

「書類審査で落とされた？」

「はい」

「どのような理由ですか」

「わかりません。ご縁がなかったのかなと思いました」

この点については、検察側からも厳しい質問が出た。

274

「アルバイトは？」

「していません」

「日雇いの土木作業とかは？」

「いえ」

「どうして？」

「妻に『アルバイトじゃなく職についてほしい』と反対されたので……」

「でも、奥さんに借金のことを話せば、『アルバイトでも何でもして』と言ったのではありませんか？」

「今はそう思います」

ところで、父が自宅に戻ってから母が仕事を増やしたということもない。この点についても弁護士は、父に尋ねる。

「もともと、あなたが単身赴任でほとんど家にいないから、奥さんは子どものために仕事を減らしたんですよね。だったら仕事を辞めて戻って来ているのですから、奥さんは仕事を増やせたのではありませんか」

「そうですね」

「では、現実的に増やしましたか？」

「いえ」

「どうして？」

「妻に『仕事を増やす意味がわからない』と言われました」

「そう言われて、どう思いましたか」

「働くのが嫌なのかな、と」

結局のところ、父の退職後はほとんど収入が得られず、退職金は月々のローン返済や生活費に使われて費消されるばかりとなる。しかも、退職後にパチンコに行く回数は増えており、10月頃にはB子から父に対してそれを咎める手紙が届く。

「パパへ。パパは鬼ごっこやかくれんぼをしたのを覚えていますか？　そのときはとても楽しかったです。パパは最近遊んでくれないからとても寂しいです。だってパチンコばっかりでつまらない。正直もうパチンコなんて全部なくなってしまえばいいと思っています。話が変わりますが、仕事探し頑張って。家族のために頑張ってください」

退職後は母の旅行の回数も増え、事件1か月前になると、ついに退職金も底をついてしまう。

(9) 犯行直前の状況

　父は、金銭的に切羽詰まった12月頃から、将来を悲観して自殺を考えるようになった。そのあたりの心境について裁判官が問うと、「何となく」という答えが返され、まだ漠然とした気持ちであったことがうかがえる。

　裁判官が引き続き質問する。

「もう少し詳しく話してください」

「どうしようもない気持ち。無理心中しかないと……」

「家族を殺した上であなたも死ぬということですか」

「はい」

「あなただけ死のうということは考えましたか」

「はい」

「それはいつのことですか」

「多分、最後にお金を引き落としたとき。これがなくなるとやばい。『自分だけ死ななきゃダメ』と考えました」

　無理心中を実際に考え始めたのは、決行の4〜5日前からだという。

「あなただけ死ぬか、家族と一緒に死ぬか、迷いましたか」

「まず自分だけと考えました」

「それを実行しなかったのはなぜでしょう」

「結局、自分だけが死んでも、子どもたちや妻が苦労するので……」

　決行までにはこんな思考過程があった。

　年が明けて1月になると、家計はいよいよ窮迫し、犯行前日の26日には灯油がなくなり、所持金もほとんどない状態になってしまった。

　ただし、父はこの日、散髪に行っている。裁判長がこの点を尋ねる。

「散髪代に行っていくら使いましたか」

「3600円」

「それで所持金が2000円になった？」

「はい」

「そのときには、もうお金がなかったんですよね。それなのに、なぜ散髪に行ったのですか」

「妻に『その髪、気持ちが悪いから行って』と言われ、断るとトラブルになるから逆らえずに行きました」

散髪の後、すでに述べたように、父はパチンコ店で母と合流する。そこで父は、自分の母である祖母に電話して「2万円貸して」と依頼する。

祖母は少し前から何度となく用立てていたようで、裁判では、「都合30万円ぐらいは出したと思う」と証言している。ただし、この日は土曜で時間も遅く、「いくら急いでも明日一番になるよ」といって承諾する。

翌日。犯行当日である。父は、2万円を当てにしてのことであろう、ガソリンスタンドに灯油3000円分を頼み、お金を引き出すためにA子と一緒に銀行ATMへ行く。ところが、いざ金額を確認しようとすると記帳欄がいっぱいで、画面に「新しい通帳に交換してください」とのメッセージが現れる。祖母は約束どおり振り込んでいたので、記帳はできなくても何ら問題はなかったが、日曜日で通帳の更新ができなかったことから、お金がおろせないと思いこみ、最後の望みも断たれたと感じて無理心中を考えたのであった。

父は銀行を出て、灯油の予約をキャンセルし、A子と一緒にコンビニで800円ほどの食料を買って自宅に戻った。

このときのことを、A子は次のように供述している。

「朝11時頃、お父さんに起こされた。お父さんが『銀行に行く』というので、自分もついて行った。そのときの様子は覚えていないけど、その後、買い物して帰って、お父さんがごはんを作って、妹と笑いながらふざけて食べて、家族でビデオを見ていた」

子どもは、自分の親が自分を殺そうとすることなど想像だにしない。だが、父は直後の午後2時半頃、凶行に及ぶのである。

(10) 犯行

怪しまれないように昼食を済ませ、午後2時半頃、母が出かけようとするのを見て、父は包丁で刺すことを決める。そして、2階の台所から持ち出した包丁を服の中に隠し、母が2階から下へ降りるときを狙って、背後から母の首に突き刺す。母は悲鳴を上げ、階段から滑り落ちて尻餅をつき、仰向けに倒れる。以下は検察官と父とのやり取りである。

「そのとき、奥さんはまだ意識がありましたか」

「はい」

「あなたは何か言いましたか」

「『一緒に死んでくれ』と」

「そのとき、奥さんは？」

「『わかった、わかったから冷静に話し合おう』『子どもたちのことも考えて』と言いました」

「あなたは」

「一応、『わかった』と言ったけど、自分はもう心中するつもりだったので、脇腹を刺しました」

「そのとき、子どもたちは？」

「気がつくと、階段の上から見ていました」

このときのことを、Ａ子は次のように供述している。

「テレビ見ながら携帯いじっていたら、いきなりママの叫び声が聞こえて、最初はふざけていると思っていたけど、妹はお母さんが大好きだから見に行って、『ママが大変』とすごく泣いていた。『どうしたの？』と聞いても言葉が出てこなかったので、自分で見にいったら、お父さんがお母さんに向かって包丁を振り上げていた。お母さんが、『子どもたちの前ではやめて！』って言って、私には『あっち行ってなさい』って……。2階に上がって救急車とか呼ぼうとしたけど、頭が真っ白で番号がわからなくなった」

一方、父は母が動かなくなるのを見届けて2階に上がる。そのことについての検察官の質問が続く。

「子どもたちは何をしていましたか」

「救急車と警察の電話番号を相談していました」

「それでＢ子さんを刺した？」

「はい」

位置的にも自分に近く、背を向けていたＢ子の背後から首を刺したとのこと。

「Ｂ子さんを刺したらどうなりましたか」

「倒れました。可哀そうだなと……」

Ｂ子はひざから崩れるように倒れ、即死状態だった。次に父は、包丁を持ってＡ子に近づく。

「Ａ子さんはどうしましたか？」

「後ずさりして和室に逃げたので、追いかけました」

「そのとき、あなたは何か言いましたか」

「一緒に死んで、と」

「A子さんは？」

「いや、死にたくない、殺さないでと……」

「それで気持ちは変わらなかったのですか」

「そのときはもう、『やらなきゃ』としか思っていなかったので……」

ただし、背後から刺した母やB子と違って、父はA子と向かい合っていたため、左脇腹に包丁を向けたものの、A子はそれを交わして逃げる。父は追いかけ、A子が尻餅をついたところで再び刺そうとしたが、A子はその包丁を両手でつかんで防いだという。A子の供述。

「『殺されるよりまし』『お母さんと妹を助けなきゃ』と思って刃を握った。『手を放しな』と言われたけど、今放したら殺されると思って、放さなかった」

結果的には、父が包丁を手放し、その場を離れて台所に行き、果物ナイフを取り出す。しかし、それもA子に見つけられ、取り上げられてしまう。

「もう殺せないと思って、A子には『お母さんを見てきて』と言い、たばこを吸うために台所に行きました」

一方、A子は靴も履かずに玄関を飛び出し、近所の家に助けを求め、保護されたのであった。父は、焼身自殺するつもりで自宅に火をつけたものの、A子が助けを求めた近隣住人からの通報で駆けつけた警察官に、現行犯逮捕された。

(11) 精神科医の意見

さて、本件では、父が拘留されていた4月頃、精神科医から2回にわたって都合約2時間の問診を受け、心理士による心理検査も行われている。以下では、公判における精神科医の証言を整理しておきたい。なお、問診には弁護士も同席していた。

まず、事件当時の父の精神状態について、医師は「抑うつ状態」であったと説明する。「抑うつ状態は病気なのか？」という質問に対して、「もともと素因があって理由もなくうつ状態になる病気とは違う」と否定し、診察回数が少ないので断定できないが、「長い間ストレスフルな生活にさらされていると、段々うつ状態になっていく。いわば反応性のうつ状態である」と解説する。そして、裁判員にもわかりやすく説明する意図があったのか、しきりに「お疲れ」という表現で父の心理状態を説明した。

「うつ状態の原因については、もともと内向的な方で、結婚された後に友達

付き合いもないし、やはり借金の問題が大きい。それと、お疲れだった。家の心配とか、単身赴任のときに、朝、お子さんを電話で起こしたとか、週末に帰ってきてから家事や掃除をしていたというのは、お疲れの要素だと思う」

これに対して検察側は、「掃除の分担と犯行に関係があるのですか」などと問いかけたが、医師は「一つひとつが大きな理由になっているのではなく、お疲れになる原因のひとつと推測できる」「不満があってもおかしくない状況だが、それをため込んでいた。本人の口調から、進んで家事をしたというのでなく、諦めを感じた」と答えている。

また、検察は母の不貞の疑惑についても尋ねているが、これに対して、「本人は奥さんについての不満は言わなかった。しかし、客観的に考えて不満に思ってもよい状態なので、気持ちを押し込んでいたと考えられる」と証言している。

公判では、母に対して自己主張できなくなっていた点についての質問も出された。

「被告人は、妻に対して自己主張できなくなっていましたが、なぜできなかったのですか」

「被告人はもともと争い事をしない性格。内向的な上、夫婦になってから、自分の考えを引っ込めれば揉め事を避けられるという考え方に傾くことが多かったと思います」

「夫婦であれば『お金がないから旅行を控えて』とか、妻が出かけるのであれば、『誰と会うの?』などと訊いていいと思うが、それもしていないのは被告人の気性だろう」

検察官の質問に、医師はこのように答えている。

「結局、先生としてはなぜ心中になったとお考えですか?」

「借金、自分の疲れ、気分の落ち込み、現実的な解決策を考えられない。視野が狭くなっていたからではないか」

(12) 判決

事実に争いがなく、論告求刑では量刑が問題になったが、検察側は無期懲役を求刑した。そのおもな理由は、①犯行態様は執拗かつ残虐で、②2人の命を奪い、なおかつ長女にも傷を負わせているなど結果が重大である、③犯行動機も極めて身勝手、④自宅放火というのも極めて危険で悪質と言える、などで

あった。なお、これまでの無理心中事件と比較し、長年の介護疲れや犯人の精神障害が考慮された事案もあったが、本件はそれらとは違うとしている。

これに対して弁護側は、考慮すべき点として、以下のように述べる。まず、①目的が一家心中であることを挙げた。一家心中がなぜ考慮すべきなのかについては、抑うつ状態がひどくなって現実的対応ができなくなり、心中以外の選択肢を考えられなくなっていたこと、同じ殺人罪であっても、自分の利益、強い憎しみからの殺害ではない点を挙げている。次いで、②借金の原因は被告人のみの責任ではないこと、③就職活動をしていたがうまくいかなかったこと、④現住建造物等放火の中では比較的危険性が低かったこと、⑤犯行の計画性も低いこと、⑥Ａ子の殺人を自ら断念していること、などを挙げていた。

また弁護側は、父が公務員として真面目に働き、家事全般もこなしていた点、前科・前歴がなく、本件を深く反省し、Ａ子とも手紙のやり取りがあることなども述べて寛大な判決を希望した。弁護側が示した量刑は懲役13年であった。これらの主張に対して裁判所が出した判決は懲役26年。犯行の残虐性を認め、放火についても弁護側の主張を退け、近接する隣家にまで燃え広がる不安を惹起させたとした。一方、多額の借金に関しては、母が長く家庭内の主導権を握り、父が母に付き従う夫婦関係があって、必ずしも父のみの責任ではないとしても、だからといって、家計の実情などを母に伝えなかったのはやむを得ないとまでは言えないとした。また、父が犯行当時抑うつ状態に陥っていたことは認め、それが父の選択肢の幅を狭め、無理心中という最悪の方法を選択することに繋がった可能性がある点は認めたが、父が何らの相談もせず、自らの判断でその場しのぎの対応を繰り返していたことは事実であり、抑うつ状態については考慮できるとしても、一定の限度にとどまると結論づけた。

そして「このような犯情を考えると、被告人の刑責任は非常に重いと言うべき」だとして、上記の判決を下した。

　＊なお、本事例については、都合により研究討議を行うことができなかった。

第6章

事例の考察

1. 保健師の立場から

「親子心中」事例について、地域の関係機関、保健機関における支援の糸口を考えるために母親が加害者である母子心中6事例と父親が加害者である父子心中及び一家心中6事例に分けて分析を行った。今回の心中事例は、未遂により親は生存したが、子どもが死亡した事例である。裁判傍聴記録などから母親、父親が自殺に至る動機及び子どもの殺害に至った理由について抽出した。動機については、平成25年度自殺対策白書（内閣府）の自殺動機の「健康問題」（身体的病気、精神的病気等）、「経済・生活問題」（生活苦、負債、失業等）、「家庭問題」（夫婦関係の不和、家族関係の不和等）、「勤務問題」、「男女問題」、「学校問題」などを参考に分類した。

（1）母子心中事例の概要

ア）全体像（表6-1）

母子心中の母親の年齢は30歳代から40歳代で平均38.7歳、死亡した子どもの年齢は、3歳から11歳までの8人で平均7.3歳であった。母親の学歴は、中卒2名（事例M⑤⑥）、高校中退1名（事例M④）、高卒2名（事例M①③）、大卒1名（事例M②）であり、父親が全員高校卒業以上であったのに比べ、半数の事例は高校卒業に至っていなかった。また、高校を卒業していた事例M①と事例M③は、中学校時代にいじめや不登校などがあったことが記述され、複雑な思春期であったことが考えられる。

精神的問題による医療機関への通院・入院は6事例中5事例（事例M①②③

表6-1　母子心中事例の概要

事例	分類	母年齢	父年齢（死亡した子どもの父）	死亡した子どもの年齢	子どもの病気・問題	学歴・職歴	精神的問題	自殺・心中の動機	生育歴・家族関係	関係機関・職種
1	母子	41	離婚	9歳		高校卒業 中学校いじめ 高校不登校	・25歳リストカットで通院 ・摂食障害、全般性不安障害で精神科通院 ・うつ病で入院 ・自殺未遂歴複数回あり	[健康問題] 精神的疾患	・離婚後母方祖父母と同居、育児支援あり ・祖父母、母のことで関係機関への相談歴なし ・母のリストカット、摂食障害、離婚歴に関する生育歴不明	精神科医療機関（5か所）
2	母子	42	49	9歳		大学卒業	・26歳第1子出産後うつ ・37歳不眠、精神科・心療内科通院 ・40歳双極性障害で医療保護入院	[健康問題] 精神的疾患	・産後うつの詳細不明 ・夫からのDV不明	精神科・心療内科医療機関
3	母子	37	39	10歳、8歳、4歳	第1子：WPW症候群	高校卒業 中学校いじめ自殺未遂	・36歳社会不安障害で精神科通院 ・事件前母子心中未遂2回あり	[家庭問題] 夫婦関係の不和（自宅購入で夫婦関係悪化）	・小さいときから自分が嫌いで消極的・内向的に関連する生育歴不明 ・実母との関係不明	精神科医療機関
4	母子	32	39	4歳	自閉症（広汎性発達障害）	高校中退（妊娠のため）	・事件前母子心中企図するが思いとどまる	[生活問題] 経済・生活費、借金 [家庭問題] 夫婦関係の不和、別の男性経験あり 父への見捨てられ不安あり	・幼少期ネグレクト ・元夫の義父からの性的虐待？ ・17歳で第1子出産	保育所 保健機関（保健師）
5	母子	42	52	3歳		中学校卒業 不登校 酒・たばこ、シンナー歴あり	・19歳リストカット、傷行為、解離症状 ・29歳摂食障害 ・33歳難治性うつ病心療内科通院 ・その後もリストカット、多量服薬あり	[健康問題] 精神的疾患 [家庭問題] 離婚歴複数、別の男性経験あり	・幼少期から身体的虐待、ネグレクト ・異母兄と暮らす ・両親離婚、中絶複数回あり	心療内科医療機関 保育所 児童相談所 区役所保健師
6	母子	38	48	11歳		中学校卒業 登校状況不明	・20歳後半うつ病、パニック障害で精神科通院 ・リストカット、自傷行為 ・26歳頃から母子心中未遂	[健康問題] 精神的疾患 [家庭問題] 長女との親子関係模索	・9人きょうだいの5番目 ・14歳の時両親離婚 ・姉の夫の子どもから性的虐待 ・実兄から性的虐待 ・16歳で第1子出産 ・夫からのDV始まる	児童相談所 区役所保健福祉部（母子保健、児童福祉、精神保健、生活支援）学校

⑤⑥）にあった。精神的問題の内容はリストカット、摂食障害、うつ、パニック障害、双極性障害、社会不安障害などであった。事例Ｍ②は外国で出産していて、そのとき産褥うつを呈していた。また、事例Ｍ①と事例Ｍ⑥は以前から自殺未遂歴があり、事例Ｍ③④は事件前に母子心中未遂があった。

　子どもの病気・問題は２事例にあり、事例Ｍ③の長男はWPW症候群等、事例Ｍ④は自閉的傾向（広汎性発達障害）があった。いずれも、生命が危ぶまれるほどの重度な心身障害ではなかった。他の４事例の子どもについては疾病・障害は特に記載されていなかった。

　自殺・心中の動機は、「健康問題」の精神的疾患が４事例（事例Ｍ①②⑤⑥）（66.7%）、「家庭問題」が４事例（事例Ｍ③④⑤⑥）（66.7%）、「経済・生活問題」が１事例（事例Ｍ④）（16.7%）であった。「家庭問題」は、夫婦関係の不和や複数の男性との関係問題であった。

　母親の生育歴等は、事例Ｍ①②③の生育歴は不明であったが、事例Ｍ④⑤⑥では幼少期から両親の離婚、ネグレクト、身体的虐待、性的虐待や性的関係の強要があったことが示されていた。

　事例と関わりがあった関係機関・関係職種としては、精神科等医療機関が５事例（事例Ｍ①②③⑤⑥）、保育所２事例（事例Ｍ④⑤）、学校１事例（事例Ｍ⑥）、児童相談所２事例（事例Ｍ⑤⑥）、保健機関３事例（事例Ｍ④⑤⑥）、生活相談（生活保護）機関１事例（事例Ｍ⑥）などであり、父子心中事例と比べ、心中に至るまでに関係機関と接点があったことが示されていた。

イ）事例別生育歴・家族歴と自殺・心中との関係

　事例Ｍ①の生育歴は不明であるが、中学校でいじめがあり高校は不登校になっている。結婚前からリストカット、結婚、離婚後精神状態が悪化し、摂食障害、全般性不安障害、自殺未遂などがあり精神科への通院、入院などに至っている。しかし、これほどの精神症状を呈するに至る家族関係は不明であり、裁判の証言ではむしろ良好とも受け取れる発言があり、母親の精神症状の重症さに比べ違和感があった。また、家族から関係機関へ母親の精神的問題について相談がされたかについても不明である。

　事例Ｍ②は幼少期の詳細な生育歴は不明である。事件に至る精神的問題（双極性障害）との関連を読み取ることはできなかった。

　事例Ｍ③は、「小さいときから自分が嫌いで消極的・内向的であった」と述

べているが、それに関連する生育歴は不明である。しかし中学校時代からいじめで自殺未遂があり、自死念慮があったことが考えられる。また、本事件に発展する自宅購入問題についての父親との葛藤について実家などに相談しているが、それ以前の結婚後流産などの自らの身体的状態については母親自身の実母に相談できておらず、実母との関係が不明である。

事例 M ④は、幼少期からネグレクト状態にあったことが考えられ、中学時代の早期から友人の姉の元夫と性的関係を持ち 17 歳で妊娠・出産、その後 19歳、20 歳で 3 人の子どもを出産している。また裁判での証言から元夫の義父からの性的虐待も疑われる。自傷行為や自殺未遂などの身体を傷つける行為は示されていないが、極度の経済的困窮を招いたパチンコ、スロットなどへの依存は重度であり、生きることへのエネルギーの乏しさを感じさせる。

事例 M ⑤は、幼少期からネグレクトと身体的虐待の中で育ち、中学校から酒・たばこ・シンナーなど非行歴があった。異母兄からの性的虐待は不明である。10 代からリストカット、自傷行為、解離症状があり、その後摂食障害、難治性うつとなっている。多量服薬など自殺未遂行為が断続的にある。離婚歴複数、複数の男性関係による中絶も複数回あり、自らの身体へのいたわりが乏しい。

事例 M ⑥は、6 人きょうだいの 5 番目で出生し、実母の知的障害などもあり、幼少期からネグレクト状態であったと考えられる。10 代早期から姉の夫の子どもからの性的虐待、実兄からの性的虐待、レイプを受け、その後結婚した夫からは DV など暴力と性的関係の強要の中で生きてきたと言える。その中でリストカット、自傷行為、うつ、パニック障害、母子心中未遂など自ら傷つけ、そこに子どもを巻き込んでいる。

ウ）母子心中の理由（表 6-2）

母親が自らの自殺に子どもを巻き込んだ理由のひとつとしては、「自分が必要とされていない、自分はいなくてもいいんじゃないか」「父に自分を精神的に追い詰めていることを知ってほしいと思った」などの見捨てられ不安があることが示されていた。さらに、「自分が死んだら子どもが父との生活で精神的に苦しむと思い、殺害を決意する」「父方祖父母に子どもの面倒は見れない、子どもに不便な思いをさせるのが可哀そう」「父は子どもの面倒を見てくれない、子どもには障害があり将来が暗い、残していけない」など自分が死んでし

表 6-2　母が子どもを殺害した理由

1	うつが一向に治らない。生きていてもしかたがない 一緒に死のうと思ったが、自分は死ねなかった（殺害時の記憶なし、解離性健忘）
2	自分が死んだら子どもが父との生活で精神的に苦しむと思い、殺害を決意する
3	父方祖父母に子どもの面倒は見れない、子どもに不便な思いをさせるのが可哀そう。 ひとりで死ぬのは寂しい。父に自分を精神的に追い詰めていることを知ってほしいと思った
4	自分が必要とされていない、自分はいなくてもいいんじゃないか 父は子どもの面倒を見てくれない、子どもには障害があり将来が暗い、残していけない
5	この子が死ねば、母親からいやな顔・態度をされずにすむと思った
6	なぜ思いとどまれなかったのかわからない、楽になりたかった

まえば子どもの世話をする人がいなくなることへの不安、他の人に子どもを任せられないという思いがあると考えられる。

（2）父子心中・一家心中事例の概要

ア）全体像（表 6-3）

　父子心中・一家心中の父親の年齢は 30 歳代から 50 歳代で平均 39.0 歳、死亡した子どもの年齢は 1 歳から 10 歳までの 7 人で平均 6.3 歳であった。父親の学歴は高校卒 3 名、大学中退 1 名、大学卒 2 名であった。6 事例中、父親の精神疾患が推測されたのは、事例 F ②の著しい体重減少と事例 F ③のうつ的状態であったが、いずれも精神科受診歴はなかった。

　自殺・心中の動機は、「家庭問題」が 5 名（83.3%）であり、その内容は夫婦関係の不和が 4 事例、その他の家族関係の不和（父方祖父母と母親の不和）1 事例（事例 F ⑤）であった。「経済・生活問題」は 3 事例（事例 F ①④⑥）（50.0%）で、760 万円から 1 億円の負債があることが記述されていた。

　家族関係については、母親と離婚が 3 事例（事例 F ①②③）あった。事例 F ④は夫婦関係不和で母親を殺害し、その後子どもとの心中に至っており、この事例を含めると父子心中事例は全数父親自身が子どもを世話する立場にあった。父親と母親の婚姻関係は初婚同士がほとんどで、事例 F ②のみが母親が再婚であり複数の男性関係があった。

　事例と関わりがあった関係機関・職種については全例とも特に記述されておらず、父子心中事例を把握の困難さがうかがえる。

第 6 章　事例の考察

表 6-3　父子心中・一家心中事例の概要

事例	分類	父年齢	母年齢	死亡した子どもの年齢	学歴・職歴	精神的問題	自殺・心中の動機	家族関係	関係機関・職種
1	父子	42	不明	8 歳	高校卒10 数回転職		[家庭問題]夫婦関係の不和[経済・生活問題]多額負債（1 億円）	父：初婚母：初婚母から離婚申出、離婚	
2	父子	32	29	5 歳1 歳	大学卒転職 2 回	・精神科受診歴なし・20 キロ以上痩せる	[家庭問題]夫婦関係の不和	父：初婚母：再婚男性関係複数母の男性関係があり父から離婚	
3	父子	32	39	4 歳	大学中退転職なし	・うつ病・精神科受診歴なし	[家庭問題]夫婦関係の不和	父：初婚母：初婚家庭内別居状態父から離婚申出、離婚	
4	父子	55	42	10 歳	大学卒		[経済・生活問題]多額負債（9000 万円）[家庭問題] 夫婦関係の不和（多額の負債）、父方祖父母と母の関係不和	父：初婚母：初婚経済的問題で妻殺害	
5	一家（父）	34	34	6 歳	高校卒転職なし		[家庭問題]父方祖父母と母の関係不和	父：初婚母：初婚	
6	一家（父）	39	36	10 歳	高校卒転職なし退職		[経済・生活問題]生活苦、借金（760 万円）	父：初婚母：初婚	

表 6-4　父が子ども・母を殺害した理由

1	この子は絶対に渡さない。この子をとったら何も残らないこの子と別々の日々は私には無理です。あの世で一緒に暮らします
2	ひとりで自殺したら、残された子どもが可哀そうだから。母から捨てられ、父からも捨てられたという思いをさせたくない
3	自殺したら子どもが取り残されて可哀そう。子どもとは離れたくない思いがあった
4	子どもがひとりだけ残ったら可哀そう、子どもを殺して自分も死のうと思った
5	事件の記憶があいまい。なぜ心中しようと思ったかわからない
6	自分が死ねば、借金が母や子どもにも残り、家族が苦しむことになる。それは自分には耐えられない。家族全員を殺して自分も自殺するしかない

イ）父子・一家心中で子どもを殺害した理由（表 6-4）

　父親が自らの自殺だけでなく子どもを巻き込んだ理由について、裁判での被告人の言葉から「残された子どもが可哀そう」「子どもと離れたくない」ということであった。父子心中 4 例（事例 F ①②③④）とも父親が子どもの世話を

287

する立場にあり、子どもとの一体感がより強まっていたと考えられる。

（3） 考察──関係機関、保健機関は心中事例の支援の糸口を探ることが可能か

ア） 母子心中

父子心中事例と比べ、母子心中事例の特徴は2つある。ひとつは、6事例中5事例（事例①②③⑤⑥）が精神科または心療内科通院歴があり、パニック障害、うつ、社会不安障害などの診断がされており、これは父子心中事例と大きく異なる点である。精神科通院歴がなかった事例M④も見捨てられ不安や複雑な男性関係の状況などからパーソナリティ障害があったのではないかと推測され、母子心中事例は全例精神的問題があったと考えられる。第14次報告の心中事例の分析においても加害動機を見ると「保護者自身の精神疾患、精神不安」が最も多く、本事例の傾向と一致している。そのため、母親が通院・入院していた精神科医療機関との連携が不可欠である。周産期の医療機関と保健機関の連携のようなシステムが精神科と関連機関の間で広がっていくことが必要であると考える。

2つ目の特徴は、母子心中事例の母親の生育歴の厳しさである。本書の事例では裁判の傍聴により、母親等の生育歴・家族歴についてもある程度把握することができた。その結果、心中時に精神的疾患があったという一時点の情報だけでなく、かれらの精神的症状を生育歴との関係の中で考えた。心中以前にリストカットがあった母親は3事例（事例M①⑤⑥）あった。リストカットの誘因となる出来事としては家族や友人などとの対立、周囲の人に受け入れてもらえないといった対人葛藤があり、幼少期から親との関係が不安定であったことが多いとされている（山田、2007）。本書の事例においても、身体的虐待歴、性的虐待歴などを持つ母親にそれらの行為がみられている。単に現在の精神疾患あるいは精神的状態だけを見るのではなく、彼らがここまで生き延びてきた生育歴を丹念にたどることが彼らを理解することに繋がっていくと考えられる。事例M①では、生育歴の詳細は不明であるが、20代から始まっているリストカットから、母親の幼少期の親との関係について確認していくことの必要性を示唆している。

事例M④は、精神的問題の記載はないが、唯一乳幼児健診などでの保健師の関わりが記載されている事例である。しかし母親は保健師と子どもの障害をめぐって関係がうまく築けていない。保健師は、母親のこれまでの厳しい生き

第6章　事例の考察

方を把握することで、子どもの問題だけでなく母親への支援の必要性が理解でき、これまでと違った関わりができたのではないかと考える。

父子心中事例に比べ、母子心中事例の母親は、これまでの人生での対人関係面での問題が大きく、身体的、精神的傷つきの深さがあり、容易にSOSを求めることができない状況にある。まさに自ら支援を求めてこない親たちである。地域の関係機関がこれらの支援が必要な親を見いだしていくためには、次の情報を意識的に把握することが必要であると考える。

①リストカットなどの自傷行為
②身体的虐待歴、性的虐待歴
③自らの身体的状態への関心の乏しさ

これらの観点はこれまでの保健機関の支援の中では把握できていなかった、あるいは把握できていてもその後の行動を予測することが難しかった情報である。地域の関係機関・保健機関の専門職が精神的問題への知識をより深め、その背景を理解できるようになることが心中事例の予防のために必要なことであると考える。

イ）父子・一家心中

平成25年自殺対策白書では30歳代の自殺の動機で最も多いのは「健康問題」、続いて「経済・生活問題」、「家庭問題」となっている。父子・一家心中の動機では「家庭問題」における夫婦関係の不和が5事例（事例F①②③④⑤）とほとんどであり、続いて「経済・生活問題」における多額の負債ありが3事例（事例F①④⑥）であった。自殺対策白書の動機で最も多かった「健康問題」については、どの事例も記載がなかった。このことが、単独の自殺とは異なる父子・一家心中事例の特徴であると考える。「健康問題」で医療機関や保健機関に本人または家族から相談はなく、父子心中事例を事件前に関係機関や保健機関で把握することは難しいため、支援に限界がある。しかし、子どもの出生前後に関わる医療機関や保健機関において、その時点の夫婦関係、経済状況などを把握しておくことができれば、今後の関わりの糸口になる可能性がある。また、自殺対策と同様に職場などにおけるメンタルヘルス対策の充実も期待される。

〈文献〉

社会保障審議会児童部会児童虐待等要保護事例の検証に関する専門委員会（2018）

「子ども虐待による死亡事例等の検証結果等について 第14次報告」

内閣府：平成25年度自殺対策白書

山田佐登留（2007）「よくみる子どもの心の問題 思春期の問題 リストカット」母子
　　保健情報55，pp.46-49

2. 精神科医の立場から

　今回検討の対象となった親子心中事例を、精神科医の立場から振り返ってみ
たい。

　事例全体に共通していたのは、いずれの事例も、加害者の配偶者（もしくは、
元・配偶者や恋人）との関係性に問題を抱えていたということである。その問
題は、一部の事例では、離婚（事例F①②③）や、離婚・再婚・不倫を繰り返
す不安定な関係性（事例M⑤⑥）として認められた。しかし、他の事例ではも
う少し不明瞭な形で認められ、配偶者に別の異性の影があって、たえず関係解
消の不安に苛まれる関係性（事例M⑥、事例F②⑥）や、自己主張の強い配偶
者に圧倒されたり（事例F④⑤）、配偶者からの怒りや叱責に怯えたりする関
係性のあり方（事例M④、事例F④⑥）として認められた。このような対等で
ない関係性は、加害者に孤立無縁感を引き起こし、主観的に「出口なし」の状
況を作り出した可能性がある。こうした状況は、まちがいなく犯行の動因のひ
とつとなったであろう。

　共通点とは別に、加害者が母親であるか父親であるかによる相違点も認めら
れた。相違点は2つあった。ひとつは、配偶者との関係性において生じた出来
事から犯行までの時間経過に関する相違である。加害者が母親である場合には、
配偶関係における問題から犯行までの時間経過は比較的緩やかであり、いわば
「慢性」に推移している事例が多くみられた。具体的には、離婚後10年という
長い期間を要していたり（事例M①）、結婚を維持しながらも、配偶者とのあ
いだに長期間緊張した関係にあったりする事例（事例M②④）が少なくなかっ
た。また、幼少時に不適切な養育環境の中で生育し（事例M④⑤⑥）、早くか
らリストカットや過量服薬といった自己破壊的行動を呈し、おそらくはそれと
同種の破壊的行動として不安定な異性関係を繰り返してきた者もいた（事例M
⑤⑥）。このように、「慢性」の関係性破綻は、事件の根本的な要因が生育歴に

まで遡りうる、根深い問題を意味する一方で、予防的介入を行う時間的余地が存在する可能性を示唆する。一方、加害者が父親である場合には、配偶関係における出来事から犯行までの時間は短く、いわば「急性」の特徴を呈していた。たとえば、事件そのものが離婚直後（事例Ｆ①②）、あるいは、まだ婚姻関係は継続しているものの、結婚生活の危機（妻の不貞）（事例Ｆ②⑥）、さらには、妻からの圧力（事例Ｆ④）や妻と実家との板挟み（事例Ｆ⑤）といった困難な出来事から、短期間で事件が発生していた。これらの父子心中事例が呈する「急性」の特徴は、予防的介入がより困難である可能性を示唆する。

　もうひとつの相違点は、加害者側ではなく、加害者に対する司法的対応を判断する側にみられるものである。それは、加害者が母親である場合には、しばしば精神鑑定の対象となるが（事例Ｍ①②③⑤⑥）、男性の場合、精神鑑定がなされたのは１事例（事例Ｆ③）のみにとどまったという事実である。しかし、公判で明らかにされた情報から推測する限り、他にも精神鑑定を実施すべき事例が存在したように思われる。たとえば事例Ｆ⑤では、裁判所は、犯行に関する記憶に健忘を残していることについて、精神科医の意見書による、「犯行のショックから事後的に健忘を生じた」という指摘を無批判に受け入れているが、少なくとも明らかにされた情報からは、犯行自体が解離状態の中で行われた可能性（＝解離性障害に罹患していたという可能性）を否定できるものはない。また、事例Ｆ⑥では、犯行を決断する最後の引き金が「ＡＴＭメッセージの誤読」であったことが明らかにされているが、そのような初歩的な誤読が、激しい焦燥と深刻な精神機能の抑制を背景としたものである可能性を誰も疑っていない、という点も不思議である（この状態は、加害者の平生の状態からの懸隔は顕著である）。結果として、父子心中は母子心中に比べて加害者に対する量刑が圧倒的に重い傾向があるが、そこには、不当な恣意や先入観があるように思えてならない。

　もっとも、精神鑑定の対象となったとしても、全体として刑事責任能力の減免は限定的であり、あくまでも処罰を優先する判決が出ていたという印象を受ける。特に驚いたのは、父子心中事例Ｆ③である。この事例は相当に重篤なうつ病に罹患しており、実際、精神鑑定を行った医師も、犯行時の精神機能について「心神喪失」相当と判断していた。それにもかかわらず、判決では完全責任能力とされた。また、心神耗弱を認定された母子心中の２事例（事例Ｍ①②）についても、公判記録を見る限り、心神喪失者等医療観察法の申し立て

を想定した議論はなされていなかった。

　上述した事例の特徴をふまえて、親子心中の予防という観点から筆者なりの考えを示したい。

　筆者は、親子心中の加害者を処罰することに異を唱えるつもりはない。ただ、今回の検討において、多くの母子心中加害者が精神鑑定の対象となっていたという事実、そして、精神鑑定の対象となった者は少なかったものの、父子心中加害者では、母子心中加害者以上に深刻な精神病理の存在が推測されたという事実は無視できない。これらは、単に処罰による威嚇効果だけでは親子心中が予防できないことを示すものと言えるであろう。

　親子心中には「拡大自殺」としての側面もある。実際、今回検討した事例の中には、早くからリストカットや過量服薬のような非致死的自傷などの、従来、自殺の危険因子とされてきたものを早くから呈していた事例（事例Ｍ⑤）や、犯行前に、平生の本人らしくない行動・態度（事例Ｍ②③、事例Ｆ③⑥）のような、よく知られている「自殺のサイン」が認められた事例は少なくなかった。その意味では、親の自殺を予防することが親子心中を予防することに繋がる可能性がある。今回検討した事例でも、親が抱える困難が周囲に早くキャッチされ、速やかに何らかの介入・支援を提供されることで、彼らに自殺の計画を断念させることができたとすれば、親子心中を防ぎ得たかもしれない。

　特に母子心中事例では、困難な状況を呈してから犯行までの経過は慢性であり、すでに精神科医療に繋がっていた事例も少なくなかった（事例Ｍ①②③⑤）。このことは、そのような事例では精神科医療による介入で事件を未然に防ぎ得た可能性を示唆する。もちろん、診察室だけの治療で防止し得たとは考えにくいが、地域保健機関や児童福祉機関との連携、訪問看護を活用したアウトリーチによって緊張を抱えながら孤立する家族に、ある種の「風穴」を開けることができた可能性は否定できない。

　以上より、次のことが言えるであろう。すなわち、子どもを抱える成人患者の治療に携わる精神科医療関係者は、つねに子どもの危険を考慮して治療に臨む必要があり、通常診療において、患者の自殺リスク評価を怠らないことは、単にその患者の自殺を防ぐだけでなく、拡大自殺である親子心中を防ぐ上でも有効であることを忘れるべきではない、ということである。

3. 弁護士の立場から

（1）はじめに

ア）心中

「心中」とは、本来、家族や恋人などの一定の関係にある複数の者たちが、合意の上で一緒に自殺することを言う。

現代の日本では、自殺そのものは犯罪ではない。しかし、①他人に自殺を唆したり、他人の自殺を手伝う行為（自殺関与罪）、②他人の嘱託を受け、または承諾を得て殺す行為（同意殺人罪）は、いずれも6か月以上7年以下の懲役又は禁錮として処罰される（刑法202条）。

自殺関与罪及び同意殺人罪が、殺人罪（刑法199条）の法定刑よりかなり低い量刑とされている理由としては、一般に、①自殺関与罪については、生命は本人だけが左右し得るものであり、他人が関与することは許されないためであると考えられており、②同意殺人罪については、被害者である本人が自由な意思決定に基づいて命を放棄していることから、法益侵害の程度が単なる殺人罪よりも小さいためであると考えられている。

したがって、本来の意味での「心中」であっても、生き残った場合には、自殺関与罪や同意殺人罪等の犯罪が成立する可能性が高い。

イ）無理心中

他方、本研究で扱われている「親子心中」は、そのほとんどが、いわゆる「無理心中」である。「無理心中」とは、一部の者が同意してない状態での心中であり、一般的には、無理心中を望んだ者が他の者を殺害した上で、自ら自殺を図ることによって実現しようとするものである。

今回、検討した事例の中にも、被害者である子どもが死亡を望んでいたり承諾していたことが証拠上明らかな事例はひとつもなく、そのすべてが「無理心中」であった。

「無理心中」は、自殺関与罪や同意殺人罪のように罪を軽くする理由はなく、無理心中を望んだ者が生き残った場合、単なる殺人罪として責任を負う。

（2）事例の分析

ア）資料について

今回の検討は、12 事例すべてが裁判員裁判に出された証拠と法廷での証言をもとにしている。

起こった事件の量刑を決める裁判員裁判と、原因追及や予防の可能性を検討しようとする本書とでは、目的が異なるためやむを得ない面もあるが、加害者の生育歴や事件前の生活の状況についての情報が証拠として十分に提出されなかったために、把握が難しい事例が複数あった。

イ）責任能力について

12 事例中、心神耗弱が認められたのは 2 事例（事例 M ①②）であり、他は完全責任能力があるとされた。

完全責任能力があるとされた 10 事例のうち、精神鑑定があったのは 4 事例（事例 M ③⑤⑥、事例 F ③）であり、残りの 6 事例は責任能力が争点となっていない。

ウ）量刑について

上記のとおり、今回検討した事例はいずれも単なる殺人罪（刑法 199 条）であるにもかかわらず、12 事例中、同意殺人罪の法定刑の上限（懲役 7 年）を超えた量刑が出ているのが 8 事例で、残りの 4 事例（事例 M ①②⑤、事例 F ③）は同意殺人罪の法定刑の上限よりも低い量刑であった。

また、殺人罪の法定刑の下限（懲役 5 年）と比較しても、1 事例が殺人罪の法定刑の下限以下の 2 年 6 か月であり（事例 M ①）、もう 1 事例が 3 年（執行猶予 5 年）（事例 M ②）であった。

このうち、3 年 6 か月（事例 M ⑤）と 6 年（事例 F ③）の事例では、完全責任能力が認められている。

一般に殺人罪の量刑相場は、被害者の人数によって大きく変動するが、被害者が 1 人の死亡事件の場合では、懲役 10 〜 15 年程度と考えられることから、「親子心中」の場合、通常の殺人罪よりも量刑が軽くなる傾向がみられる。

これは、完全責任能力が認められている事例であっても、精神的に追い詰められて犯行に及んでいる場合が多いことや、動機に同情の余地がある事例が多

いことなどの理由も考えられるが、被害者遺族が加害者の家族であるという
「親子心中」事件の特殊性から、遺族の被害感情が峻烈でない場合もあること
が影響している可能性も否定できない。

(3) 雑感

ア)「親子心中」が児童虐待であること

12事例を検討して、まず思うことは、加害親に子を自らの従属物という意
識がある事例がきわめて多いという点である。

今回検討した12事例のうち、判決で動機が不明とされた事例（事例F⑤）
と心中であることを否定された事例（事例F④）を除く10事例すべてが、自
らの自殺を決意した上で、子どもを道連れにすることを選んだ事例である。
「親子心中」に至る動機の種類としては、障害等を理由として子の将来を悲観
して子を殺すしかないと決意して、子を殺した上で自分も死のうとするという
場合も考えられるが、今回の検討事例にはなかった。

客観的に考えれば、「残された子が可哀そう」という親の気持ちは、突然一
方的に命を奪われる子どもの側から見れば、単なる親のエゴに過ぎないことは
明らかであるが、「心中」という言葉が使われていることからもうかがえると
おり、「親子心中」という概念そのものが、親子の一体性という意識に支えら
れているとも言えるものであり、まずは、たとえ親であっても子の生命を侵害
する権利はないという当たり前の価値観を社会が共有する必要がある。

そのためには、「親子心中」が児童虐待の最たるものであることを、広く社
会に発信していく必要があると考えられる。

イ）子どもの被害を防ぐために

次に、実際の場面で親子心中を防ぐためには、①親に自殺を決意させない、
②親が自殺しようと思っても、子どもを道連れにしようとしない、③親が子ど
もを道連れにしようとしても社会がそれを許さない（親子分離をする）、といっ
た段階が考えられる。

①については、自殺予防の一般的な活動に重なるものである。

②については、上記のような取り組みで親の意識を変えていくと同時に、裁
判の量刑にあたっても一般予防の観点から、何の責任もなく、無抵抗な子ども
が最も信頼していた親から殺されることについて、違法性及び責任の観点から

厳しく判断していくことが求められる。

　③については、今回検討した事例のほとんどは、関係機関が事前に関与することが難しかったと思われるが、中には、関係機関が積極的に関与していれば、子どもの死亡という結果は防げたのではないかと思われる事例もあった。

　「親子心中」の場合は、日常の監護養育はある程度きちんとしているのみならず、愛情を持ってしっかりと育てている事例が多い。しかし、「自殺」という特殊な状況に至った場合には、むしろ日頃の親子間の結びつきが強いほど、道連れにされる可能性が高いことを、支援する機関の関係者はしっかり理解しておく必要があると思われる。

資料編

【資料1】

2000年代に新聞報道された
「親子心中」事例の一覧

　ここで掲載している事例は、川崎他（2013）『「親子心中」に関する研究（2）── 2000年代に新聞報道された事例の分析』で対象とした2000年代（2000～2009年）の10年間において、朝日新聞及び読売新聞で報道された18歳未満の子どもが被害者となって死亡した「親子心中」事例の一覧である。事例収集は、朝日新聞社による記事データベース「聞蔵」、読売新聞社による記事データベース「ヨミダス」を用いている。

　なお収集の具体的手順は以下のとおりである。

　①「心中」をキーワードに検索。②保護者（実父母・祖父母・養父母・叔父叔母・伯父伯母等）に「心中」の言動があった事例（加害者に自殺行為がなくとも、心中の意図があったと報道された事例を含む）を抽出。なお、心中が疑われると記事に記してあるものはすべて拾い、後の記事で心中が否定されたものは除いた。③被害者が児童（18歳未満の子ども）である事例を抽出。ただし、高3で年齢が17歳か18歳か確認できなかったものは除いた。④以上の方法で抽出した各事例については、あらためて地名や名前などをキーワードに再検索を行い、できる限りすべての記事を収集した。

　なお、幅広く記事を収集する方針としたため、「心中」の真意が不明確な事例も含まれている（事例No.21・32）。

事例No. 1　2000（事件発覚年）／母子（心中の形態）／実母（加害者）

実母（49）が、長男（10）の首を絞めて殺害した後、自身の胸や首などを包丁で刺した。病院に運ばれたが重傷。実母は「夫（51）の病気がつらく、子どもを殺し、自分も死のうと思った」と話しており、警察は、実母が無理心中を図ったとみて、回復を待って殺人容疑で調べる。

事例No. 2　2000／母子／実母

実母（32）が、長男（1）と次男（生後5か月）を窒息死させた後、3階建てマンションから投身自殺。子ども2人の司法解剖の結果、外傷はなく、実母が口を塞ぐなどした可能性もあるとみている。実父母と子ども2人の4人家族だった。

事例No. 3　2000／その他／母方祖母

母方祖母（71）が、母方祖父（70）と長女（9）、次女（7）、三女（5）を刃物で切りつけて殺害した後、首を吊って自殺。母方祖父母と実父母、子ども3人の7人家族だった。警察は、祖母が無理心中を図って4人を殺害したとして、被疑者死亡のまま書類送検した。動機は、祖父の看病疲れと、子ども3人の養育疲れとした。祖母は、糖尿病で寝たきりになった祖父の看病と、実父らが働きに出ている間の子ども3人の養育をしていたが、祖母も病気がちで「疲れた」などと話していたという。

事例No. 4　2000／父母子／実父・実母

実父（59）と実母（42）が、長女（8）とともに、車内に排ガスを引き込み死亡。死因はいずれも一酸化炭素中毒。実父は会社に休暇届を出し、1週間ほど前に、一家で自宅を出たらしい。警察は、一家心中したとして、動機などを調べている。

資料1

事例No.5　2000／その他／実父・実母

実父（52）が、父方祖母（80）、実母（38）、長男（6）、長女（4）の首を絞めて殺害し、自身は死にきれず自首した。実父は殺人容疑で逮捕。実父は、借金をしてスナックを開店させたが、客足が減り、消費者金融から借金をして、別の借金を返済する状況に追い込まれていた。犯行当時には、総額が約2800万円にふくれあがっていた。実母や周囲には、自分は癌だと偽り、借金返済を逃れていた。返済に行き詰った実父は「自分は死ぬ」と実母に相談したところ、実母に「みんなで死のう」と持ちかけられ、一家心中を決意したという。実父は、殺人罪と承諾殺人罪で懲役13年の実刑判決。

事例No.6　2000／母子／実母

実母（21）が、長男（生後8か月）の首をネクタイで絞めて殺害し、自身も手首を切るなどして自殺を図ったが死にきれず自首した。実母は、実父の借金や子育てに非協力的な態度などに思い悩み、犯行前日にも、子ども2人とガス自殺を図っていた。実父が帰宅したため未遂に終わったが、実父の態度が変わらないため、再び心中を決意した。子どもを2人とも殺すのは可哀そうだと思い、長男を殺害した（長男以外の子どもの詳細は不明）。実母は、殺人罪で、懲役3年執行猶予4年の判決を受ける。

事例No.7　2000／母子／実母

実母（30）が、長女（4）と一緒に、ショッピングセンターに併設する6階建ての立体駐車場から飛び降りる。2人は病院に運ばれたが、長女は頭を強く打っており約4時間40分後に死亡。実母も、肋骨など約10か所を骨折して重傷。車内には長男（2）が1人で取り残されており、警察は、実母が長女を連れて発作的に無理心中を図ったとみて、当時、仕事に出かけていた実父（28）らから事情を聞いている。

事例No.8　2000／母子／実母

実母（26）が、長女（3）と次女（1）の胸を包丁で刺し、自身はビルの4階〜5階の踊り場から飛び降り、腰の骨が折れる大怪我を負った。長女は死亡（死因は失血死）、次女も約1か月の重傷。実母は殺人と殺人未遂の容疑で逮捕された。実母は、1年ほど前から育児ノイローゼで通院しており、事件時は嫁ぎ先の家族との関係で実父（27）と口論となり、孤独感から自殺しようと思い、「自分だけ死んで、子どもを残すのは可哀そう」と考え犯行に及んだと供述。心神耗弱が認定され、懲役4年6か月の実刑判決。

事例No.9　2000／父母子／実父

首を絞めて殺害された実母（28）と長男（6）、次男（4）と、首を吊って死亡している実父（55）が発見される。実父が書いたと思われる遺書があり、自分が3人を殺したことと「ごめんなさい」という謝罪の言葉が書かれていた。実父は町内の工場で部品組み立ての仕事をしていたが、肝臓の病気などで約3年前に辞めており、警察は生活苦から無理心中を図ったとみている。

事例No.10　2000／父子／実父

実父（37）が、長女（5）に薬物を飲ませて殺害した疑いで逮捕された。山中で、車内でぐったりしている2人を見つけたという。実父は「娘を殺して、後を追って死のうと思った」などと供述している。

301

事例№.11　2000／父母子／実父

実父（30）が、実母（28）と長女（7）を包丁やナイフで数か所刺して殺害し、自身も手首を切って自殺を図った。知人女性に発見され、実父は殺人容疑で逮捕。実父は、数百万円の借金返済に困り、実母・長女とは別居状態、知り合いの家やアパートなどを転々としていた。実父は「どうしたら妻子と一緒に暮らせるか考え、天国で一緒になろうと思った」などと話した。懲役12年の実刑判決。

事例№.12　2000／父母子／不明

実父（35）、実母（31）、長男（10）、長女（8）の一家が4月7日朝、家を出たまま行方不明となる。4月14日、川で長男の遺体と車を発見。翌日、実父、実母、長女の遺体も発見された。実父の経営する会社が経営不振で、自宅には遺書めいたメモが残されていたことから、警察は無理心中とみている。

事例№.13　2000／父母子／実父

実父（31）が「車がため池に転落した」と110番通報し、警察が駆けつけるも、離婚した実母（31）、長女（8）、長男（5）は水死。後日、実父は殺人容疑で逮捕、「復縁を迫ったが、断られたため無理心中を図った。自分は死にきれなかった」と供述。実父の運転で池に飛び込み、子ども2人は後部座席で水死、実父母は脱出したが、実母は泳げなかったため水死した。懲役12年の実刑判決。

事例№.14　2000／父母子／実父

マンション駐車場で、実父（35）の遺体が見つかった。警察が調べたところ、自宅で実母（30）と長女（5）が首や背中などを数か所刺され、死亡していた。一家は3人家族で、部屋には包丁やナイフ計4本が散乱、実父の倒れていた場所はベランダの真下だった。玄関にカギがかかり、部屋を荒らされた跡もないことから、警察は実父が一家心中を図り、投身自殺したとみている。

事例№.15　2000／母子／実母

実父（50）の119番通報で警察が駆けつけたところ、長女（16）が上半身などを数か所刺されて死亡しており、実母（52）も胸などに刺し傷を負っていた。実母は「娘を包丁で刺し殺し、自分も自殺しようとした」と供述し、逮捕。実母は消費者金融への借金返済や実父との不仲に悩んでいたところ、長女から「死んでお父さんと離れようか」などと言われ心中を決意。承諾殺人罪で懲役2年8か月の実刑判決。

事例№.16　2000／父母子／実父・実母

山中で、長男（15）と次男（4）が車内で死亡しているのが発見される。翌日、実父（46）と実母（34）が山中で首を吊って死んでいるのが見つかる。警察は、実父母が経営難から一家心中を計画、子ども2人を絞殺した後に自殺したとして、2人を被疑者死亡のまま殺人容疑で書類送検した。

資料 1

事例No. 17　2000／父子／実父

「自室で長男が倒れている」と119番通報があり、警察が駆けつけたところ、長男（16）が自室のベッド上で腹部を刺されて死亡していた。その後、実父（45）が自宅とは離れた実家で首を吊って死亡しているのが発見された。家族は、実父母、長男、長女、次男の5人暮らしだった。長男は中学を卒業後、私立高校に入学したが、留年。学校を休み気味で、家庭内暴力を振るうようになっていたという。実父と長男はこの日、それぞれ会社と学校を休んでおり、警察は実父が無理心中を図った疑いもあるとみている。

事例No. 18　2000／母子／実母

実母（40）が、次男（3）の発達の遅れから将来を悲観し、無理心中を図って、海岸からともに海に飛び込み、次男を殺害した。実母は殺人容疑で逮捕。「犯行当時は心神耗弱状態にあった」として、懲役3年執行猶予4年の判決を受ける。

事例No. 19　2000／母子／実母

実母（33）が、長男（5）と次男（3）を歩道橋から投げ落とし、自身も投身自殺を図った。3人は病院に運ばれ、長男は全治約10日の大怪我、次男は事件から4日後に脳損傷で死亡、実母は骨盤骨折の重傷。実母は実父との不和や2人の子どものアトピー性皮膚炎に悩んでおり、不眠などを訴えて通院していた。実母は殺人と殺人未遂の罪に問われ、「うつ病で心神耗弱状態だった」として懲役3年執行猶予4年の刑が言い渡された。

事例No. 20　2000／その他／母方祖母・実母

実母（26）と母方祖母（50）、長女（1）がマフラーからホースを使って車内に排ガスを引き込み、死亡しているのが見つかった。死因は一酸化炭素中毒。窓ガラスには粘着テープで目張りがされていた。車内には祖母の自宅の電話番号をメモした紙片が残されていたが、遺書はなかった。警察は、現場の状況から無理心中とみて調査している。

事例No. 21　2000／母子／実母

駐車場で乗用車が炎上、約40分後に消し止められ、中から成人女性と男の幼児2人の計3人の焼死体が発見された。警察は事故と無理心中の両面から捜査している。

事例No. 22　2000／母子／実母

実母（47）が「娘を殺した」と110番通報。玄関には胸などを数十か所刺された次女（14）、実母も中庭に倒れているのが見つかった。2人は病院で死亡が確認された。警察は、実母が次女を刺して通報後、投身自殺を図ったとして、実母を被疑者死亡のまま殺人容疑で書類送検する。家族は、実母と実父（48）、長女（18）と次女の4人。次女は、昨年3月に姉妹の喧嘩で実父に殴られたことがきっかけで両親と仲が悪くなり、家庭内暴力を振るうようになる。11月には実父が別居を始め、今年4月には実母と長女が実父のところで暮らすようになり、次女は一人暮らしをしていた。次女が家にいない時間を見計らって実母は家に行き、食事や洗濯をしていたが、事件があった日は次女の帰宅が早く、鉢合わせになりトラブルとなったらしい。実父と実母は今年2月から区の教育相談所に20回以上相談に行っており、5月には学校側にも相談。スクールカウンセラーが次女と話し合いを続けていた。

303

事例№.23　2000／母子／実母

実母（26）が、長男（4）と長女（2）とともに9階から投身自殺。実母と長男は死亡、実母に抱かれていた長女は腰や足の骨を折る大怪我をした。警察は、遺書はないが、今春幼稚園に入った長男が園に行きたがらず、実母が悩んでいたことや、9階非常階段に大人用のサンダルと子ども用の靴が並べられていたことなどから、無理心中とみて調べている。

事例№.24　2000／母子／実母

帰宅した実父（51）が、実母（46）と長女（16）が血を流して死亡しているのを発見。長女には、鈍器のような物で殴られた痕があり、首にはタオルのような布が巻かれていた。実母は腹部から血を流して死亡しており、室内には血のついた刃物が落ちていた。家族は、実父母と長女の3人暮らし。自宅の玄関や窓はすべて施錠されており、2人が普段着だったことや遺体の状況から、警察は実母が無理心中を図った可能性があるとみて調べている。

事例№.25　2000／母子／実母

実母（26）が長男（3）と9階の住宅通路から投身自殺。2人とも死亡。実母は、実父、長男、次男の4人暮らし。前日夜、実母と長男は母方祖父母宅へ戻ったが、午前3時頃から行方がわからなくなっていた。母方祖母によると実母は子育てに悩んでいたようで、警察は無理心中とみている。

事例№.26　2000／母子／実母

実母（37）が、長女（10）と次女（6）の腹部を包丁で刺して殺害、自身も腹を刺し死亡。実母と実父（44）、娘2人の4人暮らしで、実父は朝から出勤していた。実母は一昨年1月頃から市内の病院の精神科に通院しており、警察は無理心中事件とみている。

事例№.27　2000／母子／実母

実父（23）が帰宅すると、実母（25）と長女（1）が血だらけで倒れており119番通報。長女は胸を刃物で数か所刺されて死亡、実母は胸や手首などに刺し傷はあるが命に別状はない。警察は、実母を殺人容疑で逮捕。家族は、実父母と長女の3人暮らし。実母は複数の消費者金融から計200万円を超える借金をしており、そのことを実父や祖母に知られることを恐れ、長女を道連れに心中を決意したという。懲役5年の実刑判決。

事例№.28　2000／父母子／実父・実母

実父（31）と実母（29）が、ホテルの客室で首を吊って死んでいた。駐車場の車内では、長男（5）と次男（3）の遺体が見つかった。司法解剖の結果、長男は細いひものようなもので首を絞められたこと、次男は鼻や口を塞がれたことによる窒息死と判明。遺書には、父方祖父が経営し、実父が役員を務めていた会社の経営難による借金の苦労が書かれていたという。警察では、夫婦が死んでいた客室内でカッターナイフが見つかったこと、夫婦の手首に切り傷があること、車内に血痕が付着していたことなどから、実父母が無理心中を図ったとみて、2人を殺人容疑で被疑者死亡の書類送検する方針。

資料 1

事例№. 29　2000／母子／実母

実母（30）が長女（4）を殺害し、その後自殺を図る。警察によると、長女の首には絞められた痕があり、近くには包丁が落ちていた。実母は、父方祖父らとともに前年冬に家を新築し、引っ越してきたばかりだった。警察は、実母を殺人容疑で被疑者死亡のまま書類送検。

事例№. 30　2000／父母子／実父

実母（32）が「夫と子どもが血まみれで倒れている」と 119 番通報。警察が駆けつけたところ、イラン国籍の実父（41）と長女（1）が倒れており、2 人は出血多量で死亡。実母（日本人）によると、実父が長女を刃物で切り、実母の顔を切った後、自分の首などを切って自殺した。実父は 1 か月ほど前までは運送会社に勤務していたが、事件当時は無職だった。警察は、実父が無理心中を図ったとみている。

事例№. 31　2000／父子／実父

実父（33）が台所のガス栓を開けて長男（5）とともに心中を図る。長男は一酸化炭素中毒で死亡。実父は一時意識不明であったが、病院で意識を取り戻した。実母が前月に病死し、実父は仕事も休みがちであった。「妻の元にいきたい」という内容の遺書も見つかった。実父は殺人容疑で逮捕され、懲役 2 年 6 か月の実刑判決を受ける。

事例№. 32　2000／母子／実母

実母（29）、長男（8）と長女（生後 4 か月）が乗った車が漁港に転落。長男は通報者の男性により助けられて無事。実母と長女は病院に運ばれたがまもなく死亡。車内には下着やおむつをつめた旅行鞄と一緒に、母子手帳や免許証もあった。警察では、心中の可能性もあるとみて調べている。

事例№. 33　2000／その他／母方祖母

実母（34）が廊下で、長男（6）と長女（3）が居間で倒れており、母方祖母（62）が風呂場の脱衣所で首を吊って死亡しているのを、帰宅した実父（42）が発見。警察は、母方祖母が実母の頭を金鎚で殴り、長男と長女の首を絞めて殺害した後、自殺した無理心中事件と断定。母方祖母を、被疑者死亡のまま殺人容疑で書類送検した。家族は、母方祖母、実母、実父、長男らの 5 人暮らし。母方祖母には精神科通院歴があったという。

事例№. 34　2000／母子／実母

実母（29）が双子の長男（3）と次男（3）の首を絞めて殺害後、首を吊って自殺した。実母は子どもたちと 3 人暮らし。部屋には「2 年前に離婚して子どもを一生懸命育ててきましたが、疲れました」などと書いた遺書があり、警察は無理心中したとみている。

事例№. 35　2000／母子／実母

実母（34）が次女（4）の顔を水を張った洗面台に押し付けて水死させ、三女（2）の首を絞めて殺そうとした。実母は、当初行方不明になっていたが、まもなく警察に出頭し、逮捕される。借金を抱えるなどした夫婦生活への絶望感から、実母は子どもと心中を図った。判決では、心神耗弱を主張した弁護側を退け、責任能力ありとして、懲役 8 年の実刑。実母は約 6 年前にも、実父の会社の経営難による借金苦が原因で、長女（当時 3）の首をひもで絞めて殺害した後、睡眠薬を飲んで自殺を図ったが死にきれず、殺人容疑で逮捕され、懲役 3 年執行猶予 5 年の判決を受けていた（今回の事件は、執行猶予満了から約 2 か月後に起きた）。

事例No.36　2000／父母子／実父・実母

実父（51）が、実母（47）と長女（14）、長男（12）に睡眠薬を飲ませ排ガス自殺を図るが失敗し、持っていた刺身包丁で胸を刺すなどして殺害。その後自殺を図り、自身の腹に21か所と両手首に数か所のけがをして病院に運ばれた。退院後、殺人と銃刀法違反の容疑で逮捕され、実母も心中に同意していた可能性は否定できないとして、同意殺人罪と銃刀法違反の罪で懲役15年の実刑判決を受けた。実父は、会社の業績悪化などで、住宅ローンなど約3000万円の借金返済が難しくなったことを悲観し心中を図った。

事例No.37　2000／母子／実母

実母（35）が、長女（2）の首を絞めた上、包丁で首を2回刺して殺害。家族は、実父（39）と実母、長女の3人暮らし。実母は、長女を出産後、育児ノイローゼによるうつ病になり、自殺を図ろうとした他、結婚前の1995年10月から事件までの間、うつ病で精神病院へ3回入院するなどしていた。事件当日は、「生きていくのがつらい。長女を殺して自分も死のう」と考え、犯行に及んだ。実母は殺人罪に問われるが、心神耗弱状態であったと認められ、懲役2年6か月の実刑判決。

事例No.38　2000／母子／実母

実母（33）が双子の長男（5）、次男（5）とともに14階建てマンションの最上階の通路から飛び降りた。3人は病院に運ばれたがまもなく死亡。実父（35）は「妻は最近ノイローゼ気味だった」と話しており、警察は、実母が無理心中を図ったものとみて調べている。

事例No.39　2000／その他／養父

養父（56）がホテルで養母（44）と養女（16）の首をひもで絞めて殺害。その後自らカッターナイフで左手首を切って自殺を図るが死にきれず、ホテルの前で別の車と衝突し病院に運ばれた。養父は「約2年前まで妻と不動産業をやっていたが、景気が悪く家賃も滞納するようになった。2人を殺して自分も死のうと思った」と供述。警察は無理心中と断定し、養父を殺人容疑で逮捕。

事例No.40　2000／母子／実母

実母（32）が長女（生後19日）とともに、ビルの6階と7階の階段の踊り場から約23メートル下に飛び降りた。2人とも頭の骨が折れるなどしてすでに死亡していた。実母は出産後の体調不良でノイローゼ気味だったという。出産のため10月下旬から実家に帰省していたが、事件前日朝から長女を連れたまま行方がわからなくなり、家族から捜索願が出されていた。警察は、無理心中とみて調べている。

事例No.41　2000／その他／実父

父方祖父（79）と実父（57）、長男（6）が乗った車が海に転落し、3人とも車内で水死。家族は、実父と祖父、長男の3人暮らし。実父が運転席、祖父と長男が後部座席。警察は無理心中の可能性が高いとして調べている。

事例No.42　2000／母子／実母

実母（30）が車内で長男（生後10か月）を窒息死させ、その後自身は橋の下で首を吊って自殺した。遺書などは見つかっていないが、警察は母子心中事件とみて捜査している。実母は実父（23）と長男の3人暮らしで、最近夫婦間のことで悩んでいたらしい。

事例№. 43　2000／母子／実母

実母（31）と次女（6）、長男（4）が自宅で血を流して倒れているのを、長女（11）が発見。3人は病院に運ばれたが、次女と長男は首を切られておりまもなく死亡、実母も腹と首に傷があり、意識不明の重体であったが、数日後死亡。長女は、次女と一緒に登校しようと外で待っていたが、出てこないため自宅に戻ったところ、倒れている3人を見つけたという。3人とも寝室の布団の上で寝間着姿で倒れており、近くに包丁が落ちていた。警察は、無理心中か、事件に巻き込まれた可能性もあるとみて調べている。家族は、実父（35）と実母、子ども3人の5人暮らし。連絡を受けた実父が帰宅し、119番通報した。

事例№. 44　2001／母子／実母

実母（41）が自宅で次女（13）の首を絞め、その後自身の胸を包丁で刺し自殺。一緒にいた長女（17）も首を絞められそうになるも、逃げ出して無事。次女は病院に運ばれ意識不明の重体であったが、11日後に低酸素脳症による肺水腫で死亡。実母は7人家族（詳細は不明）で、実父（45）は出勤して不在だった。実母は不自然な言動で精神科の治療を受けていたことがあったという。実母は殺人容疑で被疑者死亡のまま書類送検。

事例№. 45　2001／母子／実母

橋の下に実母（30）と生後間もない長女の2人が倒れているのを土木作業員が発見した。2人はヘリなどで救出されたがすでに死亡していた。警察は、実母が長女と一緒に橋から飛び降りて心中した可能性が高いとみて、調べている。

事例№. 46　2001／母子／実母

自宅から出火し、居間で実母（27）と長男（生後9か月）が倒れているのが見つかる。実母は意識不明の重体、長男は間もなく死亡した。警察は、実母が長男の胸などを刺して火をつけ、さらに自分の胸も刺して無理心中を図ったものとみて、殺人容疑で調べている。2人が倒れていた部屋には、包丁や血痕、灯油タンクなどがあった。家族は、父方祖母（53）と実父（28）、実母、長男の4人。出火当時は、母子2人だけが在宅していた。

事例№. 47　2001／母子／実母

実母（28）が、長女（4）と次女（1）の胸や腹などを包丁で刺し、その後自身の腹を6か所刺し、「どうしたらいいのかわからない」と自ら通報。3人は病院に運ばれたが、長女は死亡、次女と実母は重傷。家族は、実父（31）と実母、子ども2人の4人家族。実母は最近、近所付き合いなど対人関係で悩み、眠れないことが多く、精神状態が不安定だったという。実母は殺人未遂の容疑で現行犯逮捕された（後に容疑は殺人に変わる）。

事例№. 48　2001／父母子／実父の可能性高い

実父（36）と実母（29）、長女（2）の遺体が自宅で発見される。実父は正座し、うつむいた格好で腹から血を流しており、実母は首から、長女は腹部と背中から血を出していた。遺書などは見つかってはないが、玄関に鍵がかかっており、争った形跡がないことなどから、警察は無理心中の可能性が高いとみて調べている。実父は数日前から無断で会社を休んでいた。

事例№.49　2001／母子／実母

漁港で靴が2足揃えて置いてあるのが発見される。捜索したところ、港内にて乗用車が沈んでいるのが見つかり、中から実母（45）と長女（6）の水死体が発見された。遺書などは見つかっていない。2人は2月下旬に自宅からいなくなっており、親戚から家出人捜索願が出されていた。警察は、車で海に飛び込んだ無理心中の可能性が高いとみて調べている。

事例№.50　2001／父子／実父

実父（44）が公衆トイレで長女（4）の右手首を切り殺害（死因は出血性ショック死）、その後自身は近くのマンションから投身自殺。実父は数年前に離婚し、親族宅で生活していた。長女は兄2人とともに実母に引き取られていたが、実父が日曜日には会いに訪れ、遊びに連れて行っていたという。「長女らと離れて生活して寂しい」と周囲に漏らしていたこともあり、精神的に落ち込んでいる様子だったという。警察は、離婚後の孤独感が事件に繋がった可能性があるとみている。実父は殺人容疑で被疑者死亡のまま書類送検。

事例№.51　2001／不明／実母

2001年3月、実母（27）が実父（27）の首を包丁で刺して殺害。「お世話になりました」というメモを残して、長女（6）と次女（5）を連れて、行方がわからなくなった。2002年6月、徳島港の海底に沈んでいた軽乗用車を引き上げると、中から実母と長女、次女の白骨化した遺体が見つかった。実母は、実父及び子ども2人を殺害した容疑で、被疑者死亡のまま書類送検された。

事例№.52　2001／母子／実母

実母（39）が、両手で長男（5）を首を絞めて殺害した後、自身の腹を切って自殺を図る。2人は病院に運ばれたが、長男は間もなく死亡、実母は重傷。退院後、殺人容疑で逮捕。実母は、生活保護費をパチンコなどに使ったため電気料金を支払えず、送電を停止され自暴自棄となり「子どもを殺して自分も死のう」と決意したという。懲役6年の判決。

事例№.53　2001／父母子／実父

実父（21）が、実母（21）、長男（2）、次男（生後7か月）を包丁で刺して殺害した後、マンションの屋上から投身自殺。遺書はなかったが、事件6日前に夫婦は離婚届を提出しており、子ども2人は実母が引き取る予定となっていた。一方、実父は「別の男と一緒になっても、別れたらまた一緒になる」と、周囲に未練を打ち明けており、実母には「月に一度は（職場である寿司店に）来てくれ。子どもたちにおれの寿司を食べさせてやってくれ」と頼んでいたという。警察は実父が3人を殺害したとみて、被疑者死亡のまま殺人容疑で送検する方向で捜査している。

事例№.54　2001／母子／実母

実母（28）が、長女（1）の全身に掛け布団を巻きつけ、約2時間半放置し、窒息死させた。実母は殺人容疑で逮捕される。実母は当初、殺意を否認していたが、その後「夫（25）が仕事もせず、育児にも無理解で、長女と一緒に死のうと思った」と全面的に容疑を認めた。懲役4年6か月の実刑判決。

事例No.55　2001／その他／母方伯父・実母

ペンションの客室で母方伯父（32）が実母（28）と共謀し、長男（2）の首を絞めて殺害。その後、伯父と実母は互いの胸や腹を包丁で刺して、心中を図る。3人は病院に運ばれるが、長男は死亡。伯父と実母は命はとりとめ、殺人と承諾殺人の容疑で逮捕。伯父は「借金苦で死のうとした」と話しており、実母は「入院中の母親を抱えて生活が苦しく、兄が多額の借金を抱えていたことなどが重なり、将来を悲観した」と供述。伯父は懲役4年6か月、実母は懲役3年6か月の実刑判決。

事例No.56　2001／父母子／実父

実父（40）が、実母（36）と長女（5）の胸などを刺して殺害後、首を吊って自殺。実父の首にはためらい傷があった。隣の部屋に実父の筆跡で「家族を道連れにする」などの内容の走り書きがあった。実父は勤め先の会社が今年3月に倒産し、職がない状態が続いており、父方祖母に金策を頼むなど、生活費に困った様子だったという。3人の遺体の状況から、10日以上前に死亡したとみられる。

事例No.57　2001／父母子／実父

海に落ちた乗用車の中から、実母（33）と長男（3）、次男（生後2か月）の水死体が発見される。次の日、海底から実父（35）の遺体も見つかる。実父は2、3か月前から失業中で、家族に「疲れた」と漏らしていた。通報した女性が車が落ちる直前に「助けて」と女性の声を聞いていた。警察は、事故と無理心中の両面から捜査している。

事例No.58　2001／父母子／実父の可能性高い

乗用車が海に飛び込み、車内から実父（28）、実母（28）、長男（1）の水死体を発見。実父のポケットから借金を苦にした内容のメモ帳が見つかっており、警察は心中とみている。

事例No.59　2001／母子／実母

実母（27）がホテルの一室で、長男（4）、長女（1）の胸を刺すなどした後、ホテルの11階から投身自殺した。子ども2人はベッドで首をひもで絞められており、病院に運ばれたが、長男は死亡（失血死）、長女は重傷。室内からは実母が家族に宛てた「今までありがとう。たのしかった」などと書いた遺書2通が見つかった。実母は長女を出産後体調を崩し、通院中だったという。

事例No.60　2001／母子／実母

死後4、5か月経った実母（32）と長男（3）の遺体が発見された。長男の死因は頸部圧迫による窒息死、実母の詳しい死因はわからなかったが、近くには睡眠薬の空き箱があった。実母は、実父（42）と子どもの3人暮らしだったが、半年ほど前から別居し、家賃や光熱費は夫が払っていたという。遺体には目立った外傷もなく、室内は施錠され争った形跡もないことから、警察は無理心中の可能性が高いとして調べている。

事例№.61　2001／その他／実父

実父（37）が実母（30）の首を絞めて殺害、長女（7）、長男（4）の頭を鈍器のようなもので殴り殺害、父方祖母（71）の顔を切り失血死させた後、自宅に火をつけ全焼させる。焼け跡から、実父（死因は焼死）、実母、長女、長男、次女（1）の遺体が発見され、祖母は病院に運ばれたが間もなく死亡。なお、次女の死因は特定されなかったが、肺にすすが入っていないため、火事の前に殺害されたとみられる。警察は、火災の前に殺害された可能性が高いこと、現場検証などで侵入の形跡がみられず、不審者の目撃もないことから、実父が家族を殺して家に火をつけた無理心中とみて、実父を殺人と現住建造物等放火の容疑で、被疑者死亡のまま書類送検した。

事例№.62　2001／母子／実母

実母（29）が、長女（5）と次女（3）とともに、マンションの8階と9階の間の踊り場から飛び降りる。実母と次女は首の骨を折り、収容先の病院でまもなく死亡。長女は手足の骨を折り重傷。踊り場に、実母のサンダルとバッグ、子ども2人の鞄2個が揃えて置かれていたことなどから、実母が無理心中を図ったとみて調べている。

事例№.63　2001／その他／養母

養母（54）が、養女（12）の首を絞めて殺害。自身も通院先で処方された睡眠薬を飲み自殺を図るも死にきれなかった。養女は、養父母と他県に住んでいたが、養父が交通事故で死亡し、2年ほど前に養父母の長男（34）の家族と3人の家に転居、養母と計5人で暮らしていた。養母は夫が死んだ事故の後遺症で精神的に不安定で通院しており、近所の人に「このところ体の調子が悪い」と話していた。養母は殺人容疑で逮捕、送検されるが、鑑定留置で精神鑑定を行った結果、刑事責任能力を問うには問題があるとして不起訴処分となった。

事例№.64　2001／母子／実母

実母（33）が長女（生後52日）を台所の床に叩きつけるなどして殺害。死因は頭蓋内骨折と脳内出血。実母は殺人容疑で逮捕された。家族は、実父母と長女の3人暮らし。実母は妊娠中、切迫流産の危険から約2か月入院し投薬治療を受けた。生後の診察で長女に異常は認められなかったにもかかわらず、「薬の影響で視聴覚に障害を持って生まれた」「長女に障害があるため夫が自分たちを残して去ってしまう」と思い込み犯行に及んだという。心神耗弱が認められ、懲役3年執行猶予4年の判決。

事例№.65　2001／母子／実母

実母（30）がホテルの一室で長女（5）の首を絞めて殺害。実母はその後親族に「子どもを殺した。これから自分も死ぬ」と電話し、近くの海で水死体で発見される。警察は、実母を殺人容疑で被疑者死亡のまま書類送検する方針。

事例№.66　2001／母子／実母

港湾で、実母（34）と長男（生後10か月）の水死体が発見される。実母は数日前に長男を連れて家を出たまま行方がわからず、家族から捜索願が出ていた。実母は育児ノイローゼ気味だったといい、警察は無理心中を図ったのではないかとみている。

資料1

事例№.67　2001／母子／実母

実母（28）が，長女（3）と長男（1）の首を絞めて殺害後，首を吊って自殺。遺書があったことから，無理心中とみられる。実母は体調が思わしくなく，時々通院していたという。

事例№.68　2001／父子／実父

実父（43）が長男（6）と次男（4）とともに，車内にガソリンをまいて火をつけて焼死。子どもたちは後部座席におり，後部左側のスライド式ドアが開かないように，内側から前部座席ドアと針金で結ばれていた。実父は実母と子ども2人の4人暮らし。約1か月半前に焼肉店を閉店しており，客の借金の保証人になり，人間関係に悩んでいたという。警察は無理心中で子ども2人を殺害したとして，被疑者死亡のまま殺人容疑で書類送検した。

事例№.69　2001／母子／実母

実母（24）が，長女（1）の首を包丁で切りつけ殺害後，自身の首を切って自殺を図るも死にきれなかった。遺書らしいメモがあり，実母は殺人容疑で逮捕。家族は，実父母と子ども，母方祖父母の5人。実父母は職場結婚，昨年暮れに実父は転職して夜間勤務になり，実母は浮気。一方，実父は母方祖父母との同居を窮屈に感じ，数日前に離婚を申し出て別居。実父が帰らないことに不安を募らせ自殺を考え始めた。事件前日，実父の職場を訪ねるも「よりを戻すつもりはない」と言われ，心中を決意。犯行直前，実父に遺書めいたメールを送信していた。懲役3年執行猶予5年の判決を受ける。

事例№.70　2001／母子／実母

実母（35）と長男（生後2か月）の遺体が発見された。実母は，家族に長男を連れて病院に行くと言って，長女（4）を預けて車で出かけた。その後，帰宅した痕跡があるが姿が見えないため，家族で探していた。警察は，傍らに量が減った農薬の瓶があり，長男が病弱なことに悩んでいた実母が農薬を飲んで無理心中を図ったのではないかとみて調べている。

事例№.71　2001／母子／実母

実母（29）が長女（3）を乗せて乗用車で海に飛び込む。2人はすぐに引き上げられ病院に運ばれたが，まもなく死亡。「車が海に向かって突っ込むように走り，車止めを超えて飛び込んだ」という目撃者もいることから，警察は無理心中とみて調べている。

事例№.72　2001／母子／実母

マンションの一室から実母（40）と長女（8）の焼死体が発見される。家族は母子2人暮らし。室内には油のにおいがしたといい，警察は心中の可能性もあるとして調べている。

事例№.73　2001／母子／実母

実母（34）が長男（生後6か月）とともに病院の10階から飛び降りる。実母は間もなく死亡，長男は重体であったが，事件から2日後に出血性ショックなどで死亡した。実母は食欲不振を訴えて病院で診察を受けていた。警察は実母が無理心中を図ったとみて原因などを調べている。

311

事例No. 74　2001／父母子／実父

実父（49）が、実母（42）、長女（11）、次女（4）を金属バットで殴って殺害した後、首を吊って自殺。実父は今年4月、約25年勤務した地元農協（保険や肥料などあの販売を担当）を「ノルマを果たすのが苦痛」として依願退職。9月から始めたスーパーでのアルバイトも10月末に辞めた。警察は、実父を殺人容疑で被疑者死亡のまま書類送検。

事例No. 75　2001／父母子／実父・実母

実父（34）が車内で、実母（29）と共謀して長男（生後1か月）の鼻や口を手で塞いで殺害、承諾を得た上で実母を絞殺した後、睡眠薬50錠を飲んで自殺を図るも死にきれず自首した。実父には通院歴がある。実父は就職したばかりの会社を辞めたことを苦に「3人で一緒に死のう」と実母に持ちかけたところ、実母は同意した。実母は遺書を残していた。実父は殺人と承諾殺人罪で懲役7年の判決を受ける。

事例No. 76　2001／母子／実母

実母（38）が、長女（8）と次女（6）が乗った車に火をつけ全焼させ、焼死させる。実母は車から逃げ出し、川に飛び込み自殺を図ったが死にきれなかった。実母は、実父（39）と子ども2人の4人暮らし。次女は1歳の頃にかかった病気の後遺症で知的障害があり、実母はその養育に悩み、後に精神科でうつ病などと診断された。事件当時は、翌春に次女の小学校入学を控え、次女を特別支援学級に入れるか悩み、次女の将来を悲観して一緒に死のうと考え、さらに残される長女も可哀そうだと思って道連れにしようとした。実母は、心神耗弱だったと認められたものの、懲役7年の実刑判決。

事例No. 77　2001／母子／実母

実母（30）が、車内に灯油をまき火をつけ、長女（9）、次女（7）とともに焼死。ドアはロックされ、車内には実母が書いたとみられる遺書めいたメモがあった。実母は実父と離婚しており、子どもたちとの3人暮らしだった。発見時、運転席には長女、実母は次女を抱きかかえるように後部座席に横たわっており、後部座席の後ろに空の灯油タンクがあったことなどから、警察は無理心中を図ったとみて調べている。

事例No. 78　2001／母子／実母

木造2階建て住宅1階が火災、中から実母（37）と長女（生後11か月）の焼死体が発見される。遺書が残されており、警察は無理心中とみて調べている。

事例No. 79　2001／母子／実母

実母（30）が長女（生後5か月）の顔にタオルをかぶせ、鼻や口を手で塞いで殺害。実母自身の首を包丁で傷つけ自殺を図るも、未遂に終わり、殺人容疑で逮捕。実母は実父から別の女性と付き合いたいと別れ話をされ、将来を悲観し心中を図った。懲役3年の実刑判決。

資料 1

事例No. 80　2001／母子／実母

実母（33）が、長女（4）と長男（2）の首を電気コードで絞めて殺害。自ら110番通報した後、自身の左手首をカミソリで切って後追い自殺を図った。発見時は意識が朦朧としており、入院し、回復後に逮捕された。家族は母子3人暮らし。敷地内の別棟には、母方祖父母が住んでおり、居間には「2人を殺しました。天国のお父さんと4人で暮らします。ごめんなさい」と書かれた遺書が残されていた。実母は2001年4月に借金を苦に実父（41）が自殺した後、翌月から、月1回のペースで精神科に通院していた。1人で子ども2人を育てることが不安になり、実父の命日に心中しようと決意したという。実母は殺人容疑で逮捕され、懲役5年の判決を受ける。

事例No. 81　2001／父母子／不明

運河で水中から引き上げたワゴン車から実母（30代くらい）、長女（小学生くらい）、長男（保育園児）の水死体を発見した。数日前に、現場近くで実父（40代）の水死体も発見されており、警察は無理心中とみて調べている。家族から自殺をほのめかす手紙が親族に届いており、警察は3か月程前に家族4人の家出人届けを親族から受理していた。

事例No. 82　2001／父子／実父

実父（42）が自宅で長男（6）の首を絞めて殺害し、その後近くの山林で首を吊って自殺。自宅から、長男が重度の知的障害で、実父が借金を抱えていることが書かれた遺書が見つかり、警察は無理心中とみている。

事例No. 83　2001／母子／実母

実母（31）が、自宅で長女（4）の首を包丁で切り殺害後、近隣の10階建ての住宅から投身自殺。家族は、実母、長女、母方祖父母、母方曽祖父の5人暮らし。家族の話では、実母は離婚問題などで悩み、ノイローゼ気味だったという。

事例No. 84　2001／父母子／実父・実母

全焼した軽自動車内から、実父（38）と実母（22）、長男（2）の焼死体が見つかる。燃料給油口のふたが開いており、そばに給油ポンプがあったため、警察は車内にガソリンをまいたとみて調べている。自宅から両親や兄弟に宛てた「みんなで死にます」という内容の遺書2通が見つかっており、警察は実父母が無理心中を図った可能性が高いとみている。

事例No. 85　2001／母子／実母

実母（28）が、長男（1）の背中を刃物で刺して殺害後、自身の首や腹など数か所を刺し重傷。実父は泊まり込みで仕事に出ており、帰宅し倒れている2人を発見した。警察は、実母も胸や腹など数か所に刺し傷を負っていたこと、外部から侵入した形跡がないこと、実母が事件当時、発作的な病で精神科に通院していたことなどから、実母が無理心中を図ったとして逮捕。実母は「私ではない」と否認しており、精神鑑定を受ける見通し。その後、記事無し。

事例No. 86　2001／母子／実母

川で、実母（27）と長女（生後10日）の水死体が発見された。実母は出産のために実家に帰省中だったが、前日朝から行方がわからず、家族は捜索願を出していた。実家には「ごめんなさい」と書かれたメモがあり、2人に外傷がないことなどから、警察は、実母の無理心中とみている。

事例№.87　2001／父母子／実父・実母

実父（25）が、実母（24）と長男（2）の首を絞めて殺害、自身も首を吊るも死にきれず自首した。実父は3年前、乗用車を運転中、軽乗用車と衝突。2人が死亡、1人が重傷を負い、実父も左半身が麻痺となり、障害のため仕事ができなくなった。実母は当時、妊娠5か月で、もともと病気がちであったが、事故の精神的ショックでさらに体が弱くなった。さらに業務上過失致死傷罪に問われ、2001年3月、禁固2年の判決を受けた。最高裁まで争ったものの、上告も棄却され、事件当日は禁固刑の収監日だった。実父は、実母から心中を持ちかけられ、心中を決意。実母が自ら首に巻き付けたロープを長男の首にも巻き、実父がロープを引っ張って2人同時に絞殺した。実父は、殺人と承諾殺人の罪に問われ、懲役7年の実刑判決。

事例№.88　2002／母子／実母

港の海中で、長男（3）の水死体が発見され、数日後に実母（38）の遺体が浮いているのが発見された。長男発見前夜から母子2人で行方不明になり、実父（43）が捜索願を出していた。実母は自分の病気のことで悩んでいたといい、無理心中の疑いがあるという。

事例№.89　2002／母子／実母

山中で炎上した乗用車から、実母（30）と長男（6）、次男（3）の焼死体が見つかった。警察は、事件と事故の両面から調べている。事件前日、実母と子ども2人の行方がわからなかったため、実父が捜索願を出していた。家族は実父母と子ども2人の4人暮らしで、実母は子どもの養育関係のことで悩んでいたという。

事例№.90　2002／父母子／実父

実父（45）が、実母（44）、長男（15）、長女（14）とともに車ごとため池に転落。長男は自力で脱出したが、3人は死亡した。長男は「家族4人で食事をした後、ドライブするなどしていた。運転していた父が『家には帰れん』といって、突然車ごと池に飛び込んだ」などと話しているという。実母が消費者金融に借金があり、家族は悩んでいたといい、警察は無理心中の可能性があるとしている。

事例№.91　2002／母子／実母

実母（39）が、長女（7）の首をスカーフで絞めて殺害後、自身の左腹部を包丁で3か所刺し、両手首をカミソリで切った。訪れた実母の姉が119番通報し、実母は病院に運ばれた。実母は殺人容疑で逮捕され、昨年仕事を辞めて、貯金を使い果たして生活が苦しくなり、無理心中を図ったと供述。家族は、母子2人だった。裁判では、心神耗弱を主張する弁護側を退け、懲役5年の実刑判決。

事例№.92　2002／母子／実母

実母（35）と長男（17）が死亡しているのを訪ねてきた母方祖母（62）が発見。実母と長男は2人暮らし。室内には「生活に疲れた」という内容の女性の遺書があったことなどから、警察は無理心中とみて調べている。

資料 1

事例№ 93　2002 ／父母子／実父・実母

青少年旅行村のテント内で実父（42）、実母（33）、長男（5）、長女（3）が死亡しているのが発見された。テント内で練炭火鉢を炊いた形跡があり、死因は一酸化炭素中毒とみられる。2 月 22 日家族で旅行に出かけたが、2 月 27 日になって遺書めいた手紙と退職願が上司に届いたため、家族が捜索願を出していた。実父は地元の食肉ハム卸会社で営業を担当していたが、BSE（牛海綿状脳症＝狂牛病）の影響で売り上げが落ちたことなどを悩んでいたという。実父の会社では、税務署からの連絡で 2 月上旬実父が商品の横流しで約 3000 万円を不正に着服していたことが発覚、会社側は刑事告訴の準備中だった。警察は、一家が無理心中したとみている。

事例№ 94　2002 ／母子／実母

実母（28）と次女（生後 4 か月）が腹部から血を流して倒れているのを、同居中の母方祖母が発見。病院に運ばれたが実母は重体、次女は翌日出血性ショックのため死亡。実母は「自分でおなかを刺した」などと話しており、次女が倒れていた近くには刃渡り約 20 センチの包丁が落ちていた。実母は最近精神的に不安定な状態であったという。警察は、実母が無理心中を図った可能性が高いとして、実母の回復を待って殺人容疑で調べる。

事例№ 95　2002 ／父子／実父

陸橋の下で、長女（9）の遺体が発見された。警察は、実父（48）を殺人と死体遺棄の疑いで逮捕。実父は「自分も死ぬつもりだったが死にきれなかった」と自供。家族は実父と実母（35）、長女の 3 人暮らし。長女の遺体が発見される数日前から 2 人は行方不明で、実母が捜索願を出していた。実父は生活費やパチンコ代のために約 400 万円の借金を抱えており、これまでにも周囲に自殺をほのめかしたり、長女を連れて長時間外出していたという。実父は、長女の首をひもで絞めた後、口や鼻をタオルで押さえつけるなどして窒息死させたとして、懲役 12 年の刑が言い渡された。

事例№ 96　2002 ／母子／実母

ホテルの一室で韓国籍の実母（38）と長女（4）の遺体が発見された。実母は客室入口付近の通気口にロープをかけて首を吊って自殺。長女に薬物を飲ませたような形跡があり、実母の遺書もあることから、警察は無理心中とみている。実母は病気がちだったという。

事例№ 97　2002 ／父子／実父

実父（46）が、三男（生後 11 か月）をおしゃぶりのひもを使って絞殺した後、首吊り自殺。実父には多額の借金があったといい、実母（34）宛に「後を頼む」などと書かれた実父の遺書も見つかっていることから、警察は実父が三男を道連れに無理心中したとみている。家族は実父母、双子の長男（7）、次男（7）と三男の 5 人暮らしだった。

事例№ 98　2002 ／父母子／実父

実父（46）、実母（45）、長女（3）の 3 人の遺体が自宅から発見された。実父は首を吊り、実母と長女は布団の中で死亡していた。「借金の返済に困っているので心中する」という内容の遺書が見つかり、警察は無理心中とみて調べている。実父は先月、勤めていたタクシー会社に「休みたい」と申し出た後、連絡がなかった。3 人とも死後 10 日から 2 週間経過していた。

315

事例№99　2002／父母子／実父・実母

実父（28）と実母（26）、長男（2）が海に入水し無理心中を図る。3人とも波に押し戻されるなどして陸に上がったが、長男は海水を大量に飲んで意識不明となり、翌日収容先の病院で心不全のため死亡。実父母は殺人容疑で逮捕された。一家は3人暮らしだったが、実母が数年前に病気のため手術をし、治療費などのために約1000万円の借金があった。さらに、病気が再発する恐れもあり、そうしたことを苦にして無理心中を決意したという。2人とも懲役5年を求刑された（判決の記事無し）。

事例№100　2002／父子／実父

実父（33）が交通事故（乗用車を運転した実父が大型トラックに衝突）で死亡。連絡のために自宅を訪れた警察が、実母（28）、長女（10）、次女（7）、三女（3）の遺体を発見。母子4人の死因は首を絞められたことによる窒息死。警察は、4人の遺体が胸に手を組んだ状態で整然と並べられ、部屋を荒らされた形跡もなかったため、実父が4人を殺害した後、交通事故で自殺を図った無理心中とみて捜査。その後、4人を殺害したロープが自宅にあった他、絞殺による排泄物が実父の衣服についていたことなどから、実父の犯行と断定。「気持ちのすれ違いが積もって、突発的に妻を殺害。残された子を道連れにしたのでは」とみている。警察は、実父を殺人の疑いで容疑者死亡のまま書類送検した。

事例№101　2002／母子／実母

実母（33）が長女（生後9か月）を風呂場で殺害した後、首を吊って自殺。居間のテーブルには育児の悩みを綴った実母の遺書があったため、警察は母子心中として調べている。家族は、実父（34）と実母、長女の3人暮らしだった。

事例№102　2002／父子／実父

実母（42）が、浴室で実父（51）と長女（生後1か月）の遺体を発見し110番。実父は首を切っており、包丁が見つかった。長女は水死だった。実父は1、2か月前に技術職から事務職に配置転換になったことを悩んでおり、事件の約1週間前、実母（42）に「転職しようか」「子どもを連れて死にたい」と漏らしていたという。警察は、実父が無理心中を図ったとみている。

事例№103　2002／母子／実母

実母（33）が、長男（3）と次男（1）を殺害した後、首を吊って自殺。2人はマットレスの上に寝かされ、布団がかけられており、目立った外傷はなかった。台所には「生活になじめなかった、ごめんなさい」といった内容の遺書が残されていることから、警察では無理心中とみている。家族は実父（31）と実母、子ども2人の4人暮らし。昨年、一家で転居し、半年前には、さらに実父の実家のある町に引っ越していた。

事例№104　2002／母子／実母

実母（36）、長女（11）と長男（5）が乗った軽乗用車が湖に転落。約30分後に3人は救出されたが、実母と長女はまもなく死亡、長男も翌日死亡した。3人の死因は水死。警察は、実父（37）の話から、実母が数か月前に腹部の手術を受け、その後療養中であったが、最近体調のことで悩んでおり、精神的に不安定であったことと、車がブレーキをかけた跡がないことから、実母が無理心中を図ったとみている。

資料1

事例№. 105　2002／母子／実母

実母（30）が、長男（生後10か月）の哺乳瓶にミルクと泡盛（アルコール度60％）を半分ずつ入れて飲ませた。長男は急性アルコール中毒により、吐いたものが喉に詰まって窒息死。血液中からは大人の酒気帯びに相当するアルコール（1ミリリットル中3ミリグラム）が検出された。実母は泥酔状態でそのまま精神病院に入院したが、警察は「事件当時、善悪の判断ができた。拘置にも耐えられる」と判断し、翌月に殺人容疑で逮捕。その後、傷害致死罪で起訴された。家族は、実父（35）を含む3人暮らし。実母は数か月前から、長男が自分のことを母親として認識していないのではないか、目の動きや表情がおかしいと感じ、インターネットで得た知識から、自閉症ではないかと強い不安を抱いていた。数回、児童相談センターに訪れ、「長男が自閉症ではないか」と相談していた。事件当日の様子について、実母は「しらふでは自殺できないので酒をラッパ飲みした。座卓にシーツをかけて首が吊れるか試してみたら痛かったので、長男には痛みを感じさせないようにするつもりで酒を飲ませた」と話した。心身耗弱が認められ、懲役2年6か月執行猶予3年の判決。

事例№. 106　2002／母子／実母

実母（29）が、長女（7）と次女（5）を車に乗せたまま海に転落。実母は助かったが、子ども2人は水死した。家族は、実母と子ども2人、祖母の4人暮らしだった。実母は殺人容疑で逮捕された。育児や仕事が見つからないことに精神的に不安定になり自殺を考え、「1人は寂しい。子どもだけ残すのも可哀そう」と心中を決意したと供述。しかし、公判では「アクセルとブレーキを踏み間違えて海に落ちた」など殺意がなかったと無罪を主張した。裁判所は心中を図って2人を殺害したとして、懲役6年の実刑判決を下した。

事例№. 107　2002／母子／実母

実母（40）が次男（1）の鼻と口を両手で塞いで窒息死させ、焼身自殺を図ろうと自宅に放火。実父（36）が気づき、実母は命をとりとめたが、殺人と現住建造物等放火の容疑で逮捕。家族は、実父母と子どもらの7人暮らし（詳細不明）。長男は高校、実父は仕事へ出かけており事件当時は2人しか家にいなかった。実母は、実父に内緒でパチンコ代などの遊興費に充てるために消費者金融などから借りた借金が約400万円あり、その返済に困っていたことと、親族との人間関係に悩み、自殺を考え、次男を殺害し自宅を放火した。公判では実父が情状酌量を求め、懲役6年の実刑判決（求刑・懲役12年）。

事例№. 108　2002／母子／実母

実母（25）が自宅で、長男（4）と長女（1）の首をタオルで絞殺。帰宅した実父（29）が2人の遺体を発見し110番通報した。実母は一時行方不明になっていたが、同日市内の公園で見つかり、殺人容疑で緊急逮捕。実母は、実父が起こした交通事故の修理費を工面するため消費者金融を利用したのをきっかけに、実父に内緒で通信販売での買い物代など約250万円の借金を抱え返済に困っていた。借金を実父に知られると子どもと引き離されるなどと悲観し、「いっそ子どもを道連れにしよう」と考え、心中を計画。2人を殺害した後、遺書を残して自殺しようとしたが死にきれなかったという。懲役11年の判決。

317

事例№109　2002／母子／実母

実母（40）が、マンション9階から長男（生後5か月）を投げ落とした。長男は頭を強く打って死亡。実母が「私が投げて殺した。一緒に死のうと思ったが、怖くてできなかった」と話したことから、警察は殺人容疑で逮捕した。実母は「夫（51）が浮気している」と思い込んで子どもとの心中を決意。実母は犯行時、妄想のため行動制御能力が著しく低下した心神耗弱だったことから、懲役3年執行猶予5年保護観察付きの判決を受けた。

事例№110　2002／父母子／実父

実母（49）と長女（12）が首を絞められて死んでいるのを実母の姉（51）が発見し、110番通報。首吊り自殺をしている実父（46）も見つかった。2人の遺体には動かした跡がなく、窓や玄関も施錠され、外から侵入した形跡がないことや、現場状況からみて、警察は、2人を殺害したのは実父の犯行と断定し、実父を殺人容疑で被疑者死亡のまま書類送検した。実父は、3か月前に勤めていた会社が業績不振で自主解散したため、職を失っていた。遺書はなかった。

事例№111　2002／父子／実父

実父（48）、長女（8）と次女（6）が、車内で倒れているのが見つかった。排ガスが引き込まれており、長女は死亡、実父と次女は助かった。車内には「子育てに疲れた」というメモが残っていた。実父は殺人・殺人未遂容疑で逮捕された。実父は2年半ほど前に実母ががんで死亡した後、娘2人の世話をするため、自由な時間が持てる生命保険の調査員に転職したが、減収となったため自宅のローン支払いに困り、心中を図ったという。実父は2人に実母がいない寂しさを感じさせまいと、学校行事などに参加し、食事や洗濯などの家事をこなし、懸命に世話をしていた。情状酌量の余地があるとして、懲役6年（求刑・懲役10年）の判決。

事例№112　2002／父母子／実父・実母

実父（35）、実母（32）、長男（10）、長女（6）、次男（2）、三男（2）の計6人が、乗用車内において排ガスによる一家心中。死因は一酸化炭素中毒。車内に遺書はなかったが、家賃を2か月滞納しており、金に困っていたらしい。

事例№113　2002／母子／実母

実母（34）、長男（5）、次男（4）の3人が風呂場で死んでいるところを、実父（36）が発見。長男と次男は浴槽に服を着たままうつぶせに浮き、死亡。実母は左手首から血を流して死亡。近くで刃物が見つかった。実母は次男の病気のことや子どもたちの教育のことで悩んでいたといい、警察は実母が無理心中を図った可能性もあるとみている。

事例№114　2002／父子／実父

ため池で、実父（34）と長男（8）の水死体、車内から次男（7）と三男（5）の水死体が見つかった。実父らは、「祭りを見に行く」と言って子ども3人と一緒に車で外出。その夜「死にたい」という内容の電話を実母（31）にかけ、そのまま行方がわからなくなっていた。実父は実母と離婚調停中で、警察は実父が車ごと池に飛び込んで無理心中を図ったとみている。

資料 1

事例№. 115　2002／母子／実母

実母（30）が長男（6）の手を引き、次男（2）を背負ったまま海に飛び込んだ。通報を受け、実母は救出されたが、長男と次男は水死した。実母は殺人容疑で逮捕された。家族は、実父母と子ども2人、母方祖父母の6人家族だった。実父が消費者金融から約320万円借金しており、月々の支払いと督促の電話に悩んでいたという。心中を図った日は支払い予定日で、前日に実父に相談したが、要領を得なかったため心中を決意した。公判では、減刑を願う知人ら1000人分の嘆願書を提出し、検察側は懲役6年を求刑した。

事例№. 116　2002／父子／実父

「夫が灯油をかぶり、自殺しようとしている」と実母（27）から通報があり、警察が駆けつけたところ、河原で長男（3）と実父（43）の焼死体を発見した。また近くの車内で、左手首を負傷している実母を保護した。車内からは自殺をほのめかすメモが見つかった。警察は、実父が長男と共に灯油をかぶって火をつけ、無理心中を図ったものとみて調べている（検討の結果、実母自身が通報していることから「父子心中」と判断した）。

事例№. 117　2002／母子／実母

実母（29）と長女（5）が手を繋いで、駅のホームに入ってきた電車に飛び込んではねられ、全身を強く打ってまもなく死亡。警察は事故と心中の両面から調べている。

事例№. 118　2002／父母子／実父・実母

海中に沈む車内から、実父（42）、実母（40）、長女（11）、次女（9）の4人の遺体が確認された。死因は水死で目立った外傷はなく、警察は事故と心中の両面から捜査している。一家は数日前から行方不明となり、父方祖父が捜索願を出していた。自宅には、実父の「借金がある」、実母の「ごめんなさい」という書置きが残されていた。

事例№. 119　2002／父子／実父

実父（42）と長男（5）、次男（3）の遺体が川で発見される。警察は実父が子ども2人とともに川に飛び降り、無理心中を図ったとみている。実父は数日前から、子どもたちを連れて出たまま行方不明となっており、直前に実父が自殺をほのめかすような言動をとっていたことから、実母（35）が捜索願を出していた。遺書はなかったが、実父は精神的に落ち込んで病院にかかったことがあるという。

事例№. 120　2002／父母子／実父・実母

実父（41）と実母（36）、長女（10）の遺体が発見された。死因は一酸化炭素中毒。ドアや窓が施錠されており、火の気のない場所で出火していることなどから、警察は無理心中の疑いが強いとみている。警察によると、寝室のすみに置かれた雑誌や段ボールが激しく燃えており、近くの壁やカーテンなどに延焼したが、酸素が無くなり自然に鎮火したらしい。遺書はなかった。

事例№. 121　2002／母子／実母

実母（34）、長女（10）と次女（7）が、車内に排ガスを引き込み死亡しているのが見つかった。死因は一酸化炭素中毒。遺書は見つかっていないが、3人に外傷はなく、実母は3か月前に離婚し、病気がちなことを悩んでいたらしいことなどから、警察は実母が無理心中を図ったとみて調べている。

319

事例№.122　2002／母子／実母

港でワゴン車が沈んでいるところを発見され、中に実母（35）と双子の長男（10）、次男（10）の遺体が見つかった。外傷や着衣の乱れはなく、死因は水死で、警察は実母が子ども2人を道連れにした無理心中とみている。実母は数年前に離婚、母方祖父母や母方伯父家族と同居していた。家族らによると、突然沈み込むことがあったといい、先月上旬から市内の神経科病院に通院していた。

事例№.123　2002／母子／実母

実父（33）の通報で警察が駆けつけたところ、長女（7）がぐったりしており間もなく死亡した。実母（39）が「自分がやった」と話したため、逮捕。家族は、実父母と長女、長男（2）の4人暮らし、事件時実父は出勤中だった。実母は、長女の首を電気コードで絞めて殺害した。公判では、実母が昨年からうつ病で通院していたこと、本事件の2か月ほど前、実父の浮気が原因で、実母は子どもとの無理心中を計画し、長女と長男に睡眠薬を飲ませ、病院で治療を受けていたことなどが明らかにされた。心神耗弱が認められ、懲役3年保護観察付き執行猶予5年の判決。

事例№.124　2003／母子／実母

実母（32）が長女（11）とマンション7階のベランダから飛び降りて死亡。実母は先月離婚し、長女と2人暮らし。部屋に実母の両親に宛てた手紙があるため、警察は無理心中とみている。

事例№.125　2003／父母子／不明

湖岸の駐車場で乗用車が全焼。車内から実父（61）、実母（45）、長男（9）、長女（7）、次男（3）の焼死体が発見された（身元はDNA鑑定で判明）。実父の血液からはガソリンが検出され、警察はガソリンをかぶって火をつけた可能性が高いとみている。また、実父は消費者金融などから借金をしており、自宅には督促状などが貼られていることなどから、警察は借金苦による一家心中とみている。

事例№.126　2003／父母子／実父

実父（35）、実母（32）、長男（5）、長女（生後9か月）の一家4人の遺体を発見。実母と子どもらは居間で首を絞められて死んでおり、実父はテラスで首を吊っていた。実父が祖父母らに宛てた「家族を道連れにして申し訳ない」という内容の遺書があり、警察は実父が無理心中を図ったとして被疑者死亡のまま殺人容疑で書類送検した。動機は「特定できなかった」としている。実父は真面目で家賃の滞納も一度もなく、長女をおぶって散歩する姿も目撃されている。また4日前、実母が近所の人に「住宅展示場を見学してきた」と嬉しそうに話していたという。

事例№.127　2003／父母子／不明

漁港沖合に沈んでいた乗用車の中から実父（57）・実母（51）・長女（11）の遺体を発見。3人はシートベルトをしておらず、外傷もなく、警察は事故と心中の両面で調べている。実父はパチンコ店の店長をしていたが、3か月前に辞めていたという。

資料 1

事例№. 128　2003 ／母子／実母

実母（31）が長女（3）とともに 14 階建てのマンションの非常階段の踊り場付近から飛び降り、全身を強く打つなどして死亡。部屋には生活苦を訴える遺書があり、警察は無理心中とみている。

事例№. 129　2003 ／母子／実母

実母（35）と長女（1）が寝室のベッド脇で遺体で発見される。1 階の居間が焼けており、遺体は 2 階の寝室にあり、遺書のような書置きも発見された。室内のドアや窓はすべて施錠されており、通報を受けて駆けつけた警察が玄関の窓ガラスを割って部屋に入り、遺体を発見した。警察は心中とみて調べている。

事例№. 130　2003 ／母子／実母

実母（35）・長女（10）・次女（6）が乗った乗用車が湖に転落。約 30 分後、病院に搬送されたがまもなく死亡。死因は水死。実況見分の結果、ブレーキ痕、スリップ痕がなく、警察は実母が心中を図った可能性が高いとみて詳しく調べている。

事例№. 131　2003 ／母子／実母

実母（35）が次男（13）・三男（12）とともに、車内において練炭により心中。警察が駆けつけたところ車内で 3 人が倒れており、病院に搬送したが次男・三男は一酸化炭素中毒でまもなく死亡、実母は意識不明の重体。実父（41）は夜勤で不在、長男は寝室にいて無事であった。実母は 2002 年 11 月〜 2003 年 1 月中旬まで精神科に入院。その後も事件まで通院しており、実父に「死にたい」と漏らしていた。警察は、実母が病気を苦に無理心中を図ったとみて調べている。

事例№. 132　2003 ／母子／実母

実母（36）が長女（10）を絞殺。実母も自殺しようとしたが死にきれず自首。家族は実父（44）と実母、長女の 3 人。実母は、実父との口論が絶えず 1 人で悩んでいた。事件時、実父は仕事で不在。実母は、殺人容疑で逮捕され、心神耗弱状態であったと認められ懲役 2 年 6 か月の実刑判決を受ける。

事例№. 133　2003 ／父子／実父

実父（29）が長男（3）を絞殺し、自身の腹を刃物（長さ約 25 センチ）で数か所刺して重傷。実父は退院後、殺人容疑で逮捕。実父は事件前日、長男を保育園から連れ出し、翌日深夜に車内で寝ていた長男を殺害。長男の育児をめぐって夫婦間で口論が絶えず、「長男の将来を悲観」して無理心中を図ったという。家族は、実父と実母（29）、長男の 3 人暮らしだった。懲役 7 年の刑が言い渡された。

事例№. 134　2003 ／父子／実父

実父（45）と長男（12）が、乗用車の両脇に倒れているところを実母（46）が発見し、病院に搬送されたが、まもなく死亡。長男には首を絞められた痕があり、実父の腹部には刃物で切った痕があった他、首にベルトを巻いていた。警察は、実父が、実母の携帯電話に「限界です。終わりにします」などと自殺をほのめかすメールを送っていたことから、無理心中の可能性が高いとみて調べている。

事例№. 135　2003 ／父母子／実父・実母

実父（42）・実母（26）・長女（3）・次女（2）が、車内で練炭による一酸化炭素中毒で死亡しているのが発見された。ルームミラーにひもでぶらさげた金属容器の中に燃え尽きた練炭が入っており、車内のすべての窓が内側から粘着テープで目張りされていた。車内には「先立つ不孝をお許しください。これ以上、生活できなくなりました」といった内容のメモが残されており、所持金はほとんどなかった。警察は、子ども 2 人を殺害したとして、実父母を被疑者死亡のまま殺人容疑で書類送検した。

事例№. 136　2003 ／母子／実母

実母（28）が長男（6）とともに、車内において排ガスによる心中。車のマフラーから車内にホースで排ガスを引き込んでおり、警察は実母が無理心中を図ったとみて調べている。2 人は数日前から行方不明で、捜索願が出ていた。

事例№. 137　2003 ／母子／実母

実母（33）が首を吊って死亡、長女（4）・長男（2）・次男（1）も布団の上で死亡しているのを、実父（36）が発見。子どもらの首には絞められた痕があった。実父母は離婚話が進んでおり、子どもの親権をめぐって争いがあった。警察は、実母が無理心中した可能性が高いとみている。

事例№. 138　2003 ／父子／実父

実父（51）が長男（14）の首を絞めているのを、次男（12）が通報。警察が駆けつけると、長男は死亡しており、実父を現行犯逮捕。6 年前に実母は死亡、実父が 1 人で長男・次男・長女（7）を育てていた。実父は「1 人で子どもを抱え、将来がしんどいと思った。みんなで死のうと思った」と話している。当時、長女は別の部屋で寝ており、長男は二段ベットの下段、次男は上段で寝ていた。警察は、実父が無理心中を図ろうとしたとみている。

事例№. 139　2003 ／母子／実母

実母（47）が長女（5）とマンション 8 階から飛び降りて死亡。マンション 8 階の非常階段に実母の鞄があり、警察は、2 人が高さ 1.2 メートルの手すりを乗り越えて飛び降り、無理心中を図ったのではないかとみて調べている。

事例№. 140　2003 ／母子／実母

実母（28）が長男（生後 2 か月）とともに軽自動車で海に飛び込むが死にきれず、陸に上がって歩いていたところを発見され病院へ。2 日後、長男は肺炎になり呼吸器不全で死亡。実母は殺人容疑で逮捕。実母は実父との不仲でうつ状態にあり、長男を道連れに心中を図った。

事例№. 141　2003 ／母子／実母

実母（23）と長女（生後 6 か月）の焼死体が、燃えている乗用車の近くで発見される。乗用車は内部から燃えており、車内に灯油のようなものをまいて火をつけたらしい。警察は、実母が長女を道連れに無理心中を図ったとみている。

資料 1

事例№. 142　2003／母子／実母

実母（30 代）と長男（乳児）が河原に倒れているところが発見された。全身打撲ですでに死亡。警察は、橋の欄干に軽自動車が衝突しており、2 人が車外に投げ出された形跡がないことから、衝突後に川に飛び降りたとみている。

事例№. 143　2003／母子／実母

実母（31）が、自宅で長男（3）と次男（生後 11 か月）の首を絞めて殺害、その後自身は車で移動し川へ飛び降りて自殺（司法解剖の結果、全身を強く打ち失血死したことが判明）。自宅からは職場の人間関係の悩みや「私は駄目な母親です、ごめんなさい」と書かれたメモが見つかった。実母は実父（31）と父方祖父・父方祖母（65）と子ども 2 人の 6 人で二世帯住宅で暮らしていた。実母は真面目で礼儀正しく、会社からの信頼も厚く、父方祖父母とも仲が良かった。警察は、実母を子ども 2 人の殺人容疑で被疑者死亡のまま書類送検。

事例№. 144　2003／母子／実母

実母（37）、長女（14）と長男（10）が居間で死亡しているのが発見される。居間にはキャンプ用の炭とマッチの燃えカスが残った中華鍋もあり、一酸化炭素中毒による死亡とみられる。実母は 2002 年秋までパートで働いていたが、体調を崩して休みがちだったという。民生委員に相談することや、児童相談所を訪れることもなかったようだ。現場に遺書などはなかったものの、警察は現場の状況などから心中とほぼ断定した。

事例№. 145　2003／母子／実母

長女（2）が自宅の布団で死亡しており、その後自宅から離れた会社のフォークリフトにロープをかけて実母（33）が首を吊って死亡しているのが見つかった。長女の首に絞められた痕が残っていた。自宅から「身勝手ですみません」と書かれたメモが見つかったことから、警察は実母が無理心中を図ったとみている。実母は長女の成長が遅いと悩み障害があるのではないかと思い込んでおり、実父（33）や小児科の病院に相談していた。家族は、実父母と長男（4）・長女の 4 人暮らし。

事例№. 146　2003／母子／実母

実母（29）が次女（生後 7 か月）を抱いたまま、駅構内で快速電車に飛び込み、全身を強く打って死亡。実母は 1999 年からうつ病で通院していた。警察は無理心中とみている。

事例№. 147　2003／父母子／実父・実母

車内で、実父（49）と実母（43）、長女（10）・長男（6）が死んでいるのが見つかった。車内には練炭の入った七輪が置かれており、死因は一酸化炭素中毒とみられ、死後 1 日以上経過している。実父は 3 か月前頃まで経営していた会社の業績悪化などによる借金を抱えていたとみられ、警察は無理心中の可能性が高いとみて調べている。

323

事例№.148　2003／母子／実母

長男（12）と長女（6）が首を絞められて殺されているのを帰宅した母方叔父（38）が発見し、110番通報。その後、実母（41）は、家から離れた橋から身を投げ、大怪我をして倒れているのを発見されて入院した。実母は、実家で母方祖母と母方叔父と子ども2人の5人暮らし、実父（40）は単身赴任中だった。遺書らしいメモが残されており、警察は無理心中を図ったとして実母を退院後に殺人容疑で逮捕。実母は親の介護疲れや育児に悩んだ末に無理心中を図ったという。その後、地検は実母を処分保留で釈放した。

事例№.149　2003／父母子／実父

長女（5）が知人宅に「お父さんがお母さんを刺した」と駆け込み、知人が119番通報。警察が、自宅で実父（30）・実母（29）・次女（4）・三女（2）の遺体を発見。実父の胸には刺し傷があり、実母・次女・三女の背中や胸にも刺し傷があった。長女も背中を刺されて重傷。遺書などは見つかっていない。実父は電気工事会社の現場施工管理主任で、真面目であり、金銭トラブルなどもなかったようだ。警察は、実父が実母と子ども3人を道連れに無理心中を企て、4人を包丁で刺して殺傷した後自殺したとして、実父を殺人と殺人未遂の疑いで容疑者死亡のまま書類送検した。

事例№.150　2003／母子／実母

実母（43）が首を吊って自殺。遺体の約1メートル下の谷川で長女（生後5か月）がうつぶせの状態で死亡しているのを発見。実母は育児について悩んでいたそうで、2003年6月17日の朝から行方がわからなくなっていたことから、警察は無理心中とみて調べている。

事例№.151　2003／母子／実母

実母（52）と長女（14）がアパートの室内で遺体で発見された。居間のテーブルに「借金があり、生活が苦しい。疲れた」と書かれた遺書があり、玄関の鍵もかかっていたことから、警察は心中とみている。長女は布製のひもで首を絞められていた。

事例№.152　2003／母子／実母

海岸に車が落ちているのが見つかった。実母（25）と双子の女児（6か月）のうち1人の遺体は車内で発見され、後日もう1人の女児の遺体が発見された。実母は、双子の乳児と母方祖父母、母方曽祖母の6人暮らし。車が発見される前日、実母が「死んでやる」と言って出て行ったまま行方不明となっていたとの情報もあり、警察は無理心中の可能性もあるとみている。

事例№.153　2003／母子／実母

実母（30）・長男（2）・次男（1）の3人が死んでいるのを、帰宅した実父（52）が発見。子ども2人はビニールひもで首を絞められ、実母は浴室で首を吊っていた。実父母と子ども2人の4人家族。1年程前に引っ越してきていた。実母は積極的に周囲と付き合うタイプではなかったらしく、育児に悩み無理心中に及んだと警察はみている。

資料 1

事例№. 154　2003／父子／実父

実父（21）が長男（生後 11 か月）とともに車で崖から転落して、車外に投げ出され、全身を強く打つなどして死亡、車は炎上。実父は、実母（21）と昨年から別居し、弁護士を介して離婚調停中だった。事件当日は復縁を迫り実母の元へ行ったが、断られたため実母が育てていた長男を車に乗せて連れ去った。事件前、実母は「夫がガソリンをかぶって、子どもを連れて出ていった」と通報していたという。ブレーキの跡がないため、警察は実父が無理心中を図ったとみて調べている。

事例№. 155　2003／父母子／実父・実母

ホテルの室内で、実父（31）・実母（22）・長女（2）・長男（生後 1 か月）の 4 人が死んでいるのが発見された。実父は飲食店を経営していたが、店がつぶれ、無職だった。夫婦の両親宛に「身勝手を許してください。手紙が着くころには死んでいます」などと書かれた遺書が郵送されてきたという。警察は、無理心中とみて調べている。

事例№. 156　2003／母子／実母

実母（42）と長女（13）・次女（12）が列車にはねられ死亡。3 人が抱き合うようにして線路内に立っていたことから、警察は心中とみている。一家は実父を含め 4 人家族で、実母らは家庭内のトラブルで数日前から家出をしていた。以前から度々家出を繰り返していたという。

事例№. 157　2003／母子／実母

実母（36）が、長男（10）・次男（7）・三男（4）とともに車ごと海に転落。長男は救出され軽傷だが、母親と次男・三男は死亡した。数日前に、実父（41）から母子の捜索願が出されていた。現場付近には母親の手帳が落ちており、自殺を示唆する記述があった。警察は、持病で悩んでいた実母が子ども 3 人と無理心中を図ったとみている。

事例№. 158　2003／母子／実母

実母（32）が寝ている長男（2）の腹を包丁で刺し、さらに自分の腹を包丁で刺して重傷。長男は病院に運ばれたが、まもなく死亡。事件当日は祖母（78）が訪ねてきており、長男の悲鳴を聞いて寝室に駆けつけ、長男と実母を離したすきに、実母は自身の腹を刺したという。警察は、実母が無理心中を図ったとみて、実母の回復を待って事情を聴く予定。

事例№. 159　2003／父母子／実父・実母

実父（29）が「妻と 2 人で子どもの首を絞めて殺した」と自首。警察が自宅を調べたところ、実母（29）と長男（5）が死亡しているのが見つかり、実父を殺人容疑で緊急逮捕した。実母は、首を吊って死亡していた。実父と実母は離婚していたが、親子 3 人で同居していた。実父は 3 年ほど前に会社を辞めてから無職で、パチンコなどに使うため、消費者金融や知人などから計約 1500 万円の借金があった。実父は実母から心中を持ちかけられ、2 人で寝ていた長男の首を両手で絞め、顔をバスタオルで覆うなどして窒息死させた。数日後、実父が帰宅すると実母は自殺していたという。実母は被疑者死亡のまま殺人容疑で書類送検され、実父は殺人罪で懲役 7 年の実刑判決を受ける。

325

事例No.160　2003／母子／実母

実母（37）と長女（5）が25階建てのマンションから飛び降り、実母は全身を強く打って死亡、長女は病院に運ばれたが7時間後に全身打撲で死亡。マンション屋上には靴や持ち物が並べられており、警察は実母が心中したものとみて調べている。実母は病気に苦しんでいたらしい。

事例No.161　2003／母子／実母

ホテルで、実母（33）が首から血を流して倒れ、長男（10）が死亡しているのが発見された。実母は病院に運ばれたが重体。警察は実母が無理心中を図ったとみている。

事例No.162　2003／母子／実母

実母（28）と長女（生後2か月）が倒れているのを、帰宅した実父（30）が見つけて119番通報。長女はすでに死亡していた。警察は、自宅ベッドに寝ていた長女の顔にタオルケットを押し付け、窒息死させた疑いで実母を逮捕。実母は、長女殺害後、手首を包丁で切って自殺を図ったが、死にきれず2か月の怪我。実母は育児に悩んでいたという。

事例No.163　2003／母子／実母

自宅から出火し、実母（48）と四男（11）の焼死体が見つかった。現場から約100メートル離れた実母の乗用車から「ごめんね」「たのしかった」などと書かれたメモが発見された。警察は、実母がこれらのメモを書いた後、四男を道連れに心中を図ったとみている。実母と四男の他父方祖父も同居していたが、実父（49）とは別居中だった。祖父は出火時逃げ出して無事。実母は殺人と現住建造物等放火の疑いで被疑者死亡のまま書類送検された。

事例No.164　2003／母子／実母

14階建てのリゾートマンションから人が落ちたと119番通報。警察が駆けつけたところ、実母（19）は全身を強く打って意識不明の重体、長男（2か月）は死亡。2人は数日前から両親ら6人と11階に宿泊しており、部屋のベランダから飛び降りたとみられる。実母は育児に悩んでおり、気分転換に療養に来たそうで、警察は無理心中と事故の両面から調べている。

事例No.165　2003／母子／実母

双子の次男（12）・三男（12）を殺害したとして、実母（41）を逮捕。実母は、子ども2人の首に電気コードを巻いて殺害し、その後「自分も死のう」と思い運転する車で大型トラックに衝突し自殺を図った。実父（43）は単身赴任中であり、実母は長男（14）と双子たちの4人暮らし。長男は、警察が来るまで自分の部屋で寝ており、「事件のことは知らない」と話しているという。実母は「2人が反抗期で子育てに悩んでいた」と供述。実母は懲役10年の実刑判決を受けた。

事例No.166　2003／父子／実父

実父（45）・長男（14）・次男（11）が首から血を流して死亡しているのが見つかった。子ども2人は寝室で、実父は水を張った浴槽で死亡していた。死因は、長男と次男が失血死、実父が水死。実父は実母（36）と別れてから、子どもたちと3人暮らし、大工として市内の建設会社で働き、5年程前に独立。しかし、取引先への支払いが滞るなど経営は思わしくなかった。今月に入ってからは「仕事がうまくいかない」と実父は父方伯父に相談していた。警察は、実父が子ども2人を道連れに無理心中をしたとし、実父を殺人容疑で被疑者死亡のまま書類送検した。

326

資料1

事例No. 167　2003／母子／実母

実母（33）・長女（5）・次女（生後3か月）が浴槽に沈んでいるのを、帰宅した実父（30歳代）が見つけた。死因はいずれも水死。実母の左手首には浅い切り傷があり、浴室には包丁が落ちていた。実母は育児に悩んでいたようで、実父に「夜、眠れない」などと話していたという。警察は、入浴中に実母が発作的に子どもを浴槽に沈め、無理心中を図ったとみて調べている。

事例No. 168　2003／母子／実母

実母（35）・長女（9）・次女（4）が死亡しているのを、帰宅した実父（36）が発見し、119番通報。警察は現場の状況から無理心中と考えており、実母が子どもの首を絞めるなどして殺害した後、自らも首を吊ったとみている。家族は実父母と子ども2人の4人だった。

事例No. 169　2003／母子／実母

隣人の通報で警察が駆けつけたところ、首を絞められて死亡している次男（9）と、包丁で切られて首に軽傷を負った長男（14）を発見。実母（37）が無理心中を図ったとして、警察が行方を探していたところ、自宅から2キロ離れたダムで遺体で見つかった。死因は転落による外傷性ショック死。実母の枕元には「子ども2人は私の生きがい。宝。子どもを連れて天空に行きます」と書かれたメモが残されていた。実父（50）は「最近、妻の様子がおかしかった」と話しているという。実母は殺人・殺人未遂容疑で被疑者死亡のまま書類送検された。

事例No. 170　2003／父子／実父

車内で、実父（27）と長男（5）・次男（3）が死んでいるのを発見。車内には焦げた跡があり、実父の手足には火傷がみられたが、男児2人には目立った外傷はなかった。後部座席には油のような液体が入ったプラスチック容器があった。実父は先月に離婚。発見の数日前の夜、別れた実母宅を訪れ口論になり、実母を殴った上「おれは死ぬぞ」と言い残して、男児2人を連れ去った。警察は、実父が無理心中したとみており、遺体を司法解剖して死因を調べる。

事例No. 171　2004／父子／実父

実父（45）が次男（14）と共に、車内において練炭による心中。2人とも意識不明の重体だったが、次男は発見から1時間後に死亡。11日昼から行方がわからず、家族が捜索願を出していた。実父は次男の障害に悩んでいた。

事例No. 172　2004／母子／実母

実母（33）が就寝中の長女（生後1か月）の腹部を包丁で刺して殺害。実母は長男（6）とガス自殺しようとしたが死にきれず、長女の遺体をバッグに入れ、長男を連れて葬儀店に行き、娘を殺したから火葬してほしいと頼んだ。実母は「生活保護を受けていたが疲れた。一家心中しようと思った」などと供述。

事例No. 173　2004／母子／実母

実母（33）が、車内で眠っていた長男（5）の口と鼻を手で塞いで窒息死させた。実母も、頭痛薬を飲んで自殺を図るも死にきれず、翌朝自首した。実母は金銭トラブルや実父（37）との離婚話に悩み、離婚によって長男と別離することを悲観し心中を決意した。実母は殺人罪で懲役6年の判決。

事例№.174　2004／母子／実母

実母（34）が、長女（6）の首を両手で絞め、さらに腰ひもで絞めて殺害。実母は果物ナイフで胸と腹部を刺し自殺を図る（重傷）。長男（5）も自宅にいたが無事だった。遺書も見つかった。警察は、殺人容疑で実母を逮捕。裁判で実母は、実父（34）の転勤で転居後、新生活になじめず、子どもの将来を悲観し心中を考えるようになったと述べた。精神鑑定等を受けるが、心神耗弱は認められず、懲役4年の実刑判決。

事例№.175　2004／その他／祖母

祖母（69）が孫（2）に睡眠薬を飲ませて絞殺。祖母も睡眠薬を飲み心中を図ったが、死にきれず、殺人容疑で逮捕された。祖母は祖父（69）と孫と3人で事件4日前から別荘に滞在。祖母は、孫の発育が遅く自閉症と思い込み、将来を悲観して犯行を決意したと供述。懲役3年の実刑判決。

事例№.176　2004／母子／実母

室内で首を吊っている実母（37）と、布団の上であおむけに倒れている長女（3）を、帰宅した実父（39）が発見し119番通報。長女の首にはひも状のもので絞められた痕があり赤くはれており、病院に運ばれたが数日後に死亡した。警察は、実母が長女を絞殺した後、自殺をした無理心中の可能性が高いとして調べている。実母は、長女の育児に悩んでいたという。

事例№.177　2004／母子／実母

燃え上がった乗用車内から、実母（33）と長女（生後1か月）の遺体を発見。逃げ出した長男（9）と次男（7）も軽い火傷を負った。警察は、実母が車に油をまいて火をつけ、無理心中を図ったとみている。実母は長女を出産後、実父（34）に「育児に疲れた、死にたい」と訴えていたらしい。長男は「お母さんがドライブに誘った。車を止めると、液体をまいて火をつけたので外に出た」と話したという。

事例№.178　2004／母子／実母

警察が行方不明になっていた実母（38）を山中で発見したところ、「2人の子の首を絞めて殺した」と供述し、近くから長女（8）・次男（3）の遺体が見つかったため、実母を殺人と死体遺棄の疑いで逮捕した。実母は、無理心中を考え、3人の子どもを連れて外出、2人の子どもを山の中腹の崖から突き落としたが死ななかったため、首を絞めて殺害し、遺体を放置。長男（7）は途中ではぐれたため無事だった。実母も死のうとしたが死にきれず、呆然としていたところを発見されたという。実母は知的障害のある長女らの育児に悩み、無理心中を考えたという。心神耗弱が認められ、殺人罪で懲役6年の刑が言い渡された。

事例№.179　2004／母子／実母

長女（4）が倒れ、実母（35）が首を吊っているのを、帰宅した実父（41）が発見。次女（10か月）は無事だった。警察は、実母が長女の首をハンカチで絞めた後、ネクタイをかけて首を吊って自殺した無理心中とみている。実父（41）は単身赴任中で週末を利用し帰宅したところだった。実母は、病気の長女の看病で「眠れない」と実父に訴えるなど、育児で悩んでいたという。

資料 1

事例No. 180　2004／母子／実母

自宅で、実母（43）・長男（8）・長女（4）が死亡しているのを、帰宅した実父（46）が発見。警察は、実母が無理心中したとみている。実母は、かもいにネクタイをかけて首を吊っていた。子どもらは、布団の中で仰向けに倒れており、首を絞めたような痕があった。遺書などは見つかっていないが、実母は子どものことなどに悩み、通院中だったという。

事例No. 181　2004／母子／実母

実母（39）がマンション駐車場で倒れているのを住民が見つけて119番通報した。その後、連絡を受けた実父（46）が、車内で長女（8）・次女（5）・長男（3）が死亡しているのを発見。子どもらは首を絞められて殺されたとみられる。警察は、実母が子ども3人を殺害後、自宅から離れた11階建てのマンションから投身自殺をした無理心中とみて調べている。遺書は見つかっていない。家族は、実父母と子どもたち3人の計5人。実母は病気がちな長男らの育児に疲れたと家族に漏らしており、2か月程前からうつ病で通院していた。

事例No. 182　2004／母子／実母

実母（29）と長男（4か月）が車内で死亡しているのが見つかった。車内には練炭を燃やした跡があり、警察は無理心中とみている。実父は病気を苦に数日前に自殺しており、車内には、「夫のもとへ行くことをお許しください」と書かれた遺書があった。

事例No. 183　2004／母子／実母

海岸で、実母（36）と長女（8）の遺体が打ち上げられているのが見つかった。警察は、近くの堤防か海岸から海に飛び込んだ心中事件とみている。遺体は死後1日ぐらいで外傷なし。前日、実父（40）が帰宅したところ2人の姿がなく、捜索願を出していた。遺書は見つかっていない。

事例No. 184　2004／母子／実母

車内で、実母（35）と長男（7）・長女（5）の3人がぐったりしているのを発見。長男は首を絞められており、窒息死。実母は手首を切って血を流していた。長女も首を絞められて失神したが意識を取り戻し、携帯電話を使って実父に助けを求め、実父がすぐに駆けつけ119番通報した。実母は殺人と殺人未遂の疑いで逮捕、「長男の発育が遅く育児に疲れた」「みんなで死のうと思った」などと供述している。

事例No. 185　2004／母子／実母

実母（41）から「子どもを殺した」という内容のメールを受け取った長男（20）が通報し、警察が自宅で実母・次男（13）・長女（10）・三男（1）が倒れているのを発見した。次男と三男はすでに死亡しており、実母と長女（10）はガス中毒で病院に運ばれ、命に別状はなかった。部屋には「みんなで死んで天国に行きましょう」と書かれた遺書があり、警察は実母が無理心中を図ったとして、殺人と殺人未遂の容疑で逮捕した。実母は、数年前からうつ病で精神科に通院していた。実母は4人で睡眠導入剤を飲み、次男の腹部を包丁で刺して殺害、三男の顔にまくらを押し当てて殺害した。その後、ガス栓のホースを抜き、長女を殺害しようとした。一家は、生活保護と前夫の仕送りで生活していたが、実母が三男の育児を次男らに押し付け、学校にも行かせず、虐待を繰り返し、働こうともしないで引きこもり状態だった。実母は、一家が世間から孤立していると感じるようになり、生きていても仕方ないと考え、自殺の道連れに子どもたちを殺害しようと考え心中を計画。懲役16年の判決。

事例№.186　2004／母子／実母

自宅浴室で、実母（38）と長男（5）が仰向けに倒れて死んでいるのを発見。浴室には練炭を炊いた跡があった。警察は、実母が心中を図った疑いがあるとみている。母子2人暮らしだった。

事例№.187　2004／母子／実母

乗用車の中で実母（31）・次女（5）・三女（1）が死んでいるのが見つかった。3人とも首に刃物による傷があり、警察は心中の可能性が高いとみて調べている。長女（9）が近くの民家に助けを求め、住民が119番通報。長女（9）も首を切られており、重傷。車内には凶器とみられる刃物があった。遺書はなかったという。

事例№.188　2004／父母子／不明

3階建てのマンションが全焼、焼け跡から実父（34）・実母（32）・長男（2）の遺体が見つかる。3人の遺体はいずれも6畳の寝室で見つかり、室内からガソリンが入っていたとみられる鉄製タンクやプラスチック製容器、ライターなどが見つかっており、無理心中の可能性があるとみて出火原因を調べている。

事例№.189　2004／母子／実母

実母（48）と次女（8）は、市内の大型スーパー前でタクシーに乗車。タクシー内にて突然実母が果物ナイフを取り出し、次女の胸や腹など数か所を刺し、自分の首を刺した。病院に運ばれたが母娘ともに死亡。警察は無理心中の疑いが強いとして、動機を調べている。

事例№.190　2004／母子／実母

実母（30）が自宅で、長女（生後5か月）の顔にタオルをかぶせて窒息死させた。その後、睡眠薬を飲み自殺を図るも快復、殺人容疑で逮捕された。実母は、重い病気を患っていた長女の看病疲れから、長女の将来を悲観するようになり、無理心中を図ったという。

事例№.191　2004／母子／実母

山頂付近で実母（40）と長女（9）が木に首を吊って死んでいるところを発見された。衣服の乱れや外傷はなく、死後4～5日たっており、警察は無理心中の可能性もあるとして2人の足取りについての確認を急いでいる。家族は、実父母と長女の3人暮らしだった。

事例№.192　2004／母子／実母

自宅で長女（7）と次女（3）が死亡しているのを、帰宅した実父（36）が見つけ110番通報。同マンション駐車場で、実母（36）も死亡していた。子ども2人には、首を絞められた痕があった。警察は、実母が子どもらを殺害後、投身自殺をしたとみている。自宅には実母が書いた実父や祖父母宛の遺書が数通残されていた。

事例№.193　2004／母子／実母

実母（48）が、寝ていた長男（13）の首を縄跳びのひもで絞めて窒息死させ、自ら通報、殺人容疑で逮捕された。長男が家庭内暴力をふるうようになり、実母は今春から治療のため長男を精神科病院へ入院させた。犯行時は外出許可をもらって一時帰宅中だった。実母も通院していた。実母は長男の不登校や家庭内暴力などに悩み、無理心中を決意したという。一家は実父（49）、実母、子ども2人の4人暮らし。懲役5年の実刑判決。

事例№. 194　2004／母子／実母

長女（2）が寝室の布団で首を絞められて死んでいるのが見つかった。実母（27）が殺人容疑で逮捕された。当初、実母は「夜中に目出し帽の男が入ってきて、朝起きたら娘が死んでいた」と話していたが、事情を聞いたところ犯行を認めた。実母は消費者金融などへの多額の借金を苦に、長女の首を延長コードで絞めて殺害し、自分の首を包丁で切り心中を図ったという。実母は長女と母方祖母（52）の3人暮らし。懲役5年の判決。

事例№. 195　2004／その他／母方祖母・母方祖父・実母

ダム付近の川中で長男（4）・母方祖母（60）の遺体が見つかった。数日後、川で、母方祖父（68）・実母（36）の遺体を発見。4人は数日前から行方不明となり、実父（31）が捜索願を出していた。一家の乗用車が川の上流で見つかっており、警察では4人が入水して心中を図ったと断定した。

事例№. 196　2004／母子／実母

実母（35）が車内で長女（6）の首を帯で絞めて殺害し、睡眠薬のようなものを飲んで昏睡状態のところを発見された。警察は、無理心中を図ったとみて捜査、実母が長女を絞殺したことを認めたため、殺人容疑で逮捕した。実母は、意味不明な供述をしており、警察は慎重に調べを進めている。

事例№. 197　2004／母子／実母

実母（45）が長男（3）と枕投げをしているうちに心中を思いつき、長男の顔を枕で押さえつける。苦しそうにしていた長男を一度抱き寄せるも「もう戻れない」と思い、タオルで首を絞め窒息死させた。犯行後、自殺を図り重傷を負うなど、うつ病の影響があり、心神耗弱が認められ、懲役3年執行猶予5年の判決を受ける。

事例№. 198　2004／父母子／実父・実母

実父（23）と実母（23）、長男（2）が車内で死んでいるのが見つかった。車内には燃えた練炭ストーブが置いてあり、死因はいずれも一酸化中毒と思われる。親族内の借金トラブルにふれた遺書が車内にあったことから、警察は実父母が無理心中を図ったとみている。

事例№. 199　2004／父子／実父

実父（35）と次女（3）が車内で死んでいるのが見つかった。車内には半焼した木炭が入った火鉢が置かれており、死因は一酸化中毒とみられる。車内には「家族に申し訳ない」などと書かれた遺書も残されていた。実父は実母（37）ら5人家族、実母は「昨夜、目が覚めたら夫は次女と一緒にいなくなっていた」と話しているという。

事例№. 200　2004／父母子／実父・実母

実父（30）と実母（29）が、長男（4）・長女（10か月）とともに、部屋で練炭による一家心中。発見されたときには、長男・長女は死亡、実父・実母が病院に運ばれたが、実父は死亡、実母は重体。「子どもの看病に疲れた。これまで頑張ってきたがどうにもならない」などと書かれた遺書5通があった。子ども2人はアトピー性皮膚炎だった。

事例№. 201　2004／母子／実母

実母（37）が軽乗用車の後部座席に長女（9）・長男（3）を乗せ、山中で車を止めて、車ごと焼け死のうとした。しかし車が燃えなかったため、石を車内に持ち込み、約1時間半にわたって2人を殴り続けた。2人は病院に運ばれたが死亡。1998年、医療機関からの通告で長女が実母に虐待されている疑いが発覚し、児童養護施設に一時入所させた。2003年1月、9月にも長男についての通告があり、相談所が実母と面接、指導していた。犯行当日も、実母は実父と長男と相談所に訪れ、面接を受けていた。動機については「虐待が原因で夫から離婚を告げられ、家を出ることになり悲嘆した。子どもを道連れに死のうと思った」と述べている。実母は殺人罪で懲役10年の判決を受ける。

事例№. 202　2005／母子／実母

実母（45）が次女（7）の首を絞めて殺害し、自身の腹を包丁で刺して自殺を図る。2人が倒れているところを学校から帰宅した長女（13）が発見し、実父（45）が通報。病院に運ばれたが、次女はまもなく死亡、実母も重傷。実母は退院後、殺人容疑で逮捕。実母は仕事が見つからず家事をするのが嫌になり、「まだ小学生の次女を残すと家族に負担がかかる」として無理心中を決意。実母は殺人罪で懲役6年の判決を受ける。

事例№. 203　2005／母子／実母

実母（26）が自宅で長男（生後11か月）をこたつ布団を使って窒息死させる。その後カッターナイフで手首を切ったが死にきれず「子どもが死んだ」と110番通報、殺人容疑で逮捕された。実母は夫婦間のトラブルが原因で無理心中を決意。殺人罪で懲役3年6か月の実刑判決を受ける。実母は、実父（26）と長女、長男の4人暮らしで、事件当時は実父は仕事で外出中、長女は実家に預けていた。

事例№. 204　2005／母子／実母

実母（26）が長男（生後2か月）の首を絞めて殺害後、自ら110番通報。実母は、「自分も死のうと思ったが死にきれなかった」と話しており、生真面目で律儀な性格から長男の泣き癖が改善されないことに悩み、産後の心理状態も災いして追い込まれていったとみられる。実母は逮捕され、殺人罪で懲役3年6か月の判決を受ける。実父（37）・実母と長男の3人暮らし。

事例№. 205　2005／母子／実母

知人が、実母（35）・長男（11）・次男（9）が自宅で倒れているのを発見し、119番通報。長男は一酸化炭素中毒で死亡、実母と次男は病院に運ばれ無事だった。練炭の燃えカスが残ったコンロが見つかった。家族は、母子3人暮らし。実母は逮捕され、殺人罪と殺人未遂罪で懲役7年の判決を受ける。

事例№. 206　2005／母子／実母

自宅が出火し、実母（43）と長男（14）が死んでいるのが見つかった。室内からは練炭が見つかり、鍵もかかっていたことから、警察は心中と断定。室内には、「生活に困った」などの走り書きもあった。死因は一酸化炭素中毒。

事例№ 207　2005／母子／実母

実母（33）と長男（4）がマンションの8階から飛び降り、頭を強く打って死亡。家族は、実父母と長男の3人暮らし。実父は事件当時仕事で外出していた。玄関には鍵がかかっていた。警察は、無理心中とみて調べている。

事例№ 208　2005／父子／実父

実父（31）・長女（4）・長男（3）が車内で死亡しているのが見つかった。助手席に七輪が置かれ、練炭を燃やした跡があり、3人に外傷がないことなどから、警察は心中の可能性が高いとみて調べている。実父らは3人暮らしで遺書は見つかっていない。

事例№ 209　2005／その他／母方祖父

母方祖父（57）が、母方曽祖母（85）、母方叔父（33）、実母（30）、長男（2）、長女（生後3週間）の5人を絞殺。その後、実父（39）の腹部を包丁で刺し、自身も首を包丁で切って自殺を図った。祖父と実父は病院に運ばれ、実父は重傷、祖父は重体。また、祖父の愛犬も山の中で首を切って殺害。祖父は、曽祖母と祖母と叔父の4人暮らしで、事件当時祖母（56）は旅行に出かけていた。祖父は、「何年も前から、口うるさい母をうっとうしいと感じていた」などと曽祖母に対して強い殺意を抱いており、叔父や実母、長男らを殺害した動機については、「自分が殺害した後、生きていれば人殺しの家族などと周囲から白眼視されると思った」と供述している。祖父は一審で無期懲役。二審も無期懲役。その後、最高裁に上告。

事例№ 210　2005／父母子／実父

実父（26）が実母（26）と長男（3）と次男（1）の首を絞めて殺害し、自らも別室で首を吊って自殺。実父は父方伯母に「妻と子どもを殺してしまった」というメールを送っており、通報。警察は、実父が無理心中を図ったとみて、容疑者死亡のまま殺人容疑で書類送検する方針。実父は、3日間ほど会社を休んでいた。

事例№ 211　2005／母子／実母

「娘が孫を殺した」と母方祖母が通報し、救急隊員が駆けつけたところ、長男（11）が倒れており、搬送先病院で死亡した。警察は、実母（49）が「長男を殺して自分も死ぬつもりだった」と話したため、現行犯逮捕した。長男には首を絞められた痕があり、実母も手首などを包丁で切っていた。実父（41）は借金を抱えており、先月、パチンコ店で仲間と共謀して他の客を車に監禁し現金を奪ったとして強盗容疑で逮捕され、監禁罪で起訴されていた。一家は、生活費を同居する母方祖母の年金（月約20万円）に頼っていた。実母は「夫の仕事がうまくいかず、事件を起こして捕まったので死のうと思った。後に残る子どもが可哀そうなので殺した」と供述。

事例№ 212　2005／父子／実父

実父（31）と長男（4）が車内で横たわっているのを、父方祖父（56）が発見し、119番通報。2人は既に死亡していた。車内には、練炭が置かれており、警察は実父が子どもを連れて無理心中を図ったとみて調べている。2人の死因は一酸化炭素中毒で、部屋から「息子を道連れにする」と書かれた遺書が残されていた。実父は父方祖父（56）、父方曽祖母、長男の4人暮らしで、実母とは別居中だった。

333

事例№.213　2005／その他／父方祖母

父方祖母（60）が、自宅に火をつけ全焼。焼け跡から同居していた実父（33）、実母（31）、長男（生後7か月）の遺体が発見された。父方祖父（64）と祖母は無事。祖母は2000年頃から脳機能が低下し始め、2002年頃になると、些細なことで立腹したり、奇妙な発言が目立つようになった。家出を繰り返し、家族との関係も悪化、数か月前まで精神科に入院していた。また犯行の約2週間前には首吊り自殺を試みる。その後、「自分1人が死ぬと家族がバラバラになる」と考え、無理心中を図った。祖母は、殺人罪、殺人未遂罪、現住建造物等放火罪で懲役17年の判決を受ける。

事例№.214　2005／父母子／実父・実母

車内で、実父（50）と実母（46）と長男（11）が死亡しているのが見つかった。助手席の下に七輪が置かれ、練炭を燃やした跡があり、目立った外傷もないことから、警察は親子心中とみている。遺書などは見つかっていない。

事例№.215　2005／母子／実母

次女（1）が寝室で首を絞められ死亡しており、実母（40）が自宅脇で首を吊っているのが見つかった。警察は、実母が無理心中を図ったとみている。居間には「体調が悪い」「娘を連れて行く」など実母が書いたとみられる遺書があった。一家は実母、実父（40）、長女（5）、長男（3）、次女の5人暮しで、長女と長男は無事だった。実母は1月頃から育児などで悩み精神科に通院しており、育児に疲れたと実父に話していたという。

事例№.216　2005／その他／実父・父方叔父

実父（46）と父方叔父（44）が、父方祖父（74）、父方祖母（74）、実母（38）、長女（11）、長男（9）の5人を殺害後、自殺を図った。叔父は腹を刺して死亡。実父は腹を刺して重傷となったが命をとりとめ、殺人容疑で逮捕された。実父は「自分と弟で、両親、妻、子ども2人の首を絞めて殺した。弟と自分は自殺を図ったが弟は死んで自分は死にきれなかった」などと供述している。実父は、実母と子ども2人と叔父の5人暮らしで、祖父と祖母は実父の家に近い住宅で2人で暮らしていた。実父は、祖父から引き継いだ鉄工所の経営に行き詰まって借金を重ね、2005年2月下旬と3月下旬に不渡りを出した。借金は少なくとも2000万円以上あり、消費者金融などを含めると数千万にのぼる。実父は殺人容疑で逮捕され、殺人罪で無期懲役の判決を受ける。

事例№.217　2005／母子／実母

実母（38）と次男（5）が倒れているのが見つかり、次男は搬送先の病院で死亡が確認された。警察は、実母が無理心中を図ったとみて、殺人容疑で逮捕。実母は、寝室で七輪をおいて長男（11）と次男とともに無理心中を図ったが、次男が目覚めたので口を手で塞いで窒息死させた。長男も首を絞めて殺害しようとするが逃げて無事だった。実母は実父（40）と長男、次男の4人暮らしで、実父は事件当時出勤しており不在だった。実母は「信販会社などから約700万円の借金があった。離婚問題もあり、自殺しようと思ったが、後に残る子どもが可哀そうだと思った」と供述している。

資料 1

事例№. 218　2005／父子／実父

実父（56）が、長女（13）を刃物で刺し、首を絞めて殺害。翌日、自身の腹を包丁で刺して自殺を図るも死にきれず苦しんでいるところを、買い物から帰宅した実母（49）に頼み、首を絞めてもらい死亡。実父母は離婚していたが、その後も3人で暮らしていた。警察は、実父が長女と無理心中を図ったとして、実父を被疑者死亡のまま殺人容疑で書類送検。実母は実父に対する嘱託殺人容疑で逮捕され、懲役3年の判決を受ける。実母は、1993年頃から飲食などで借金を作り、自己破産。1999年頃からパチンコに通い始めて再び借金を重ね、2004年9月頃から「一緒に死ぬしかない」と実父と話し合うようになったという。借金は実父名義分も合わせ400万円を超えていた。また「長女は心に病があり、1人では生きていけない」と思い、道連れにしようと考えた。

事例№. 219　2005／母子／実母

車内で、実母（29）・長男（10）・長女（7）・次女（4）の4人が死亡しているのが見つかった。車の助手席から練炭が見つかった。運転席と助手席の間には「疲れた。子どもをおいていくわけにはいかない」などと書かれたメモが入った封筒があった。実母らは数日前の夕方から行方がわからなくなっており、同じ頃、母方祖母の携帯電話に「死にたい」などのメールが届き、家族は捜索願を出していた。警察は、家庭内の悩みから実母が子ども3人を道連れに無理心中したとみている。

事例№. 220　2005／母子／実母

実母（32）が、車内で長男（5）と次男（生後5か月）の首を絞め殺した。自らも包丁で首などを刺して重傷を負ったが、自ら110番通報した。実母は実父（32）と2人のこどもの4人暮らし。数日前に車で出たまま戻らず、実父が捜していた。実母は、2人の息子のアトピー性皮膚炎に悩んでおり、事件前は夜も眠れない状態が続いていたという。実母は殺人容疑で逮捕され、懲役4年6か月の判決を受ける。

事例№. 221　2005／母子／実母

母方祖母（65）が119番通報し、警察が駆けつけたところ、実母（33）・長男（2）・次男（生後3か月）が血を流して倒れていた。長男は間もなく死亡（失血死）、実母と次男は病院に運ばれたが、次男も数日後に死亡（失血死）した。実母は、無理心中を図ったとして殺人容疑で逮捕。実母は、子ども2人の背中や腹などを果物ナイフで刺し殺害し、自らも腹や胸などを刺した。実母は、実父（43）と父方祖母（65）と子ども2人の5人暮らしで、事件当時実父は外出していた。実母は2004年夏頃から、長男の発達に遅れがあるのではないかと感じ始め、行動の一部を対人関係の構築が困難な発達障害に特徴的な症状として悲観するようになった。そして長男が自閉症に違いないと思い、いずれ次男も発症するか、しなくても長男が次男の重荷になると悩み、2人を道連れに無理心中しようと決意したという。懲役8年の判決を受ける。

事例№. 222　2005／母子／実母

車内から、実母（30歳代）と女児（10歳前後）の遺体が見つかった。車内には練炭が置かれていたことから、警察は無理心中とみて調べている。司法解剖の結果、死因はいずれも一酸化炭素中毒、発見から1日以内に死亡したとみられる。遺書は見つかっていない。

335

事例№ 223　2005 ／父母子／実父・実母

自宅で、実父（36）と実母（45）、長男（9）が死亡しているのが見つかった。室内の鍋などに練炭の燃えカスがあり、玄関は施錠され、窓やドアに内側から目張りがしてあった。数日前、実母は電話で母方祖母に「電気料金を払いたい」という相談をしていた。祖母はこれまでも援助していたため「電気代ぐらいは払えるが、これ以上は無理」と言った。実母は「お世話になった」と言い出し、その後電話が通じなくなったという。警察は、生活苦から一家心中したのではないかとみている。遺書は見つかっていない。

事例№ 224　2005 ／母子／実母

海面に車が浮かんでいるのが見つかり、車内にいた実母（43）と長男（5）を救出。実母は搬送先の病院で死亡、長男も意識不明の重体だったが事件から 6 日後に死亡。自宅に遺書らしいメモが残っていることから、警察は無理心中とみて調べている。

事例№ 225　2005 ／母子／実母

アパートの一室から出火し、室内から実母（30）・長女（2）・次女（生後 12 日）の焼死体が見つかった。布団の上で川の字に寝た状態だった。室内からは油が入っていたとみられるポリタンクが見つかり、焼けた寝室には灯油がまかれ、使い捨てライターも見つかった。火事直前、内縁の夫のもとに「ごめんなさい」と実母から送信されたメールが届いた。死因は 3 人とも火傷によるショック死。実母は経済的に困っていたという。状況から、警察は無理心中とみている。

事例№ 226　2005 ／父母子／実父・実母

車内から、実父（28）と実母（28）、長男（5）の遺体が見つかった。車はロックがかかっており、炭のようなものを燃やした跡があった。死因は一酸化炭素中毒。妻の手提げ袋の中にあった手帳に、「3 人で死にます。申し訳ありません」と、実母の筆跡とみられる走り書きがあったことから、警察は心中を図ったとみている。

事例№ 227　2005 ／父子／実父

実父（49）と三男（12）が死亡しているのを、長男（20）が発見し 110 番通報。三男は居間で仰向けになって死亡しており、実父は押入れのハンガーかけにビニールひもをかけ首を吊っていた。警察は、遺体の状況などから、実父が無理心中を図ったとみて調べている。実父は長男（20）と三男の 3 人暮らし。家賃を 30 万円ほど滞納しており、6 月末で退去する予定で、他にも借金があり悩んでいたという。

事例№ 228　2005 ／母子／実母

ダム湖で、実母（28）と次男（4）の水死体が発見された。外傷がないことから、警察は無理心中の可能性を視野に入れて調べを進めている。その 3 日後、長男（6）と三男（生後 11 か月）の水死体も発見される。実母は実父（28）と父方祖父母、子どもたちの 7 人暮らし。「ちょっと出かけてくる」と家族に告げて、実母と子どもらの 4 人で車で外出した。周囲は、特に困ったことや悩んでいた様子はみられなかったといい、実父は「妻の実家に最近不幸があった。実家に帰っていると思っていた」と話している。

資料1

事例№. 229　2005／母子／実母

実母（41）が長男（15）と次男（12）に、精神安定剤約100錠ずつすりつぶして酒など
に混ぜて飲ませ、長男は肺水腫で死亡、次男は意識障害。実母も薬物を飲んでおり、入
院したが、退院後逮捕される。実母は2年前に実父と死別しており、「夫の貯金もなく
なってきて生活に困り、（養護学校に通う）長男の将来を考えると可哀そうに思った。
息子2人を殺して自分も死のうとした」と供述している。実母は、殺人罪と殺人未遂罪
で懲役6年の判決。

事例№. 230　2005／母子／実母

警察は、実母（43）を殺人容疑で逮捕。実母が、軽乗用車内で三男（6）の首を絞めた
上、左手首をカミソリで切って殺害した疑い。実母自身も手首をカミソリで切ったが軽
傷だった。警察は、実母が無理心中を図ったとして殺人容疑で逮捕し、捜査している。

事例№. 231　2005／父子／実父

自宅で、実父（68）と長男（13）の遺体が発見される。長男は子ども部屋のベッドの上
で首にひもが巻かれた状態、実父はひもで首を吊った状態だった。死後10日前後だっ
た。実父は実母（57）と長男の3人家族だったが、実母は重い心臓病のため長期入院中
で、治療費に困っていたという。警察は、実父が長男を殺害して自殺した疑いが強いと
みている。

事例№. 232　2005／父子／実父

「自宅で夫が包丁を使って、子ども2人を刺した」と実母（31）が110番通報。長男
（1）が胸などを刺され出血性ショックで死亡、長女（3）は胸などを切りつけられ1か
月の怪我。実父（36）も両手首と太ももを切ったが命に別条はなく、殺人・殺人容疑で
逮捕された。実父は実母と子どもら2人の4人暮らし。事件前の8月中旬、実父の勤務
先に業者から電話があり、携帯電話のアダルトサイトの利用料を要求された。その後も
再三請求があり、実父は業者が指定する口座に5日間で計約300万円振り込む。しか
し、さらに業者から「手切れ金100万円払わないと、一生請求するぞ」などと脅された
ため、実父は「アダルトサイトに多額の金を払ったことが周囲に知られると恥をかく」
などと将来を悲観して心中を決意したという。懲役4年6か月の判決。

事例№. 233　2005／母子／実母

車内で実母（45）と長女（20）・次女（15）が倒れているのを、実父（49）が発見。車
内にあった火鉢には、練炭の燃えカスが残っていた。死因は一酸化炭素中毒。実母は子
どもの健康問題で悩んでいたといい、警察は心中とみて調べている。

事例№. 234　2005／父母子／実父・実母

実父（50）と実母（44）、長男（18）、次男（16）が、軽乗用車の排気管からホースを社
内に引き込み、死亡しているのが見つかった。死因は一酸化炭素中毒。遺体には外傷や
着衣の乱れはなく、死後1日はたっていないとみられる。実父には多額の借金があった
といい、警察は一家心中とみている。

337

事例№.235　2005 ／父子／実父

雑木林で、実父（51）が木にかけたひもで首を吊って死んでいるのを発見。近くにあった車内から、長女（16）が死亡しているのが見つかった。長女の首にはひもで絞められたような痕があった。実父は前日夜、長女が通う施設（詳細不明）に迎えに行った後、連絡が取れなくなり、実母が捜索願を出していた。自宅からは遺書のようなものが見つかっており、警察は無理心中とみている。

事例№.236　2005 ／母子／実母

フィリピン国籍の実母（35）、長男（13）・次男（8）・長女（生後 10 か月）が死んでいるのを、同国籍の実父（義父：43）が見つけ、110 番通報。4 人は首などから血を流して死んでいた。実母が自宅で、子ども 3 人の首を包丁で刺すなどして殺害した後、自分ものどを切り自殺したとみられる。タガログ語で「許してください」などと書かれたメモが見つかった。長男（日本国籍）と次男（日本国籍）は実母の前夫との間の子で、長女はフィリピン国籍の実父（現在の夫）との間の子だった。実母は殺人容疑で被疑者死亡のまま書類送検。

事例№.237　2005 ／母子／実母

長男（2）が寝室の布団の上で胸から血を流して倒れ、死亡しているのが見つかった。そばには実母（41）が包丁を右手に握ったまま、首や胸などから血を流して倒れていたが、命に別状はなかった。実母は育児に悩んでおり、数日前から通院していた。警察は、実母が長男を刺して自殺を図った無理心中とみて、殺人容疑で逮捕。実母は「最初は手で絞めたが殺しきれず、包丁で刺した」などと供述。

事例№.238　2005 ／父母子／不明

木造 2 階建て住宅が全焼し、焼け跡から実父（43）と実母（43）、三男（16）、長女（14）の焼死体が発見された。長男（21）と次男（19）は逃げ出して怪我はなかった。調べでは、火元は燃え方が最も激しかった 1 階の実父母の寝室で、実父母のどちらかが灯油をまいて火をつけた可能性があるとみている。実父母の遺体は火元とみられる寝室で見つかり、子ども 2 人の遺体はそれぞれ 2 階の子ども部屋と階段で見つかった。警察は、無理心中の可能性もあるとみて調べている。

事例№.239　2005 ／母子／実母

車内で、実母（35）と長男（12）の遺体が見つかった。車内に七輪と燃え尽きた練炭があり、警察は無理心中とみている。死因は一酸化炭素中毒。遺書はなかった。実母は数年前に実父と別居、長男は父方祖父母宅で暮らしていたという。

事例№.240　2005 ／母子／実母

成人女性、子ども 2 人の白骨化した死体が、港の海中に転落していた車内から発見された。司法解剖の結果、身元の断定には至らなかったが、車のナンバーから 1999 年 1 月に家出人の捜索願が出されていた実母（当時 27）、長男（6）、長女（4）とみられる。警察は、実母が子どもを道連れに無理心中を図った可能性もあるとみている。現場の壁岸には転落防止の車止めがあった。車はヘドロに浸かった状態で車体の色がわからないくらい腐食していたという。

資料 1

事例No. 241　2006／母子／実母

実母（32）と長男（2）が乗っていた軽乗用車から出火、火だるまになった実母が車外に飛び出し死亡。長男は助手席近くで遺体で発見された。実母は睡眠薬を常用しており、自宅から遺書のようなメモが見つかった。警察は、無理心中の可能性が高いとして調べている。

事例No. 242　2006／母子／実母

実母（30）が三女（生後9か月）の顔を浴槽の湯につけて水死させた。その後、自身も包丁で左手首を切るが死にきれず、実父（36）が見つけて通報した。実母は発見時「子育てに悩んだ」「生きていても仕方ない」などと話しており、警察は、将来の家庭生活を不安に思って、三女と心中したとみている。実母は殺人容疑で逮捕され、懲役3年の判決を受ける。

事例No. 243　2006／母子／実母

実母（40）と長女（12）が、自宅で死亡しているのが見つかった。室内には、木炭の燃えカスが入ったバケツや鍋などが置かれていた上、窓には粘着テープで目張りがしてあり、遺書も見つかった。警察は実母が長女を道連れに心中をしたとみている。実母は、実父と離婚後、長女と2人暮らしだった。

事例No. 244　2006／母子／実母

実父（31）が胸を刺されて死亡しているのを父方祖父が発見。警察が行方不明になっていた実母（32）と長女（9）・長男（7）を探したところ、車内で3人の遺体を見つけた。車内には炭を燃やした七輪があり、3人の死因は一酸化中毒だった。実父の遺体のそばには「すみません」などと実母が書いたとみられるメモがあり、実母から祖父に「大変なことをしてしまった」という趣旨の電話があったという。警察は、実母が実父を殺害後、子どもを道連れに無理心中を図ったとみている。

事例No. 245　2006／父母子／実父・実母

実父（33）が「妻と2人で子どもを殺した」と自首。車内には、長女（9）と長男（6）の遺体があった。実父と車内にいた実母（32）も、手首などに切り傷があった。警察は殺人容疑で2人を逮捕。夫婦は趣味のパチスロをやり続けて生活費に困り、消費者金融からお金を借り、半年ほど前には借金が約450万円までふくらんでいた。それを苦に実母は「死にたい」と言い出し、実父はそれを止められず、一家心中を図った。2人は車内で、実父が長女、実母が長男の首をそれぞれ手で絞めて殺害した。夫婦ともに懲役12年。

事例No. 246　2006／父子／実父

実母（33）が顔を鈍器で殴られて死亡しているのが見つかった。約2時間後、車内で実父（36）と長男（6）・長女（2）の遺体を発見。車内からは、練炭を燃やした跡と、血痕がついた金槌が見つかった。実父は長女の病気で悩んでおり、病院への付き添いのため会社を休みがちで、昨年7月末退社。その後、定職に就けない状態が続き、実母が親類の会社で働き、収入を得ていた。こうしたことから、事件直前まで夫婦間でもめていたという。警察は、実父が実母との関係に不満を抱き、実父が実母を自宅で金槌で殴って殺害した後、子ども2人と共に無理心中を図ったと断定し、実父を容疑者死亡のまま殺人容疑で書類送検した。（※検討の結果、実母殺害後に父子心中したと判断した。）

339

事例№. 247　2006／母子／実母

実母（43）が次女（7）とともに部屋で倒れているところを帰宅した長女（19）が発見した。2人は病院に運ばれたが、次女は間もなく死亡、実母も一時意識不明だったが命に別条はない。実母は長女、次女、長男（15）の4人暮らしで、事件時は長女と長男は外出していた。実母が書いたとみられる「娘を連れて行く」という遺書があったことから、警察は当初、心中の可能性があると調べていたが、次女の司法解剖で、死因が食べ物をのどに詰まらせたことによる窒息死であることから、事故も視野に入れて調べている。

事例№. 248　2006／母子／実母

実母（41）と長男（10）が死んでいるのを、帰宅した実父（43）が見つけ110番通報。実母は風呂場に倒れ、首や手首に切り傷があり、浴槽に包丁が落ちていた。居間に倒れていた長男の首には絞められた痕があった。事件当時、実父は仕事へ行っており、次男は学校から帰ってきたが鍵がかかっていたため、友人宅に身を寄せていた。室内に争った跡がないことから、警察は、心中の可能性が高いとみて調べている。

事例№. 249　2006／父子／実父

実父（50歳代）と長女（中3）、長男（中1）が車内で死んでいるのが見つかった。車内に排ガスを引き込んでおり、七輪が置かれ10個以上の豆炭が燃えていた。3人の遺体には目立った外傷はなく、死因は一酸化炭素中毒とみられる。実父の勤務先で遺書のような手紙が見つかり、警察は心中を図ったとみている。

事例№. 250　2006／その他／母方祖母

母方祖母（62）と児童（2）が倒れているのを実母（31）が発見。2人は間もなく死亡した。児童の死因は口内のちり紙による窒息死で、頭などには鈍器で殴られた痕もあった。祖母の死因は、腹や首の切り傷による出血性ショック死。祖母は母方祖父（66）、母方曽祖父（96）と母方叔母の4人暮らし。児童の母親は、祖父母の三女で結婚して家を出ていたが、週1回ほど児童を連れて訪ねていた。警察は、祖母が児童を連れて無理心中を図った可能性もあるとみて調べている。

事例№. 251　2006／父母子／実母

実母（40）が14階建ての団地の屋上から飛び降り、全身を強く打って死亡した。通路の手すりに血痕が残っていたため、それをたどると自宅に実父（42）と長男（11）が、首を切られて死亡していた。警察は、実母が、実父と長男を殺害後、自殺を図ったとみている。実母は、4か月程前に自宅で暴れるなどしたため、保健所が措置入院させたこともあった。

事例№. 252　2006／母子／実母

実母（28）と長女（7）の遺体を、母方祖父（59）が発見。実母は首を吊っており、長女は首に絞められた痕があった。警察は、無理心中とみている。家族は、母方祖父と実母・長女の3人暮らし。長女は生まれつきの心臓の病気で手術を繰り返しており、そのことで実母は悩んでいたという。

資料 1

事例No. 253　2006／母子／実母

実母（33）が無理心中を図り、自宅で長女（1）の胸を包丁で刺して殺害、さらに、長男（4）を階段から突き落とした後、胸を包丁で数回刺して殺害した。実母は、手首に数か所の傷があり、風邪薬を飲んで意識が朦朧とした状態で発見された。台所には、実母の筆跡で「ごめんなさい。さようなら」と書かれたメモがあった。実母は殺人罪で逮捕。実父（51）に内緒で、消費者金融から借金をしており、それが実父にばれ離婚されることを恐れ、子ども2人を殺害した上で自殺を図った。懲役12年。

事例No. 254　2006／母子／実母

実母（30）が「自宅で子どもを刺した」と110番。警察が駆けつけたところ、長男（生後6か月）は胸などから、実母は首などから血を流して倒れていた。長男は出血多量で死亡。警察は、無理心中を図り長男を殺害したとして実母を逮捕。公判では、精神鑑定結果である統合失調症による幻覚や幻聴があり心神喪失状態だったという主張が認められ、無罪となった。

事例No. 255　2006／母子／実母

実母（35）と長男（5）が浴槽内で倒れているのを、同居男性（49）が発見し、通報。風呂場には練炭の燃えカスがあり、実母は命に別状はなかったが、長男は死亡。死因は一酸化炭素中毒とみられる。警察は、実母が実家の両親に宛てた遺書が見つかっていることから、無理心中を図ったとみている。実母は意識の障害があり、精神科の病院に通院していた。

事例No. 256　2006／母子／実母

警察は、長女（9）を絞殺したとして実母（41）を逮捕。調べでは、実母は自宅で長女の首を絞めて殺害後、果物ナイフで自身の手首、首、腹部を刺して自殺を図ったが、帰宅した義父（46）に発見された。実母は軽傷、「子どもを殺して自分も死のうと思った。（前夫との間の）娘が、再婚した夫になじまなかった」と供述している。

事例No. 257　2006／父母子／実父

実父（30）が包丁で実母（29）と長男（3）の首や背中、胸などをそれぞれ40回以上刺して殺害、その後自身も死のうとするが死にきれず、自首。殺人容疑で逮捕された。実父の右腕には複数の切り傷があった。実父は実母から離婚話を切り出され絶望し、「（妻の）離婚の意志が固かったことから、2人を殺して自分も死のうと考えた」と供述している。長男は目の周りなど顔に痣をつけていることが度々目撃されており、「パパが叩いた。僕が悪いから怒られた」と話したこともあったという。実母と長男は、4月半ば頃から1か月近く、実家に帰省し、4、5日前に家に戻ったばかりだったという。第1審、控訴審ともに、「無理心中」という実父の主張が認められ懲役25年（求刑・無期懲役）の判決。

事例No. 258　2006／母子／実母

実母（29）が、次男（生後8か月）の首を絞めて窒息死させ、その後、自身も左手首や腹を切って自殺を図るも、仕事から帰宅した実父（30）に発見される。2人は病院に運ばれたが、実母は軽傷、次男はまもなく死亡した。実母は、5年程前から気分が落ち込むようになり、病院でうつ病と診断された。自殺願望が募るようになり、3年前には自殺未遂を起こした。実家に帰省するなど回復を図ったが、長男が通う保育園の行事などで緊張が募って再び気分が落ち込むようになり、事件当日に再び自殺を決意したが、「自殺するときに騒がれると困る」と考え次男を殺害したと供述している。実母は殺人容疑で逮捕され、懲役3年保護観察付き執行猶予5年の判決を受ける。

341

事例№.259　2006／母子／実母

実母（33）と長男（7）が、車内で死亡していた。警察は、車内に燃え尽きた木炭が入った七輪があったことや、ドアに鍵がかかっていたことなどから、無理心中とみている。

事例№.260　2006／母子／実母

実母（23）と長女（3）が、自宅で死亡しているのが見つかった。実母は首を吊っており、長女の首には絞められた痕があった。警察は、実母が長女の首を絞めて殺害した後自殺した無理心中とみている。実母は、母方祖母（46）と母方伯母親子と長女とともに、2世帯住宅で5人暮らし。実母らは2階で生活しており、育児に悩んでいたという。

事例№.261　2006／母子／実母

実母（51）が次男（10）に睡眠薬を飲ませ、刃物で胸などを刺して殺害。自身も胸や手首を刺して自殺を図るも発見され、病院に運ばれた。実母は殺人容疑で逮捕され、懲役7年の判決を受ける。実母は長男（18）と次男の3人暮らし。長男も知的障害があり養護学校に通っている。次男は小学校の特殊学級に通っており、実母自身も軽度の知的な遅れがあった。【実母の生い立ち】父の愛人の子として生まれ、母方に引き取られて育つ。母が死亡し、9歳で母方の叔母夫婦に引き取られ養女となる。養父母から暴力や性的虐待を受け、学校ではいじめられる。高校を卒業し就職。養父母との養子縁組を解消。27歳頃に結婚し、翌年には最初の子どもである長女を出産。次女が誕生するも1歳7か月で死亡（髄膜炎）。その後長男、次男が誕生するも、長女を含めて3人の子どもは全員、重い喘息の持病を持っていた。夫が多額の借金を残して失踪したため、自己破産し、生活保護を受ける。長女（当時16歳）が喘息の発作で実母の前で死亡。実母は、長女の死を境にうつ状態となり、仕事もできなくなる。夫と離婚後、実母に乳がんが判明。右乳房とともに、子宮・卵巣の全摘まで医師に要望し、手術を受ける。小学生の次男が学校へ行かなくなり、「いじめられている」などの被害妄想が進行。次男とともに自殺を図ろうと決意するが、次男の言葉でわれに返り、実行せず。2006年、事件の前年に長男の就職難を養護学校から告げられ、実母は苦悩し、本件発生。

事例№.262　2006／その他／実父・知人男性

実父（57）・長女（9）と実父の知人の男性（59）が車内で死亡しているのが見つかった。車内には、燃えた豆炭の入った七輪があったことから、警察は無理心中とみている。長女は児童養護施設に預けられていたが、数日前に実父が連れ出して外出したという。実父は、生活苦や病気で悩んでいたというが、知人との関係はわかっていない。

事例№.263　2006／母子／実母

実母（40）と長女（16）が並んだ布団の上で死亡しているのを、帰宅した実父（40）が発見。実母は全身、長女も身体の一部が焼けており、実母に灯油をかぶった跡があることから、警察は実母が何らかの方法で長女を殺害後、焼身自殺を図った無理心中とみている。警察は、長女には目立った外傷がないことなどから、事件性はなく、実母が焼身自殺を図り、長女も巻き添えになったとして調べている。実母は、実父（40）と長女の3人暮らしで、5〜6年前から通院していたという。

資料 1

事例№. 264　2006／母子／実母

実母（43）が長女（17）とともに、車ごと海に転落。2人は約1時間後に救出されたが、病院で死亡が確認された。警察は、車が海に向かって約100メートルを時速80キロほどでまっすぐ走り、車止めを乗り越えて海に転落したという目撃情報や、現場にブレーキ跡がないことなどから、心中を図ったとみている。

事例№. 265　2006／母子／実母

自宅が出火し、焼け跡から実母（49）・次男（23）・長女（13）の遺体が発見される。長男（26）と三男（19）は病院に運ばれたが、三男は翌日死亡。実母は、実父（56）、父方祖母（84）と子どもたち4人の7人で暮らしており、実父は出稼ぎに出ており、祖母は離れで暮らしていたため無事だった。長男・実母・三男は、車の修理代のことで車検代行業者らから恐喝され、暴行を受けていた。長男と三男が「彼らを殺して自分たちも死ぬ」と言ったが、実母が「2人が悪いことをするなら家族で死んだ方がいい」と言い、実母らは灯油をかぶり、三男が火をつけて焼身自殺を図ったという。

事例№. 266　2006／母子／実母

長女（6）・次女（4）が車内で死亡しているのが見つかった。近くの橋の下で実母（28）の遺体を発見。実母の死因は、転落による臓器損傷、子どもたちは首を絞められたことによる窒息死だった。実母は、前日の朝「ちょっと出かけてくる」と言い、自宅から2人を連れて外出したまま戻らなかったため、実父が捜索願を出していた。警察は、実母を殺人容疑で被疑者死亡のまま書類送検。子ども2人の首をネクタイで絞め窒息死させた疑い。その後、実母は橋から飛び降りて自殺。実母の首や手首に自傷とみられる切り傷があり、橋の欄干に実母の指紋があったことなどから、警察は実母が無理心中を図ったと断定した。

事例№. 267　2006／母子／実母

ホテル室内で、実母（32）と長女（5）がベッドの上で首から血を流して死んでいるのが見つかった。2人の首には切り傷があり、包丁が遺体のそばにあった。警察は、実母が長女を殺害して自殺した無理心中とみている。母子は前夜に家族から捜索願が出され、自宅にあったパソコンの記録をもとに警察が探していた。

事例№. 268　2006／母子／実母

実母（39）が橋で欄干にまたがっているのを通行人が見つけて110番通報。駆けつけた警察が、近くの道路で長女（8）が倒れているのを発見した。長女はまもなく死亡した（死因は首の骨折）。警察は、実母が母子心中を図ったとして殺人容疑で逮捕。実母は「常に『死ね』という声が聞こえてくるので、将来が不安になり、一緒に死のうと思った」と供述。また、実母は長女が生まれてから精神的に不安定で、家族らに「周りの人が悪口を言っている」などと漏らすことがあり、親類が病院に相談していたという。鑑定結果から刑事責任能力を問えないとして不起訴処分。

事例№.269　2006／母子／実母

16階建てマンションの駐輪場脇で、実母（37）と長女（3）・長男（生後1か月）の遺体が見つかった。警察は、実母が育児などに悩み実家のある10階ベランダから子ども2人と投身自殺を図ったとみている。実母は、長女と一緒に実家のマンションに帰省し、長男を出産。2日前に子ども2人を連れて外出し、前日に県内の岸壁付近でうろついているのを自殺防止のボランティアに呼び止められ、警察に保護されていた。事件当日は、警察から実家に戻ったばかりだった。

事例№.270　2006／母子／実母

実母（35）が、自宅で長男（4）と長女（生後4か月）の首をエプロンで絞めて殺害後、自身も死のうと思ったが死にきれず自首し、殺人容疑で逮捕された。実母は「長男がシャボン玉液を誤飲して、自分の処置が悪かったため体調が悪くなった。自分も死ぬつもりだった」などと話しており、殺人の動機については子どもの養育への悩みを挙げている。長男と長女の死因は、首を絞めたことによる窒息死。心神耗弱状態と認定され、懲役6年の判決。

事例№.271　2006／母子／実母

実母（26）が、長男（2）と次男（生後9か月）と一緒に死のうと、2人を両脇に抱えて川に入り、2人を水死させた。実母は殺人容疑で逮捕。実母は実父（31）と父方祖父母と子ども2人の6人暮らし。事件の4か月ほど前、実母は、長男が病気になったことについて、実父から「前妻より劣る」と言って殴られたことや、祖母が楽しみにしていた次男の初節句のお祝いができなくなったことなどから、食事や会話ができない状態になる。1週間後、精神科を受診し「うつ病による混迷状態の疑い」と診断され、投薬を受ける。実母は実家に帰りしばらく療養したが、1か月ほど前から父方祖父母と同居生活を送るようになる。祖母から育児や家事について小言を言われたり、実父の借金によって家庭内でストレスを感じ、子ども2人を連れて家出し心中を図ったという。心神耗弱状態であると認められ、懲役4年の実刑判決。

事例№.272　2006／父母子／実父・実母

実父（31）と実母（30）、長女（5）の遺体が、自宅から見つかった。一家は3人暮らし。遺体はクローゼット内で発見され、内側から粘着テープで目張りされ、中に練炭を燃やした七輪が置いてあった。警察は、遺書があったことや現場の様子から無理心中を図ったとみている。

事例№.273　2006／母子／実母

実母（40）が、就寝中の長女（14）の首をベルトで絞めて窒息死させた。自身も左腕を包丁で切って自殺を図るも死にきれず、110番通報し、殺人容疑で逮捕される。実母は、約5年前からうつ病で入退院を繰り返しており、事件1週間ほど前まで精神科病院で入院していた。一家は、実父（40）と実母、長女・長男（9）の4人暮らしで、事件当時は実父は出張、長男は遊びに出かけていた。実母は当初「友達のいじめに悩んでいた娘と一緒に死のうと思った」と供述していたが、その後の調べで「病気で家事ができないことなどを悩み、死ねば苦しまずに済むと考えた。娘を残すのは可哀そうなので、一緒に死のうと思った」などと話した。心神耗弱状態だったと認められ、懲役4年の実刑判決。

資料 1

事例№. 274　2006 ／父母子／実父

実父（32）が、実母（30）と長男（8）の首をタオルで絞めて窒息死させた。実父自身も自殺を考えるも死にきれず自首、殺人容疑で逮捕。数年前から、実母が実父の名義を使って消費者金融から数百万円の借金をしており、その返済期限が迫っていたことが動機とみられる。実父はギャンブルもせず真面目な性格であったが、実母は通信販売で家具などを購入したりするなど浪費癖が激しく、母方祖父母からお金を借りるなどして返済したが、浪費癖は収まらず借金はふくらむばかりだった。懲役 20 年の判決。

事例№. 275　2006 ／母子／実母

実母（42）と長女（生後 5 か月）の乗った車が、海に転落。通報から約 1 時間後、車は発見され、2 人は病院に運ばれたがまもなく死亡。警察は、車が転落した岸壁付近にブレーキ跡がなかったことから、無理心中と事故の両面で調べている。

事例№. 276　2006 ／父子／実父

実父（42）と長女（15）・長男（12）が死んでいるのを、帰宅した実母（42）が発見し、119 番通報。実父の遺書があり、警察は無理心中の可能性が高いとみている。子ども 2 人の遺体は寝室のベッドにあおむけに並べられ、首にロープで絞められた痕があった。実父は隣の納戸で首を吊っていた。遺書には、家庭のことで悩んでおり、子ども 2 人を連れて行くといった内容が書かれていた。

事例№. 277　2006 ／母子／実母

実母（26）と長男（5）・長女（生後 11 か月）の遺体を、帰宅した実父（28）が発見し通報。子ども 2 人は、ネクタイで首を絞められた状態で死んでおり、実母は同じ部屋のクローゼットで首をベルトで吊って死亡していた。実父や祖父母宛に「ごめんなさい」などと書かれた遺書があったことから、警察は実母が無理心中を図ったとみている。実母は以前から「育児に疲れた」と話していたという。

事例№. 278　2006 ／母子／実母

実母（34）が車内で長男（5）と次男（3）の首を絞めて殺害、その後自身も自殺を考えたが死にきれず、自首し逮捕された。長男、次男はともに自閉性障害があり、次男は知能の遅れがみられ、療育手帳を取得し、市内の知的障害児通園施設に通っていた。事件の 1 週間前、実母は次男を連れて一時行方不明となり、捜索願が出ていた。帰宅後、実父に「次男の首を絞めた」と相談し、実父は児童相談所に電話で相談し、母子だけにならないようにと指導を受けて気をつけていたところだった。実母は、心神耗弱は認められるも心神喪失は認められず、懲役 6 年の判決を受ける。

事例№. 279　2006 ／父母子／実父・実母

車内で、実父（38）と実母（31）、長女（8）・次女（6）・三女（4）が死亡しているのが見つかった。車内には練炭を燃やした跡があり、警察は無理心中とみている。5 人は先月から行方がわからなくなっており、親族が捜索願が出していた。遺書は見つかっていないが、車内からは自宅の電話番号などが書かれたメモが見つかった。実父は経営上のトラブルを抱えていたという。

事例№. 280　2006／母子／実母

実母（32）が長女（2）を抱いて海に入り、長女を殺害。自身も自殺するつもりだったが、死にきれなかった。実母は、「自分だけ死ねば子どもが片親になり、親が離婚した自分と同じ境遇になると思った」と話している。実母は殺人容疑で逮捕。家族は、実父（34）と実母、長男（7）と長女の4人暮らしだった。第一審では、統合失調症による心神耗弱を認めた上で、懲役6か月の実刑判決。控訴審では、第一審判決後に反省を深め、家族の支援を期待できそうだということで、第一審判決を破棄し、懲役3年執行猶予5年を言い渡した。

事例№. 281　2006／母子／実母

海に転落した乗用車から、実母（39）と長男（9）の水死体が見つかった。警察の調べでは、車は高さ30センチの車止めを壊して海中に転落したという。実母は家庭の事情で悩んでいたという話もあり、長男を道連れにした無理心中の可能性が高いとみている。

事例№. 282　2006／母子／実母

車内で、実母（21）と長男（1）が死亡しているのが見つかった。車内には燃えた練炭入りの七輪があり、警察は心中とみている。遺書は見つかっていない。

事例№. 283　2006／母子／実母

父方叔父の依頼で警察が訪問した際、実母（42）が出て「夫は寝ている、夫に断らないと怒られるので1時間待ってほしい」と言ってドアに鍵をかけた。約1時間出てこなかったので入室したところ、実父（46）・父方祖母（80）の遺体と、実母と長女（12）が重体で見つかった。実母と長女は病院に運ばれたが、死亡した。司法解剖の結果、実父は死後2週間から1か月、祖母は1日から3日経過していた。実父は2年前に脳梗塞をわずらっており、周囲の人に「後遺症は無いが、店の経営が厳しい」と話していたという。長女は警察が訪問した直後に実母が首を絞めて窒息死させ、実母は首を吊って自殺を図った。警察は、実母が3人を殺害したと断定し、殺人容疑で被疑者死亡のまま書類送検した。遺書はなかったという。

事例№. 284　2006／父母子／実父・実母

実父（43）が、実母（39）の承諾を得て首を絞めて殺害。続いて長男（9）の首も絞めて殺害し、その後浴室にて両手首をカッターナイフで切り自殺を図ったが命に別状はなく、殺人罪で逮捕。実父は会社の経営で約8000万円の借金があり、数百万円の返済期日が迫っていた。第一審で、実父は実母から殺人を嘱託されたと主張したが、認められず懲役19年の判決を受けた。しかし控訴審にて、実父と実母が借金の返済を迫られ、精神的・経済的に追い詰められていたことや、事件直前に妻が睡眠薬を購入したり、遺書を書いたりしていたことなどから、嘱託殺人罪の適用が認められ、懲役14年の判決。

事例№. 285　2006／その他／母方祖母

母方祖母（53）が首を吊って死亡しており、実母（26）と長男（2）が布団の中で死亡しているのが見つかった。母子の首にはひもが巻かれていた。遺書には長男の病気や生活苦などの悩みが記されており、死後2、3週間がたっていた。祖母は一人暮らしだが、実母と長男が出入りするのを近所の人が度々目撃していた。

資料 1

事例№. 286　2006／父子／実父

車内で、実父（43）と長女（14）・次女（10）が折り重なるようにして死亡しているのが見つかった。車内には練炭を燃やした跡があった。子ども 2 人は知的障害があり、養護学校に通っていた。実母が死亡した 3 年前から、実父 1 人で養育しており、養護学校や福祉課などが継続的に支援を行っていた。子どもたちは月曜から金曜まで校内の寄宿舎にいたが、2008 年 3 月末に廃止されることなどから、実父はたびたび「これからどうやって育てていけばよいのか」と口にしていたという。また、鞄の中から「預金もなく、生活費が底をついた。娘の面倒をこれ以上見られない」などと将来を悲観する内容の手紙が発見された。

事例№. 287　2006／母子／実母

実母（49）が長男（6）と次男（4）の首を絞めて殺害し、警察に通報。その後、家庭園芸用の肥料を飲んで意識が朦朧とした状態の実母が発見され、病院に運ばれたが命に別条はなかった。実母は殺人容疑で逮捕。実母は神経症を患い、長男のぜんそくなど育児不安や金銭トラブル、暴力が続いた前夫との関係でふさぎこみ、自殺願望から犯行に及んだという。心神耗弱は認められず、懲役 10 年の判決。

事例№. 288　2006／母子／実母

帰宅した実父（43）が通報し、腹から血を流して倒れている実母（39）と首を絞められてぐったりした長男（2）が病院へ搬送された。長男は間もなく死亡、実母は命に別状はなかった。警察は実母を殺人容疑で逮捕。実母は長男の発育が遅いことに悩んでおり、犯行当日の様子を「意味のわからない単語を繰り返しながら、自分の周りをぐるぐる回る長男の様子を見て、『2 人でいなくなりたい』と思い、布団の上で首を絞めた」と話しているという。家族は、実父母と長男の 3 人。

事例№. 289　2006／母子／実母

ミカン畑にある平屋建ての小屋が全焼。焼け跡から実母（32）と長男（8）、長女（6）の焼死体が発見された（死因は一酸化炭素中毒）。現場には暖房器具の給油缶があり、実母は周囲に「精神的に疲れた」と話しており、警察は無理心中の可能性があるとみている。

事例№. 290　2006／父子／実父

実父（33）が長男（8）と次男（5）の首を絞めているところを、父方祖母（58）が発見。長男は重体。次男は搬送された病院で約 1 時間後に死亡。実父も金属製のフォークで首を刺して血を流していたが軽傷。一家は少し前、実父の実家へ帰省。実母は「（夫が）仕事のことで悩みがあるので、話を聞いてあげてほしい」と伝えて先に自宅へ戻っていた。実父は「上司とのトラブルで会社を辞めようと思った。1 人で死んだら子どもが可哀そうだと思った」と話している。実父は殺人と殺人未遂容疑で逮捕された。警察は無理心中を図ったとみて、詳しい経緯などを調べる。

事例№. 291　2006／母子／実母

車内で、実母（37）と長女（11）・次女（9）の遺体が見つかった。一家は、実父（42）・実母、長女・次女、父方祖母の 5 人暮らし。実母は、体調不良で仕事を休んでいた実父の看病を続け、数か月前に転職するなど心労が重なっており、年末から実家に帰省していた。12 月 30 日夕方に、実母らは実家を出た後、行方不明となる。実家で遺書が見つかったため、母方祖父が 12 月 31 日、捜索願を出していた。警察は、実母が無理心中を図ったとして、実母を殺人容疑で被疑者死亡のままで書類送検する方針。

347

事例№. 292　2006 ／母子／実母

実母（30）と長男（生後6か月）が乗った車が国道のコンクリートの壁にぶつかり、2人は病院に運ばれた。実母は軽傷、長男は死亡したが、死因が特定できず、また後部座席のチャイルドシートを使用していなかったことなど不審なところが多かったため、病理組織を鑑定。その結果、長男の死因は窒息死で、死亡推定時刻は事故以前、体の数か所に切り傷を負い、鎮痛剤入りのミルクを飲まされていたことが判明。実母は事件前日、実父から生活費や養育費を出会い系サイトの利用料につぎ込んだことなどを問いただされたことに悩み、長男を道連れに無理心中を計画。事故を起こした車内からは、血のついた包丁や「悩んだが長男も一緒に連れていく」と自殺をほのめかす遺書が見つかった。実母は事故から2年後の2009年1月に殺人容疑で逮捕され、懲役4年6か月の判決を受ける。

事例№. 293　2006 ／母子／実母

実母（29）と長男（1）の遺体を、親族の通報で駆けつけた警察が発見。遺体には目立った外傷はなく、死後1、2か月はたっていた。実母は居間の絨毯の上、長男は近くの布団の中で見つかった。無理心中か病死の可能性があるとみて調べている。実母は病気がちだったという。

事例№. 294　2007 ／母子／実母

実母（33）と双子の長女・長男（生後50日）が倒れているのを実父（33）が見つけ、110番通報。3人は搬送先の病院で間もなく死亡が確認された。3人はトイレで倒れており、火のついた木炭が入った七輪が置かれていた。死因は一酸化炭素中毒。実父や親宛の遺書が見つかった。警察は、実母は早産で育児に不安を抱いており、実父も「育児ノイローゼだった」と説明していることから無理心中とみて捜査している。

事例№. 295　2007 ／母子／実母

実母（31）が長男（5）と次男（3）の首を電気コードで締め上げた上、包丁で胸を刺して殺害。その後、包丁で自分の腹と首を刺して重傷を負い、病院に運ばれた。実母は殺人容疑で逮捕。実母は不倫相手（男児らの父親）の男性と一緒に生活する約束をしていたが、約束を破られたため、将来を悲観し、無理心中を決意したという。懲役10年の判決。

事例№. 296　2007 ／その他／母方祖母

母方祖母（54）が裏庭で首を吊って死亡しているのを、帰宅した実母（22）が発見。さらに、布団の中で死亡している長女（2）を見つけた。長女の首には絞められた痕があった。祖母と実母・長女の3人暮らしだった。警察は、「ご迷惑をおかけしました」などと祖母が書いたとみられる実母宛の遺書などから無理心中とみている。

事例№. 297　2007 ／その他／実母

自宅で実母（28）・母方祖母（59）・長男（生後4か月）の3人が死亡しているのが、実父（30）の通報で見つかった。実母は寝室のベビーベッドにネクタイをかけて首を吊っていた。胸や首、腹に複数の刺し傷があり、遺体のそばにナイフが落ちていた。長男は胸を刺され布団の上で、祖母は首に手で絞められた痕があり布団の中で死亡していた。実父母と長男の3人暮らしだったが、事件1週間前から長男を連れて実家に帰省し、祖母と自宅に戻ってきたばかりだった。警察は、実母は育児に悩んでおり、ノイローゼ気味で薬を服用していたことや、室内に外部から侵入した形跡がないことから、実母の無理心中とみて調べている。

資料1

事例No. 298　2007／母子／実母

実母（25）と長男（生後2週間）の遺体が車内で発見された。実母は頭から油のような
ものをかぶっており、顔や手などに火傷を負い、死因は焼死。長男は水死。助手席付近
に油の入ったポリ容器があった。実母は産後の療養で実家に滞在しており、育児の悩み
を打ち明けていたという。2人は2月6日から行方不明となっており、実父から捜索願
が出されていた。警察は、実母が無理心中を図ったとみている。

事例No. 299　2007／母子／実母

海に転落した車から、実母（33）と長女（4）・次女（1）を救出したが、すでに死亡し
ていた。死因は3人とも水死とみられる。実母らは前日午後から行方不明となってお
り、実父が捜索願を出していた。3人とも外傷はなく、現場の岸壁にブレーキ跡も見当
たらないことなどから、実母が無理心中を図った可能性もあるとみて、警察は捜査して
いる。

事例No. 300　2007／母子／実母

実母（34）と長男（1）が電車にはねられ死亡した。運転士は「2人は電車が現場を通過
する直前に踏切に入り、しゃがみ込んだ」と話しており、踏切内には成人の女性用とみ
られる黒い靴が1足、そろえて置いてあったことなどから、警察は家庭内のトラブルに
よる心中とみて調べている。

事例No. 301　2007／母子／実母

実母（37）と長男（8）の遺体が車内から見つかった。死因は一酸化炭素中毒。警察
は、車の後部座席に燃え尽きた練炭があった他、自宅に遺書が残されていたことから、
実母が無理心中を図ったとみて調べている。

事例No. 302　2007／母子／実母

車内から、実母（43）と長女（9）の遺体を発見。2人は後部席に寄り添うようにして死
亡しており、実母が抱いた飼い犬も死んでいた。警察は2人に外傷がなく、燃えかけの
練炭があったことから無理心中を図ったとみている。

事例No. 303　2007／母子／実母

自宅の部屋で、実母（36）と長男（8）・次男（5）が死亡しているのを発見。死因は一
酸化炭素中毒。3人に外傷はなく、別居中の実父（43）に宛てた家族についての悩みを
綴った遺書が残されていたことから、警察は無理心中の可能性が高いとみて調べている。

事例No. 304　2007／母子／実母

実母（36）と次女（2）の水死体が沖合い約2キロの海上で発見された。警察は、橋の
上から飛び降り無理心中を図ったとみている。2か月前に長女（5）が自宅の風呂場で事
故死し、前日には月命日の法事があった。実父（36）は「妻の様子がおかしかった」と
話しており、車に残された遺書にも、長女を亡くした苦しみなどが書かれていたという。

349

事例№. 305　2007／母子／実母

川で実母（37）の遺体が発見される。翌日、長男（7）と長女（6）の遺体が発見される。3人は数日前から失踪しており、家族が捜索願を出していた。警察は、3人が橋の上から飛び降りた可能性が高いとみており、実母が家庭内のことで悩んでいたことから無理心中したとみている。実母が勤務していた会社によると、実母は5か月前から週5日工場で働き、長女の入学式などを除き欠勤はなく、勤務態度も真面目で変わった様子はなかったという。

事例№. 306　2007／母子／実母

実母（34）が、就寝中の長女（11）の首をひもで絞めて窒息死させた。自身も自殺を図ろうとして、首を負傷。帰宅した実父（32）が通報。実母は殺人容疑で逮捕された。家族は、実父母と長女の3人。実母は異動先の仕事や実父との不仲に悩み、長女を道連れにして無理心中を図ろうとしたという。懲役8年の判決。

事例№. 307　2007／父子／実父

実父（42）が、長男（16）・次男（14）・長女（13）に「ビタミン剤」と嘘をついて睡眠薬を飲ませ、寝ていた3人の首をロープなどで絞め、窒息死させた。実父自身も自殺を図り睡眠薬を服用、倒れているところを実母（39）が発見して通報した。実父は殺人容疑で逮捕。「子どもに何もしてやれない。大学にも行かせてやれない」「自分は睡眠薬を飲んで自殺する」「子どもたちを連れて行く」という趣旨の実母宛の遺書が見つかった。実父は、実母と子ども3人と父方祖母（72）の6人家族。実父は実母に告げていた勤務先には勤めておらず、同居している祖母から毎月約30万円を受け取り、生活費として実母に渡していたと供述しており、金の工面や“偽りの生活”に嫌気がさし、無理心中を図った可能性があると警察はみている。実父は、初公判を前にして拘置所で首吊り自殺をした。

事例№. 308　2007／母子／実母

実母（27）と長女（3）・次女（1）が、電車にはねられて即死した。駅のホームから実母が子ども2人を連れて線路内に飛び降りるのを運転士が目撃しており、警察は無理心中とみて調べている。家族は、実父（38）と実母、子どもらの4人暮らし。実父は警察の調べに、「いつも通り出勤を見送ってくれた。普段と変わった様子はなかった」と話し、原因や3人が駅にいた理由はわからないという。実母は損害保険関係の会社に勤務、娘2人は保育園に預けていたが、事件当日は「私の熱が出たので休みたい」と電話があり、預けにこなかった。

事例№. 309　2007／父母子／実父・実母

実父（34）が路上で倒れており、病院に運ばれるも死亡。自宅からは、実母（34）・長男（5）・長女（2）の遺体が見つかった。首を絞めて殺害し、その後9階建てマンションの最上階から飛び降りて死亡した。警察は、実父が3人の首を絞めるなどして殺害した後、マンションから投身自殺した無理心中と断定し、実父を殺人容疑で被疑者死亡のまま書類送検した。実母は妊娠8か月。実父の携帯には「勝手なことをしてすいません。昨日妻と死ぬことを決めました。このままではおなかの子どもを産めないし、ごはんも食べられない」といった内容の未送信メールが残っていた。実父は親類から時々お金を借りたり、消費者金融から借金をしており、総額900万円ほどの借金があったとみられる。また月11万円の家賃を2か月滞納し、冷蔵庫はほぼ空っぽだった。

資料 1

事例№. 310　2007／母子／実母

アパートの2階が出火し、中から実母（40）と長男（14）・長女（8）の遺体が見つかった。実母の死因は全身火傷、子ども2人は一酸化炭素中毒。実母の足元に灯油が入っていたポリ容器の焼け残りが見つかり、ライターも残されていたことから、警察は実母が無理心中を図った可能性が高いとみている。実母は実父（39）と子ども2人の4人暮らしで、事件当日実父は仕事に出ていた。長男が昨年秋から学校を休み、実母は日頃から子どものことで悩んでいたという。

事例№. 311　2007／父母子／実父・実母

実父（37）と実母（33）、長女（4）の遺体が、車内から見つかった。警察は3人に外傷はなく、車内から練炭と七輪が見つかったことから、無理心中の可能性が高いとみて捜査している。

事例№. 312　2007／母子／実母

実母（40）が長男（7）の首を手で絞めて殺害、長女（2）の首を掃除機の電気コードで強く絞めて殺害（死因はともに窒息死）。その後、自身の手首をカミソリで切って自殺を図るが、自宅に来た祖母らに発見され制止された。国の指定医師の判断を受け、措置入院。実父（39）は仕事で不在。実母は、育児や勤務先の会社の経営不振などの悩みから、無理心中を図ったとみられ、殺人容疑で逮捕され、精神鑑定の結果心神耗弱状態だったとして、懲役4年6か月の判決を受ける。

事例№. 313　2007／その他／母方祖母・実母

母方祖母（57）と実母（32）が、長男（11）・長女（7）・次女（6）に睡眠薬を飲ませ車内に灯油をまいて放火。実母、長女、次女は死亡（死因は熱性ショックと酸欠による窒息死）。長男は脱出し火傷を負い、祖母は意識不明の重体で病院に運ばれた。祖母は殺人と殺人未遂容疑で逮捕、実母は被疑者死亡で不起訴処分。実母は、実父（33）の経営する会社の資金繰りが悪化し、実父に無断で約3000万円を信販会社などから借金しており、自身が自殺したことで出る保険金を目的に子どもらとの心中を計画、祖母も「娘と孫を引き離すのは可哀そう」「娘が死んだら身寄りのない自分は生きていけない」と考え、計画に同意したという。懲役10年。

事例№. 314　2007／母子／実母

車内で長男（8）と次男（1）が死んでおり、実母（34）が車庫で首を吊って死亡しているのを、帰宅した祖母（54）が見つけた。車庫は内側から鍵がかかっていたといい、警察は実母が無理心中を図った可能性が高いとみている。長男は車のシートに横たわり、首に絞められたような痕があった。次男はチャイルドシートに座った状態だった。実母は、次男の発育で悩んでいたという。

事例№. 315　2007／父母子／実母

自宅が出火し、実父（47）・実母（46）と長男（10）・次男（6）の遺体が見つかった。実父の死因は、胸を刺されたことによる失血死、他の3人は一酸化炭素中毒だった。家族は近所の人に5000円、1万円の借金をしており、給食費や教材費の支払いも滞っていた。また、消費者金融からも借金をしており、実母の勤め先にも取り立ての電話がかかっていた。実父は約15年前、自動車ローンなどで約500万円の借金があり、昨年頃には親族に「もう少しで返済できそう」と話していたという。最近、実父は知人らに「仕事がない」と漏らしていた。警察は実母が生活苦から無理心中を図ったとして、実母を殺人と現住建造物等放火の容疑で被疑者死亡のまま書類送検。

351

事例№.316　2007／母子／実母

駐車場に停めてあった乗用車の脇で、実母（30）が胸から血を流して死亡していた（死因は心嚢血腫）。車内の長女（6）も腹を刺されて失血死していた。実母は凶器とみられる包丁を右手に握っていた。警察は実母が無理心中をしたとして、実母を殺人容疑で被疑者死亡のまま書類送検。実母は母方曽祖母、母方祖父・祖母と長女の5人で暮らしており、最近精神的に不安であったという。遺書は見つかっていない。

事例№.317　2007／母子／実母

自宅が出火し、実母（37）・長女（9）・次女（7）・三女（5）が死亡（死因は一酸化炭素中毒）。警察は、実母が放火して無理心中を図ったとして、殺人容疑と現住建造物等放火の容疑で被疑者死亡のまま書類送検。自宅の1階や2階などで、ガスバーナーでタオルや衣類に火をつけて放火し、子ども3人を一酸化炭素中毒で死亡させた疑い。実母は実父（37）と娘ら3人の5人で暮らしており、事件当時は実父は出勤していた。

事例№.318　2007／父母子／実父・実母

親子とみられる男女と女児の遺体が林道に停めてあった車内から発見される。車内は粘着テープで内側から目張りをされており、練炭の燃え殻が残っていたことなどから、警察は親子心中の可能性が高いとして調べている。死後数か月が経過しているとみられるという。

事例№.319　2007／母子／実母

軽乗用車内で、実母（26）、長男（5）と次男（4）がぐったりしているのを家族が見つけ、通報。3人は病院に運ばれたが、死亡が確認された。死因は、いずれも一酸化炭素中毒。警察は、現場の状況から、排ガスを車内に引き込んで実母が無理心中を図ったとみている。前夜、実母らが帰宅しなかったため、家族が探していた。

事例№.320　2007／父子／実父

車内から、実父（59）と長女（12）の遺体が発見された。実父と長女は2人暮らしだった。実父には、約2500万円の借金があり、自宅には「返済に苦しみ、経営する会社が立ち行かなくなった」などと書かれた遺書が残されていた。警察は、実父が無理心中を図ったとして、実父を殺人容疑で被疑者死亡のまま書類送検。車内で、長女の首を手で絞め、ナイフで首を刺すなどして殺害した疑い（死因は窒息死）。実父は犯行後、車にライターで火をつけ自殺（死因は一酸化炭素中毒）。

事例№.321　2007／母子／実母

実母（38）が、自宅で長女（16）をロープで絞殺。その後、自身は線路に飛び込み、電車に接触し、頭などを打って病院に運ばれたが軽傷。殺人容疑で逮捕された。実母は市内の精神科病院に入院しており、1泊2日で外出許可を得て帰宅していたところだった。実母は自分の病気が治らないと思い込んで将来を悲観し、無理心中を図ろうとしたという。心神耗弱が認められ、懲役6年の判決。

資料 1

事例No. 322　2007／その他／母方祖父

自宅が出火し、母方祖父（56）・母方曽祖父（83）・母方曽祖母（79）・実母（30）、長女（5）の5人の遺体が見つかった。警察は、祖父が無理心中を図ったとして、祖父を殺人と現住建造物等放火の容疑で被疑者死亡のまま書類送検。祖父は家族の病気の治療費などで借金がかさんだことを苦に、自宅に灯油などをまいて放火し、4人を一酸化炭素中毒で死亡させた疑い。

事例No. 323　2007／母子／実母

実母（35）が、長女（8）・次女（5）とともに自宅で練炭による心中を図るが、帰宅した実父（34）が見つけて通報、病院に運ばれた。実母と長女は意識不明の重体。次女は一酸化炭素中毒による死亡。遺書も残されており、警察は無理心中を図ったとみて、実母を逮捕。実母には通院歴があり、「（病気の影響で）苦しんでいて、子どもたちも同じように苦しまないよう、道連れに自殺しようとした」などを供述。

事例No. 324　2008／母子／実母

ワゴン車の中で、実母（38）と長女（2）が死亡しているのが見つかった。車内には練炭入りの七輪があり、警察は実母が無理心中を図ったとみて調べている。2人の死因は一酸化炭素中毒。実母は実父（37）と長女の3人暮らしで、育児に悩んでいたという。

事例No. 325　2008／その他／母方祖母・実母

乗用車の助手席で、長女（6）がひもを首に巻いたまま死亡しているのが見つかった。近くのガードレールにひもをかけ、実母（31）と母方祖母（56）が首を吊って窒息死していた。実母は実父と離婚し、認知症の母方祖父（73）を入れて4人で暮らしていた。祖父の要介護レベルは軽いほうから3番目で特に重症の部類ではなかったが、症状に波があり目が離せず、祖母と祖父の喧嘩が絶えなかったという。実母はうつ状態で育児に関して他人の手を煩わせることを嫌がっていた。警察は、実母と祖母が無理心中を図ったとして、2人を殺人容疑で被疑者死亡のまま書類送検。

事例No. 326　2008／母子／実母

実母（33）が長男（6）を自宅アパートの屋上から投げ落として殺害。実母も飛び降り、重傷を負った。実母は離婚を巡り実父・長男と別居しており、長男と会った事件当日、幻聴の影響や、家族で一緒に暮らせないことを悲観して心中を図った。実母は統合失調症で通院していた。実母は、心神耗弱が認められ、殺人罪で懲役3年（求刑懲役5年）の実刑判決。

事例No. 327　2008／父母子／実父

実父（54）が、実母（45）と次女（14）をネクタイで絞殺し、長女（22）と長男（21）にナイフなどで重傷の怪我を負わせ、自宅に灯油をまいて放火した。借金苦に一家心中を決意したという。実父は殺人罪と殺人未遂罪、現住建造物等放火の疑いで逮捕、無期懲役判決。

事例No. 328　2008／母子／実母

11階建てマンションの最上階から、実母（33）・長男（6）・次男（3）が落ち、死亡。警察は、実母が子ども2人を投げ落とし、自らも飛び降りて無理心中したとみている。実母は、実父と子どもの4人暮らしで、精神的に不安定になり、昨年4月から通院して治療を受けていた。遺書などは見つかっていない。

353

事例№. 329　2008／母子／実母

実母（38）と長女（生後9か月）が倒れているのが見つかった。病院に運ばれるも、間もなく死亡した。実母は胸に包丁を刺して自殺しており、最近ノイローゼ気味だったことから、警察は無理心中とみて調べている。実母の様子を心配して泊まりに来ていた母方祖母（63）によると、実母が電気コードで長女の首を絞め、包丁で胸を刺した後、自分の胸を刺したという。実母は実父と長男、長女の4人暮らし。

事例№. 330　2008／父母子／実父

ホテルの一室で、銃で死亡した実父（37）・実母（30〜40歳）・女児（10歳くらい）の遺体をホテルの従業員が発見。実父が右手に拳銃を握っており、室内のテーブル上に計3通の遺書があった。警察は、実父が妻子を道連れに拳銃自殺したとみている。残された遺書には、昨年の射殺事件（風俗店経営者を射殺した疑い）への関与を認める文面が残されていた。実父は殺人容疑と銃刀法違反の疑いで被疑者死亡のまま書類送検された。

事例№. 331　2008／父母子／実父

実父（43）が、実母（41）と長女（10）と長男（7）の首を手で絞めて殺害し、自らも包丁で自殺を図ったが未遂に終わった。実父は、仕事上の金銭トラブルを抱え、無理心中を決意したという。実父が書いた遺書が数通あった。殺人罪で逮捕、懲役22年判決。

事例№. 332　2008／母子／実母

実母（33）が無理心中を図り、次男（3）の首を包丁で切って失血死させた。長男（5）の首をひもで絞め殺そうとしたが、「生きたい」と泣いて懇願したため手を止めたという。実母は2001年に中国から来日して、日本人の実父（53）と結婚し、4人で暮らしていたが、生活習慣の違いなどで精神的に不安定になり、入退院を繰り返していたという。実母は懲役4年の実刑判決。

事例№. 333　2008／父母子／実父

実父（43）が、フィリピン国籍の実母（33）の頭をナタで数回切りつけて殺害（死因は出血性ショック）、長男（7か月）の首を両手で絞めるなどして窒息死させ、殺害から2日後自首した。実父は子どもの夜泣きがうるさいことや、手足のしびれなどで悩み、仕事への自信を喪失して将来を悲観し、無理心中を決意。実父は懲役23年判決。

事例№. 334　2008／母子／実母

実母（30）と長男（3）、長女（7か月）を乗せた車が海に転落し、約50分後、実母と長女を車両から救出し病院に搬送したが、死亡（死因は水死）。数日後、長男の遺体も発見された。岸壁の車止めにはタイヤがぶつかった跡があり、無理心中の可能性が高いとしている。家族は、実父（40）と実母、子どもら2人の4人暮らしだった。

事例№. 335　2008／母子／実母

次男（1）が湖にて水死体で発見された。近くの橋に実母（37）の乗用車が放置してあり、湖からは実母の免許証等が入ったバックが発見されたが、実母は行方不明。実母は2007年暮れに離婚して以来、精神的に不安定で、母方伯母（34）が捜索願を出していた。警察は、無理心中の可能性もあるとみて、実母の行方を調べている。

資料 1

事例No. 336　2008／母子／実母

実母（33）から「子どもを殺した」という110番通報があり、警察が駆けつけたところ、長男（生後3か月）が手首から血を流して死んでおり、実母が犯行を認めたため現行犯逮捕。長男の首を絞めた上、手首や胸をカッターナイフで切りつけて殺害した疑い。実母自身も手首を切るなどして自殺を図ったが死にきれなかった。実母は「子どもの成長が遅いので悩んでいた。育児ノイローゼだった」と供述。実母は実父（38）と長男の3人暮らしで、実父は仕事で外出していた。警察は、無理心中を図ったとみている。

事例No. 337　2008／母子／実母

海底に沈んだ乗用車から、実母（33）と長女（1）の遺体を発見。前夜、実母は実父（36）と口論し、長男（14）と次男（9）、長女を連れて外出したまま行方がわからなくなっていた。長男と次男は外出後、自宅近くのコンビニエンスストアで降ろされ、実母から連絡を受けた知人男性に保護されたという。警察は、実母が長女を道連れに無理心中を図ったとみている。

事例No. 338　2008／その他／実父（兼母方祖父）

実父（63）と実母（40）、次男（14）、三男（7）、次女（5）、里帰りしていた長女（16）とその子ども（長女・生後6か月）の計7人が、車ごと海に転落。次男は自力で脱出したが、残る6人は全員死亡。警察は、実父のポケットから見つかった遺書の内容などから、借金や自分の病気などで悩んだ末の無理心中と断定、実父を殺人・殺人未遂容疑で被疑者死亡のまま書類送検した。

事例No. 339　2008／母子／実母

実母（25）が、次女（生後2か月）を海に投げ落として水死させた。実母は、殺人容疑で逮捕。実母は、母方祖父母、母方叔母、子ども3人の7人暮らし。実母は交際していた男性との結婚を望んだが断られ、次女の認知も経済的援助も受けられないことで心中を考えたという。弁護側は誤って落としたとして無罪を主張したが、認められなかった。懲役5年判決。

事例No. 340　2008／母子／実母

実母（34）と長女（生後6か月）が死亡しているのを帰宅した実父（29）が見つけ、通報。実母は、浴室内で腹部を刃物で刺した状態で、長女は居間で首を絞められた状態で死亡していた。実母は、実父（29）と長女の3人暮らしで、日頃から育児に悩んでおり、「赤ちゃんを連れて行ってごめんなさい」と書かれた遺書が発見された。警察は、実母が長女を殺害した後、自殺したとみている。

事例No. 341　2008／母子／実母

実母（48）が、自宅で就寝中の長男（13）の枕元などに練炭を置き、死亡させた。実母は一酸化炭素中毒とみられる症状で入院、回復後、殺人容疑で逮捕された。実母は、「生活苦から将来を悲観した。私が死んだら、息子が悲しむ。1人残して死ねなかった」「交際相手に捨てられると思った」と供述。実母と長男は2人暮らしだった。懲役8年の判決。

事例No. 342　2008／母子／実母

実母（22）が長女（生後4か月）とともに、車内において練炭による心中を図った。2人は病院に運ばれたが、長女はすでに死亡、実母は意識不明の重体。実母は周囲に育児の悩みを漏らしていたという。回復後、実母は殺人容疑で逮捕されたが、犯行当時心神喪失状態にあったとして不起訴処分となった。

事例No. 343　2008／母子／実母

自宅で、実母（34）と長男（10）が死んでいるのが見つかった。実母の首と長男の胸にそれぞれ刺し傷があり、実母の遺体のそばから包丁が見つかった。実母は長男と母方祖母（81）の3人暮らしで、同じ敷地内の離れには、母方伯母夫婦ら4人が住んでいた。警察は、外部から侵入した形跡がないことから、無理心中の可能性が高いとみて調べている。実母は、子育てに悩んでいた様子だったという。

事例No. 344　2008／母子／実母

自宅が出火し、実母（39）・長女（7）・長男（5）が一酸化炭素中毒で死亡。実父（39）とは2か月前から別居していた。実母が書いた遺書が複数残されており、「子どもと一緒に死にます」などと書かれていた。警察は、実母が自宅に火をつけて無理心中を図ったとして、実母を殺人と現住建造物等放火の容疑で被疑者死亡のまま書類送検した。

事例No. 345　2008／母子／実母

実母（33）と長女（1）が死亡しているのを、父方祖母（69）が見つけて119番通報。そばに包丁があり、2人とも首に切り傷があったことなどから、警察は実母が長女を刺して自殺した無理心中とみている。実母は長女の病気のことで悩んでおり、事件前日から、実父（37）とともに父方祖父（68）・父方祖母（69）が住む実父の実家に帰省していた。

事例No. 346　2008／母子／実母

長男（8）と長女（3）が浴槽の湯船に沈んで死亡しているのを、帰宅した実父（43）が見つけた。実母（36）も室内で首を吊って死亡していた。司法解剖の結果、子どもたちの死因はひものようなもので首を絞められたことによる窒息死だったことがわかった。警察は、実母が無理心中を図ったとみている。家族は、実父母と子ども2人の4人暮らしだった。

事例No. 347　2008／母子／実母

乗用車内で実母（44）と長男（11）・長女（8）が死亡しているのが見つかった。死因は、一酸化炭素中毒。排ガスを車内に引き込んでいた。実母は、長男と長女の3人暮らしで、以前から親や周囲に将来の不安を漏らしていたという。警察は、実母が無理心中を図ったとして、殺人容疑で被疑者死亡のまま書類送検した。

事例No. 348　2008／母子／実母

海中に沈んだ乗用車の中から、実母（36）と長女（4）・次女（2）の遺体を発見。遺体は死後1週間以内で、3人とも衣服は身につけ、目立った外傷もなく、死因は水死とみられる。実母は、実父と祖父・祖母と子どもらの6人暮らし。岸にブレーキの跡などはなかった。無理心中の可能性が高いという。

資料 1

事例№.349　2008／母子／実母

国道高架下で、実母（36）と長女（7）・次女（1）が死んでいるのを発見。近くに停めて
あった車内からは、「病気で先が長くないので死にます」などと書かれた遺書が見つかっ
た。警察は、子ども2人を殺害した容疑で、実母を殺人容疑で被疑者死亡のまま書類送
検した。実母は、陸橋の上に車を止め、長女と次女を下へ投げ落としてから、自らも飛び
降り、転落した長女の口を塞いで窒息死させ、次女を転落時の外傷性ショックで殺害した
疑い。実母も腰の骨などを折り、外傷性ショックで死亡した。

事例№.350　2008／父母子／実父

自宅で、実父（36）・実母（32）・長男（10）・次男（5）が死んでいるのが見つかった。4
人の遺体には刺傷などがあり、室内に凶器とみられる血の付いた包丁3本があった。現
場の状況から、警察は実父が3人を殺害した後に自殺をした無理心中とみている。遺書
は見つかっていない。実父らは約2年半前にマイホームを購入し、実母はアルバイトを
始めた。実母は約2か月前、「親族に病気や不幸が続き、介護や手続きですごくしんど
い」と話していたという。一家は4人暮らし。

事例№.351　2008／母子／実母

「有毒ガス」と張り紙をした乗用車の中から、実母（41）・長女（9）・長男（5）の遺体が
見つかった。車内に液体の入ったバケツが置かれており、有毒ガスを発生させ中毒死し
たらしい。前日夕方、実父（40）が帰宅した際、3人は不在だった。車内に「ごめんね」
などと書かれたノートが残っていた。

事例№.352　2008／母子／実母

車内で、実母（31）と長女（10）・次女（8）・長男（7）が折り重なるように死亡してい
た。車内に練炭を燃やした跡があった。実母の携帯電話に「子どもたちが欲しいものや
望みがかなえられず情けない」「今までありがとう、さようなら」などと書かれた未送
信の電子メールが残されていたが、明確な遺書はなかった。その後の調べで実母が多額
の借金を抱えていたこと、実母の筆跡で書かれた遺書が自宅にあったこと、車内の状況
から、家族以外の第三者が関わったとは考えられないことなどから、実母が生活に困
り、将来を悲観して無理心中したと警察は判断。実母は殺人容疑で被疑者死亡のまま書
類送検された。

事例№.353　2008／母子／実母

実母（38）と次女（4）が、マンション11階から転落し、死亡した。実母は子育てに悩
んでいたといい、警察は無理心中の可能性が高いと見ている。

事例№.354　2008／母子／実母

布団の上でぐったりしている長男（4）を、実父（38）が見つけた。救急隊員が駆けつ
けたが、すでに死亡していた。その後、自宅から数百メートル離れた小屋で実母（41）
が首を吊って死亡しているのが見つかった。実母が実父に宛てて書いたとみられる遺書
めいたメモが複数見つかった。実母は、実父と子ども2人の4人暮らし。実母は1年ほ
ど前から体調不良で悩んでいる様子もみられたという。警察は、実母が無理心中を図っ
たとして、殺人容疑で被疑者死亡のまま書類送検した。自宅で長男の首を絞めて殺害し
た疑い。

事例№.355　2008／母子／実母

実母（40）が長男（11）の首を絞めて殺害。警察は実母を逮捕。実母は「（長男が）友達が少なく、学校に行きたがらなかった。自分も人間関係に悩んでおり一緒に死のうと思ってやった」などと供述。実母は、実父（55）と子どもの3人暮らし。犯行時心神耗弱状態だったとして、懲役3年執行猶予5年の判決。

事例№.356　2008／母子／実母

車内で死亡している実母（40）と長女（11）を発見。警察は、実母が車内で練炭を炊き、無理心中を図った可能性が高いとみている。実母は実父と子どもの3人暮らしで、実父は市外に外出中だった。2人に目立った外傷はなく、遺書もなかったという。

事例№.357　2008／母子／実母

次男（10）が胸や背中などを刺された状態で倒れ、実母（50）が腹に刺し傷を負っているのが見つかり、病院に搬送。次男は間もなく死亡（失血死）、実母は重体。実母は精神的な不調に悩んでおり、家族は「最近状態が悪化したので、病院に連れて行こうと思っていた」と説明しているという。実母は、内縁の夫（37）、前父方祖母（84）、長女（21）、次男の5人暮らしだった。祖母と内縁の夫は仕事で外出していた。実母は「将来を悲観して、無理心中しようとした」と話しており、殺人容疑で逮捕された。

事例№.358　2008／父母子／実父

車が出火し、実父（34）と長女（4）が死亡、実母（37）は全身火傷で意識不明の重体。実母が搬送前に「長女と車中にいたら、元夫が灯油のようなものをかぶって火をつけた」と話したことから、警察は無理心中の可能性があるとみて調べている。

事例№.359　2008／父子／実父

キャンプ場のテント内で、実父（33）と長女（3）・長男（生後6か月）が死亡しているのが見つかった。テントに「硫化水素発生中」との張り紙があり異臭がしたことから、警察は実父が硫化水素を発生させ無理心中を図ったとみて調べている。実父の鞄からは遺書が見つかった。3人は実母の親族から捜索願が出されていた。

事例№.360　2008／父母子／実母

車内で、実父（48）・実母（43）・長女（20）・次女（16）・長男（11）が死亡していた。車内に炭を炊いた形跡があった。実父の死因は頭蓋骨が折れたことによるくも膜下出血で、あと4人は一酸化炭素中毒であった。実母の手帳には、意図的に実父をはねたという内容や、不満などが書かれていたという。実母は実父、子どもたち3人の他、父方祖母の6人暮らしだった。警察は実母が無理心中を図ったと断定し、実母を殺人と殺人未遂容疑で被疑者死亡のまま書類送検した。実母は、路上で実父を殺害しようとして車ではねて重傷を負わせた疑い。その後、実父と子どもらを車に乗せ、車内で練炭を燃やして一酸化炭素中毒で殺害した疑い。

資料 1

事例№. 361　2008／母子／実母

実父（40）が「娘が呼吸をしていない」と119番通報し、警察が駆けつけたところ、寝室の布団の上で次女（3）が死亡しており、実母（40）も同じ敷地内の納屋の軒下で首を吊って死亡していた。次女の首にはひものようなもので絞められた痕があった（窒息死）。実母には日頃から次女の将来を悲観する言動があり、遺書にも次女についての悩みが書かれていた。

事例№. 362　2008／父子／実父

車内で、実父（34）と長女（13）・次女（12）が死亡しているのが見つかった。車の窓には「硫化水素発生中。近づくな」と書いた貼り紙があった。車内にはフランチャイズ制の店の経営がうまくいかないという内容が書かれた遺書があった。また、2年前に離婚した実母の自宅の玄関先に「この手紙を読んだ時は、もう私たちは死んでいると思います。今までありがとう」と次女が書いたとみられる手紙が置かれていた。警察は自殺とみている。

事例№. 363　2008／母子／実母

実母（36）が無理心中を図って、長男（4）の首をコードで絞めて殺害。自身も自殺を図るも死にきれなかった。実母は長男と実父の3人暮らし。実父は会社に行って不在。実母は「子育てに疲れてやった」と供述。殺人罪で懲役7年判決。

事例№. 364　2008／その他／父方祖母

実父（38）が不在中、父方祖母（68）が、父方祖父（65）と長女（9）の味噌汁に睡眠薬を入れ、長女の首を包丁で切りつけるなどして出血性ショックで死亡させ、祖父の首を包丁で切りつけるなどして殺害しようとした。祖母は、生活費などのために借金を繰り返していたが、返済に行き詰まり自殺を決意。祖父を殺害すれば保険金で借金返済と実父の生活資金が得られると考えた他、実父が男手1人で長女を養育していくのは困難と考え、長女も殺害した。祖母は、殺人・殺人未遂罪で、懲役13年の判決を受ける。

事例№. 365　2009／その他／祖父

祖父（54）と孫娘（3）が、ダムから飛び降りる。祖父はダムのフェンスの下のコンクリートに落ち、頭や胸を強く打って死亡。祖父が倒れていたコンクリートには孫娘の靴があり、周辺を捜索したところ、後日、ダム湖にて遺体を発見。死因は水死だった。祖父は、仕事に悩んでおり、孫娘の将来についても悲観していた。警察は祖父が無理心中を図ったとみている。

事例№. 366　2009／父母子／実父

実母（38）と長男（2）が寝室の布団の上で死亡し、実父（36）が首を吊って死亡しているのが見つかった。警察は、外部から侵入した形跡がなく、遺書もあることから無理心中とみて調べている。遺体は死後数日たっているとみられる。3人とも死因は窒息死だった。

事例№. 367　2009／母子／実母

実母（40）と次男（7）が電車にはねられ死亡。現場には長男（9）がいたが、遮断機の外にいて無事だった。電車の運転士は「2人は遮断機をくぐって踏切内に入ってきた」と話しており、警察は無理心中の疑いもあるとして調べている。

359

事例№.368　2009／その他／母方祖母・実母

母方祖母（56）と長女（9）が死亡しているのが見つかった。行方不明になっていた実母（35）が殺人容疑で逮捕された。実母は数日前、交際する40代の男性とともに、乗用車に乗ったまま海に転落する心中事件（後に偽装とわかる）を起こしており、その後、ショックを受けて精神的に不安定になっていたと主張。実母によると、実母は祖母と2人で長女の口や鼻を覆うなどして窒息死させ、祖母に頼まれて首をロープで絞めて殺害したという。祖母は、殺人容疑で被疑者死亡のまま書類送検された。実母は、殺人と嘱託殺人罪に問われ、求刑通りの懲役8年の判決を受ける。

事例№.369　2009／母子／実母

長男（12）と長女（10）が自宅で首を絞められて死亡しているのが見つかった。その後、実母（37）も市内の踏み切りに飛び込み、電車にはねられ自殺した。実母は実父（40）と1年以上前から別居状態にあり、3か月程前に離婚。2人の子どもは実父とともに住んでいたが、数日前から実母の家に戻っていた。実母は、「子どもに避けられている」「子どもに嫌われている」「話しかけても、返事をしてくれない」と周辺に漏らしており、親子関係がうまくいかずに悩んでいた。警察は、実母が子ども2人を道連れに無理心中を図ったと断定し、実母を殺人容疑で被疑者死亡のまま書類送検した。

事例№.370　2009／母子／実母

次女（11）が口をテープで塞がれてぐったりしているところを、帰宅した実父（49）が発見。次女は病院に運ばれたが肺挫傷で死亡。長女（14）も手に切り傷を負っており、「母親にやられた」と話していたことから、実母の行方を捜索。実母（46）は、近くのマンションから飛び降りて死亡しているのが見つかった。遺書らしきメモが残されていた。実母は通院歴があり、子ども2人の健康について悩んでいたという。

事例№.371　2009／母子／実母

実母（29）が長男（4）と次男（2）をマンションの4階から落とし、その後自らも飛び降りた。3人とも全身を強く打っており、まもなく死亡。自宅には遺書のような手書きのメモがあった。実父（30）は仕事のため外出していた。

事例№.372　2009／母子／実母

実母（51）が長男（13）の首をひもで絞めて殺害、その後、自身も死のうとして車を運転中に対向車と接触事故を起こし軽傷を負った。実母が犯行を供述したため、警察は殺人容疑で逮捕。実母は長男が一時不登校になったことから将来を悲観し、内縁の夫と別れて、実家へ戻ってきた。実家では、実母の両親と弟夫婦とその子ども3人の計9人で暮らしていた。しかし、自身のリウマチなどの持病や、実家で弟一家らと暮らし続けるのも肩身が狭いと、1月前頃から無理心中の機会をうかがっていたという。懲役10年の判決を受ける。

資料 1

事例№373　2009／父母子／実父

実父（45）・実母（37）・長男（8）・長女（6）・次女（3）の5人が死亡しているのを、訪ねてきた母方祖父（65）が発見。一家は5人暮らしだった。いずれも刺し傷があり、実父には自分で刺したとみられる複数の傷があった。死因は妻が窒息死、長男と次女が失血死、長女が血気胸、実父は焼死だった。実母が親族に「夫が仕事で悩み、（家に）火をつけると言っている」と相談していたことや、現場の状況から、警察は実父が実母と子どもらの首を絞めたり、刃物で刺したりして殺害した後自殺した無理心中と断定し、被疑者死亡のまま殺人容疑で書類送検した。

事例№374　2009／母子／実母

実母（32）が寝室のストーブで練炭を炊き、寝ていた長女（8）を一酸化炭素中毒で殺害。自身も病院に運ばれ一時重体となっていた。実父（35）に対する謝罪などが書かれた遺書のようなメモが見つかっていることから、警察は実母が無理心中を図ったとして、回復後に殺人容疑で逮捕した。実母は仕事で実父の帰宅が遅いことなどから不安を覚え、「死にたい」などと話すようになり、昨年夏から精神科へ通院していた。実母は懲役3年保護観察付き執行猶予5年の判決を受ける。

事例№375　2009／母子／実母

次男（1）の鼻と口を押さえつけて窒息死させたとして、実母（41）を逮捕。実母は次男殺害後、風邪薬を多量に飲んで自殺しようとしたが吐き出して死ねなかった。実母は実父（40）に内緒で百数十万円の借金があり、「自分の生命保険で返済してほしい」と書かれた遺書が残されていた。懲役6年6か月の実刑判決。

事例№376　2009／母子／実母

実母（38）が長女（6）とともに、火をつけた練炭を積んだ乗用車に乗り、長女を車内で窒息死させた。実母は勤務先を解雇されるなどと将来を悲観し、心中を図った。殺人容疑で逮捕され、心神耗弱だったと認定され、懲役3年執行猶予5年の判決を受ける。

事例№377　2009／父母子／実父

実母（46）とみられる女性から「助けてください」「お父さんやめて」と110番通報があり、警察が駆けつけると実母・長女（12）・次女（7）が倒れており、死亡が確認された。実父（47）も自分で腹を刺したとみられ、重傷。実父は回復後、3人の胸や背中を包丁で刺すなどして殺害した容疑で逮捕された。実父は「病気のことを言われ、かっとなった」と話しており、昨年5月頃から月1〜2回、心療内科に通院し、会社も長期休職していた。鑑定留置後、責任能力があると判断され、殺人罪で起訴された（その後、記事無し）。

事例№378　2009／母子／実母

実母（37）が長男（5）とともに、6階建てのマンションの5、6階の間の踊り場から飛び降り、全身を強く打って実母は即死。長男も病院に運ばれたがまもなく死亡。警察は、母子で投身自殺したとみている。遺書などは見つかっていない。

361

事例No.379　2009／母子／実母

実父（53）の110番通報で、長男（18）と長女（17）が寝室で死亡しているのが見つかった。実母（48）も、納戸で首を吊って死亡していた。実母は長男が病気で入退院を繰り返していたことに悩んでいた様子で、「息子の病気で悩み、疲れた」などと書かれたメモが見つかった。長男・長女の死因は、首を圧迫されたことによる窒息死だった。警察は、実母が無理心中を図ったとみて調べている。家族は実父母と長男・長女の4人暮らしだった。

事例No.380　2009／母子／実母

実母（34）・長女（7）・長男（5）が死亡しているのを、父方祖父（63）が発見。3人の首には絞められた痕があり、警察は実母が子どもらの首を絞めた後、自身の首を絞めて無理心中を図ったとみて調べている。実母は通院中で、家族に「薬が合わない」などと漏らしていた。実母は、実父（35）と父方祖父母と子ども2人の6人暮らしだった。

事例No.381　2009／父子／実父

実父（41）と双子の長男（4）・次男（4）、長女（3）が倒れて死亡しているのを、訪れた父方祖父母が見つけた。死後数日経っていた。室内には炭を燃やした跡があり、遺書のようなメモ書きが見つかった。実父は昨年秋、会社を退職し、定職に就いておらず、今年1月実母と別居し、「子ども3人を1人で世話しなければいけなくて困っている」と児童相談所に電話で相談していた。その後、月に1回の電話相談では「育児も楽しい」と慣れてきた様子だったという。2月から生活保護を受給。1か月ほど前に職員が自宅を訪問した際には、室内の掃除も行き届いており、子どもたちも元気に駆け回っていたという。警察は、実父が無理心中を図ったとみて、子ども3人を一酸化炭素中毒で殺害したとして被疑者死亡のまま、実父を殺人容疑で書類送検した。

事例No.382　2009／母子／実母

実母（32）が14階マンション駐車場で、全身を強く打って死亡しているのが見つかった。自宅で、長女（1）が死亡しているのが見つかった。長女の首には絞められた痕があり、警察は実母が無理心中を図って、長女殺害後に投身自殺を図ったとみて調べている。家族は、実父母と長女の3人暮らし。自宅から家族に謝罪する内容の書置きが見つかった。

事例No.383　2009／父母子／実父

自宅で死亡している実母（26）と長女（2）が見つかり、近くのマンション駐車場で実父（43）の遺体が見つかった。実母と長女の遺体があった布団の枕元には「家族を愛していた」「向こうの世界で見守っている」などと実父が書いたとみられるノートが残っていた。実父は殺人容疑で被疑者死亡のまま書類送検。警察は、実父が自宅で実母と長女の2人の首を切って殺害した後、自分も首を切って自殺を図ったが死にきれず、投身自殺したと判断した。

資料1

事例No. 384　2009／父母子／実父

実父（38）・実母（38）・長男（15）が血を流して倒れているのが見つかる。実母と長男は腹などを刺され、実父は腹に刺し傷があり、室内には血の付いた包丁2本が落ちていた。警察は、実父が2人を刺したとして殺人未遂容疑で現行犯逮捕したものの、3人は病院搬送後に死亡した。実父らは、母方祖父（中国残留孤児で1996年に帰国）を頼って11年前に来日。夫婦ともに日本語が話せなかった。祖父世帯は生活保護や中国残留邦人生活支援給付を受け、中国語を話せる支援相談員が家庭訪問をしていたが、実父らの世帯は別世帯だったので対象外だった。昨年8月、実母が生活保護の相談をしたが、実父は「生活保護を受けたくない」と断ったという。警察は、遺書などはなかったが実父が無理心中を図ったとみて調べている。

事例No. 385　2009／父母子／実父・実母

実父（29）と実母（33）、長男（5）が山中で首を吊って死亡しているのが発見された。遺体の近くに遺書のような書置きがあり、警察は無理心中の可能性が高いとみている。3人は実母の実家に帰省しており、前日夕方、「夕食を食べてから帰る」と同居している父方祖父にメールで連絡があったが、帰ってこないため、深夜に捜索願を出していた。

事例No. 386　2009／母子／実母

実母（41）が長男（6）の首を絞めて殺害。その後、自身もカミソリで首を切り病院に運ばれたが命に別条はなかった。部屋には「子どもと一緒に普通に生きていたかった」などと書かれたメモが残っていた。実母は長男と2人暮らしで、「人間関係に悩みがあり、無理心中しようとした」などと話しているという。実母は殺人容疑で逮捕され、元夫との婚姻中に受けた暴力による心的外傷後ストレス障害（PTSD）に基づく抑うつ状態で、事件当時は心身耗弱状態だったとし、懲役3年保護観察付き執行猶予5年の判決を受ける。

事例No. 387　2009／母子／実母

実母（37）が、長男（5）と次男（2）の首をひもで絞めて殺害。その後、自身の手首を切るが、命に別条はない。実母は半年ほど前に離婚し、子ども2人と3人暮らし。実母は、無理心中を図り子ども2人を殺害したとして逮捕された。「育児や将来に不安があった」などと供述。懲役13年の判決を受ける。

事例No. 388　2009／母子／実母

実母（36）が長女（7）を殺害。その後、実父（38）に「殺しちゃった」と打ち明け、「死にたい」などと取り乱したため、実父とともに病院へ向かう。しかし病院に到着後、実母は行方がわからなくなり、自宅から500メートル離れたマンションの5、6階の踊り場から飛び降りて倒れているところを発見される。病院に運ばれたがまもなく死亡。長女は足が不自由で歩行が不安定だったため、特別支援学校に通っていた。実父は「最近、妻の言動がおかしかった」と話している。警察は無理心中とみている。

事例No. 389　2009／母子／実母

実母（33）と長男（10）の遺体が車内から見つかった。燃えた練炭が発見され、警察は無理心中を図った可能性が高いとみている。母子家庭で、車内から遺書は見つかっていない。

363

事例No.390　2009／その他／祖母

海面に浮いている祖母（62）と孫の男児（生後2か月）の水死体が見つかった。現場近くに祖母の乗用車が停めてあり、波打ち際に祖母のものらしい靴が並べてあった。祖母は持病を苦にしており、遺書も見つかった。警察は無理心中とみている。

事例No.391　2009／父母子／実父

110番があり警察が駆けつけたところ、路上で、実母（31）が背中に切り傷を負い、怪我をした長男（生後6か月）を抱えて地面に座り込んでいた。実母が「主人が子どもを刺した」と話したことから、自宅を調べたところ、実父（33）が胸から血を流して死亡していた。そばには血の付いた刃物が落ちていた。実母は重傷。長男は意識不明の重体だったが、5日後に出血性ショックで死亡した。警察は、実父が無理心中を図ったとみて調べている。

事例No.392　2009／母子／実母

14階建のマンション敷地内で、長男（生後7か月）を抱いた実母（39）が倒れていた。2人は全身を強く打っており、搬送先の病院で死亡。家族は、実父母と長男の3人暮らし。警察は、実母が最上階から長男を抱いて飛び降り、無理心中を図ったとみている。

事例No.393　2009／父母子／実父

実父（49）が、「妻子の首を絞めて心中しようとしたが死にきれなかった」と自首。自宅を調べたところ、実母（40）と長女（6）が死亡しており、警察は実父を殺人容疑で逮捕。実父も両手首を切って軽傷を負っていた。家族は、実父母と長女の3人暮らし。公判では、実父は実母に対しては承諾殺人罪を主張したが認められず、実父は仕事をせず実母に離婚を迫られ、妻子と離れたくないとの思いから2人を殺害したとして、殺人罪で懲役25年の判決を受けた。

事例No.394　2009／母子／実母

実母（36）と長男（2）・長女（生後8か月）が倒れているのを、実父（34）が発見して110番通報。壁には「硫化水素発生中」という貼り紙があり、室内に張られた小さなテントの中で3人は死亡していた。家族は、実父母と子ども2人の4人暮らしだった。警察は、硫化水素ガスによる無理心中とみて調べている。

事例No.395　2009／母子／実母

車内で、実母（26）と長男（3）が死んでいるのを、母方祖父母が発見。車内には練炭の入った火鉢があったことから、警察は無理心中の可能性が高いとみて調べている。家族は実母と長男、母方祖父母の4人暮らしで、前日夕方に外出したまま帰宅しなかったため、祖父母が探していた。

資料2

【資料2】

2010年〜2013年に新聞報道された 「親子心中」事例の一覧

　　ここで掲載している事例は、2000年代の事例一覧を引き継ぎ、2010年から2013年までの4年間に新聞報道されたものの一覧である。収集方法は【資料1】と同様である。

事例No.1　2010（事件発覚年）／母子（心中の形態）／実母（加害者）

帰宅した会社員の実父（33）が、実母（35）・長女（3）・長男（6か月）が血を流して死亡しているのを見つけ通報。長女と長男は子ども部屋で胸を刺されており、実母は浴室にいて腹部などに刺し傷があり、近くに包丁が落ちていた。長男の先天性心疾患を苦にした内容の実父宛遺書が見つかった。

事例No.2　2010／父母子／実父

「自宅で実母（42）・長男（15）・長女（12）を殺した」と実父（42）が出頭。借金を苦に、夜中に3人の首を絞めて殺害。本人も手首を切ったが死にきれなかった。実父は株式投資で失敗した500万円の借金を実母に言い出せず、子どもを連れて出て行かれることを恐れて心中を決意した。しかし実母の預金口座には約2000万円の貯蓄があった。殺人罪で無期懲役刑。

事例No.3　2010／その他／父方祖母

1階の布団の中で長男（10）が仰向けに倒れて死亡しており、当時長男の世話をしていた父方祖母（57）が2階で首を吊り死亡していた。会社員の実父（35）が通報。実父と長男は2人暮らしで、近所に住む祖母が毎晩長男の世話をしていた。長男には耳などに障害があった。

事例No.4　2010／父子／実父

実父（37）が電柱で首を吊っているのを、捜していた家族が発見。近くの農道に停まっていた軽乗用車の助手席から、ひもで首を絞められて死亡した長女（3）が発見された。実父は精神科病院の通院歴があり、家族に「死にたい」と話していた。容疑者死亡のまま殺人容疑で書類送検となった。

事例No.5　2010／母子／実母

実母（32）・長男（5）が線路で電車にはねられ死亡。長女（8）は直前に線路脇に逃げたため軽傷。運転士が線路上で手を繋いだ3人連れに気づき、警笛を鳴らしてブレーキを踏んだが、実母と長男は線路に座り込んだ。

事例No.6　2010／母子／実母

実母（30）・長男（3か月）が線路に仰向けに寝転がり、電車にはねられ死亡。乳児を抱いて寝転がる人を運転士が見つけて非常ブレーキをかけたが間に合わなかった。実父は「妻は産後うつだった」と署員に説明。

365

事例№.7　2010／母子／実母

「自宅で実母（31）・長男（1）が倒れている」と、実父（33）が通報。病院に運ばれたが長男はまもなく死亡、実母は意識不明の重体だったが意識を取り戻し、容疑を認めた。2階寝室で、実母が書いた家族宛の遺書、トイレ用洗剤等を使って硫化水素を発生させた跡が発見された。公判で検察側は「数百万円の借金が家族に発覚しそうになり道連れ心中しようとした」と指摘、一方弁護側は「殺意はなかった、硫化水素ガスを入れた袋を床に落としてしまい長男が吸ってしまった事故」と主張。殺人罪で懲役9年の実刑判決。

事例№.8　2010／母子／実母

停車中の軽乗用車内で、実母（38）・長男（3）が死亡しているのを通行人が発見。車内には練炭入りの七輪と遺書があった。前日夜、実母が帰宅しないため実父が捜索願を出していた。容疑者死亡のまま書類送検。

事例№.9　2010／母子／実母

公園駐車場の乗用車内で実母（29）と長男（6）が死亡しているのを、行方を捜していた実父（40）が見つけ通報。車内に練炭を燃やした跡があり、死因は一酸化炭素中毒とみられる。車内から遺書らしいメモが見つかった。

事例№.10　2010／父子／実父

停車中の乗用車内で実父（29）・長女（8）・次女（6）・三女（3）が倒れているのを通行人が発見し通報。運転席足元に燃えた後の練炭があり、死後数日たっていた。

事例№.11　2010／母子／実母

マンション1階通路で実母（30）が倒れて死亡しているのを住民が発見し通報。実父（36）と消防隊員が、5階自室の布団の中で長男（1）が首を絞められて死亡しているのを発見した。実母は6年前からうつ病で通院治療していた。遺書は見つかっていないが長男に外傷はなく、実母が長男の首を絞めた後、飛び降りたとみられる。

事例№.12　2010／母子／実母

空き地に停めた乗用車内で長男（8）の首を絞めて死亡させたと、実母（34）が出頭。長男の体には刃物で刺された傷があり、殺害後に刺したとみられる。実母は犯行当時実父と別居しており、「家庭の問題で悩みを抱えていた。自分も死ぬつもりで殺したが死ねなかった」と供述。実母は犯行翌日の朝、学校に連絡し、担任に「体調が悪いので休ませる」と伝えていた。殺人罪で懲役7年の実刑判決。

事例№.13　2010／母子／実母

実父（40）が、自宅アパートの布団の上で長女（8）が窒息死しているのを発見し通報。自宅から700m離れたマンションで実母（41）が飛び降り自殺していた。ポケットから「皆さんご迷惑をおかけしました」と記されたメモが発見される。

事例№.14　2010／母子／実母

農道に停車中の乗用車内で女性が倒れていると近所住民から通報。運転席窓に「毒ガス発生中」と張り紙があり、後部座席で実母（28）・長男（1）が死亡しているのが見つかった。バケツに薬品を入れ、硫化水素を発生させたとみられる。

資料2

事例No. 15　2010／母子／実母

アパートに帰宅した実父（49）が、寝室マットレスの上で血を流して倒れている実母（42）と長女（4）を見つけ119番通報。長女はネクタイで首を絞められて死亡しており、実母は自ら首や手首などを果物ナイフやハサミ等で切り重傷。実父は「長女に障害があり、実母は発育に悩んでいた」と話しており、実母は回復後「生活が苦しくなってすべてがいやになった」と供述。

事例No. 16　2010／母子／実母

実母（33）がショッピングセンター女子トイレ内で、生後9日の長女の首を絞めた上、鼻と口を塞いで窒息死させた。自ら110番し現行犯逮捕された。実母は「自分と子どもがいなくなれば夫の負担が無くなると思った」と供述。鑑定留置の後起訴され、懲役3年保護観察付き執行猶予5年の判決。

事例No. 17　2010／母子／実母

無理心中を図って長女（2）を抱いたまま海に入った実母（37）を、捜索中のヘリが発見。長女は水死しており、近くにいた実母は無事であった。実母は病気療養のため1年前から実家に帰省しており、事件前日2人の行方がわからなくなったと家族から捜索願が出されていた。実母は殺人容疑で逮捕されたが不起訴、鑑定入院となった。

事例No. 18　2010／母子／実母

ダム付近の道路脇に駐車中の車から実母（31）・長男（5）・次男（4）の遺体が発見された。車内には、練炭や睡眠薬があった。通行人が通報。実母は密閉した車内で木炭入りの七輪に火をつけて、長男と次男を一酸化炭素中毒死させた疑いで、容疑者死亡のまま書類送検となった。

事例No. 19　2010／母子／実母

マンション敷地内で倒れている実母（38）・次女（1）を発見した実父（44）が、通行人に119番通報を依頼。実母は、実父の運転する乗用車に乗っていて、止まった際突然次女を抱えて飛び出し、マンション6階の踊り場から飛び降りたとみられる。

事例No. 20　2010／父子／実父

実母（42）から「夫が自宅で首を吊っている」と通報。実父（61）は長男（9）の部屋のクローゼット扉部分に電気コードをかけて首を吊っており、その近くで長男が首を絞められて死んでいた。家族は、実父母と子ども3人の5人暮らし。

事例No. 21　2010／母子／実母

「実母（37）が次男（11）を刺した」と実父（45）が通報。次男は腹部を文化包丁で刺され死亡、実母も自らの左手首を切った。実母は鑑定留置され、犯行当時は心神喪失状態であったとして不起訴処分となった。

事例No. 22　2010／母子／実母

自宅で、実母（31）と長女（9）が目張りした浴室内で死亡しているのを、実母の姉から「連絡が取れない」と依頼を受けた署員が発見。木炭を燃やした七輪があった。

事例No.23　2010／母子／実母

停車中の軽乗用車内で実母（31）と長女（11）が死亡しているのを、通行人が発見し通報。車内に練炭と七輪があった。実母は長女と2人暮らしで、3年前から通院しており、事件数日前には母方祖父に「死にたい」と話していた。

事例No.24　2010／その他／父方祖母

長女（13）が「兄が刺された」と通報。署員が駆けつけたところ長男（15）が胸を刺され失血死していた。父方祖母（66）も腹部の刺し傷により入院、「自分がやった」と署員に話したという。長男と長女は3年ほど前から両親と別居し、父方祖父母宅に住んでいた。祖母は長男と口論になり、父方伯父の制止を振り切って包丁で左胸を刺した。殺人罪で懲役3年の実刑判決、控訴するも棄却された。

事例No.25　2010／母子／実母

母方祖父が「娘と孫が死んでいる」と通報し、アパート住人の実母（40）と長女（13）が死亡しているのが発見された。実母は首を吊り、長女の首には絞められた痕があった。

事例No.26　2010／母子／実母

ホテル客室にて、実母（38）が長女（5）の首を絞め殺害、実母も服薬自殺を図る。チェックアウトしない部屋を従業員が調べ、仰向けに倒れた長女と、意識の朦朧とした実母を発見。室内から「子どもを育てる自信がない」と書かれた遺書が見つかった。殺人罪で起訴されるも、事件当時実母はうつ症状やアスペルガー障害を抱え、長女もまたアスペルガー障害の疑いがあると言われて不安を募らせたとして、懲役3年保護観察付き執行猶予5年の判決となった。

事例No.27　2010／父母子／実父

実父（48）と帰省していた次男（19）が次男の将来について口論になり、実父は「一家心中する」と激昂し自宅の布団に灯油をまいてライターで火をつけた。事件当時、実母（44）・長女（22）・長男（21）・次女（11）は屋外に避難したが、次女は「猫を助ける」と家の中に戻り、全焼した自宅焼け跡から遺体で見つかった。実父は現住建造物等放火と殺人の疑いで逮捕されたが、殺人罪については殺意が認められないとして不起訴。

事例No.28　2010／母子／実母

実母（30）と男児（1か月）が岸壁から約2メートル下の海に転落、通行人男性に助けられたが男児は死亡した。実母が「出産前から精神的に不安定で、出産後は泣き声が弱くて成長ぶりに悩んでいた。死ぬつもりで飛び込んだ」と話す。犯行当時心神耗弱状態だったと認定され、懲役3年執行猶予4年の判決。

事例No.29　2010／母子／実母

「子が怪我をした」と実母（47）が通報。署員は、長男（15）が玄関で、長女（12）が1階居間の布団の上で血を流して倒れているのを発見。長男・長女の体には複数の傷があり、間もなく死亡が確認された。実母にも胸や手首に切り傷があったが命に別条はなく、「自分が刺した」と供述した。実父（56）は夜勤で不在であった。退院を待って逮捕、不起訴。

資料2

事例№30　2010／父子／実父

アパートの鍵が開かないと実母（32）から通報を受け、署員が窓ガラスを割って室内に入ったところ、死亡した実父（31）・長男（1）を発見。長男は窒息死、実父の首と手首には切り傷があった。被疑者死亡で不起訴。

事例№31　2010／母子／実母

次男（10）が長男（12）の異変に気づき、実父（56）から「子どもが呼吸をしていない」と通報。自宅2階寝室で長男が意識不明で倒れており、病院に搬送されたが死亡。実母（48）も意識朦朧としており、薬物による無理心中を図ったものと思われた。実母には精神科通院歴あり。

事例№32　2010／母子／実母

長男（9）から「お母さんが包丁で刺した」と通報があり、胸に刺し傷があり重体の実母（41）と、首や腹などを刺された次女（3）が確認された。次女は病院で死亡が確認され、実母は意識を取り戻してから「何も覚えていない」と容疑を否認。長男の手にも傷があったが、実母に刺さった包丁を抜こうとしてできた傷だという。不起訴処分。

事例№33　2010／母子／実母

実父（37）から「自宅敷地内の事務所で書類が燃やされた」と通報。現場の他に自宅を調べた署員が、2階階段で首を吊った実母（35）、寝室で首を絞められた長男（11）・次男（8）の遺体を発見。実母が子2人の首を絞めて殺害した後、事務所に火をつけて自宅に戻り首を吊ったとみられる。当時実父のみ別居中だった。容疑者死亡のまま書類送検。

事例№34　2010／母子／実母

アパートで実母（31）と長女（7）が死亡しているのが発見された。2人は子ども部屋の布団の中で並んで寝ており、室内に練炭の燃えた跡がある鍋が複数あった。

事例№35　2010／母子／実母

実母（28）が長男（生後6日）とマンション敷地内で倒れているのを住人が通報。2人はすでに死亡しており、実母が長男とともに飛び降りたとみられる。実母は病院で長男を出産、事件前日に退院し、実父とともに母方実家に泊まる予定だったが、当日夜から翌日早朝の間に2人は実家を離れた。

事例№36　2010／父母子／実父

「実父（27）が子の首を絞めた」と実母（24）から通報。署員が駆けつけると、実父と長男（1）が倒れており、長男は病院で死亡が確認された。実父は離婚を巡るトラブルから、長男の首を絞めた後首を吊って自殺を図ったが、命に別条はなかった。実母も背中に刃物による軽い切り傷があった。懲役12年判決。

事例№37　2010／母子／実母

自宅で実父（37）が2階に上がったところ、実母（36）が和室で、長男（4）・長女（2）が布団用物干しにネクタイで首を吊って死亡していた。長女は難病を患い入退院を繰り返していた。

369

事例No. 38　2010／父母子／実父

「実母（34）と長男（6）を殺した」と実父が自ら通報。実父は2階寝室で、バッグひもやベルトで2人の首を絞めた後、背中を包丁で刺し、灯油をまいて自宅に火をつけた。「将来が不安だった」と供述しており、殺人と現住建造物等放火罪で懲役20年の判決。

事例No. 39　2011／母子／実母

発達障害と診断された長男（4）の将来を悲観し、実母（35）が長男の首をひも状の布で絞め殺害。「自分も死のうと思った」と供述。鑑定留置で責任能力ありと判断され、懲役5年の刑が言い渡された。

事例No. 40　2011／母子／実母

買い物から帰宅した実父（48）が、自宅浴槽に沈む長男（生後12日）とその傍らでぐったりしている実母（41）を見つけ119番通報。長男は病院で死亡が確認され溺死とみられる。実母は「育児が思い通りにいかず自分も死ぬつもりで殺した」と犯行を認めており、心神喪失で刑事責任を問えないとして不起訴になった。

事例No. 41　2011／母子／実母

自宅で長男（3）と実母（41）が倒れているのを実父（41）が見つけ通報。長男には目立った外傷はなく死因は特定できなかった。実母は右手首を切り意識不明の重体。実父母は以前から子育ての不安を役所に相談していた。

事例No. 42　2011／母子／実母

路上に停車中の軽乗用車内で、実母（47）と三男（8）が倒れているのを、探していた警察官・家族らが発見。2人はすでに死亡しており、車内には木炭とコンロがあった。

事例No. 43　2011／母子／実母

帰宅した長男（17）が、勝手口で首を吊った実母（44）、和室で出血して死んでいる次男（13）を発見し、119番通報。次男には胸や腹に刺し傷が数か所あった他、首に絞められた痕があった。長男が帰宅した際には家の鍵はかかっていた。

事例No. 44　2011／父母子／実父

実父（61）が自宅で実母（47）と長女（9）の胸を包丁で刺して殺害後、自らは踏切で飛び込み自殺を図る。実父は重体だったが退院後逮捕された。鑑定留置に至るが、殺人罪で起訴後、病死した。

事例No. 45　2011／母子／実母

以前住んでいた住宅の空き部屋で、実父と別居中の実母（33）が、長女（3）・長男（1）とともに浴槽内で死んでいるのを、近くに住む父方祖父母が発見。住宅前に実母の車があるのを不審に思い管理人と部屋の中を確認した。実母は以前から精神的に不安定だったという。

事例No. 46　2011／母子／実母

通行人が「親子のような3人が乗った車が海に転落した」と通報。潜水隊員が、運転席の実母（37）・後部座席の長女（4）・助手席チャイルドシートの次女（2）を救出するが、実母と長女は死亡、次女は重体。

資料2

事例№47　2011／母子／実母

妻子に連絡がつかないと実父・親族から連絡を受けたマンション管理人が、自室で血を流して倒れている女児（12）と実母（38）を発見し通報。女児は刃物で刺されてすでに死亡しており、実母は胸や腹に刃物傷があり重傷。

事例№48　2011／その他／母方祖母

母方祖母（50代）が孫の女児（6）の首を絞めて殺害後、近くの川に飛び込んだとみられる。自宅には、祖母が親族に宛てた、孫の障害に悩み将来を悲観する内容の遺書2通と書置きが残されていた。5日前から川近くの駐車場に軽自動車が停まっているとの通報があり署員が調べ発覚した。母方祖母と女児は2人暮らしで、市教委は接触の取りづらい家庭として検討していた。

事例№49　2011／父子／実父

親族が、コンビニ駐車場の車中でぐったりしている家族を見つけ通報。実父（29）・長女（8）・次女（7）・長男（5）の4人が死亡しており、車内には燃え尽きた練炭と遺書があった。死因は一酸化炭素中毒とみられる。実父を容疑者死亡のまま書類送検。

事例№50　2011／母子／実母

実父（37）から、「実母（30）がいない、長男（1）が息をしていない」と通報。長男は裸でバスタオルにくるまれ居間に横たえられており、死因は溺死。実母は通報数日前に河川敷で首吊り自殺した女性と判明した。実父母は離婚協議中で別居しており、実母と連絡が取れなくなったことを実父が不審に思い部屋を訪問した。

事例№51　2011／母子／実母

帰宅した実父（45）から119番通報。実母（40）が長男（4）の首を絞めて窒息死させた後、自らの胸を出刃包丁で十数回刺し自殺。実母は精神疾患があった。玄関ドアには鍵とチェーンがかかっていた。容疑者死亡のまま書類送検。

事例№52　2011／母子／実母

実母（39）が、床で寝ていた長男（4か月）の頭を数回蹴り、自ら「子が息をしていない、浴槽でのけぞったとき頭をぶつけた」と通報。長男はすでに死亡しており、司法解剖で頭蓋骨に損傷が見つかった。2日後、実父（43）に付き添われて警察署を訪れ、「育児に疲れた。息子はダウン症や心臓疾患を患っており、心中し終わりにしようと思った」と容疑を認めた。

事例№53　2011／母子／実母

母方祖父が、実母（32）・長女（5）・次女（2）が軽乗用車内におり動かないと通報。助手席足元から練炭を燃やした缶が見つかり、3人の死因は一酸化炭素中毒と断定。容疑者死亡のまま書類送検とした。

事例№54　2011／母子／実母

実母（41）が長女（1か月）を抱いたまま、ホームから線路上に降り、電車にはねられ死亡。現場は単線の無人駅で、運転士は2人に気づいて警笛を鳴らしブレーキをかけたが間に合わなかった。実母の所持品とみられるバッグから遺書が見つかり、実父は聴取に対して、実母は育児で悩んでいたと話している。容疑者死亡のまま書類送検。

事例№.55　2011／母子／実母

母方祖父から「娘が孫を刺した」と通報があった。実母（41）が長女（9）の腹部や首を包丁で刺した後、自ら手の指などを刺し重傷を負った。長女は病院に運ばれたが1時間後失血により死亡。実母はうつ病罹患歴があり、「一緒に死のうと思った、自分は死ねなかった」と供述。事件当時、実母・長女・母方祖父母、母方曽祖母、母方叔父の6人暮らしであった。鑑定留置の後起訴され、心神耗弱認定され懲役2年6か月の実刑判決。

事例№.56　2011／母子／実母

公園の駐車場に停めてある軽乗用車内から、死亡した実母（24）・長男（3）・次男（1）と練炭の入った火鉢を署員が発見。同居していた母方祖父母が捜索願を出していた。実母は以前から育児の悩みを抱え、祖父母らに自殺をほのめかすような言葉を口にしており、自宅から遺書のようなものが見つかった。

事例№.57　2011／父子／実父

実母と離婚が成立したばかりで単身で暮らしていた実父（42）が、長女（8）の手首を切った後首を絞めて殺害。実父も自ら自殺を図り、手首や胸を切っていた。実父が「娘を殺した」と110番通報、室内からは「私から娘を取ったら何も残らない。あの世で一緒に暮らします」といった内容の遺書が見つかった。懲役10年の実刑判決。

事例№.58　2011／母子／実母

実父（51）が2階で倒れている実母（41）と長男（8）を発見。通報を受けた救急隊員が駆けつけたが2人はすでに死亡していた。部屋から硫黄のような臭いがしており、実母が硫化水素を発生させたものとみられる。

事例№.59　2011／母子／実母

帰宅した実父（33）が、ぐったりする長男（生後2か月）を発見し119番通報するが、搬送先の病院で死亡が確認された。同日夕方、5キロ離れたマンションから飛び降り自殺を図ったとみられる実母（30）は、意識不明の重体。

事例№.60　2011／父母子／不明

無断欠勤の連絡を受け、親戚が実父（39）宅を訪問すると、3階建て住宅の3階寝室のみ燃えており、室内で実父・実母（38）・長男（7）・次男（5）・長女（3）の一家5人が倒れているのが発見された。いずれも焼死。外部から侵入した跡や遺体に目立った外傷がないこと、寝室の隣室から灯油が残るポリタンク2個が発見されたことなどから、無理心中とみて調べている。

事例№.61　2011／母子／実母

マンション一室で倒れている実母（30）と次女（10か月）を長女（10）が見つけ、親類を通じて119番。救急隊員が駆けつけたが次女はすでに死亡しており、母親は意識不明の重体。玄関は施錠されており、室内に荒らされた形跡はなく、長女は合鍵で中に入った。実母と次女の体から睡眠薬のような薬物の陽性反応が出た。当時、実母と次女は2人暮らしで、長女は近所で祖母と同居していた。

資料 2

事例№62　2011／母子／実母

実父（39）から、「実母（32）が長男（4）の首を絞めた」と通報。長男は心配停止状態で見つかり、病院で死亡が確認された。実母は「育児に疲れた」という内容の遺書を持っており、押入れの鴨居にひもをかけて首を吊ろうとしていた。長男の病気の疑いや実父の態度に悩み、タオルで首を絞めたという。懲役8年判決。

事例№63　2011／母子／実母

実母（29）が長男（7か月）を抱えて県営住宅の階段踊り場から飛び降り、長男は頭を強く打ち死亡。実母は骨盤骨折の重傷、「子どもに障害があると思って育児に悩み、子どもと死のうと思った」と供述。長男に障害は確認されていない。当時抑うつで心神耗弱の状態だったとして、懲役3年執行猶予5年の判決。

事例№64　2011／母子／実母

実母（23）が男児（2）とともに駅ホームから線路に降り、電車にはねられ死亡。運転士は2人を発見して非常ブレーキをかけたが間に合わなかった。

事例№65　2011／母子／実母

林道沿いに駐車してある軽乗用車の中で、死亡した実母（42）と長女（17、特別支援高校3年生）が発見される。マフラーから繋いだホースが車内に引き込まれていた。前夜から2人の行方がわからず、実父が捜索願を出していた。自宅から遺書のようなものが見つかっており、実父の説明では実母は知的障害の長女の養育に悩んでいた。

事例№66　2011／母子／実母

実母（25）の親族男性から「実母が娘を殺した」と119番通報。長女（2）の息がなく、搬送先病院で死亡が確認された。死因は首を圧迫されたことによる窒息死であった。実母も向精神病薬を飲み意識不明の重体だったが、回復後「育児に疲れた。自殺を考えたが長女を育てる人がいなくなると思った」と犯行を認めた。懲役3年の実刑判決。

事例№67　2011／母子／実母

帰宅した実父（49）が、浴槽内で倒れる実母（42）と次男（9）を見つけ110番通報。署員が駆けつけるが次男はまもなく死亡。実母は腕や腹を切って意識がはっきりしなかったが、命に別条はなかった。延長コードで次男の首を絞めて殺害した後、自身も手首等を切って無理心中を図ったと思われる。心神耗弱が認定され、懲役3年執行猶予5年の判決。

事例№68　2011／父子／実父

実父（29）と長男（3）が自宅寝室で首を吊って死んでいるのを、父方祖母（60）が見つけた。そばに遺書のような文書が残されていた。実父は、長男と父方祖父母の4人暮らしだった。

事例№69　2011／母子／実母

「国道で行方不明の妻の車を発見した」と実父（40）から通報があり、車から200メートル離れた河川敷で実母（38）・長女（7）・次女（5か月）の遺体が発見された。実母が子どもとともに橋から飛び降りたものとみられ、実父は「妻は育児に悩んでいた様子だった」と説明している。

事例No. 70　2011／母子／実母

児相職員が以前から訪問していた家で、応答がなかったため別居中の実父に連絡し、ともに部屋へ入ったところ、和室の布団の上で倒れている実母（42）と長女（8）を発見。2人の足元には練炭の燃えカスが残る七輪があり、死因は一酸化炭素中毒だった。長男（11）は別室にいたため軽症。

事例No. 71　2011／その他／実母・母方祖父母

路上で炎上した乗用車から、実母（41）・長男（7）・長女（5）・次女（4）・母方祖父（69）・母方祖母（70）の遺体が見つかった。実母は勤務先に借金があることで悩んでおり、前日に実母と母方祖父が量販店でガソリン携行缶を購入していた。事件当日は6人で宿泊施設に泊まり、車内にガソリンをまいて火をつけたとみられる。実母と母方祖父母を被疑者死亡のまま書類送検とした。

事例No. 72　2001／母子／実母

実母（47）と連絡が取れないため確認に来訪した母方伯母と署員が、寝室にてネクタイで首を絞められた長女（14）と、天井からひもで首を吊った実母の死体を発見。玄関と寝室には鍵がかかり、外部から侵入した形跡はなかった。実父は海外渡航中だった。

事例No. 73　2011／母子／実母

林道に停めた車の中で長男（1）が窒息死しているのが発見され、近くの河川敷で実母（34）の遺体が見つかった。実母が長男の口を塞ぐなどして殺害後、橋から飛び降りて胸を強く打って死亡したとみられる。

事例No. 74　2011／母子／実母

アパート住人から「隣室で女性2人が死んでいるようだ」との通報があり、署員によって実母（37）・長女（5）の遺体が見つかる。長女の死因は首を絞められたことによる窒息死、実母の死因は不明。

事例No. 75　2012／母子／実母

住人と連絡が取れず、異臭がするとの通報を受けて消防署員がアパートに入り、浴室で実母（34）と長女（9）の遺体を発見。浴室扉には「毒物があります。危険です」との張り紙、換気扇には目張りがしてあり、浴槽で硫化水素を発生させた跡が見つかった。

事例No. 76　2012／母子／実母

民家の車庫に停めてあった乗用車内で、実母（41）・長男（13）・長女（9）が死んでいるのを家族が見つけ通報。車内に豆炭の燃えカスが残っていた。実父母、母方祖父母、長男、長女の6人暮らしだった。

事例No. 77　2012／母子／実母

民家から「近所の子どもに救急車を頼まれた。母親が刃物を持ってうろうろしている」と通報が入る。玄関で長女（12）が腹部を刺され死亡しており、実母（37）を殺人容疑で逮捕。次男（7）が「お母さんが急に一緒に死のうと言って姉を刺した」と証言。実母は統合失調症で入院歴があり、調べに対し「私は殺していない」と容疑を否認。精神鑑定の結果などから心神喪失状態であったとして不起訴となった。

資料 2

事例No. 78　2012／母子／実母

「母が浴槽で血だらけで倒れている」と長女（13）が119番通報。実母（44）は浴槽で手首から血を流して倒れており、長男（6）が布団の上で首を絞められて死亡していた。家族は3人暮らしで、実母の回復を待って事情を聞いたところ、「寝ている息子の首をひもで絞めた。不安感が急に強くなり自分も死のうと思った」と供述。

事例No. 79　2012／母子／実母

実母（35）が長男（10か月）の首を手で圧迫して窒息死させた後、実父（33）に連絡。実父からの通報で救急隊が到着したがすでに心配停止状態だった。家族は実父母、長男、父方祖父母の5人暮らしだったが、当時は実母と長男2人だった。実母は「泣きやまなかった。自分も死のうと思ったが死にきれなかった。自分が作った離乳食をあまり食べないので育児に自信がなくなった」と話した。鑑定留置の結果、刑事責任を問うことができないと判断され不起訴。

事例No. 80　2012／母子／実母

目張りされた寝室で実母（42）・長男（8）・次男（6）の遺体を帰宅した実父（42）が発見。駆けつけた実父の親類が通報した。燃えた練炭と「お父さん、ごめんなさい」という遺書らしきメモがあった。実父は「妻は育児のことで悩んでいた」と話している。

事例No. 81　2012／母子／実母

長男（14）と次男（9）が通う学校で、2人の欠席の連絡が途絶えたことを心配した親族が警察に相談。自宅マンションを訪れた署員が、すでに死亡して床やベッドに倒れている長男・次男と、別室で倒れ意識朦朧とした実母（42）を発見。長男・次男の死因は練炭による一酸化炭素中毒、実母も同じく一酸化炭素中毒と睡眠導入剤の影響などから会話困難。実母はブログに無理心中をほのめかす内容を残しており、親族は以前から実母の精神状態を心配して入院の準備をしていたという。

事例No. 82　2012／父子／実父

父方祖母が、一家の行方がわからなくなったと捜索願を出しており、署員が国道での職質中、乗用車トランクに実母（42）と長男（10）の遺体を乗せた実父（55）を発見した。実父は殺人と死体遺棄容疑で逮捕され、「自分も死のうと思った」と供述。牧場経営がうまくいかず悩んでおり、実母と口論になった際、頭を工具で殴った後、首を絞めて殺害。遺体を隠し、周囲には「妻は実家に帰っている」と説明して1か月ほど長男と2人の生活を続けるが、次第に「一生人殺しの息子と呼ばれるのは不憫」と考えるようになり、長男の首を絞め殺害。2人の遺体をトランクに入れて自宅を出発し、繁華街や風俗店など利用して暮らし、所持金が尽きたところでの逮捕であった。自殺に向けた具体的な行動をとっておらず日々遊興していたとして懲役26年の判決。

事例No. 83　2012／母子／実母

「自殺をほのめかす携帯メールが届いた」と母方祖父が署に届けた。母方伯父が電話をすると実母（34）は「山の中にいる」と告げたという。署員が捜索した結果、実母と長女（2）が山中に停めた乗用車内で、遺体で発見される。車内に練炭を燃やした七輪があった。実母は交際相手との関係に悩み、2年前から精神疾患で通院していた。

事例No. 84　2012／母子／実母

実母（37）・長男（10）・次男（8）・長女（4）が居間などで倒れていると実父（39）が119番通報。手首に軽傷を負った実母が「子どもたちの首を絞めた。自分も死ぬつもりだった」と殺害を認める供述をしたため逮捕。実母は家庭内のことで将来を悲観し、独りぼっちで死ぬのが寂しいので子ども3人を道連れにしようと考え、自分の使っている睡眠導入剤を昼食のカレーに混ぜて子どもたちを眠らせてから縄跳びのひもなどで首を絞めた。鑑定留置の後起訴され、懲役23年判決。

事例No. 85　2012／その他／実母・母方伯父

事件の3か月前に実父（34）が自殺したため、実母（28）・長男（9）・長女（7）は転居し、母方伯父（29）と同居していた。長男と長女が転入した小学校から、2人が休みがちだと父方祖父に連絡が入り、家を訪れた祖父が死亡した4人を発見した。室内の七輪で練炭を燃やしたことによる一酸化炭素中毒死とみられ、近隣に住む男性によると遺体が見つかる3日前にも玄関先に練炭があり、男性が気づいて消火したという。実母は実父の死後、引きこもることが多く、栄養失調で病院に運ばれたこともあった。

事例No. 86　2012／母子／実母

「みんな死んだらいい」という叫び声や子どもの泣き声を聞いたマンション住人が通報し、署員が血を流して仰向けに倒れている3人を発見。フィリピン国籍の実母（29）が、長男（6）・長女（4）の首や手首を包丁で刺した後、自らも喉などを刺して無理心中を図った。長男は病院に搬送されたが死亡、実母と長女は一命をとりとめた。以前から、長男が迷子になって保護される、子どもの泣き声で通報があるなどし、ネグレクトの疑いで児童相談所に通告されていた。実母は鑑定留置の結果、不起訴。

事例No. 87　2012／母子／実母

国道の路側帯に駐車していた乗用車内から、実母（31）・長男（4）・長女（1）の死体と練炭を燃やした跡が発見される。子どもたちの死因は一酸化炭素中毒、実母の死因は不明。実父（34）から「妻と子どもが実家に帰省した後足取りがわからない」と捜索願が出されており、パトロール中の署員が発見した。実父や親族の話によると、実母は気遣いをしすぎる面があって育児に悩んでいた。父方祖父母と暮らすようになったばかりだった。被疑者死亡のまま書類送検。

事例No. 88　2012／母子／実母

民家の離れ1階車庫で実母（38）が首を吊り、2階室内で長男（10）が首にひもを巻きつけられた状態で死亡しているのを、同居している母方祖母（63）が見つけた。布団の近くから生活苦に悩む内容や「子どもを道連れに死にます」と書かれた遺書が見つかった。

事例No. 89　2012／母子／実母

マンション駐車場のワゴン車内で、実母（28）・長女（10）・長男（9）・次女（6）の遺体と練炭が発見される。一酸化炭素中毒死とみられる。子どもたちが登校せず、連絡が取れないことから、小学校関係者と親族が自宅周辺を捜し、車内の4人を発見したという。

資料 2

事例№. 90　2012 ／父子／実父

実母（51）の携帯に、実父（54）から「このままでは精神錯乱を起こしそう。長女と心中します」と、長女（16、養護学校）との心中をほのめかすメールが届く。実母がメールに記載のあった公園を捜索して発見し、実母から頼まれて通行人が通報。長女はロープで首を絞められてすでに死亡しており、実父は腹に包丁が刺さった状態で重傷。回復を待って殺人容疑で事情を聞く。

事例№. 91　2012 ／母子／実母

隣に住む大家の男性から「子どもが刺されて倒れている」と通報が入り、署員が寝室で倒れている長男（5）、居間で流血して意識不明重体の実母（38）を発見した。長男は腹を刺されて死亡しており、実母は左手首や腹を切った状態で、血の付いた包丁が見つかった。母子は2人暮らしで、事件当日実母から大家男性宅に「救急車を呼んでほしい」と電話があった。鑑定留置の後起訴。

事例№. 92　2012 ／母子／実母

実母（42）から長男（15）の携帯に、「次男（3）と2人で死ぬことに決めました。ごめんね」と心中する旨のメールが届く。アパートに帰宅した長男が、寝室で倒れている2人を発見し、母の元夫（63）に連絡。実母は次男の口や鼻を枕で押さえるなどして窒息死させ、自らも大量の睡眠薬を服用し、カミソリで手首を切って意識不明の重体。かねてより市のホットラインや児童相談所に育児や情緒不安について相談していた。弁護側は精神疾患による心神耗弱を主張したが、責任能力があったとして懲役3年6か月の実刑判決。

事例№. 93　2012 ／その他／母方祖母

母方祖父（70）の自宅2階物置で、母方祖母（75）と長女（5）が首を吊って死亡しているのを祖父が発見。前日「疲れたので休む」と言って祖母が長女を連れて2階に上がり、朝になっても姿を見せなかった。祖父は普段は別宅で暮らしており、祖母・実母（43）・長女の3人が祖父宅に一時帰宅中だった。祖母には精神疾患があった。

事例№. 94　2012 ／母子／実母

自宅の浴室で、実母（37）と次男（1か月）が倒れているのを、訪ねてきた母方祖父（70）が見つけて通報。次男は胸に刺し傷があり、搬送先病院で死亡が確認された。実母は睡眠薬を多量服用しており、意識不明だったが命に別条はなかった。家族は実父（37）・実母・長男（3）・次男の4人暮らしで、長男の通う幼稚園から「迎えが来ない」と祖父に連絡があり、電話が繋がらなかったため家を訪ねた。

事例№. 95　2012 ／母子／実母

実父（53）が、長男（12）と実母（51）が倒れているのを発見して通報。実母は、長男の自室で長男を金属バットで殴った上、手や縄で首を絞めるなどして殺害。自らは台所で自分の首を切りつけたが、軽傷で命に別状はなかった。「自分のうつ病のこと、夫の癌が進行していることで将来を悲観して心中を図ろうとした」と供述。犯行当時、心神耗弱状態だったとして懲役3年、保護観察付き執行猶予5年の判決。

事例No. 96　2012／母子／実母

実母（30代）と長女（3か月）がマンション駐車場で血を流して倒れているのを住民が発見し、119番通報した。2人は病院に搬送されたが、間もなく死亡した。室内に遺書とみられるメモが残されていた。実母が長女を連れて飛び降り自殺を図ったとして調べている。

事例No. 97　2012／母子／実母

「子どもを殺したと妻からメールがあった」と実父（31）から通報が入る。リビングで長女（9）と次女（6）が並んで死亡しており、室内にいた実母（33）が殺害を認めたため緊急逮捕。実母は友人とのトラブルをきっかけに自殺を決意し、「子どもを残していくわけにはいかない」との思いから、長女と次女の首を電気コードや水筒のひもで絞めて殺害。供述内容に矛盾点がなかったため精神鑑定は実施せず起訴された。

事例No. 98　2012／父子／実父

実父（32）が「子どもを殺してしまった」と自ら通報。軽ワゴン車後部で長女（5）・次女（1）が首を絞められて死んでおり、実父も両手首を包丁で切り病院に搬送された。実父母は別れ話が出ており、2週間前から実母とは別居状態にあった。離婚と同時に仕事も辞めて自暴自棄になり、車の中で寝ていた長女と次女を絞殺。実父は逮捕後「父親からも捨てられたという寂しい思いはさせられないと考えた」と供述した。懲役16年の判決。

事例No. 99　2012／母子／実母

簡易宿泊施設の一室で、この部屋に住む実母（43）と長女（12）が死亡していた。母子は生活保護を受けており、市役所宛に「娘を殺して自分も死ぬ」と書かれた手紙が届き、長女の障害に悩む記述があった。様子を見に来た職員らが遺体を見つけた。長女は仰向けで首に圧迫された痕があり、母親は顔からポリ袋をかぶった状態で、ともに死因は窒息死とみられる。

事例No. 100　2012／母子／実母

家を訪れた母方祖父が、首を吊った実母（33）と血まみれで倒れている長男（9）を発見して通報した。長男は玄関近くの部屋で包丁によって首を刺されて死亡。実母は奥の部屋の二段ベッドの手すりにひものようなものを絡ませ首を吊っていた。母子は2人暮らしで、母方祖父は「将来について悩んでいたようだ」と話している。

事例No. 101　2012／父子／実父

電話に出ないのを不審に思った父方祖母（65）が家を訪ねたところ、実父（32）と長男（4）が入浴した状態で倒れているのを発見。実父は自宅で長男の首を絞め、水を張った浴槽に沈めて水死させた後、自分の腕や腹など数か所を切り、病院で手当を受けた。動機は、実母との離婚後、うつ病の影響もあって自殺を思い立ち、自分が死ぬと同居する長男が1人になってしまうと考えたため。裁判で弁護側は重度のうつ病で責任能力がないとして無罪を主張したが、判断能力は相応に保っていたとして懲役6年の判決となった。

資料2

事例№.102　2012／その他／祖母

自宅の木造倉庫で、祖母（54）が首を吊って死亡しており、孫の女児（8か月）が抱っこひもで祖母の胸に結わえ付けられていたのを、曾祖父が発見した。祖母が孫を窒息死させた後、自殺したとみられる。孫は実母らと7人暮らしだった。

事例№.103　2012／母子／実母

道路脇に停車している軽乗用車を不審に思った通行人が通報。車中から実母（36）、長男（5）、次女（4か月）の遺体と、入浴剤と洗浄剤で硫化水素を発生させた跡が発見された。残されていた手紙は警察、実父、母方祖母宛に書かれており、警察宛には「2人を連れていきます」などと書いてあったという。車はエンジンが掛かったままで、フロントガラス以外の窓には中から段ボールが張られていた。

事例№.104　2012／母子／実母

実母（50）と次男（13）が死んでいるのを同居していた母方祖母（83）が発見。銅線がむき出しになった電気コードが、女性の体にテープで固定されており、次男の体にも通電の火傷の痕があった。室内からは実母の署名が入った遺書が見つかった。

事例№.105　2012／父母子／実父母？

通行人から「目張りをしている車両が駐車している」と通報が入る。車内から30代の実父母と、10歳、8歳、5歳の男児の遺体が見つかる。燃えた練炭と心中をほのめかした内容のノートがあり、ノートには8ページにわたり一家心中をほのめかす内容が書かれていた。「息子一家が帰宅していない」と父方祖父から捜索願が提出されていた。

事例№.106　2012／母子／実母

ダムの取水口を点検していた会社員が、実母（39）と長男（8）がうつぶせで浮いているのを発見し通報した。家族は実父母と長男の3人暮らしで、実母は以前家族に「死にたい」と漏らしていた。発見数日前から母子の行方がわからなくなり、実父が警察署に捜索願を提出していた。発見当日の朝には、現場から1キロ上流の橋付近の駐車場で実母の乗用車を発見した。

事例№.107　2012／母子／実母

実母（34）が長男（2）と次男（5か月）の胸や腹、背中を包丁で刺し、自らも腹などを切って自殺を図った。階下の泣き声を聞いて下りてきた母方祖父母が発見し通報した。3人は和室の布団におり、実母と長男は重傷、次男は搬送先病院でまもなく死亡した。家族は実父母・長男・次男の4人暮らしで、実母は家族に「仕事や育児のことで悩んでいる。病院に行こうかと思う」と話しており、搬送時は「子どもを殺して自分も死のうと思った」と話した。当時実父（46）は仕事で不在だった。実母は殺人と殺人未遂の疑いで逮捕されたが、鑑定留置の結果、不起訴処分となった。

事例№.108　2012／母子／実母

実母（39）と長男（5）が首を吊って死亡しているのを、訪ねてきた母方祖母らが見つけた。玄関に鍵がかかっていたため、近くに住む父方祖父母とともにガラスを割って中に入ったという。実母は日頃から死にたいと漏らしており遺書があった。

事例№.109　2013／母子／実母

連絡がつかないことから母方祖母と母方叔母が合鍵で自宅に入ったところ、実母（35）と長男（8）、長女（6）の遺体が見つかった。居間で死亡していた2児の首にはひもで絞められた痕があり、実母は寝室で首を吊っていた。母子は3人暮らしで、母方祖母宅のポストに「疲れたので死にたい」という内容の手紙が入っていた。母方祖母が遺体発見日の午前に手紙に気づき、母方叔母夫婦に相談した。

事例№.110　2013／父子／実父

「車中で人が倒れている」と近くの資料館の警備員から通報があった。長男（13）が車中で、実父（45）と長女（19）が近くの橋の欄干から首を吊って死亡していた。長男の首にはひもで絞められたような痕があった。父方祖母（70）が、数日前から3人がいなくなっていると届け出て行方を捜していた。

事例№.111　2013／その他／父方祖父

父方祖父（66）が、隣で眠る孫の女児（9）の首を両手で絞め殺害。帰ってきた実父（35）が通報し、署員が駆けつけたところ祖父も首を吊って自殺を図ろうとしていた。「次男（実父）の稼ぎでは足りず、生活苦から孫の首を絞めた。自分が先に死んだ後、可愛い孫が1人で生きていけるか心配だった」と供述。実父母は事件前月に離婚して祖父・実父・長女の3人暮らしとなっており、家族の銀行口座には残高がほとんど無く、自宅に残っていた現金は数千円ほどだった。懲役9年の判決。

事例№.112　2013／母子／実母

実母（38）が次女（11）・三女（8）の脇腹や腹部を包丁で刺し、知人男性に「ごめんなさい。大変なことをした」と電話。男性が訪問し通報。実母と三女は重傷、次女は死亡が確認された。実母は精神的に不安定で通院歴があり、事件の半年前に「自分を傷つけてしまうかもしれない」と警察に通報するなどしていた。次女は事件の半年前に「お母さんがごはんを作ってくれない、一緒にいるのが嫌だ」と家出をしたが、実母が次女に謝罪し、児童相談所の指導に素直に従ったことから一時保護には結びつかなかった。公判で弁護側は心神耗弱状態と行政の手落ちを主張したが、第三者の責任ではなく被告が責任を負うべきであるとして、懲役14年の判決。

事例№.113　2013／父子／実父

「父が家族を刺して火をつけた」と長女（15）が119番通報。実母（36）と次女（10）が全焼した住宅内部から見つかり、死亡が確認された。現場にいた実父（39）を現行犯逮捕。「昨年失業し、住宅ローンの借金があった。生活苦で一家心中しようとした」と容疑を認めた。実父は包丁2本を使って2階玄関で実母の首や腹などを刺した後、2階居間で次女の首を刺し、長女も刺そうとしてもみ合いになり、包丁を取り上げられた後、3階の布団にライターで火をつけたという。実母と次女の死因は失血死で、長女は手に軽傷を負った。懲役26年判決。

事例№.114　2013／母子／実母

実母（37）が「子どもを殺そうとしてしまった」と119番通報。消防隊員が駆けつけ、ベッドに寝た状態で首から出血していた長女（14）を病院に搬送したが、同日夜に死亡した。長女は首に包丁で切りつけられた痕があった。実父母は長女が3歳の頃に離婚し、実母と長女の2人暮らしで、実母は「娘と心中しようと思った」と供述している。鑑定留置の結果、不起訴処分。

資料2

事例No. 115　2013／その他／母方祖父

実母（36）が「母方祖父（66）が長男（15）を殺した」と通報。長男は特別支援学校中学部3年で、祖父と実母と3人暮らし。祖父は長男の首をワイヤーで絞め、キッチンバサミや出刃包丁で首や胸を数回刺して失血死させ、実母に犯行を打ち明けた。実母は長男について、「耳が遠くなった祖父に苛立っていたようで、私がいないときに暴れることもあった」と説明。公判で、祖父は長男の将来を悲観しての犯行だったことを明かした。祖父は鑑定留置の結果、認知症とうつ病の影響から心神耗弱状態だったが、行動は合理的であったとして懲役4年の実刑判決となった。

事例No. 116　2013／母子／実母

実母（33）がアパート2階自宅で長男（12）の首を圧迫して殺害。その後半日、実母自らも首を吊るなどして自殺を試みたが死にきれず、「子どもを殺した」と出頭。この日は小学校卒業式当日で、欠席の連絡がなかったため教頭や担任教諭が電話や訪問をしたが会えなかった。実母は長男と2人暮らしで、事件1年前までは牛乳配達の仕事をしていた。「生活が苦しくて自殺しようと思った。2人暮らしなので息子だけ残して死ねないと思った」と話しており、公判では重度のうつ病で心神耗弱状態と認定され、懲役3年保護観察付き執行猶予5年の判決。

事例No. 117　2013／母子／実母

湖畔の駐車場の乗用車内で、実母（35）と長女（9）が死亡しているのを、湖漁協の男性が発見し通報。車内に練炭を燃やした跡と、「苦しい」「もうダメだ」と実母が走り書きしたとみられるノートがあり、実母が運転席、長女がその膝の上に横たわっていた。実母は被疑者死亡のまま殺人容疑で書類送検となった。

事例No. 118　2013／母子／実母

駐車場で血を流して倒れている実母（30）と、刺し傷のある長男（9か月）が通行人によって発見され、長男は搬送先の病院で死亡。死因は出血性ショックか転落による頭蓋内損傷。実母が、高さ約8メートルのコンクリート塀から長男を抱えて飛び降りたと思われる。実母も骨盤骨折の重傷を負い、長男の刺し傷への関与をほのめかしていたため、退院後に逮捕された。実父母と長男の3人暮らしであった。

事例No. 119　2013／その他／祖父

焼損した乗用車内で、2人の遺体が見つかった。祖父（58）がガソリンに火をつけ、同居する孫の男児（2）を焼死させた疑い。祖父の死因も焼死で、遺書とみられる書置きが自宅にあった。道連れにした理由は不明。被疑者死亡のまま殺人容疑で書類送検された。

事例No. 120　2013／父子／実父

実父（49）が「自宅で子ども2人を刀で刺した」と通報。次女（17）と長男（13）が胸などから血を流して倒れており、搬送先病院で死亡が確認された。近くに座りこんでいた実父も腹に軽い刺し傷を負っており、「子どもを守るために刺した」「自分も死のうと思った」などと話し、現行犯逮捕。当時は実父・次女・長男の3人暮らし。実母は別居中で、同居の子を1人ずつ引き取る方向で離婚協議中だった。実父は周囲から子煩悩とみられていたが、実母から一方的に別れを告げられ、勤務先でも突然「家庭の事情で辞める」と言い出すなど様子がおかしかったという。鑑定留置の結果、刑事責任を問えると判断され、殺人罪で起訴された。

381

事例№.121　2013／父母子／実父？

実父（43）・実母（39）・長女（13）・長男（10）がマンション自宅にて遺体で見つかる。実父がドアノブで首を吊り、実母と子どもは寝室の布団に川の字で仰向けに倒れ、首を絞められた痕があった。長女と長男は数日前から学校を欠席しており、親族が「連絡が取れず、家が施錠されている」と通報して発覚した。遺書は見つかっていない。死後数日とみられる。

事例№.122　2013／母子／実母

マンションの一室から異臭がすると管理会社社員より通報があり、駆けつけた署員により実母（28）と長男（3）の遺体が発見された。2人は洋間に敷かれた布団の上で仰向けに倒れており、長男のオムツカバーには大量の排泄物が付着、2人とも身体の一部がミイラ化していた。室内から「最後にもっとおいしいものを食べさせてあげられなくてごめんね」といった謝罪メモがあった。母子は実父のDVから逃げるため知人の紹介でこのマンションに住んでいた。室内クローゼットの取手に、カーテンを裂いて作った輪っか状のロープが取り付けられており、使われた痕跡はないが、何らかの方法で無理心中を図ったとの見方もある。

事例№.123　2013／その他／父方祖母

父方祖母（65）が裏庭の納屋で首を吊った状態で見つかり、孫の女児2人（9、7）が別々の部屋の布団で首を絞められて死亡していた。祖父母は2人暮らしで、事件当日は実母（36）と女児2人が泊まりにきていた。実父母と女児2人は徒歩数分の場所に4人で暮らしており、当時実父は仕事で不在だった。被疑者死亡のまま書類送検となった。

事例№.124　2013／父母子／実父母

実父（39）と実母（38）は架空名義の預金口座を開設したなどとして詐欺罪で起訴され、当時裁判中であったが出廷しなかったため、署員が自宅を訪れた。玄関が施錠されており、ベランダの窓を割って室内に入ると、目張りされた浴室で実父母と長男（7）が死亡しており、室内から硫化水素が検知された。遺書は見つかっていない。

事例№.125　2013／母子／実母

実母（44）から「手首を切った」と119番通報があり、救急隊員が駆けつけると、2階洋室の布団の上で、血だらけですでに死亡している長女（14）と長男（10）が発見された。長女は腹部、長男は首に刺されたような傷があり、実母は左手首から血を流し軽傷。実母が「包丁で刺した」と話したため逮捕。実父（40）とは別居中だった。実母は動機について「すべてに疲れた。子どもを殺して自分も死のうと思った」と供述しており、働いていたスーパーを数か月前に辞めていた。

事例№.126　2013／母子／実母

母方祖母（59）が帰宅し、倒れている実母（29）と長男（5）を見つけ119番通報。室内で七輪を使って練炭を燃やし、一酸化炭素を発生させていた。遺書らしき紙も見つかった。2人は病院に搬送されたが長男は死亡、実母は意識朦朧状態だったが病院で回復したため逮捕された。長男は実母と既婚男性との間の子で、昨年男性から養育費の減額を言い渡されて将来を悲観し、さらに心中を図る数日前に「（長男を）産まなければよかったのに」と言われたことなどが動機として語られた。心中がやむを得ないという状況ではなかったとして、懲役6年判決。

資料 2

事例№ 127　2013／母子／実母

実母（34）から「娘の首を絞めた」と 110 番通報が入る。署員らが部屋で倒れた次女（3）を発見。家族は実父（37）、実母、長女（10）・次女の 4 人暮らしで、実父と長女は事件当時外出中だった。台所のノートに経済面の不安が書かれており、実母は「今後を悲観した。自分も自殺するつもりだった」と供述。鑑定留置で刑事責任能力の有無などを調べる方針。

事例№ 128　2013／父母子／実父母

実父の勤め先から連絡を受けた署員が民家を調べたところ、車庫の乗用車から実父（34）、実母（16）、長女（1）とみられる遺体が発見された他、練炭を燃やした跡と遺書のようなメモが見つかった。遺体は死後数日たっているとみられ、何者かが外部から侵入した形跡もなかったことから無理心中との見方が強い。

事例№ 129　2013／母子／実母

出産のために実家に戻っていた実母（28）と長女（生後 5 日）が血を流して倒れているのを、母方祖母が発見し、母方祖父を通じて 119 番通報。搬送先病院で長女の死亡が確認された。2 人の近くに刃物があり、殺害に使用されたものと思われる。実母は腹部や手首から出血していたが命に別状はなく、回復を待って事情を聞いたところ、「いろいろなことが不安で、育てていく自信がなかった」と犯行を認めた。鑑定留置後、不起訴処分。

事例№ 130　2013／母子／実母

林道に停めてあった軽乗用車内で、実母（28）と長女（8）・長男（4）が並んで死亡しているのを、通行人から通報を受けた警察官が発見。車の窓の一部が目張りされ、車内から七輪 2 個と練炭の燃えカスが発見された。3 人の死因は一酸化炭素中毒で、目立った外傷はなく、自宅に母方祖母宛の遺書とみられるメモも残されていたことから、練炭自殺を図ったとみられる。母子 3 人暮らしだった。

事例№ 131　2013／父子／実父

空き地に停めてあった車の中で女児（2）が死亡しており、実父（30 代）が意識朦朧としているのを警察官が発見した。車の中には燃えた練炭があった。家族が捜索願を出していた。実父が無理心中を図ったとみて回復を待って事情を聞く。

事例№ 132　2013／母子／実母

帰宅した実父（43）が、リビングで胸から出血して毛布にくるまった実母（45）と、トイレの前で首を刃物で刺された長男（4）を発見し、通報。長男は 2 時間後に出血性ショックで死亡したが、妻は命の別状はなかった。現場は 2 階建てのメゾネットタイプのアパートで、台所で血の付いた包丁が見つかった。1 階裏側のベランダの窓は開いていたが、第三者が侵入した形跡はなかった。実母は、実父に対し「子どもを刺した」と話したが、警察の調べに対しては「子どもはどうなったかわかりません」と曖昧な供述をしている。

事例№.133　2013／母子／実母

母方祖母（70）から「娘（実母）が焼身自殺を図った」と119番通報があった。木造2階建て納屋の2階一室で、実母（38）と長男（5）・次男（3）がひどい火傷を負って倒れており、まもなく死亡が確認された。長男の死因は焼死、次男は一酸化炭素中毒だった。祖母は3年前から1人暮らしで、実母が子どもを連れてたびたび帰省していた。3人に火傷以外の目立った外傷はなく、無理心中を図った可能性があるとみられている。遺書は見つかっていない。

事例№.134　2013／父子／実父

自宅兼工場の作業部屋から叫び声がし、実父（44）と長男（8）が倒れているのを実母（35）が発見、事情を聞いた通行人が110番通報した。2人は血を流してすでに死亡しており、体には鋭利な刃物による刺し傷があった。実父が長男を刺した後に自殺したとみられる。家族は実父母と長男、長女（生後1か月）の4人暮らしで、1年前に引っ越してきた。

事例№.135　2013／父子／実父

実父（49）が、小学校校庭で野球の練習をしていた次男（9）を連れ出し、次男と自らの体に灯油をかけて火をつけた。実父は同日夜に死亡、次男は意識不明の重体で病院に搬送されたが約1週間後に死亡。実父は実母（40）と離婚調停中で単身別居していたが、復縁を望み、実母の実家に現れて次男を連れ去ろうとしたこともあり、面会が規制されていた。次男は実母、母方祖父母、長男と5人暮らしだった。実父は以前から次男に「俺が死んだらお前がお母さんを守れ」などと漏らしており、実父の自宅から「次男に会いに行く」という趣旨の遺書が発見された。容疑者死亡のまま書類送検。

資料3

【資料3】
海外における「親子心中」事例の一覧

　ここで掲載している事例は、Google にて、"Filicide suicide" や "Murder suicide child" など親子心中と関連する単語を検索し、検出された事件をランダムにピックアップしたものである。また、事件集などのサイトから事件の加害・被害者の名前で検索したものもある。検索結果の中でも上位に検索されたものを載せているため、大きく報道された事件が多いのではないかと推測される。

事例№1　2007.6.9（事件発生日）／ウィスコンシン州アメリカ（場所）／父親（加害者）

父親が、1歳8か月の娘と7か月の双子の息子たちを母親のもとへ送り、3人の子どもを含め、その場に居た母親、同居している母親の姉夫婦、遊びに来ていた姉の友人女性の計7人を銃撃し、自殺した。母親の姉の夫は屋根から飛び降りて無傷、娘は胸を撃たれたものの回復したが、母親、双子の息子たち、母親の姉、姉の友人、本人の6人が死亡した。周囲によると、父親は家族をとても愛していたという。母親の浮気を疑っての犯行と思われる。裁判所の記録によると、父親は、3人の子どもの養育費として月422ドルを支払うことになっており、加えて娘の出産費用4165ドルの負債があり月25ドルの返済があった。

家族状況など
※「○」生存、「×」死亡　※ライン下は別居

×母親（19）：父親との婚姻関係はない。
○実娘（1）
×実息子（7か月）
×実息子（7か月）
×母親の姉（21）：2階建ての複合住宅に同居していた。
○母親の姉の夫（27）

×父親（23）：メキシコ生まれ、母親との婚姻関係はない。

×母親の姉の友人（19）

事例№2　2007.06.18／カリフォルニア州アメリカ／父親

父親が、車内で8歳と6歳の娘を射殺し、車の側で妻を射殺し自身も拳銃自殺。現場には遺書が遺されており、その理由として経済苦を挙げていたという。友人によると、経済苦はあり得ないという。また、父親は、以前 CIA に勤めていたといい、その不満などを話していたという。

×父親（51）：オフィスマネージャー、ブックキーパー。
×母親（40）：日本人。元家庭医、皮膚科医。
×娘（8）
×娘（6）

385

事例№.3　2007.06.20／ニュージャージー州アメリカ／父親

父親が、自宅で5歳と6歳の娘を1階の風呂に沈めて殺害し、自分は3階の部屋で自殺。

父親は母親と別れ、面会についての裁判が終結したばかりだった。面会中の出来事で、母親が娘たちを迎えに行こうと電話をかけたところ、応答がなかったため、警察に通報して発覚した。

○母親：別れており、事件の日は父親と子どもたちの面会日であった。
×娘（6）
×娘（5）

──────────

×父親：建築業で成功しており、人望があった。父方祖母と父方伯母がアメリカに、父方の伯父（もしくは叔父）がアイルランドに在住。父方祖父（故人）は郵便局員だった。故郷のアイルランドには、このところ帰っていなかったという。

事例№.4　2007.06.22～24／ジョージア州アメリカ／父親

プロレスラーの父親が、母親の手足を拘束して窒息死させ、処方薬を飲ませて意識のない7歳の息子を絞殺し、トレーニングマシーンで自殺したと思われる。

原因としてさまざまな仮説が報道された。父親はステロイドを服薬しており、脳は85歳のアルツハイマー患者のものと似ているとの報告がある一方、家庭不和があったとも言われている。

×父親（40）：プロレスラー。
×母親（43）
×息子（7）

事例№.5　2007.08.02／ユタ州アメリカ／父親

父親が、4歳の息子と3歳の娘とともに乗車していた車に火をつけ自殺した。3人は後部座席におり、父親は子どもたちの肩を抱いていた。

両親は最近離婚していた。コンピューター・オペレーターの父親はその日、体調の悪かった母親の代理で幼稚園に子どもたちを迎えに行った。弟の家で夕飯を食べたときには特に変わった様子はなかったという。

○母親：離婚。子どもたちは普段は母親と暮らしている。
×息子（4）
×娘（3）

──────────

×父親（30）：コンピューター・オペレーター。

資料3

事例№. 6　2009.11.27／アルバータ州カナダ／父親

父親が13歳の息子をロープで絞殺し、9歳の娘を枕で窒息死させ、子どもたちの様子を見に来た別居中の妻もロープで絞殺しようとしたところを逮捕された。

その日は、子どもたちが母親の元へ転居する日であった。母親が電話して、子どもはどこにいるかと尋ねると「僕の心の中にいる」と言ったという。母親が到着すると、息子に火をつけようとしており、「僕はお前によくしてやってるのに、どうしてこんなとをするんだ」と言って襲った。父親は犯行後に睡眠薬を飲んで自殺しようとしたのではないかとみられており、その影響で犯行時の記憶がないと証言している。

○父親（45）
×長男（13）
×長女（9）

─────────────
○母親：別居中。子どもたちは当日、母親のところへ転居する予定だった。

事例№. 7　2010.02.05／ニューヨーク州アメリカ／母親

母親が、ホテルの1室で、自閉症の息子に過量服薬させ、死亡に至らしめた。母親も大量の薬を飲み、「息子を虐待的な父親から守るにはこの方法しかなく、自分は息子なしでは生きていけない」と遺書を残したが、自殺は未遂に終わった。

裕福な家庭で、事件を起こしたのは五つ星ホテルの1泊2300ドルのスイート。部屋には誰も入れず、母子はルームサービスを頼むなどして2日間部屋にこもりっきりだったという。おばに「これから息子を殺して自分も死ぬ」とメールし、おばはそれを警察署にファックスした。

裁判で弁護側は『利他的殺人』ゆえの無罪を主張している。本人は、報道記者のインタビューにて「最初の夫の暴力団との癒着疑惑と、2番目の夫の息子への性的虐待の疑惑が心中に駆り立てた」「息子は自閉症と誤診された。話すことが出来るようになった頃、赤ちゃんの頃から性的虐待を受けていたことを話してくれ、情緒の問題があった」「最初の夫が、2番目の夫を雇い、私の精神を崩壊させようとした」などと話している。

○母親（49）：1998年にビジネスパートナーとして出会った男性と最初の結婚。2001年長男出生後、離婚。その6日後にヨガインストラクターの男性と結婚し、2006年に離婚。
×長男（8）：自閉症。

─────────────
○元継父：ヨガインストラクター。2006年に離婚し、1年以上母子に会っていなかったという。

事例No.8　2010.10.31／ペンシルバニア州アメリカ／父親

父親と8か月と5歳の娘が、車内で一酸化炭素中毒により死亡。心中とみられている。	×父親（24） ×娘（5） ×娘（8か月） 母親については不明。

事例No.9　2010.12.14／ミズーリ州アメリカ／父親

父親が自宅で、6歳の息子を撃ち殺し、自分も銃で自殺した疑い。 2009年に父親は母親へのDVで有罪判決を受け、父母は別居中、親権は父親にあった。その半年後に父親は、銃所持の許可の再発行を求める裁判を起こし、勝訴していた。母親は、父親が復讐のために自分を銃で狙うのではないかと思い、一時的な親権の移行を求めたこともあった。	×父親（35）：DVの前科あり。銃所持の許可を一度剥奪されるも、半年後に取り戻す。親権は父親にあった。 ×息子（6） ○母親：別居中。父親の銃に怯えていた。親権を取り戻そうと試みたことがあるという。

事例No.10　2011.01.08／ニュージャージー州アメリカ／実（継）父

父親が、妻とその連れ子の女児3人（16・10・8歳）と、父母の実子である6歳の男児を刺すなど暴行した。20分後に警察が駆けつけると、父親は車で逃走しようとしたが、捕まった。父親は「橋に行って投身自殺をしようとした」と警察に話している。 調べによると、その夜夫婦はお互いに不貞をしているのではないかという話になった。夫は「別れて友達としてやっていく」と言い、シャワーを浴びに行った。シャワーから戻ると、夫は妻に覆い被さり、妻はさよならのキスをするのだと思ったという。しかし夫は狩猟ナイフで妻を十数回刺した。その後4人の子どもたちを刺し、橋から飛び降りようと車に向かったのだという。近所の住民によると、夫婦は1か月以上前からケンカが絶えなかったという。 母親と16歳の娘は重傷だったが命をとりとめた。下の3人の子どもは比較的軽傷だったという。父親は10日間の精神鑑定が行われた。	○父親（41）：バスドライバー。 ○母親（35）：3人の娘の父親は不明。再婚して現夫との間に男児をもうけた。 ○娘（16）：母親の連れ子。 ○娘（10）：母親の連れ子。 ○娘（8）：母親の連れ子。 ○父母の実の息子（6）

資料3

事例№. 11 2011.01.25／カリフォルニア州アメリカ／母親

母親が自宅で5歳の娘の首をナイフで切って殺害し、数キロ離れた橋の上から投身自殺した。 母親は、2008年に元交際相手と親権を争ったことがあり、その他にも薬物乱用や幼少期の被虐待歴などがある。高校を中退しており、近所の住民によると静かであまり人と関わらなかったという。知人は「いつも何かしらの問題を抱えていた」と言い、2週間前に仕事を探して面接に来たが断ったと言う人もいた。	×母親（23）：未婚。 ×娘（5）

事例№. 12 2010.05.19／アイダホ州アメリカ／父親

父親が、車の後部座席に座る3歳の娘の頭を撃ち殺し、自分の頭を撃って自殺した。 両親は結婚しておらず、2009年に親権争いをするも、2013年までは母親が主に養育することとなった。父親は面会権を得たが、母親は娘に会わせてくれなかったという。弁護士を介してようやく娘に面会できるようになり、この日は朝から娘と会っていたという。母親への危害や脅迫はなかったという。	○母親：未婚。普段の養育は主に母親がしている。 ×娘（3） ×父親（38）

事例№.13　2011.05.24／カリフォルニア州アメリカ／両親

実際の犯行は父親が行ったとみられている。母親は睡眠薬を飲んだ形跡があり、かつ顔、頭部、背中、手首、腕、足に痣があったことから、水の張った浴槽に押しつけられた可能性が高い。長女は手首に痣があり、手錠をかけて裏庭のプールで溺死させられたとみられる。次女は、大量の鎮静剤、アレルギー薬、抗うつ剤を飲まされ、同じくプールで溺死させられたとみられる。父親はその後、一方を柱に縛った縄で自分の足を縛り、牽引道具を付けたワイヤーを首にくくり付け、背面で手錠をかけ、プールに入水した。両親はそれぞれ犯行の詳細なメモを遺しており、事後の処理や娘の葬儀服などについて書かれていた。

父親はレッカー車の運転手で、動機は経済苦とみられているが、詳細は伏せられている。隣人によると、事件当日の朝5時頃に何か揉めているようだったという。母親の継父は「特に問題はなさそうだった。娘は働き者で良い母親だった」という。長女のクラスメイトも「何も異変は感じなかった」という。近所の住人も「仲の良い家族だった。まったく異変は感じなかった」という。

×父親（44）：レッカー車の運転手。
×母親（38）
×長女（17）
×次女（9）

事例№.14　2011.06.21／カリフォルニア州アメリカ／父親

父親が、それぞれの部屋で13歳と15歳の息子の頭を撃ち、家に火をつけ、自分の頭を撃って自殺した。

父親は元検察官だが退職し、フリーでライフコーチやセラピストをしていたという。4月以降、2800ドルの財産税を滞納していたといわれており、経済的に厳しかった模様。近所の住民によると、普通の仲の良い父子家庭だったという。

×父親（49）
×息子（15）
×息子（13）

○母親：離婚。

資料3

事例№15　2011.06／カリフォルニア州アメリカ／母親の交際相手

身元不明の男性がフリーウェイから車ごと落ちて死亡しているのが見つかり、車の持ち主を調べたところ、そのアパートで41歳の母親、12歳の女児、11歳の男児が死亡しているのが見つかった。
4人は1か月前に引っ越したばかりで、低収入だったという。

×母親の交際相手
×母親（41）：高校の特別支援職員。
×娘（12）
×息子（11）

事例№16　2012.02.05／ユタ州アメリカ／父親

父親が7歳と5歳の息子と監視付きの面会中に、ワーカーを自宅から追い出し、子どもたちをナタで襲い、放火した。3人とも死亡。
母親は2009年に行方不明になっており、父方の祖父が重要参考人とされた経緯があった。この祖父が盗撮と児童ポルノ所持の容疑により逮捕されたことから、父親は子どもたちの親権を失い、子どもたちの親権は母方の祖父母にあった。父親は、子どもたちの親権を得るために、性的嗜好の偏りの評価を受けるように裁判所命令が出ていた。

○母方祖父母：子どもたちと同居していたと思われる。
×息子（7）
×息子（5）
___
×父親：当日は、子どもたちと面会中だった。
△母親：行方不明。

事例№17　2012.06.09／カリフォルニア州アメリカ／父親

インド人元兵士の父親が、母親と3人の子ども（17・15・3歳）を撃ち、警察に自分で通報。警察の到着時には本人も自殺。妻と2人の子どもは死亡、17歳の息子は重体。
父親は、1996年にインドで殺人を犯して、インドでは指名手配されていた。事件の1年前には妻の首を絞めようとしたとして通報されたが、その際なぜかインドへの引き渡しはされなかった。

×父親：小さなトラック業を営んでいた。
×母親
○息子（17）：高校生。
×息子（15）：高校生。
×子ども（3）：性別不明。

事例№18　2012.06.26／カリフォルニア州アメリカ／父親

父親が、モーテルの一室で11歳の娘と16歳の息子の頭を銃で撃ち、自分の頭を撃って自殺した。
知人によると、両親は離婚の過程にあったという。母親は事件直前に、父親から「自殺する」という電話を受け、モーテルに駆けつけたが、ノックをしても返事がなく、警察に通報した。

○母親：（同居か否か不明）
×息子（16）
×娘（11）
___
×父親（38）：（同居か否か不明）

事例№19　2012.07.04／オレゴン州アメリカ／父親

父親が、母親と13歳の娘と11歳の息子を射殺し、拳銃自殺。

母親と2人の子どもは、4月23日より母親の実家に転居していた。5月に母親から離婚を切り出されて以来、父親は支配的な態度だったという。同僚に護身のために拳銃が欲しいと言い、使い方を教えてくれと頼み、「ブライアン」という偽名で母親とネット上で親しくなり、夫と別れるのをとどまるように説得していた。事件前日、母親は、夫の元に戻るつもりはないことを「ブライアン」に伝えている。また、この日の昼、母親は父親に、離婚調停を正式に申し込むことを伝えた。事件当日、父親はネットに「彼女が居なくなったらやっていけない」と書き込み、母親の遺体の写真を掲載した。サイトを見た友人が警察に通報し、4人の遺体が発見された。

×母親
×娘（13）
×息子（11）

×父親

事例№20　2012.07.05／ニューヨーク州アメリカ／母親

有名小学校の教員である母親が5歳の息子と4か月の娘に除氷剤と車のガラス用洗剤を飲ませ、アパートの窓を閉め、ガス栓を開き、自分の手首を切った。2人の子どもは死亡。「子どもたちを "better place" に連れて行く」という内容の遺書が発見されている。

○母親（29）：有名小学校教員
×息子（5）
×娘（4か月）

○父親：警察官、詳細不明

事例№21　2012.07.06／ニューヨーク州アメリカ／母親

母親が7歳の息子の頭をハンマーで殴り、冷めた口調で「子どもを殺し、自分も死ぬために薬を飲んだ」と通報。警察が到着したときには男児は死亡しており、母親は無事だった。母親には売春を含む33以上の前科があり、これまでに強盗未遂と窃盗未遂で服役している。

近所の人によると、子ども思いの母親で、いつも一緒だったという。また、「自分は癌を患っており、一瞬で気分が落ち込むことがある」と話していたという。事件当日の朝は調子が良さそうだったという。交際相手によると、2011年に病状を考慮して中絶した頃から状態が悪くなったといい、コカインを使用していたかもしれないという。

○母親（40）：売春を含む33以上の前科と、服役経験あり。
×息子（7）

○母親の交際相手：新聞配達員。男児が乳児の頃から母親と交際し、男児を育てたという。（同居か否かは不明）
○父親：別居。死亡した男児は、週末を父親のところで過ごす予定だった。

資料3

事例№. 22　2012.07.28／マサチューセッツ州アメリカ／父親

父親が、9歳の息子と7歳の娘を撃ち、拳銃自殺。息子は頭を撃たれたものの、生き延びた。何も知らない母親が帰宅すると、家はパトカーに囲まれており、混乱した現場で、母親は一時身柄を拘束された。

父親は3、4週間前に母親と別れ、離婚の手続きはまだされていなかった。また、報道によると、失業したばかりだったとも言われている。

○母親：再婚し、父親との間に2子をもうける。元夫との間に25歳の娘がいる。
○父母の実の息子（9）
×父母の実の娘（7）

――――――――――――――――――
×父親（41）：IT関係の職業。3、4週間前に母親と別れた。失業していたとの話もある。（同居か否かは不明）

事例№. 23　2012.07.30／ミズーリ州アメリカ／母親

母親が、9歳の娘に1発と11歳の息子に数発発砲して殺害し、拳銃自殺。自宅で読書をしていた父親が銃声を聞き、駆けつけたところ3人が死亡しており911通報。母親は2日前に拳銃を購入しており、インターネットで自殺について調べた形跡があったという。動機としては、精神疾患と経済苦が疑われている。

×母親（42）
×息子（11）
×娘（9）
○父親：事件発生時、別の部屋にいた。

事例№. 24　2012.08.22／ニュージャージー州アメリカ／母親

母親が2歳の息子を刺殺し、切断した頭部を冷凍庫に入れ、911通報した後自殺。母親には薬物乱用と精神疾患があった。過去にも息子を車に残したまま、薬物により意識がなくなったと自ら通し、一時親戚が養育していたが、最近親権を取り戻したところだった。

×母親（33）
×息子（2）

393

おわりに

　児童虐待について考えるとき、本書を上梓する 2018 年という年は、何より
もまず東京・目黒区で発生した 5 歳女児の虐待死によって語られることとなろ
う。

　「もうパパとママにいわれなくても　しっかりと　じぶんから　きょうより
かもっともっと　あしたはできるようにするから　もうおねがい　ゆるして
ゆるしてください　おねがいします」

　6 月に保護者が逮捕され、その際、女児の残した言葉が公表されると、多く
の人が衝撃を受け、こんな事件を二度と起こしてはならないという世論が巻き
起こった。政府も、通常ならば厚生労働省が対応策を示すところ、関係省庁の
大臣による「児童虐待防止対策に関する関係閣僚会議」を開催し、早くも翌 7
月には「児童虐待防止対策の強化に向けた緊急総合対策」を打ち出している。

　実は私もこの事件をふまえて意見を求められることが多くなり、そのひとつ
で次のように発言した。

　「虐待死亡事例では、ものも言えずに亡くなっていく子がほとんどです。そ
のように亡くなった子たちの声を、5 歳の彼女が代表してくれたと言えるかも
しれません。その意味では、私たちがその声をしっかり受け止める必要がある
ように思います」

　ところで、こうした動きとは別に、本書を執筆しているさなかの 9 月下旬、
次のような事件報道があった。同じ東京の文京区でのことである。

　「アパートの一室で会社員の女性（36）が首を吊った状態で発見された。部
屋からは女性の長女（10）、長男（5）、次女（0）も心肺停止で見つかった。4 人
は病院に搬送されたが、死亡が確認された。4 人に目立った外傷はなく、女性
はクローゼットの中で、長男と次女はクローゼットと同じ部屋で、長女は別の
部屋で、いずれも布団の中で、あおむけに倒れていた。着衣に乱れなどはな
かったという。警察は女性が無理心中を図った可能性があるとみて調べてい
る」

　夜勤から帰宅した 40 代の男性が、「妻と子どもが息をしていない」と消防に
119 番通報したことで発覚したものだが、警察が見立てているように、おそら
くは母親が 3 人の子どもを殺害した上で自らも命を絶った「親子心中」であろ

おわりに

う。ただし、本件については、知る限りその後の報道はあまりみられず、社会的な関心が高いとは言えない。だが、一度に３人もの子どもが、まさに「ものも言えずに亡くなって」いるのであり、このままでは、彼らの無念の思いは誰にも届かず、私たちが何も学ばぬままひっそりと忘れ去られていくことになる。

いや、そんな理不尽があってはなるまい。もの言わぬ彼らの声なき声に耳を傾け、こうした悲劇を一刻も早くなくしたい。そんな思いで書き綴ったのが本書である。多くの方が本書に目を留め、「親子心中」を克服するため、ともに考えていただければ幸いである。

本書は、子どもの虹情報研修センターおいて４年間にわたって行った「『親子心中』に関する研究」の報告書３冊を下敷きにして加筆、修正し、また新たに書き起こしたもので、巻末資料の作成については、センターで当時勤務していた山邊沙欧里、五木美優両氏の協力を得ている。本書発刊の意義と必要性を認め、後押ししてくれた福村出版の宮下基幸社長や、編集の隅々にまで気を配り支えてくれた平井史乃氏には、この場を借りて厚くお礼申し上げたい。

最後になったが、本書で取り上げた事例の犠牲者となった子どもたちの冥福を祈り、彼らの死を無駄にせず、「親子心中」を含む虐待防止に取り組むことを誓って本書を結ぶことにする。

2018 年 12 月

川﨑二三彦

編者

川﨑二三彦　子どもの虹情報研修センター センター長

執筆者　執筆順、（　）内は執筆担当箇所

川﨑二三彦　（はじめに、第1・2・3章、第5章、おわりに）
　　　　　　編者

長尾真理子　（第4章）
　　　　　　弘前大学医学部附属病院神経科精神科 心理士

松本俊彦　（論考、第6章2）
　　　　　　国立研究開発法人国立精神・神経医療研究センター　精神保健研究所
　　　　　　薬物依存研究部 部長
　　　　　　国立精神・神経医療研究センター病院薬物依存症センター センター長

上野昌江　（第6章1）
　　　　　　大阪府立大学大学院看護学研究科 教授

高橋　温　（第6章3）
　　　　　　新横浜法律事務所 弁護士

装丁：臼井弘志（公和図書デザイン室）

虐待「親子心中」
事例から考える子ども虐待死

2018 年 12 月 5 日　初版第 1 刷発行

編著者　川﨑 二三彦
発行者　宮下 基幸
発行所　福村出版株式会社
　　　　〒113-0034　東京都文京区湯島 2-14-11
　　　　電話　03-5812-9702　FAX　03-5812-9705
　　　　https://www.fukumura.co.jp
印　　刷　株式会社文化カラー印刷
製　　本　本間製本株式会社

© Fumihiko Kawasaki 2018
ISBN978-4-571-42069-6　Printed in Japan

定価はカバーに表示してあります。
落丁・乱丁本はお取り替えいたします。

福村出版◆好評図書

川﨑二三彦・増沢 高 編著

日本の児童虐待重大事件 2000-2010

◎6,000円　　ISBN978-4-571-42055-9　C3036

「児童虐待防止法」制定から10年間の虐待死,又は重篤な事態に陥った25の重大事件をとりあげ検証する。

子どもの虹情報研修センター 企画／保坂 亨 編著

日本の子ども虐待〔第2版〕

●戦後日本の「子どもの危機的状況」に関する心理社会的分析

◎6,800円　　ISBN978-4-571-42034-4　C3036

戦後日本の子ども虐待に対する社会の認識や施策の変遷等, 膨大な文献調査をもとに詳述。07年初版の増補版。

R.チョーク・P.A.キング 編／多々良紀夫 監訳／乙須敏紀・菱沼裕子 訳

家 庭 内 暴 力 の 研 究

●防止と治療プログラムの評価

◎8,000円　　ISBN978-4-571-42039-9　C3036

虐待防止と治療プログラムの評価研究を統合し, 今後の研究課題を提案する。全米研究評議会による報告書。

A.C.ピーターセン 編／多々良紀夫 監訳／門脇陽子・森田由美 訳

子ども虐待・ネグレクトの研究

●問題解決のための指針と提言

◎8,000円　　ISBN978-4-571-42035-1　C3036

子ども虐待問題の総合的究明に向けて全米研究評議会（NRC）が組織した研究パネルの報告書。

S.バートン・R.ゴンザレス・P.トムリンソン 著／開原久代・下泉秀夫 他 監訳

虐待を受けた子どもの 愛着とトラウマの治療的ケア

●施設養護・家庭養護の包括的支援実践モデル

◎3,500円　　ISBN978-4-571-42053-5　C3036

虐待・ネグレクトを受けた子どもの治療的ケアと, 施設のケアラー・組織・経営・地域等支援者を含む包括的ケア論。

増沢 高 著

虐待を受けた子どもの 回復と育ちを支える援助

◎1,800円　　ISBN978-4-571-42025-2　C3036

虐待を受けた子どもたちの回復と育ちを願い, 彼らへの理解と具体的援助のあり方を豊富な事例をもとに解説する。

R.E.クラーク・J.F.クラーク・C.アダメック 編著
小野善郎・川﨑二三彦・増沢 高 監修／門脇陽子・森田由美 訳

詳 解 子 ど も 虐 待 事 典

◎8,000円　　ISBN978-4-571-42026-9　C3536

約500の重要項目を詳細に解説。関係者必携の米国最新版事典。巻末に日本の虐待問題についての用語集を附す。

◎価格は本体価格です。

福村出版◆好評図書

C.A.ネルソン・N.A.フォックス・C.H.ジーナー 著/上鹿渡和宏 他 監訳
ルーマニアの遺棄された子どもたちの発達への影響と回復への取り組み
●施設養育児への里親養育による早期介入研究（BEIP）からの警鐘
◎5,000円　　　　ISBN978-4-571-42071-9　C3036

早期の心理社会的剥奪が子どもの発達に与えた影響を多方面から調査し、回復を試みたプロジェクトの記録。

M.ラター 他 著/上鹿渡和宏 訳
イギリス・ルーマニア養子研究から社会的養護への示唆
●施設から養子縁組された子どもに関する質問
◎2,000円　　　　ISBN978-4-571-42048-1　C3036

長期にわたる追跡調査の成果を、分かり易く、45のQ&Aにまとめた、社会的養護の実践家のための手引書。

上鹿渡和宏 著
欧州における乳幼児社会的養護の展開
●研究・実践・施策協働の視座から日本の社会的養護への示唆
◎3,800円　　　　ISBN978-4-571-42059-7　C3036

欧州の乳幼児社会的養護における調査・実践・施策の協働の実態から日本の目指す社会的養護を考える。

増沢 高・青木紀久代 編著
社会的養護における生活臨床と心理臨床
●多職種協働による支援と心理職の役割
◎2,400円　　　　ISBN978-4-571-42047-4　C3036

社会的養護の場で働く心理職の現状と課題を踏まえ、多職種協働の中で求められる役割、あるべき方向性を提示。

土井髙德 著
虐待・非行・発達障害　困難を抱える子どもへの理解と対応
●土井ファミリーホームの実践の記録
◎1,800円　　　　ISBN978-4-571-42030-6　C3036

深刻な困難を抱える子どもたちが、新たな関係性の絆を育て、生きる力を取り戻す、感動の支援・実践記録。

土井髙德 著
青少年の治療・教育的援助と自立支援
●虐待・発達障害・非行など深刻な問題を抱える
　青少年の治療・教育モデルと実践構造
◎4,500円　　　　ISBN978-4-571-42022-1　C3036

長期反復の児童虐待により深刻な発達上の課題を抱える子どもたちへの、治療・教育的援助の課題と指導方法。

野口啓示 著
被虐待児の家族支援
●家族再統合実践モデルと実践マニュアルの開発
◎3,800円　　　　ISBN978-4-571-42015-3　C3036

児童養護施設で長年実践に携わる著者が、被虐待児の家族再統合プログラムの開発を詳述。専門家必読の書！！

◎価格は本体価格です。

福村出版◆好評図書

K. バックマン 他 著／上鹿渡和宏・御園生直美・
SOS子どもの村JAPAN 監訳／乙須敏紀 訳
フォスタリングチェンジ
●子どもとの関係を改善し問題行動に対応する里親トレー
　ニングプログラム【ファシリテーターマニュアル】
◎14,000円　　　　　ISBN978-4-571-42062-7　C3036

子どもの問題行動への
対応と関係性改善のた
め，英国唯一の里親
トレーニング・プログ
ラムマニュアル。

C. パレット・K. ブラッケビィ・W. ユール・
R. ワイスマン・S. スコット 著／上鹿渡和宏 訳
子どもの問題行動への理解と対応
●里親のためのフォスタリングチェンジ・ハンドブック
◎1,600円　　　　　ISBN978-4-571-42054-2　C3036

子どものアタッチメン
トを形成していくため
の技術や方法が具体的
に書かれた，家庭養護
実践マニュアル。

才村眞理・大阪ライフストーリー研究会 編著
今から学ぼう! ライフストーリーワーク
●施設や里親宅で暮らす子どもたちと行う実践マニュアル

◎1,600円　　　　　ISBN978-4-571-42060-3　C3036

社会的養護のもとで暮
らす子どもが自分の過
去を取り戻すライフス
トーリーワーク実践の
日本版マニュアル。

K. レンチ・L. ネイラー 著／才村眞理・德永祥子 監訳
施設・里親家庭で暮らす子どもとはじめる
クリエイティブなライフストーリーワーク
◎2,200円　　　　　ISBN978-4-571-42056-6　C3036

先駆的な英国リーズ市
のライフストーリーワ
ーク実践を，初めてで
も取り組みやすく解説
したワーク集の全訳。

R. ローズ・T. フィルポット 著／才村眞理 監訳
わたしの物語　トラウマを受けた
子どもとのライフストーリーワーク
◎2,200円　　　　　ISBN978-4-571-42045-0　C3036

施設や里親を転々とす
る子どもたちの過去を
たどり，虐待や親の喪
失によるトラウマから
の回復を助ける。

深谷昌志・深谷和子・青葉紘宇 著
虐待を受けた子どもが住む「心の世界」
●養育の難しい里子を抱える里親たち

◎3,800円　　　　　ISBN978-4-571-42061-0　C3036

里親を対象に行った全
国調査をもとに，実親
からの虐待経験や，発
達障害のある里子の
「心の世界」に迫る。

深谷昌志・深谷和子・青葉紘宇 編著
社会的養護における
里親問題への実証的研究
●養育里親全国アンケート調査をもとに
◎3,800円　　　　　ISBN978-4-571-42052-8　C3036

養育里親への全国調査
をもとに里親と里子の
抱える課題を明らかに
し，これからの家庭養
護のあり方を問う。

◎価格は本体価格です。